沖縄のことを聞かせてください

宮沢和史

双葉社

沖縄のことを聞かせてください——目次

・地形としての「島」とは別に、奄美諸島を含む琉球弧の島々においては村落共同体を意味する言葉として「シマ」が存在する。二つの使われ方が重なる場合もあるが、明確に後者である場合は特に注釈なく「シマ」と表記する。

・本書における「沖縄」という言葉には「沖縄本島および周辺域」に限定された地理的・文化的性質を示す場合と「八重山諸島・宮古諸島・大東諸島を含む、現在の行政区分上『沖縄県』に属する地域」を概念的に表現している場合がある。

・著者や対談において話者が用いる「本土」「内地」「ヤマト」あるいは「返還」「復帰」などの言葉は、それぞれのナラティブに基づいて表現されている。

（編集部）

沖縄のことを聞かせてください

宮沢和史

はじめに

沖縄のことばかり考えて生きてきたような気がする。

僕は歌を作って生きてきた。百や二百では収まらない数のメロディを紡ぎ、言葉をつなぎ、それを人に届けてきた。

その一つに「島唄」という歌がある。一九九二年に発表したこの歌は、僕の作った中でも、とりわけ多くの人に届いた歌だ。

この歌は、沖縄で生まれた。

正確には、一九九〇年に初めて訪れた沖縄で見たこと、聞いたこと、考えたことをもとに、沖縄民謡一般を意味する「島唄」という言葉をタイトルにして、沖縄の固有の歴史の中で成立した琉球音階を取り入れ、沖縄の人間ではない僕が作った。「本当に、この歌を作ってよかったのだろうか」。そんな悩みの末に発表した「島唄」はその後、詞に込めた願いと同じように風に乗り、海を渡り、一年、いや早ければ一ヶ月で忘れ去られる単なる流行歌にはとどまらない長い命を多くの方にいただき、僕は歌い手としてそれを届け続ける喜びもいただいた。気がつけば三十年の間、僕は今もさまざまな形で沖縄と関わり続けている。数え切れないほどの飛行機に乗り、船に乗り、たくさんの島々を巡ってはたくさんの人と出会い、たくさんの音楽と出会ってきた。たった一つの歌が結んでくれた縁は、とても大きなものだ。

だが、しかし、と、いつでも思う。自分はいったい何者で、どんな顔をして沖縄に足を運んでいるのだろうか。その内なる葛藤は、「島唄」を作った頃から何ひとつ変わっていない。

特に近世以降の歴史において、僕が生まれ育つことになった日本――ヤマトが沖縄をどのように見て、扱い、接してきたかということを考えるたび、そう思う。僕自身、その歴史の延長線上、県民の四人に一人が亡くなった沖縄戦を経て、沖縄に多大なる基地負担を押しつけながら作られた〝平和〟の中でのうのうと暮らしてきた人間だ。「島唄」がどれほど受け入れられようと、沖縄の人々といかに関わりが生まれようと、僕はヤマトの人間なのだ。沖縄をはじめとする琉球弧の島々の音楽との出会いは、僕にとってかけがえのない宝物になった。それゆえに、それを少しでも多くの人に知ってもらいたいと島々に伝わる歌や伝承を調べ、音源にまとめ、時にはメディアで紹介などもしているが、自分に都合のいい部分だけを切り取って理想化し、「これが僕の沖縄です」と商売のタネにすることなどあってはならないと思うし、お前はそうなっていないか？　と己に問い続けることを忘れたことはないつもりだ。だが、逆にいかに真摯に学びたいと思い、その世界に深く入り込んでいきたいと思っても、永遠にウチナーンチュにはなれはしないし、なる必要もないし、ウチナーンチュの心の動きがすべてわかるわけではない。

今年で、沖縄の〝日本復帰〟から五十年が経つ。だが、それ以前から、そしてそれ以降も僕たちヤマトの人間は、沖縄に多大なる負荷を強いている。まず、米軍基地がそうだろう。しかし、押しつけているのは基地だけではない。沖縄を見つめる視線も、実際のところほとんど変化していない。戦前・戦後の長い間、沖縄はヤマトから見て文化的に異質な、あるいは立ち遅れた場所として扱われてきた。もともとは違う国なのだから文化も違って当然だが、ヤマトはそれを許容しなかった。その視線が、やがてエキゾチシズムに変質した。現在のヤマトにおける「沖縄イメージ」の視線の大部分は青い空と青い海、優しく大らかな人々……といった通り一遍の、自分たちが己のやましさと向き合うことなく消費できる、都合のいいステレオタイプである。「癒し」を求めて殺到した人々の大部分は保養所か何かのように沖縄を楽しみ、ホテルやお店の人を除けばウチナーンチュの誰とも対話することなく、沖縄戦の歴史も基地問題の現状も学ばずに帰る。そういう構図を見るたびに思うのだ。癒されなければならないのは僕たちじゃない。沖縄の人たちじゃないか、と。二十万を超える人命が奪われ、先祖伝来の土地も奪われ、戦争や開発の中で風景や文化を破壊され、ヤマトからの視線や資本の暴力に口もつぐまされてきた人たちが本当の意味で癒される、その手伝いをしたい。いつからか、沖縄に関わる僕の活動は、必ずこの思いに帰っていくようになった。

僕は現在沖縄の大学で講義をしているため、若い世代と触れ合う機会も多い。その中で、沖縄の歴史や文化、そして記憶は近現代史の中で深く傷つき、十分に若い世代に継承されていないのではないかという思いが芽生え始めた。彼らが「自分たちのことを知らないまま育っている」と感じることがしばしばあるのだ。琉球とはどんな人々の集まりだったか、戦争で何があったか、自分はどのような歴史の先に立っているのか……そういったことが、自分たちのことが、あまりにも継承されていない。自分たちのことを語る言葉が、あらかじめ損なわれていると言ってもいい。だが、それは彼らが悪いわけではない。そういう状況を作ってきた社会の構造がある。その構造の大元として存在し続けているのは、ヤマトとの関係だ。おそらくは僕も、その構造の一員である。

一方で、沖縄の日常の中には、今もカレンダーに旧暦を併記して旧正月を祝ったり、清明祭《シーミー》に一族のお墓にみんなが集まって先祖を祀るといった古くからの習慣が色濃く残っている。自分たちが生きている現世の先に「グソー（後生＝あの世）」が存在し、先祖たちはそこにいて、ここにいる自分はお盆に村々から響くエイサーで彼らとつながっているのだという古来の感覚を、現代の生活の中において濃度は薄まっていたとしても、まだ多くの人たちは手放していない。現在の勝ち負け、現在の優劣、現在の儲け……「現在」という短期的な指標だけに翻弄されて精神がどんどん貧しくなっているような今の日本社会にあって、沖縄の人々の中にはまだ、長い時間軸がかろうじて生きているような気がするのだ。それは知識や理論といったものとも、また違う。自分の生きてきた時間だけでなく、家族やシマのコミュニティを貫いて流れる時間の中で共有される肌感覚なのかもしれない。

だが、近現代の中でひどい出来事がいくつもあったのに、どうしてヤマトの僕たちのように、その感覚が途切れることがなかったのだろう？　過去から未来へとつながる太い太い水脈が、どうしてまだ残っているのだろう？　このことは、どれだけ沖縄について考えても、今もって僕にとっての大きな謎の一つであり続けている。僕の経験上、その謎の手がかりとして一つだけ挙げるとしたら、現時点では確かに歴史や文化を十分に継承できているとは言えない沖縄の若者が、一度自分がそれを知らないことに気づくと「知らなきゃいけない」というモードにガラリと変わることがあるということだ。一つのきっかけでそんなふうに目の色が変わる若者を、僕自身も何人も見てきた。その、僕の言葉ではまだ理解できていない感覚こそが、沖縄を沖縄として保っているのだろうと思う。

そんな沖縄と深く関わるようになるにつれ、先ほど書いたような「沖縄の人たちが癒やされなければならない」という思いが、僕の中で確かなものになってきている。しかし、それは山梨県出身の僕が沖縄の人たちを癒すというような、おこがましい思いではない。他の誰かが癒すのでもない。沖縄の人々が自らを癒せるようになることが大切なのだ。彼らは、決してただ虐げられ、助けを待つばかりの無力な人々ではない。かつては一大海洋国家を築いて東アジアの海を疾駆し、豊かな文化芸術を生み出し、戦争の惨禍からも立ち上がり、支配者の理不尽に民衆の意志を突きつけ、ある者は新天地を求めて海の向こうまで旅立ちながらその魂を伝えてきた尊厳ある人たちだ。若者が自分たちのそうした過去を知れば、自ずと現在を語る言葉も変わってくる。それは、時には心地よい言葉ばかりではないだろう。自分自身の生きるこの島が、かつてどうであったか。そこで何があり、何が失われたのか。何を奪い、何を奪われてこの現在があるのか。そういった言葉を取り戻すこともまた、「癒し」の過程なのだと思う。

ヤマトと沖縄の間に立っている僕にできることがあるとすれば、あくまでその手助けにすぎない。彼らが自らの豊かさや深さ、流れてきた時間の長さを語る言葉を思い出すための手助けをすることだ。少しでも多くのウチナーンチュが自分たちはどこから、どのように歩んできたのかをより深く知り、聞かれることのなかった声を聞き、自分たちの手で未来をより豊かに作り上げていくことができるように、僕にできる方法で、必要と思う種をまくことくらいなのだ。

もちろん、そういうことを考えるにあたっても、自分自身がヤマトンチュであるということを忘れるわけにはいかない。

新型コロナウイルス感染症のパンデミック初期、本土からの観光客によって沖縄の感染者が激増したことがあった。僕は感染が拡大し始めて以来、「あの島にウイルスを運び、ことによっては現地の医療を逼迫させることは避けなければならない」という思いから、感染拡大が一時的に落ち着いた二〇二〇年の秋まで約八ヶ月の間、一度も足を運んでいなかった。それだけに一部の本土の人々の無神経さには怒りを覚えたが、自分が医療のリソースの限られた島にウイルスを運ぶ可能性すら想像できず「重苦しい現実を逃れるために沖縄に行こう」と思ってしまう人がいること自体、ヤマトと沖縄の関係が「癒し」とはほど遠い、非対称なもののままであることの証だ。そして、二〇二二年の年初以来……この文章を書いている現在、まさに沖縄で拡大し続けている感染第六波に至っては、そのきっかけとなった米軍からの感染拡大の原因が、沖縄県からの要請にもかかわらず日本政府が米軍人の入国や行動の制限を米国に求めなかったことだという。あまりに酷薄な話だが、これが僕たちの国が沖縄を扱ってきた態度なのだ。

平時においても、本土のメディアに沖縄が特集されるような時は、観光旅行先としての紹介という扱いがほとんどだろう。それ以外でテレビや新聞、雑誌のような本土のジャーナリズムが取り上げることは、選挙とか、米軍基地に関する大きな事件・事故といった大文字のニュースを除けば皆無に等しい。この現実を生きる沖縄の人々が日々発している声が取り上げられることは、ほとんどない。文芸誌や批評誌でさえ、そうだと聞く。沖縄の側でいくら声をあげていても、ヤマトではそもそも声そのものが存在していないかのように扱われている。この構造は、かつてウチナーンチュたちに「方言禁止令」を出し、この土地の固有の声を圧殺しようとした大日本帝国のメンタリティそのままと言っても大袈裟ではないのではないか。

ならば、そんな沖縄の声、沖縄が僕たちを見つめるまなざし、そういったものを少しでもヤマトへと運び、ヤマトの側から少しでも変えていくことも、この国で少しだけよく通る声を授かった僕の仕事なのかもしれないと思う。

だから今、僕はこうしてこの本を作っている。復帰から五十年、「島唄」を発表してから三十年という時間の流れの中で、最初は一方的な片思いだった僕と沖縄の関係がどのように変化してきたのか……ということも書いているが、それだけでは足りない。僕が見てきた沖縄が沖縄のすべてではないし、知らないことや、もしかしたら無意識に知ろうとしてこなかったようなことも山ほどあるだろう。ならば、僕とは違った形で沖縄を知る人、沖縄を考える人、沖縄を生きる人たちの話を聞かせてほしいと思った。沖縄で生まれ育ち、今も暮らす人だけではない。沖縄を出た人、沖縄に外から来た人、沖縄にルーツを持つ人、沖縄という運命に戸惑う人、それぞれの人生に流れた「沖縄」という時間を。そうした時間の一つひとつが、水脈のように沖縄の底に流れている。「その時間のことを聞かせてください」と、皆さんにお願いした。

僕は音楽家だ。政治家でも評論家でも活動家でもない。したがって、この本の視座としては、「音楽家である僕が、音楽家として沖縄のことを考える」ということになる。僕が何か沖縄への提言をしたり、沖縄の行く道はこうであるべきだなどと論じるようなおこがましいことはできない。しかし、僕の愛する素晴らしい音楽を生んだ沖縄とはどういう場所なのか、それをこの節目の機会に自分自身も語りたいし、さまざまな人のリアリティから生まれた言葉を聞く中で考えもしたい。他人事ならば何でも言えるが、人が生きる「自分ごと」の現実の中には歴史、政治、経済、生活、感情といったさまざまなものがないまぜになっていて、スパスパと歯切れのいい言葉ばかりが出てくるわけではない。その中にある逡巡や、語られなかったことも含めて、その人の人生の声なのだ。

当然、この本にご登場いただいている方々の話だけが沖縄のすべてだとも思わない。スケジュールの都合で、あるいは新型コロナウイルス感染症の影響でお話を伺うことが叶わなかった方々もいるし、一人ひとりの固有の経験や考えを「沖縄」という枕詞でまとめてしまうことの乱暴さからもできるだけ距離をおきたい。ただ、ここで挙げた限られた人たちの中だけでも、これだけの「沖縄」の姿があるのだということをぜひ感じてほしい。

一つだけ断っておくと、この本では「沖縄」という単位で何かが語られることが多くなっている。そのうちのいくつかは現行の行政区分としての「沖縄県」に属する地域という意味においての物言いである。実際のところ内地からは一緒くたにされがちだが、ここには沖縄本島、その周辺の島々、八重山諸島、宮古諸島、大東諸島といった歴史も文化も異なる島々が属している。その差異に十分な敬意を払いつつも、便宜上「沖縄」という単位で語っている場合があることをどうかご容赦いただきたい。

少しでも具体的に知ること、少しでも真摯に考えること、それでもやっぱり何もわからないんだなと思うこと。その繰り返しの先にしか、本当に何かを語る言葉は存在しない。ここまで書いてきた思い、これから書いていく僕の沖縄との関わりの中で生まれてきた疑問や考えをさまざまな形で沖縄を生きる人たちに投げかけ、そのリアリティの中からどんな言葉が返ってきたのか耳を澄まして聞いてほしいと思う。

僕自身も、自分の見ていた沖縄の姿が極めて限られた視点からのものであることに、何度もハッと気づかされる思いをした。三十年も通っていて、まだ知らないことだらけだ。他者の声に耳を澄ますことは、自分自身の姿を改めて発見することにほかならない。この本を読んだ皆さんが、人の数だけ存在する「沖縄」の姿の一端でも垣間見ることで改めて沖縄のことを考え、そして自分自身の現在が何に立脚しているのかということに向き合う一助になれば幸いだ。

1 沖縄の「水脈」

僕は一九六六年に山梨県甲府市で生まれ、高校卒業までそこで育った。

つまり、物心ついて間もなく一九七二年に琉球諸島（＊1）の施政権が日本に返還され、一九七五年に沖縄国際海洋博覧会（＊2）が開催された頃には、遠く離れた甲府の小学生だった。もちろん「返還」という言葉に対する感慨もなければその歴史に対する知識もほとんどなく、当時話題になっていた海洋博に「クラスのあいつが行ってきたらしいぞ」「記念のコインを買ってもらったんだって」という噂や、テレビや新聞などで見るアクアポリス（＊3）のイメージ程度にしか、沖縄は自分の中で像を結んでいなかった。

自分にとって初めて具体的なイメージとして現れた沖縄は、やはり音楽だった。一九六九年に作られたものが七六年から七七年にかけて日本全国でオンエアされ、ヒットした喜納昌吉&チャンプルーズの「ハイサイおじさん」（＊4）だ。それまでまったく耳にしたことのない音楽が、そこにはあった。聞いたことのない言葉、聴いたことのない音階……それらが、少し怖さも入り混じった奇妙な感覚（子供が大好きなやつだ）を連れてきた。昌吉さんの顔をはじめ、その時の映像的な記憶は一切ないので、おそらくラジオから聞こえてきたのだろう。

ほんの子供でもあったし、即座に「あ、いい曲だな」とか、「これを覚えたい」と思ったわけではない。だけど、スマートフォンを開けば文字情報も音声も映像もすべてが手に入るようになった現代よりもはるかに情報量の少ない時代、その音だけの「ハイサイおじさん」が、妙な手触りをもって、僕の中に残った。それが、僕が最初に体験した「沖縄」だった。

その頃、その「ハイサイおじさん」に大いに触発された細野晴臣さんは、一九七六年のソロアルバム『泰安洋行』に「Roochoo Gumbo（ルーチュー・ガンボ）」という楽曲を収録していた。ニューオーリンズのリズムに川田禮子さん率いる冠船流川田琉球舞踊団（＊5）による美しいコーラスやウチナーグチが絡む印象的なこの曲こそ日本のポップスが沖縄音楽に接近した最初の楽曲だといわれているが、小学生当時の自分はまだこの曲を知ることはなかった。僕がその存在を知ったのは一九八〇年代、細野さんもメンバーであるイエロー・マジック・オーケストラ（YMO）（＊6）を聴きはじめた後だったからだ。

そのYMOで細野さんと活動していた坂本龍一さんは、一九八七年に発表した『NEO GEO』とその次作『Beauty』で「オキナワチャンズ」と名乗った古謝美佐子さん、我如古より子さん、玉城一美さんの3人をコーラスに迎えて沖縄民謡の要素を大きく取り入れながら硬質なファンク、ニューウェーブ、フリージャズなどとミクスチャーした、まったく新しい音楽を提示して見せた。そして、この作品に頭を殴られるような衝撃を受けたのが、THE BOOMでデビューする直前だった僕だ。

僕がその最後尾としてデビューした一九八〇年代後半の音楽界では「ワールドミュージック」という言葉が生まれ、非西欧圏の音楽が、多くはロックやポップス的な文脈や解釈との融合によって世界中で盛んに紹介されていた。かつて欧米列強による帝国主義の陣取り合戦が行われていた枠組みを引きずったままの国際秩序が冷戦の中で少し変容し、アジアやアフリカ、中南米にオセアニアといった地域、あるいは各国の先住民たちがそれぞれの声をあげ始めたのと同期するように、各地の音楽が一気に世界市場に流れ出したのだ。それは産業としての音楽とも結びついていたため、その土地の文化や風土や歴史への深い理解から生まれた各文化の担い手たちによる試みから、関係ない他人が「なんとなくエキゾチックな異文化風味をつけてみました」という程度の表層的なものまで、さまざまな作品や状況が生まれていた。そして、先ほど述べた坂本さんの作品は、非欧米のエッセンスをあえて無機質に並べることでワールドミュージックのブーム自体に批評的なものとして存在していたと思う。裏を返せば、そうしたハイブロウなアプローチも成立するほど、当時のワールドミュージックは大きな潮流だったのだ。

そんな流れの中で、沖縄発の音楽がメジャーなレコード会社からも少しずつリリースされ始めた。りんけんバンド（*7）のような沖縄で長く活動してきたバンドも全国に知られるようになったし、BEGINやネーネーズ（*8）といったグループが全国デビューしたのもこの頃だ。そして、あの時「ハイサイおじさん」を歌っていた喜納昌吉さんが長い沈黙を経て、一九九〇年に『ニライカナイparadise』という素晴らしいアルバムを作り上げた。この作品との出会いによって、僕は決定的に「自分の音楽を、沖縄に学びながら作ってみたい」と思ったのだ。

少し前後するが、僕はロックバンドを率いて活動しながらも、一方で「山梨県に生まれ、歌謡曲やフォークを聴いて育った自分に何が作れるのだろうか」という思いを常に抱えていた。別にアメリカに、ましてニューオーリンズやミシシッピに生まれたわけでもない自分がアメリカのブルーズやロックに〝なりすます〟ことは到底できないと思っていた。

例えば、僕は当時よくプリンスを聴いていたが、彼のシャウトには、ジャズミュージシャンの両親の影響や継父との関係が悪く家出を繰り返した過去、アフロアメリカンとしての苛立ちといった彼固有の経験が込められていた。翻って、自分はスタジオで、ホコ天（*9）やホールで、何を叫んでいるというのだろうか。プリンスのかっこよさは重々承知しながら、正直に言えばロックより「川向こうにいる彼女の家に歩いて行って……」のような日常の風景を歌う四畳半フォークのほうが無意識のレベルでしっくりきてしまう自分がいったい何を叫べば、借り物でない自分の叫びになるのだろうか。

今だから言えるが、当時の僕にはその根本になる考えがなかったのだろう。だから、常に自信のなさがつきまとっていた。そんなことをいちいち考えず、プリンスなり、他の誰かになりきって気持ちよくシャウトできるようであれば、よほど楽だったはずだ。周囲の友人などがやっているバンドを見ても、いらぬ疑問を持たずに突き詰めることができている人たちの中には非常に高いレベルでファンクやヘビーメタルをやり切っているものも多く、その迷いのなさがうらやましい気持ちもしたけれど、自分自身としては「俺はそういうのじゃないんだよなあ」という思いがぬぐえないままだった。

そんな中で唯一のヒントになったのは、中学校の頃に登場してきたニューウェーブやポストパンクのムーブメントだった。ザ・ポリス（＊10）やザ・スペシャルズ（＊11）といった英国のバンドが、ロックやパンクにジャマイカのレゲエ・スカのリズムを取り入れた、一言でいえば「出どころのはっきりしない音楽」を作っていた。僕はそうした音楽に夢中になった。なぜ強烈に惹かれたのかと振り返るならば、今で言うところのミクスチャーな感覚があった、ということだろう。ジャマイカ移民の多いロンドンで生まれ、島からやってきた土着の音楽性をロックやパンクと融合させている、そのミクスチャー具合が自分にしっくりきたのだ。

自分自身の中に確実に流れている土着の、ローカルな要素を守りつつ、それが自分の知らないものと結びついたときに、どんな音楽が生まれるのだろう。僕はいったい、どうなるのだろう。それを考えると心からワクワクしたし、当時の自分が考える音楽の形にとって、いちばん嘘じゃないと感じたのだ。欧米の音楽に〝なりすます〟ことができない以上、それしか選択肢がなかったともいえる。それゆえ、数多くのミュージシャンが自らの音楽的ルーツをしっかり自覚しながら新しい同時代の表現を模索しようとしている沖縄とはどんなところなのか、興味を抱いたのはごく自然なことだったのかもしれない。自分がかつて聴いた「ハイサイおじさん」によってできた、沖縄文化への深層の興味があったことも作用しただろう。

沖縄に惹かれていくにつれて、僕はまだ一度も行ったことすらないのに「沖縄」「沖縄」とばかり言うようになった。『パラダイス・ビュー』『ウンタマギルー』（＊12）といった沖縄の映画にも出会い、先述した細野晴臣さんのアルバム『泰安洋行』を聴き直したりしているうち、自分の自信のなさを埋めてくれるヒントをそこに求めるようになっていたような気がする。今にして思えば知識面でも考え方としても不勉強だったし、ヤマトの人間による典型的な沖縄の理想化と言われても仕方がないのだが、若き日の僕はそれだけ「自分にしかできない表現とはなんだろう」と思い悩んでいたのだ。

そんな折、先ほども書いた久しぶりのメジャー作品『ニライカナイparadise』をリリースした喜納昌吉&チャンプルーズが東京でライブをするというので会場に足を運び、また衝撃を受けた。そこらのロックバンドでは太刀打ちできないような圧倒的にエネルギッシュなステージ、歌、そして叫び。プリンスや他の誰かになりきらなくても、これほどまでに「魂の叫び」という言葉がふさわしいステージをそれまで見たことがなかったし、その叫びに、すごく合点がいった。昌吉さんの歌詞、歌唱、演奏、パフォーマンス、すべてに理由があったのだ。

僕があまりに「沖縄」「沖縄」と言うものだから、当時所属していたソニー・ミュージックのスタッフが仕事で沖縄に行った時にマルフクレコード（＊13）のカセットテープを十数本買ってきてくれた（当時、沖縄民謡を聴こうと思ったら、メインとなる媒体はまだカセットテープだった）。それが、僕にとって決定的だった。そこに収録されている、シンプルでありながら豊かな民謡の数々を何度も何度も聴いて魂を強く掴まれ、「ああ、これがあって昌吉さんの、あの歌、あの叫びがあるんだ」と思った。当時の沖縄ではチャンプルーズの音楽についても賛否があり、「あんなのは民謡じゃない」「喜納昌吉は沖縄の文化を壊してけしからん」という声もあったようだが、そんなことを知らなかった僕は「土台にこれがあるから、あのチャンプルーズのロックサウンドとの融合があって、どこにも、ひとかけらも嘘がない。だから、山梨県出身の自分が東京で聴いても刺さるんだ」とひたすら感銘を受け、自分自身も勝手に何かを掴んだような気がしたのだ。コスプレではない、借り物にならなくてもいい、音楽の魂の部分に触れるヒントが、少しだけ手に入った気がした。

『沖縄民謡大会』というシンプルなタイトルのついた全十巻のカセットテープは、繰り返し繰り返し聴き、今でも僕の大事なコレクションになっている。当時はほとんど民謡の知識もない僕だったが「ちんぬくじゅうしぃ」「てぃんさぐぬ花」のようなキャッチーな曲は一聴して「ああ、いいなあ」と思ったし、聴きこんでいくと最初はわからなかった渋い曲のよさもわかるようになり、「下千鳥《さぎちじゅやー》」(*14)のように多くの唄者がキャリアを十分積んだ後に選ぶような、様々な人生の機微を経ていなければ唄いこなせない奥行きと重みのある曲もあるということを知ってまた感銘を受けたりもした。とにかく、一日じゅう沖縄民謡を聴いていても、まったく飽きることがなかった。「ああ、自分が知らなかっただけで、こんな豊かな音楽の水脈があったのか」という喜びを、大げさでなく感じた。

ジミ・ヘンドリックスのギターにも、ハービー・ハンコックのピアノにも負けない、登川誠仁（＊15）の三線の速弾きのかっこよさ。どっちが上下ではなく、同等にすごい、同等にかっこいい。この視点を植えつけてくれたのは、本当に大きかった。それがなかったら、なんとなく「周りのみんなやメディアが『すごい』と言ってるものだから、これはいいに違いないんだ」というだけの価値観に埋没していた可能性もある。

後から気づいたのだが、この発見があってよかったところは、その後沖縄にたびたび行って多くの人と話すことになっても、「東京で売れている」とか「世界中で知られている」ことがすごいのだという尺度を持ち込んで話をする愚を犯さずにすんだことだろう。ヤマトでは名の知られていない音楽家でも「この人はすごいな。話を聞いてみたいな」「この人はなかなか心を開いてくれないけど、友達になりたいな」と思える人がたくさんいて、彼らのよさをきちんと感じる上で邪魔になる先入観があらかじめ取り払われていたのは幸いだった。

琉球王国の時代から残る古典音楽も聴くようになった。民謡よりもポップさ・派手さはないけれど、民の唄＝フォークソング、フォルクローレとしての民謡とはまた違う、王府の公式の宮廷音楽だ。それを聴いたときに、〝主柱〟が見えた感じがした。「僕とはまだまだ縁遠いものだけれど、これがあっての民謡なのか。これが沖縄音楽の、ひとつの柱なんだ」と。

当時はまだ言語化できていなかったが、その時に、そしてその後の沖縄との関わりの中で、僕は「すべては水脈の中に位置している」ということを学んだのだと思う。あらゆることは「何かがあったから、他の何かがある」という因果の繰り返しなのだ。古典音楽がなければ民謡の豊かな発展もなかっただろうし、民謡がなければ、僕が東京で聴いた喜納昌吉さんのあの叫びもなかった。あのとき、その水脈の最先端、現在進行形で変化し続けるそのハイブリッドな表れとして、昌吉さんは存在していた。

人ひとりの生きる時間を超えて延々と長く続いてきた水脈の、今のところの最新地点。僕たちは常に、そこにいる。そして、「自分は長い水脈の中にいて、その中で確かに何かを担っているのだ」という意識が、今でも沖縄の人たちにはしっかりと、大地から切り離された人間が抱く抽象的なスピリチュアリズムではなく生活の先にある具体的なイメージとして根づいている。一九四四年十月十日の那覇空襲、そして一九四五年の地上戦で二十万人以上が亡くなったあの小さい島が再び立ち上がる道のりの中でも、その水脈が人々を支えてくれたのだろう。

僕たちはいつも「今」を失うことを恐れている。今の居場所や評価、力や利益といった目に見えるものを失うことを恐れている。世界が本当にそれだけでできているのだとしたら、僕たちの存在はあまりに利那的で寂しいものだ。誰もが自分の生きている時間だけに囚われて来た道を見失い、行く先もわからぬまま、流れゆく時間の中で藻屑のように消え去ってしまうしかないだろう。だが、自分が過去から未来へ続く水脈の中にいて、同じくその中にいる誰かとつながっているのだと考えることができたら、もう恐れる必要はない。その水脈の中で、人は目に見えない誰かとつながっている。決して孤独ではないのだ。

沖縄の音楽との出会いは、僕にそんなことを教えてくれた。その出会いによって、まさしく僕の運命は変わったのだ。

＊1 一九七一年六月十七日、日米の両政府間で「米国との沖縄返還協定」（略称）が署名され、沖縄の施政権が日本に返還されることとなった。この協定が発効したのが一九七二年五月十五日であり、これをもって沖縄県が再び発足。沖縄は日本に〝復帰〟した。

＊2 沖縄県の日本本土復帰記念事業として、一九七五年七月二十日から一九七六年一月十八日まで、沖縄県の国頭郡本部町にて百八十三日の日程で行われた国際博覧会。「沖縄海洋博」「海洋博」などと略される。

＊3 海洋博の目玉として「未来の海上都市」をイメージに洋上に作られた、百平方メートルの人工島。プロデューサーは手塚治虫。設計は菊竹清訓建築設計事務所、日本海洋開発産業協会。会期終了後も観光の目玉となるはずだったが、老朽化が進み一九九三年に閉館。二〇〇〇年には撤去された。

＊4 沖縄民謡の第一人者である喜納昌永の息子・昌吉が実の妹らと結成したロックバンド「喜納昌吉&チャンプルーズ」の代表曲のひとつ。陽気で軽快なメロディだが、中学生のときにこの歌を作った喜納いわく、この「おじさん」は喜納家に毎日酒をせびりに来た実在の人物だが、沖縄戦の心的後遺症でアルコール依存になり、妻は発狂して娘を惨殺するという悲劇を経た人物で、そのおじさんの慰みになるように作ったのだという。

＊5 古典琉球舞踊の家に生まれた川田禮子が姉妹らと立ち上げた、近代創作琉球舞踊の先駆けとなる舞踊団。沖縄芸能が全国的な知名度を得るにいたった立役者ともいえる。

＊6 細野晴臣、高橋幸宏、坂本龍一によって一九七八年に結成されたバンド。八十年代のテクノ・ニューウェイブのムーブメントの中心で人気を博し、一九八三年に「散開」。短い活動期間（その後何度か再結成はしている）ながら、宮沢はじめ後進世代の音楽家に与えた影響は計り知れない。

＊7 一九四九年生まれ。一九七七年にりんけんバンドを結成、一九八七年に沖縄で発表したアルバム『ありがとう』で一九九〇年に全国デビュー。沖縄固有のメロディや言語感覚を意識しつつ、三線をシーケンサーに置き換えるなど異端ともいえるアプローチで新たなサウンドとリズムを創造し、人気を博する。新型コロナウイルス感染症の拡大下にあってもいち早くライブ配信を始めるなど、常に先駆的な試みを続けている。

＊8 知名定男プロデュースにより、一九九〇年に結成された沖縄の音楽グループ。第一期は古謝美佐子、吉田康子、宮里奈美子、比屋根幸乃というメンバー構成だったが、その後はメンバーチェンジを繰り返しながら、常に新しいチャレンジを行うユニットとして現在も活動している。

＊9 一九七七年から九八年まで、東京・原宿駅前から青山通りまでの約二キロメートルが歩行者天国とされ、若者文化の発信地となっていった。特にバンドブーム全盛期であった八〇年代には路上ライブをするバンドで溢れ、ジュンスカイウォーカーズ、スピッツ、そして宮沢和史（ＴＨＥ ＢＯＯＭ）など、現在も活躍する様々な音楽家がここに立っていた。

＊10 一九七〇年代末〜八〇年代前半に世界的に人気を博した英国のバンド。ボーカルのスティングを中心にレゲエやパンクにとどまらず、次々に新たな音楽性に挑戦する姿は宮沢にも大いに影響を与え、のちにプロデューサーのヒュー・パジャムとソロアルバム『Sixteenth Moon』（一九九八）を制作するに至る。

＊11 ポリスと同時期に活躍した英国のバンド。ジャマイカから来たスカのリズムに影響を受け「2トーン・レコーズ」と契約したため、彼らのような音楽性を2トーン・スカと呼ぶようになる。当時高まりつつあった労働者階級における白人と黒人の間の緊張のかけ橋であるという含意もあるという。スペシャルズも白人黒人の混成バンドである。

＊12 いずれも高嶺剛監督による日本映画。『パラダイスビュー』（一九八五年公開、ヒートゥーバーンプロダクション製作・配給）『ウンタマギルー』（一九八九年公開、パルコ製作・配給）ともに、日本復帰直前の沖縄を描いたマジックリアリズム的なファンタジー作品である。『パラダイスビュー』には細野晴臣が出演、また二作品ともに当時注目若手であった小林薫、サブカルチャー界のスターだった戸川純から照屋林助、嘉手苅林昌のような沖縄民謡界の大物までが勢揃いするキャスティングと、全編ウチナーグチによるセリフで当時の邦画界に衝撃を与えた。

＊13 「沖縄民謡の祖」と呼ばれる普久原朝喜は一九〇三年、越来村（現・沖縄市）生まれ。一九二三年、家計を助けるため大阪の紡績工場に出稼ぎに出る。一九二五年、全国で始めて琉球民謡「ハンタ原」と「宮古ンニー小」のレコードを、大阪の日東蓄音機から発売。二年後に自らのレコード会社・マルフクレコードを設立した。普久原自らが自転車にレコードを積んで、大阪のウチナーンチュたちに行商して歩いていたという。古典民謡、普久原自身が作詞作曲した新民謡も含め数々の楽曲を頒布可能な録音として残した、民謡界の草分けであった。琉球新報社会部編『昭和の沖縄』（ニライ社一九八六）では、沖縄への差別が激しかった時代、出征兵士の悲しみを歌った

「軍人節」のタイトルが検閲に引っかかって改題を余儀なくされたり、歌詞の日本語訳を提出させられたところ男女の交情を歌った歌が公序良俗に反するとして逮捕・投獄されたというエピソードも紹介されている。

＊14 別れの悲哀を描いた、沖縄民謡の名曲。嘉手苅林昌、大城美佐子、松田弘一、伊波貞子ら熟練の唄者によって歌われるが、唄者ごとにさまざまな歌詞が存在し、別れの内容も男女の別離から戦争で生き別れた子への想いなど、さまざまなものがある。

＊15 一九三二〜二〇一三。沖縄民謡の歌手であり、三線の名手として琉球民謡登川流宗家、琉球古典音楽湛水流名誉師範も務めるいっぽう、三線の弦を増やしてエレキカスタムした「エレキ四味線」を制作したり、バチではなくピックで速弾きを行うなど、戦後のアメリカ文化の影響も融通無碍に取り入れる才人であった。愛称は「誠小（セイグヮー）」。

2
「沖縄を歌う言葉」と出会った日

一九九〇年、僕たちＴＨＥ ＢＯＯＭは三枚目のアルバム『JAPANESKA』を発表した。そこに収録された「ひゃくまんつぶの涙」という楽曲が、僕が沖縄の影響下で作った最初の曲になった。

当時僕らが演奏していたロック、またスカやレゲエというジャマイカ発祥の音楽、そして僕が強烈に魂を掴まれた沖縄民謡がどのように自分の中で反応し、どんなメロディを生み出すことになるだろう――そう思っていた僕は、それらの点をなんとか線にできないかと思った。海外のかっこいいものになりすますのではなく、日本の土から生まれる野菜みたいなもの、フォークや演歌を聴いて育った日本人の僕らが作る説得性のある音楽を作るべきなんじゃないかというメッセージ、そして、どうしたらそこに到達できるのかという自問自答をも込めた試みとして制作したアルバムだ。

そして、その一曲として生まれたのが「ひゃくまんつぶの涙」だ。まず、曲ができた。メロディとリズムは形をとった。だが、その曲に乗せて何を歌えばいいのか、当時の僕にはさっぱりわからなかった。結局のところ、まだその段階では自分の血肉となっていない借り物であり、それは「チャレンジだ」と目してやっていたことなので、当然理解もしていた。言葉というのは本当に正直なもので、自分の中にないものは出てこないのだ。乗り物はできても、乗せるものはまだない。理解してはいたが、僕はだんだん焦ってきた。スカと日本の土着的な要素のハイブリッドな音楽を作りたいという志は明確なのに、形にできないのだ。「これはもう、沖縄に行くしかないんじゃないか」と思った。憧れの沖縄に行けば、何か見つかるんじゃないか——その時はそんな気持ちで、『JAPANESKA』のジャケット撮影を沖縄で行いたいとアートディレクターの加藤靖隆さんに提案して、一泊二日ではじめての沖縄に向かったのだった。

当時は、デビューして一番忙しい時期だったと記憶している。とにかく数か月間まったく休みがないような状況で、僕はとにかく眠かった。やっと沖縄に行けるというのに、空港に着いたのもうろ覚えで、朦朧としたままハイエースに押し込められて、そのままどこかに連れて行かれた。今思えばヤンバル（*1）のほうだったのだろうが、どこにいるのかもわからないまま車を降ろされて「さあ、着替えて。撮るよ」となった——その瞬間に、目の前を、水牛を牽いたお爺さんが通りかかった。
白昼の炎天下を歩くその水牛の、あまりにもスローな動き。能舞台のように、いや、それよりも遅かったと思う。その動きに、僕は一瞬で目が覚めた。「どこだ、ここは?」

たまらず僕はその水牛を追いかけた。草むらが下り坂になっているところを水牛について下りていくと、そこに沼があった。水浴びさせに来たのだろう。水牛は気持ちよさそうに水に浸かっている。その一連の動きを見て、僕も水牛と一緒に、沖縄という沼に引きずり込まれたのだ。今までまったく経験したことのない、芝居の一幕を見たような気持ち。しかも、それはこの島で何百年と繰り返された一幕だ。それが、眠りから目覚めて最初に見た風景だということは、本当に僕にとって大きかった。

撮影はその後、ハブが出てきたりと細かい〝演出〟はありつつも無事に終了した。そして、移動の車中で、僕の中に「ひゃくまんつぶの涙」の言葉が浮かんできたのだ。

一緒に暮らしていた妻が亡くなり、その妻をオクラ畑に埋めたあと、ずっと一人で生きてきた男がいた。時折、妻の骨を掘り起こしては会話を試みる。時が経ち、その男にもとうとう命が尽きる時が来て、同じ土の中に返っていく。それを見て天が雨を降らし、カエルや島の生き物がカチャーシー(*2)のように歌い踊ってくれる……そんな光景を、僕はこの歌に託した。

今から考えると本当に恥ずかしいことなのだが、僕はその時、沖縄戦の知識を一切持ち合わせていなかった。民謡にどっぷりはまって、あんなに聴いていたのに、だ。この島で凄惨な戦があったことも、戦闘や集団自決で二十万余の命が失われた悲劇の歴史も、もちろんかつて教科書では習ったかもしれないが、本質的には何ひとつ学ぶことなく、沖縄を踏み台にしたヤマトの〝平和〟の中で生きていた。

そんな僕の中から、その歴史を一切念頭に置くことなく、なぜこんな歌詞が生まれてきたのか。大きな喪失を前提に置いた、戦争や戦後の沖縄の暮らしを示唆するような言葉。そして、話は森羅万象が躍るカチャーシーの祝福で終わる。なぜ、こんな言葉が出てきたのか、今もってわからない。当時はなおさら何もわかっていなかったわけだが、とにかくその言葉を忘れないように何度も口ずさんで、メモして、東京に帰ってすぐに録音した。

あの時、あの水牛に出会わなければこの歌は生まれていなかったし、その後の沖縄との関わりも、まったく違ったものになっていただろう。そして、この経験が沖縄の歴史——この地に、かつて何があったのか。何がもたらされ、何が失われたのか——への目を、遅まきながら僕に開かせることになった。

そうして沖縄の歴史を辿り始めた僕は、ほどなく、ひめゆり平和祈念資料館（*3）を訪れることになった。この場所との出会いが、僕に「島唄」を連れて来てくれたのだ。

この場所で、僕は自分があまりにも何も知らずに生きてきてしまったことを痛感した。アメリカ軍の艦砲射撃に、そして友軍のはずの日本軍の支離滅裂な戦術に追い立てられて着の身着のまま、ほとんどが徒歩で北部の山中や、中部から南部の断崖へと追いやられていった沖縄の人々。その行く先々で悲劇が起こる。特に、中部から南部は山と呼べるような山がほとんどない地形なので、「ガマ」と呼ばれる自然の洞穴を避難壕として利用するケース（*4）が非常に多かった。人々はその中へと逃げ込んだが、暗黙のうちに促された、あるいは強制された集団自決、栄養失調、餓死、ろくに医療器具もない中での戦傷死、米軍の火炎放射器による全滅、あるいは逃げ込んできた日本の軍人に追い出されて「鉄の暴風」（*5）に倒れる——といった数々の死が、そこで待っていた。そして、この場所ももうダメだとなれば、敗走する日本兵たちとともにまた南へ、南へと逃げる日々。この資料館の名前は、軍の看護要員として動員された女子師範学校や女学校の教師や学生たちからなる「ひめゆり学徒隊」（*6）からとられている。彼女たちも負傷兵たちを支えながらともに逃げたが、戦況が末期的になった一九四五年六月十八日に突然解散命令が出され、逃げ場を失って大半が死亡した。

資料館には、彼女たちの手記がたくさん展示されている。誰か一人が決めた視点で「戦争ってこうだったんだよ」と大上段から押しつけた言葉ではなく、「あ、この人はこの日々の中でこんなことを考えていたのか」「こんな恐れ、こんな葛藤、こんな希望があったのか」といった、一人ひとりの具体的な生に触れることを促されるのが、この資料館の優れたところだ。読んだ人間も「こんなに生と死が紙一重だったのか」「隣のガマにいたら命はなかったんだな」と、自らの生の具体性と重ね合わせながら考えることになる。この資料館には、安易な答えは用意されていない。ただ「こんなことがあった、あんなこともあった。あとは皆さんで考えてください」と促されるだけだ。真実は、人の数だけある。自分にとってのそれは、数えきれない固有の声を聴きながら、何度も何度もつまずきながら、自分で掴み取らなければならないのだ。

構造的にも、この資料館は優れていた。学徒隊の皆さんの記録や遺品が展示されていたり、直に学徒隊の生存者の方々のお話を伺えたりもしたのだが、展示の終盤に、学徒隊や教員の方々の顔写真と略歴、死亡時の様子などを書いたキャプションが全員分、壁面を埋め尽くすように展示された部屋があり、失われた命の多さと、その一人ひとりに顔と名前、人生の喜びや悲しみがあったのだということを改めて痛感させられる。

そして、その傍に、この資料館がある場所にあった伊原第三外科壕というガマを再現した模型

（＊7）がある。これは模型なので実際に上空とつながっているわけではないのだが、遠くから光が差し込む仕組みになっていて、一瞬、実際のガマの中にいるような錯覚に襲われる。ガマの中の悲劇の世界に自分も迷い込んだような気分になり、それまで自分たちが見てきた地獄のような戦場の記録・記憶を思い出して、改めて恐怖心が芽生える。そのとき、遠い歴史だと思っていたものは、一気に自分と隣り合わせの現実に変わるのだ。

その場所で知ったことは、当時の僕にとってあまりに衝撃的なことばかりだった。それまでの僕の二十数年の人生で、家族や愛し合うもの同士で殺し合い、時にはわが子を殺すということを、想像の中ですら考えたことはなかった。なぜ、そんなことをしなければならなかったのか。何が、そうさせたのか。そのことを考えれば考えるほど、何重にも衝撃を受けた。大日本帝国による皇民化・軍国主義教育の影響もあったし、本来は住民を守るべき立場だったはずの日本軍の兵隊による強制もあった。直接「そうせよ」という命令がなかった場合でさえ、命は〝風潮〟によって失われていった。「生きて虜囚の辱めを受けず」「鬼畜米英に捕まると男は去勢されて殺され、女は犯される。だから捕虜になるくらいなら自決するのだ」という風潮。そうした状況を生み出した構造に、怒りがわいた。

戦争の恐ろしさというのは、そういうものなのだ。気づかないうちに信じこまされている様々なことによって、人は真顔で狂気の行動に走ってしまう。その恐ろしさを僕はこの資料館でほとんど初めて実感するとともに、自分のそれまでの人生に大いに疑問を抱くほどの、強く深い衝撃を受けたのだった。

僕が生まれたのは高度経済成長の真っただ中で、物心ついたときには家庭にテレビが当たり前にあり、それはやがてカラーになった。各家庭に日産サニー（*8）のような自家用車が並び始める時代にのんびり育った僕。もちろん今に比べたらインターネットもスマートフォンも何もないともいえるが、少なくとも経済的な事情はよくなるばかりの、右肩上がりの時代だった。大学に入ってバンドを始めたのは、バブル景気の時代だ。その時代感覚の中でのうのうと暮らしてきた僕はこの日、ひめゆり平和祈念資料館の地下壕で「自分の人生はなんて薄っぺらい、紙芝居のようなものだったんだろう」と痛切に思った。戦争や事故などの犠牲者の数を「柱」という単位で表現することがあるが、この島にはまさに、二十万の柱が眠っている。文字通り彼らを人柱として手に入れた戦後復興であり、高度成長であり、〝平和〟なのだ。そんなことさえも、僕はまったく知らないまま生きてきたのだ。

もちろん本土にも東京大空襲があったし、故郷の甲府をはじめ各都市への無差別爆撃があった。そうした歴史を軽く見るわけにはいかない。だが、本土は最後まで「防衛」の対象だった。一方、沖縄は本土への侵攻をできるだけ遅らせるための「捨て石」にされたのだ。それゆえとうてい勝ち目のない持久戦がいたずらに長引き、多くの犠牲を払うことになった。そうしたことに対しても、僕はどれだけ無知であったことか。過去をまともに知らずにのうのうと暮らしてきたことへの、その場で初めて覚えた罪悪感は本当に大きなものだった。沖縄においては県民の四分の一が戦争で亡くなったといわれるが、「それが山梨で起きていたらクラスのあいつも、あいつも、もしかしたら自分もいなかったんだよな」などと考えたりすると、爆発しそうになる精神状態を抑えることができなかった。

それを鎮める手段は、僕にとって、歌を作ることしかなかった。無知を恥じ入る気持ちや罪悪感に追い込まれていった結果、そうするしかなかったのだ。

資料館でたくさんの手記を読んだあと、僕は実際のひめゆり学徒隊の生存者の方々にもお話を伺った。ご自身が体験された戦争の話。抽象的に正義や悪だけを語り、「戦争ってこういうものだから」と済ませたがる人間が決して見ることのない固有の恐怖や、怒りや、悲しみが深く刻印された、その生の話。その話を聴き、僕は資料館を出て、多くの人が二度と見ることの叶わなかった平和な青空の下を歩きながら、「学徒隊の方たちに聴いてもらう歌を作ろう」と思った。

戦争の惨禍を生き延び、その後の時代を生き抜いてきた皆さんや、あの展示室の中で顔写真を見た皆さんに喜んでもらえる歌が書けたら、自分が今感じているどこにもやり場のない感情、どこにもぶつけられない怒りを整理できるかもしれない——そう考えながら東京に帰り、曲作りを始めたのだった。

＊1　漢字表記は「山原」であり、おおむね沖縄島北部に広がる原生林地域を指す。具体的な行政区分とイコールではないが、広義には名護市・国頭郡全域を指すこともある。

＊2　沖縄民謡が演奏される場面で、テンポの速いアッパーなリズムに合わせて踊られる踊り。両手を頭上に上げ、手首をひらひら返し、その場で足踏みをしながら踊る。多くは演奏や宴席の最終盤、最も盛り上がったタイミングで自然発生する。

＊3　沖縄戦の戦跡が集中する糸満市に、一九八九年に開館した博物館。ひめゆり学徒隊の生存者からなるひめゆり同窓会によって設立され、生存者たちが自ら語り部として戦争の実相を語り、また、死者たちの性格や死亡時の状況なども記録することで、それぞれの生のディテールを大切に伝えてきた。証言員の高齢化によって現在は映像がメインとなっており、また二〇一八年には初の戦後生まれ世代となる普天間朝佳氏が館長に就任し、戦争の記憶の時代への継承を旨に活動を続けている。

＊4 主に沖縄島南部に集まる戦跡であるガマには様々なタイプがあり、自然洞穴を利用したものから当地に多数存在する地下鍾乳洞を爆破して連結したもの、石灰岩の斜面を機械で掘ったもの、地盤の軟弱な部分を人力で掘削していったものなど、地形と労働力の都合に応じて数多く作られた（「地下壕」と呼ばれるのは、人工の度合が高いものが多い）。観光客向けの戦跡としてガイドがつくようなものもあれば、地元住民の慰霊の場所としてそっと管理されているものもある。近年、県内者による盗掘や破壊行為も見られ、歴史と記憶の継承に関する課題がここでも浮き彫りになっている。

＊5 一九四五年三月二十六日の慶良間諸島上陸作戦を皮切りにアメリカ軍は沖縄への直接攻撃を開始したが、以降の三ヶ月で二百七十万発以上といわれる砲弾や銃弾が沖縄の大地に撃ち込まれた。その射撃の激しかったさまを暴風にたとえ、一九五〇年に沖縄タイムス社が書籍『沖縄戦記 鉄の暴風』として編纂した戦争体験記のタイトルが一般的に定着し、沖縄戦の激しさを表現する言葉として使われている。不発弾も多く、現在でも不発弾処理は沖縄の日常的な光景である。

＊6 一九四四年十二月、日本軍は沖縄県全域で「看護訓練」を行い、戦時に動員するためいくつもの女子学徒隊を作った。そのうち、沖縄師範学校女子部と沖縄県立第一高等女学校の教師・生徒で構成されたものの名前が「ひめゆり学徒隊」。先島地域も含め八つの学徒隊が組織されたが、このひめゆり学徒隊は特に激しい戦域で活動したため、最も多数の戦没者を出した。ひめゆり平和祈念資料館が展示している数字によると、南部の戦いに動員された二百四十名の教師・学徒のうち百三十六名が犠牲となった。また、動員外の避難途上などでも九一名が死亡している。

＊7 この模型は、ひめゆり学徒隊が一ヶ所で最も多くの犠牲者を出すことになった伊原第三外科壕をほぼ実寸で模したものである。「解散命令」の翌朝、この壕に米軍が投下したガス弾により教師四名、学徒三十八名が犠牲となった。この壕の跡地に建立された慰霊塔が「ひめゆりの塔」。

＊8 日産自動車が一九六六年から二〇〇四年まで製造・販売していた、トヨタ・カローラと並んで高度経済成長期を代表する大衆車。

3 沖縄を知ろうともしなかった僕たちへ

曲作りを始めたはいいが、僕ははたと考え込んだ。

当時、日本社会はバブルこそ弾けてはいたものの、依然としてその残り香の中にあった。レコード会社も非常に業績がよく、CDも数十万枚、数百万枚というヒット作がたくさん生まれていた。今からは想像もつかないような時代だ。同時に、言語や人権に対する感覚も今の世の中と同じとはとうてい言い難く、当時、僕が所属していたCBSソニーをはじめ、どこのレコード会社も発売する作品における言葉の表現で、人権団体からの抗議を受けるようなケースが少なくなかったという。

さらに言えば、抗議してくる団体の中にも、被差別当事者たちの団体やまっとうな政治思想・人権思想を持った団体もあれば、明らかにお金目当てのような怪しい団体までさまざまなものがあったようだが、多くのレコード会社や出版社の中にも、個々の抗議の正当性や実際に差別を助長する可能性、作品世界の中におけるその表現の必然性も熟考することなく、とにかく「抗議を受けると面倒だから、この言葉は使うな」といった、乱暴な自主規制を行うケースは見受けられた。今ならばそこに少しはましな議論が生まれる余地も少しはあるのだろうが……。かく言う僕も、ソニーのスタッフに「この歌詞の、この言葉はまずいから使わないでくれ」と言われたことがある（当時は「なんで芸術に対してそんなことを言われなければいけないんだ」と思ったが、その言葉自体は今思えば使うべきではなかった言葉だと思っているので、当時の忠告に感謝している）。

前置きが長くなったが、とにかく、そういう時代に沖縄戦のことを、僕は歌にしようとしていたのだ。この状況下で、しかもメジャーレーベルで「あんな戦争を誰が起こしたんだ」「ヤマトの教育はおかしいんじゃないか」といったことをいくら突っ張って直截的に歌っても、リリースさえさせてもらえない可能性があった。それでは、結果的にこの歌そのものの芽を摘んでしまうことになりかねない。もちろん、心中ではそう思ってはいるのだ。あの戦争の責任者は誰なんだ、ヤマトは沖縄に何をしてきたんだ、僕たちはなぜそれを知らないまま浮かれているんだ、と。とは言え、業界の風潮に加え、バブルの残り香の中で誰もが浮かれている時代に若いバンドがそんなことを叫んだところで誰も耳を傾けないだろうなという感覚があった。そこで意固地にダイレクトな思いを歌って、妙なクレームが来て音源の発表や活動の自粛などに追い込まれてしまおうものなら、元も子もない。インターネットもまだない時代、未熟な表現によって発表の場を失うことになってしまっては意味がないし、自分が作っているのはあくまで芸術である以上、ただのアジテーションでもいけない。文学になっていなければならないのだ。

そこで、僕は頭をひねって、すべての歌詞をダブルミーニングにすることにした。表面上は嵐を前にした沖縄の情景を描きながら、その歌詞の一行、一語のすべてに裏の意味——沖縄戦の悲劇と不条理と怒りをきちんと織り込んで、それを思い切り歌えばいい。そうすればいずれボディブローのように世の中に効いていって、沖縄のことも戦争のことも何も知らずに生きてきた僕のような人間に伝わることもあるだろう。そう思った。「ひゃくまんつぶの涙」の歌詞が自然に自分を導いてくれたこともあり、「うまく着地できる」という確信はあったのだ。

「島唄」はAメロとサビには琉球音階を使ったが、「ウージ（さとうきび）の森で あなたと出会い……」というBメロだけは西洋音階で作った。この情景の中に生い茂るさとうきびの下には、ガマがある。そこで起こった集団自決を念頭に「ウージの森（ガマの上）で出会った幼馴染同士が、なぜウージの下（ガマの中）で殺し合わなければならなかったのか」という疑問を投げかけるパートであり、そこに琉球音階を使うのは失礼であると思ったのだ。それでここは西洋音階にし、三線も決して弾かないようにした。そして、サビでまた琉球音階に戻る。そのように、アレンジ面でも裏のメッセージを込めた。

沖縄に行き、その歴史を知った時に、何者か——特定の誰かというわけではない何者かから、沖縄に流れてきた時間や、その中で聞かれることのなかった風呂敷に包まれた声の塊のようなものを「頼むぞ」と手渡された感覚があった。「島唄」における音階やアレンジは、得体の知れないその小包をどうやって運び、どうやって他人に伝えればいいのかを考える中で、自然に出てきたもののような気持ちでいる。僕自身がそうしたくて、計算して作った歌というよりは、沖縄の人や、沖縄のあちこちでまだくすぶっている、グソー（あの世）に行けない声によって「手渡された」という感覚だった。それを、同時代の若い人たちにどのように渡していくか。それを短い時間の中で考えて、浮かんだものをまた突き詰めて、そうして「島唄」は完成した。

ただ、完成はしたものの、「この歌を本当に発表していいのだろうか」という葛藤を、非常に強く抱くことにもなった。今の若い人たちには想像もつかないかもしれないが、当時、まだまだ沖縄と日本の間には高い壁があり、そしてその壁はお互いにとって「触れてはいけない」ものとして存在していたように思う。そんな中で、沖縄に縁もゆかりもない、戦後生まれのヤマトの人間がダブルミーニングとはいえ戦争のことを、しかも三線を持って琉球音階で歌うということが、果たして許されるのか。当時、そんな前例はなかったし、今でもないかもしれない。「ひゃくまんつぶの涙」は『JAPANESKA』というアルバムのコンセプトの中における一つの試みとして受け取ってもらえたし、何より、楽しい曲でもある。だが、「島唄」はいかんせん、あのレクイエムのような曲調だ。「どうしたものか……」と考えているうち、こちらからのリクエストに応えていただき、喜納昌吉さんと雑誌の企画で対談できることになった。そこで昌吉さんに自分の考えを相談してみたところ、「どんどんやったほうがいい」と言うではないか。昌吉さん自身も当時、当時は超メジャーであった東芝EMIから久しぶりのアルバム『ニライカナイparadise』を出して、意欲的に内地でライブを行っていたときだった。「自分はこれからもっと、どんどんヤマトに行って、壁を壊したいんだよ。あんたもこっちへ来たらいい」と、そう誘ってくださった。そして、「魂までコピーできていたら、それはモノマネじゃない。あなたの『島唄』は、きちんと沖縄の魂を掴まえている。どんどん歌っていいと思うよ」と言ってくださったのだ。その言葉が、ドーンと僕の背中を押してくれた。クレームが来たり、この曲をおもしろく思わない人も多いだろうという恐れもあったが、「昌吉さんがそこまで言ってくれたのだから」と、覚悟を決めることができた。その言葉がなかったら、「島唄」はどうなっていただろうか。人生というものは本当に、人との関わりによって変わっていくものだ。

僕は母方の祖父を知らない。太平洋戦争末期、硫黄島（*1）で玉砕したからだ。

僕が子供の頃、母は毎年八月十五日が近づいてテレビなどで戦争を振り返る特番があると、いつも何かをブツブツ、納得いかない様子でつぶやいていた。幼かった僕は、最初はアメリカに対する恨みつらみがあるのかと思っていたが、どうも違うようにも思えた。沖縄戦のことを調べていく中で、ある時僕は、母はずっと「私の父を奪ったのは、日本じゃないのか。日本の過ち、戦争での選択の間違いの結果なんじゃないか」とつぶやいていたのではないだろうかと思い至った。沖縄とはまた違う惨劇と恐怖の中で、命を落としていった祖父。その状況を作った日本への怒りだったんじゃないか。そう考えたら、沖縄の人たちの心情に対しても、すごく合点がいったのだ。沖縄の人たちがなぜ、沖縄戦や基地のことを悲しみを込めて語るのか。「戦争は今でも終わっていない」と考えるのか。その理由に、僕は沖縄で改めて気づいた。それは自分たちで選んだのでもなく、誰か——ヤマトの僕たちだ——が押しつけた悲劇だからなのだ。そして、その僕たち自身がそれを知らないこと、自分たちが何をしてきたのかを知ろうともしないことの罪。あの夏の日の母の姿がなければ、硫黄島の話を聞いていなければ、僕の精神がここまで沖縄に近づいていくことはなかったのかもしれない。

大人になって聞いた話だが、祖父の遺骨が芝の増上寺に届いたというので祖母が山梨から取りに行ったところ、骨壺の中には砂しか入っていなかったという。玉砕の凄まじさを物語る話だし、仮に骨が入っていたとしても、実際は誰の骨かもわからないものだっただろう。そんなことが、自分の生まれるほんの二十年くらい前にあった。それは遠い歴史上の出来事なんかではない。自分の父、母、祖父母など身近にいる人、同じ時代を生きている人の人生に、戦争があったのだ。どこかの誰かに起こった凄惨な悲劇と自分の生きる時間・空間との距離など、いつだってほんの何センチメートルかに過ぎない。心の中から長い時間軸を失うということは、そうした誰かの苦難を遠く抽象的なものにしてしまうということなのだと思う。

「島唄」は最初、一九九二年の一月に発売した四枚目のアルバム『思春期』(*2)の中の単なる一曲だった。それがヒットしたきっかけは、沖縄でシングルカットしたことだ。沖縄との出会いから生まれ、沖縄の歴史を深く思いながら作ったこの曲が、単なる僕の片思いなのか、そうではないのかを知りたいし、自分は何も知らなかったのだという〝無知の知〟へと誘ってくれた沖縄への恩返しの意味を込めて、「沖縄でシングルを出そう」という話になった。ならば、どうせなら沖縄の言葉であるウチナーグチで歌ってみたいというアイディアを思いついたものの、自分はウチナーグチを喋れないし、歌詞を訳すこともできないので、また昌吉さんに相談した。「ウチナーグチにしたいんですけど、訳してくれませんか」と聞いてみたところ、「気持ちはわかるけど、全編やってしまうと、それは借り物になってしまう。それをあんたがやるのはよくないよ」と言われた。そうだなあと思っていたら、「大事なところだけ沖縄の言葉にするのはどうだ。それなら沖縄の人も喜ぶんじゃないかな」と言ってくれて、ウチナーグチにする部分の歌詞を訳してくれたのだった。

実は、僕はこの「島唄」が最初にどう火がついて、どう広まっていったのか、その過程をあまり知らない。

この時、僕は、THE BOOMに疲弊していた。デビューから休みなく走り続けてきたし、『JAPANESKA』を経て考えることも多くなり、もう「スカで楽しく踊ろう」というようなバンドではなくなってきたな——まあ、僕がそうさせたのだが——とも思っていた。たった数年でやりたいこともやり尽くした気になっていたし、「もう辞めてもいいか」とすら考えていたのだ。そんなわけで、『思春期』を発売したあとバンドは空中分解状態になっていたし、その年末に「島唄」が沖縄限定シングルとしてリリースされた（*3）ときも、そのままの状態だった。僕としてもいわば最後の恩返しのつもりで「島唄」のシングルを出して沖縄に感謝を伝えたいと思ったのであって、「少しは反応があると嬉しいな……」くらいに思っていたくらいで、その経過がどうなるかといったことはあまり考えていなかった。

その間、一九九二年の大半の時間に僕が何をしていたかと言えば、これまた雑誌の対談で出会ったシンガポールの音楽プロデューサーにして東南アジアのポップスター、ディック・リーの思想に夢中だった。作曲家、シンガー、洋服のデザイナーもこなす彼は根っから明るい、本当に楽しい人だ。「なんでみんな、ヨウジヤマモトばっかり着てるんだよ！　お葬式じゃないんだから、もっと明るい服を着ようよ。そのほうが楽しいじゃん！」と言われたのを、よく覚えている。彼と話していると楽しくてすぐに時間が過ぎてしまうし、しばらくこの人とつきあってみようと思ったのだった。

ディックはちょうどその時「ナガランド」（＊4）というミュージカルを企画していた。「構想も作曲も、主役も僕がやる。日本からも誰かキャスティングしたいんだが、……君、やらない？」と言われ、バンドも煮詰まっていたことだし「じゃあ、やってみるか」と思った僕は、バンドを休止して、一切経験したことのない、どちらかというとそれまで敬遠していたミュージカルという領域に飛び込んだ。その後何ヶ月もディックと一緒に公演で香港やシンガポールで過ごし、日本でも公演を行ったが、バンドのことはほとんど何も考えていなかった。

このミュージカルは決定的に、僕のステージ観を変えてくれた。それまで自分やバンドがステージでキラキラしたスポットを浴び、現実世界にいるお客さんに何かを投げ渡すというような二元的なライブに倦んでいたこともあって、舞台上にいる主従の定かでない大人数が入れ代わり立ち代わり、極めて制御されたエンターテインメントを構成するというミュージカルの作り方は、僕にとって大きな衝撃だったのだ。「これをTHE BOOMでやれたらかっこいいんじゃないか」と思ったことで、僕はバンドを再開する決意ができたのだ。だから、この期間がなければ、その後のTHE BOOMは存在しなかったかもしれない。

「ナガランド」を経て、僕の音楽的な耳は、さらに広い世界に向くようになった。ミュージカルの経験と、それで訪れた東南アジアの音楽に刺激を受けて、一九九三年に『FACELESS MAN』（＊5）を発表した。そしてブラジル――あの、圧倒的なグルーヴの中にステージどころか演者と観客の区別さえも飲み込んで、その場にいる全員がひたすらに「生きていること」のリズムを奏でるあの国の群像劇的音楽とも呼べるサンバ。それを、借り物ではなく、僕たちの日常の中の悲しみと真っ向から対峙し、生まれてきたことの賛歌として表現した「風になりたい」とアルバム『極東サンバ』（＊6）をリリースしたのは、「島唄」からわずか二年後。沖縄と出会ってから、たった四年後だ。今振り返ると、この期間のスピード感は異次元のものだったと思う。若さのなせる業だったのだろう。

後から振り返れば、一九九二年の僕はその後につながる大きな転機を迎えていたことになる。『ナガランド』をきっかけに急速に開いていった世界への扉があった一方で、当時の自分の立ち位置からはるか遠いところである沖縄で「島唄」は発売された。

その「島唄」が「沖縄でヒットしている。今までにないような大ヒットだ。そして、それを知った他県の人から『なぜ全国でリリースしないんだ』という問い合わせが殺到している」という報せをソニーから受けた時、僕は何が起きているのか、まったくわかっていなかった。

＊1　東京都の南方約一二〇〇キロメートルに位置する硫黄島は、一九四五年二月から三月にかけて日米の激戦地となった。栗林忠道陸軍中将率いる日本軍守備隊は最終的に総員玉砕し、兵員の実に九十六パーセントとなる二万百二十九名が戦死、あるいは戦闘中に行方不明となった。一方の米軍も、二万八千六百八十六名の死傷者を出している。

＊2　一九九二年一月二十二日に発売された、THE BOOM四枚目のアルバム。宮沢が前年制作されたNHKのドラマ『チャンタピンパーのくれた塵芥（ごみ）』に出演した際、アジアから来た就労者と友情を結ぶ青年役として実際の廃棄物処理場などにも出向いた経験も反映された、社会的なテーマの曲が並ぶ重厚な作品となった。

＊3　「島唄（ウチナーグチ・ヴァージョン）」は一九九二年の春にレコーディングされ、十二月十二日、沖縄県限定で発売された。このウチナーグチ・ヴァージョンだけで売上枚数は五〇万枚、オリジナル・ヴァージョンは一五〇万枚の売上を記録。

＊4　ディック・リーのプロデュースによるミュージカル・オペレッタ『ナガランド』は一九九二年の七月から九月にかけて日本、シンガポール、香港で上演された。アジア各国からキャストが集結する中、宮沢は唯一の日本人キャストとして、東洋の神秘の島「ナガランド」の住人を演じた。ディック・リーとの縁はその後も続き、お互いの作品にたびたび参加することになる。

＊5 一九九三年八月二十一日に発売された、ＴＨＥ ＢＯＯＭ五枚目のアルバム。沖縄民謡からケチャ、ガムラン、そしてファンクやヒップホップなど様々な音楽のエッセンスを混合させ、さらに朝本浩文、久保田麻琴といった外部プロデューサーたちを招聘。大きなスケールのコンセプトアルバムとなった。ライブのステージもダンサーやコーラス、ホーン隊を加えてミュージカルのような演出に進化。ＴＨＥ ＢＯＯＭのステージが大所帯になり始めた。

＊6 一九九四年十一月二十一日に発売された、ＴＨＥ ＢＯＯＭ六枚目のアルバム。宮沢が急速に傾倒し始めたラテンアメリカ諸国、とりわけブラジル音楽のテイストを思い切って取り入れつつ前作からの東南アジアテイスト、そして時代の過渡期を迎えつつある東京のムードも残るハイブリッドな大作として、音楽界に強いインパクトを与える作品となった。一九九六年にはＴＨＥ ＢＯＯＭ念願の初ブラジルツアーに合わせて、現地でも発売されている。

4
「あんたの音楽こそ帝国主義じゃないのか」

ソニーから沖縄での「島唄」大ヒットの報せを受け、「全国発売しよう」という提案をされたものの、僕は「それは違うんじゃないか」と思った。あのシングルはあくまで、沖縄のために作ったものなのだ。だから、「もともとあるヤマトグチの曲を、違うシングルとして発売するならいいですよ」という返事をした。それで、「島唄（オリジナル・バージョン）」という、まったく別のシングルが生まれたのだ。

ソニーとしても、この曲が売れるなどとは思いもしなかっただろう。もとはと言えばアルバムの中の一曲だし、相当に変わった曲でもある。喜納昌吉さんが背中を押してくれたからようやくアルバムに入れて世に出したようなもので、僕だけだったら「これを発表していいのだろうか」という葛藤のうちに葬っていたかもしれない。そんな曲が、これほどヒットするなんて。僕の音楽を百パーセント信用してくれていた当時のディレクター、上原英二さんは別として、ソニーとしては何ひとつ期待していなかったはずだ。ましてや、当時のヒットチャートのほとんどを占めていた音楽の中で、この異質な曲がここまでの存在感を持つものになろうとは。実際、東京のミュージシャン仲間からも「沖縄が好きなのはわかったけど、あの曲は……よくわからん」と言われたりもしたし、売れるという予感など一切なかった。

「島唄」というのは、奄美や沖縄の島々において、民謡を総称して使われる言葉だ。

沖縄の民謡は元来、各地域の祭事において神との交信を担う女性が詠った祝詞からの流れ、琉球国が解体(*1)されて宮廷の芸能が野に下ったことで庶民文化と交わって生まれることになった芸能——舞踊曲や雑踊《ぞうおどり》から生まれてきた流れ、そして那覇の辻、仲島、渡地《わたんじ》といった遊郭における、いわばお座敷芸から生まれてきた流れなどを汲んで、やがて「民謡」として形をとった。それを人々が集落で披露したり、美声が評判を呼んで人が集まる……といった流れの中で発展してきたものだ。

その成立過程でもう一つ、重要だったのが、戦前に出稼ぎなどで大阪へと渡った多数のウチナーンチュたちの貢献だ。第一章でも述べたマルフクレコードは、創始者の普久原朝喜が大阪で立ち上げた会社である。普久原は古くからの民謡を、自分の新解釈で三線の速弾きをしたりしながらレコードに吹き込み、それを同じく大阪に出稼ぎに来ていたウチナーンチュ相手の商売としていた。それが評判を呼び、売れていくうちに新しいコンテンツもなくなってくるものだから、自分で新しい曲を作詞・作曲して「移民小唄」（*2）のような、現在では名曲中の名曲と呼ばれるようになった新作を吹き込むようになっていった。妻の普久原京子さんも素晴らしい唄者で、マルフクレコードの興隆に多大な貢献を果たした。

マルフクレコードはその後拠点を郷里・沖縄に移し、現在は戦後沖縄を代表する作曲家でもある養子の普久原恒勇《つねお》さん（*3）が跡を継いでいる。ヤマトへの出稼ぎから沖縄へと還流していった沖縄民謡の流れを追えば、例えば登川誠仁さんは兵庫県尼崎市で生まれ育ったし、大城美佐子さん（*4）は大阪、知名定男さん（*5）は北九州と尼崎で育ち、その後、みな沖縄に帰っている。ヤマトとの交わりによって洗練やビジネスの感覚が沖縄に流れ込み、戦後の民謡界を形作っていった部分は確かにあるのだ。それによって、散発的に発生していた民謡が一定のレベルを超え、「名人」と言われる存在も登場するような「芸」として定着した。そして、一九六〇年代には民謡酒場、民謡スナックブームが到来し、喜納昌永さん（*6）、照屋林助さん（*7）、知名定繁さん（*8）といった、現在活躍する方々のお父さん世代の唄者が盛んにレコーディングを行い、店でライブ演奏し、そしてＲＢＣ（*9）などの放送局が彼らに演奏の場を提供し、すべての条件が整ったことで、民謡の大ブームが起きた。ここに、沖縄民謡というものが完全に確立された歴史がある。

僕が「島唄」を出したのは、民謡のビッグウェーブが一度落ち着きってしまっていた時代だ。一方、ポップスの世界ではりんけんバンドが絶好調、知名定男さんをプロデューサーとしてネーネーズが全国デビューするなど「沖縄ポップ」と総称される一大ムーブメントが生まれ、復帰直後に続く二度目の沖縄ブームが起きていた。そんな沖縄の民謡やポップカルチャーの世界にいる人からすれば、僕は流行に乗じて出てきた、浮ついた本土のミュージシャンに見えて当然だった。もっと端的に目障りだと思った人もいたかもしれないし、「ウチナーンチュでもないくせに」という感情は、きっと多くの人が抱いたのではないだろうか。それも覚悟して発表したわけだが、直接何かを言われるということは、実は驚くほどなかった。なぜなら、そもそも僕自身が、それまで喜納昌吉さん以外の音楽界の人たちとまったく交流がなかったからだ。

昌吉さんとは仲がよかったので呼ばれればライブに出演したりもしていたが、そもそも昌吉さん自身、沖縄の音楽界では異端の存在である。「変わったやつにくっついている妙なヤマトンチュ」と見られることもあっただろう。当時は昌吉さんと照屋林賢さん、そして知名定男さんという、沖縄音楽界の三人の巨匠の息子たちが、三角形のライバル関係にあった。りんけんバンドは勢いよく世に出ていた頃だし、知名定男さんはご自身が表に出るのではなく、ネーネーズに託して自分の音楽性を追求しようとしていた。彼らにしてみれば、昌吉さんにくっついている僕のような存在はおもしろくなかったはずだ。だから、彼らは僕を遠巻きに見ていた。昌吉さんのおかげで沖縄を深く知ることができたし、仲間も増えたのだが、逆に、出会うことのない人も極端に増えていった。後に定男さんご自身から伺ったが、当時は「あんな歌、俺ならいくらでも作れるよ」とおっしゃっていたらしいし、「『島唄』なんて軽々しく言ってくれるな」という民謡界の声もあった、という話も聞いている。

余談だが、昌吉さんはその後、アトランタオリンピックの開幕日に関連イベントで公演をするなど、徐々に活動の規模感やチームが大きくなっていった。僕もその時点では「お互いの道がちょっと逸れてきているが、いい距離感を保ってお互いに刺激し合えるといいな」と思ったりしていたのだが、ついには参議院議員（＊10）として政界に入られるに至って、完全にお会いする機会がなくなってしまった。ちょうどその頃、僕はブラジル音楽に傾倒していたこともあり、沖縄と向き合う機会自体も少し減ってしまった。ブラジルで「沖縄に降る雪」（＊11）という歌を作っていたくらいだから一度も沖縄のことを忘れたことなどなかったのだが、ソロのバンドで世界ツアーを行ったりもしていたので、物理的に行ける機会自体も減っていた。ただ、ブラジルに行こうが、アルゼンチンに行こうが、現地で僕を助けてくれるのは日系の、なかでも沖縄系の方々が多かった。だから、僕の中では沖縄との関わりは一度も途切れたことはない（このあたりの話は、次の章で書こうと思う）。

とにかく、「島唄」が期せずして大ヒットしてしまい、それはありがたいことではあったのだが、一方で予想通りのネガティブな反応が、じわじわと目につき始めた。例えば、沖縄に関する雑誌や音楽評論誌などの記事を読むと、「島唄」をおもしろく思わない意見が飛び込んでくる。そればかりか、それほど仲がいいわけではないけれど他者の文化や歴史といったものに関して、またそれとどう向き合うかといった態度において、この人は同じ地平にいるはずだ……と思っていた他の音楽家からも「あんなのは違う」と言われたりもした。

そんな中でも、一番こたえた言葉がある。「島唄」の中に「くり返す悲しみは島渡る波のよう」という歌詞があるが、これは近世から近現代にいたる歴史の中で中国、薩摩(*12)、大日本帝国、アメリカ、そして戦後日本と大国の思惑や帝国主義による理不尽が繰り返し繰り返し波のように押し寄せ、そのたびに翻弄されてきた沖縄の悲しみや、大きなものが小さいものから奪ってきた歴史への怒りを「くり返す悲しみ」という言葉で表現したパートだった。だが、ある人に「あんたの音楽こそ帝国主義じゃないのか。沖縄ブームに乗って沖縄を搾取して、ひと儲けしようとしているんじゃないか」と言われたのだ。これはショックだった。自分が歌詞に込めた思いと、真逆の印象を持たれてしまったのだから。だが、裏を返せば、そう受け取られてしまったということは、どこかにその余地があったということになる。僕は思い悩んだ。

そもそも、この歌がヒットするなどとは毛ほども思っていなかったのだ。それまでTHE BOOMにはヒット曲と言えるようなものがなかったし、「ヒットするということは、いろいろな問題が発生するということなんだな」ということも、ここで初めて理解した。それまでは「大きくても二〜三千人のホールが何とか埋まって、CDもそこそこ売れればやっていけるな」という単位で活動していたのが、いきなり二百万枚近くのヒットを出してしまったのだから、その混乱は想像できるだろう。それまでだってすべてのリスナーがやることなすこと全肯定してくれたわけではないのだろうが、例えば単純計算して常に全リスナーの五パーセントの人がネガティブな印象を持つとすると、それまでの作品を購入してくれた数万人と二百万人では母数が違うため、その五パーセントはものすごい数になる。それだけ、彼らの言うことが目に届く、耳に届く機会が増えることになるのだ。これはつらかった。

また、沖縄の芸能関係の人が書いていた記事で、「あなたが沖縄を好きなことはありがたい。なら、沖縄で暮らしてみたらいいんじゃないか。そうすれば、あなたの子供が沖縄音楽を理解するようになるだろう」というものもあった。僕は、目にナイフが刺さったような気持ちになった。僕自身の話を聞いてみて理解し合おうという意思やチャネルを完全に切断し、拒否しているのだ。彼の書いていることは正しいと思う。正しいからこそ、つらかった。

見当違いの批判もあったし、そうでないものもあった。後々聞いたところでは、批判者の中にはウチナーンチュではなく、自分と同じように内地から来て、あるいは内地に住んでいて沖縄に関わる活動している人たちも少なくなかったという。ウチナーンチュでなければ何かを言ってはいけないというわけでは当然ないが、そういった人たちは自分を沖縄におけるどのような存在と位置づけ、どのような心情や信念から批判をしていたのだろうか。人間という存在の一筋縄ではいかなさを感じずにはいられない。

ともあれ、そんなことも相まって、僕は当時、沖縄に行くのもだんだん気が重くなってしまっていた。理由の一つには、どこに行ってもすぐ人が集まってしまうということもあった。見知らぬ人にサインを求められたり、知り合いに会いに行くとその知り合いがいろいろな人を連れてきたりしてしまったりして、嬉しさはあるものの、楽屋にいても街にいても、どこにいても落ち着かない気持ちになってしまう。大好きな沖縄で、自由に旅ができないのだ。そして、その一方で僕をおもしろくないと思う人がいる。そもそもヤマトの人間をおもしろく思わない人はたくさん――今でも――いるのだが、当時は「沖縄のことを歌って儲けているヤマトの人間だ」とそこかしこで思われているんだなと考えてしまうと本当にいたたまれない気分になった。「沖縄のメロディを全国区にしてくれてありがとう！」という声、「あいつはヤマトから来た、ただの通りすがりだ」という声。

そうした両方の声、両方の視線の嵐の中に飛び込んでいくのだと思ってしまうと、船酔いのように、だんだん感覚がおかしくなってくる。沖縄のことが好きなのに、なぜか一緒に笑い合えないな……と思うと、行くのが億劫になってくるのだ。

正直、「なんでわかってくれないんだ」という思いもあった。この島にどうしてあんな悲劇が起きたのかという思い、それを起こしたのは自分たちの国なのだという怒り、二十万の命が失われたことを決して忘れてはいけないし、その上に自分たちの〝平和〟があるのだということを自覚するべきだ——ということをヤマトの人に伝えたくて作った歌なのに、なぜ単なる文化の収奪者のように言われてしまうのだろう、と。この歌を本当に、自分は作るべきだったのか。発表するべきだったのか。そんな思いにもとらわれた。とは言え、この歌がダブルミーニングであるということなど、多くの人は知らない。ただ沖縄を搾取して儲けようとしている本土の音楽家だと思われても、仕方のないことだった。

だが、一方で、「この歌はもともとダブルミーニングで作ったのだから、すぐに理解されなくても仕方ないじゃないか」という、ある種の達観もあった。

ネガティブな反応が大きいからといって「いや、実はこの歌はこういう歌なんです」とすぐに言ってしまうのは野暮だし、音楽家としては敗北を意味する。いずれ言う機会はあるかもしれないが、今は言わずに歌い続けていれば、いずれボディブローのように歌に込めた意味が伝わり、何かが変わっていくこともあるだろう――そう願って、とにかく様々な場所で歌い続けていくことにした。ここで批判にひるんで歌うのをやめてしまっては、本当にただの通りすがりの人で終わってしまう。僕自身、この歌が生まれたときに「一生沖縄と関わっていくだろうな」と思っていたのだし、何を言われようとあらゆる機会に――おそらく人生の中で数千回程度の機会しかないかもしれないが、とにかく一回でも多くこの歌を歌って、歌って、人に伝えていこうという気持ちを、少しずつ新たにした。十年、二十年というタームで考えれば、いずれそれが芽を吹くこともあるだろう。ひめゆり平和祈念資料館で話を聞かせてくれた元学徒隊員の方々の耳にも、いつか届くだろう。その時、彼女たちは何かを思ってくれるだろうか、と。

とは言え、ある場所や人々ときちんと関わっていくということは、本当に難しいものだ。「島唄」が全国発売されるにあたってプロモーションビデオを撮影しようという話になった時に、僕は当時一番好きだった竹富島（*13）の美しい赤瓦の集落の中を去って行くところを後方斜め上から撮影したシーンがある。曲の最後、僕が歌いながら竹富島での撮影を希望した。僕がそれを思いつき、「このシーンをこういうふうにしたい」と監督に相談すると、「じゃあ、カメラを上げるためのクレーンがいるね」ということになった。そんなわけで、このとき、竹富島に初めてクレーンが上陸したらしい。なるべく島の生活圏を邪魔しないように、枝一本、クバの葉一枚折らないようにと慎重に静かに機材を運び、トラブルもなく撮影は終了した。島の皆さんもすごく撮影に協力的で、我々も「いいのが撮れた！　よかったね」などと言って東京に帰った。

数年後、竹富島に行った時に島の人と「あの時、宮沢さん、竹富でビデオを撮りましたよね」という話になった。「そうなんですよ、おかげさまでいい映像になって」なんて言っていたら、その人は「あの後、本土からクイズ番組とかいろいろ撮影が来ちゃって。大変でしたよ、マナーは悪いし、こっちのことを何も考えてなくて。宮沢さんのときはまだよかったですよ」と言うではないか。

「まだ」……？

その人は何の気なしに言ったのだろうが、要するに、僕たちも確実に、何か島の人たちにとってよくないことをしていたのだ。自分はこんなに沖縄のことを考えて、大好きな竹富島で、慎重に真摯に撮影を行ったつもりでいても、全スタッフの言動を完璧に管理できたわけではないし、そもそも自分にも意識が足りなかったり、考えが至らなかったりした部分もあるだろう。これはたまたま、無意識であっても言ってくれた人がいたから気づいたことだが、気づく機会のないまま時間が経ってしまったものごとも、きっとあるだろう。今でもまだ、「あいつは当時ああだった」みたいなことを言われていないとも限らない。

だが、そこでどんなことを言われようと、「こんなに勉強して、考えて、気を遣っているつもりなのに」という思いを抱いてしまっては、やはり駄目なのだと思う。僕はしょせん島人《シマンチュ》ではないのだから、どこまで深くまで踏み込もうとも、沖縄の歴史や文化の周縁をうろうろしているだけの存在にすぎない。中途半端に踏み込む罪深さも知っているし、まったく関心を向けないことの酷薄さも知っているつもりだが、そうだからといって完全に島人《シマンチュ》になりすまし、その心を語ろうとする気など、自分にはもとよりない。それでも、少しでも、その核心を知りたい。近づきたい。そして、そこから受け取ったものを、沖縄のことを知ろうともしてこなかったかつての僕のような人たちに伝えていきたいと思うのだ。突き詰めれば、その思いを強くしてくれたことが、「島唄」が僕にくれた最大のギフトなのかもしれない。

＊1　一六〇九年に薩摩藩による侵略を受け、琉球国は薩摩藩に服属したが、一方では中国（明・清王朝）との従来の冊封関係も続いており、「幕藩体制の中の異国」として存在していた。だが明治維新後、それまでの琉球が維持し続けてきた国際関係が明治政府の中で問題化すると、琉球王国を中国との関係から切り離し日本に併合する動きが強まった。一八七九年、日本政府は武力を背景に首里王府を一方的に廃止した（当時はこれを「処分」「御処分」と呼んだ）。最後の王となった尚泰が首里城を退去させられ、東京への移住を強制されるに及び、ここに琉球国は滅亡した。

＊2 普久原朝喜作詞・曲。日本の一県として併呑された沖縄に対しては、政治・経済・文化などさまざまな面で本土からの差別が生じた。また、第一次大戦後の大不況（ソテツ地獄）により庶民の暮らしは困窮を極めたため、本土への出稼ぎや、ハワイ、アメリカ、次いで南米といった諸外国への移民など、多くの人が故郷を離れて海を渡ることになった。この「移民小唄」は、そうした移民船に乗って一旗揚げてやるという男と、故郷にいる自分や父母のことを忘れてくれるなという女のナラティブが掛け合う名曲。

＊3 一九三二年、大阪生まれ。生後すぐに普久原朝喜の養子となり、長じてマルフクレコードを継承。拠点を沖縄に移す。優れた作曲家でもあり、「芭蕉布」「島々清しゃ」など、戦後沖縄民謡史に輝く名曲を数多く作曲している。

＊4 一九三六〜二〇二一。大阪生まれ。沖縄に帰郷後、知名定男の父・定繁に弟子入りして民謡を学ぶ。一九六二年に「島思い」でデビュー。ルポライター・竹中労の紹介によって嘉手刈林昌らとともに本土でも活動し、沖縄民謡を全国に知らしめた功績は計り知れない。二〇一一年にはアイヌの音楽家OKIとアルバムを発表するなど、沖縄から日本の近代史を見つめる視線も持ち続けた。那覇で民謡居酒屋「島思い」を経営、逝去直前まで活発な演奏活動を展開した。

＊5 一九四五年、福岡生まれ。兵庫県尼崎市で育ち、一九五六年に密航船で父の故里・沖縄へ帰郷。登川誠仁に才能を見出され、唄者として活動するようになる。一九七八年のアルバム『赤花』に収録された「バイバイ沖縄」は日本復帰直後の時勢もあり、ヒットした。一九九〇年以降はプロデューサーとしてネーネーズ、鳩間可奈子などを輩出。また、琉球フェスティバルをはじめとしたイベント企画にも精力的に携わり、沖縄音楽の裾野を広げている。

＊6 一九二〇〜二〇〇九。喜納昌吉の父。焦土と化した戦後の沖縄でステージに立ち続け、古典民謡から新民謡、演奏もバイオリンや琴を用いたり大衆演芸のようなスタイルで歌うなどして現在の民謡の確立に貢献し、沖縄の人々の心を癒すことに努める一方、生涯に五百曲以上の録音を残し、またそれらを民謡独自の楽譜である工工四（クンクンシー）に採譜することをライフワークとした、偉大なアーキビストでもあった。

＊7 一九二九〜二〇〇五。大阪に生まれ、七歳のときに父の故郷・沖縄に移住。沖縄戦で捕虜にもなっている。終戦直後、傷の癒えない人々を励ますべく、「沖縄のチャップリン」と呼ばれた小那覇舞天とともに各地で三線を用いたボードビル・ショーを上演。一九五七年に前川守康と結成した「ワタブーショー」は幅広い音楽を交えた軽妙な漫談で人気を博した。一九九〇年には「コザ独立国」を建国、沖縄

のチャンプルー的芸能文化を「チャンプラリズム」として提唱し、後進のロックバンド等にも強い影響を与えた。

＊8 一九一六～一九九三。知名定男の父。太平洋戦争中、北九州の筑豊炭田で働いている時に息子・定男を設ける。戦後は大阪における沖縄民謡の中心的な担い手となるが、一九五六年、定男とともに沖縄へ密航。その後は琉球民謡協会の会長として、また古典民謡の研究者としても精力的に活動した。

＊9 沖縄に本拠を置くテレビ局、琉球放送株式会社の略称。一九四九年に川平朝清（ジョン・カビラ、川平慈英の父）がその前身となる官営の「琉球の声」放送局を設置、一九五四年に民間放送局としての琉球放送が成立した。一九六三年以降の長きにわたりラジオの民謡リクエスト番組『民謡で今日（ちゅー）拝（うが）なびら』を放送するなど、急速に成長していった時期の沖縄民謡を電波に乗せて全県に広める役割を担った。

＊10 喜納昌吉は二〇〇四年に民主党（当時）から参議院選挙に立候補し、当選。民主党政権時代には沖縄県連代表として沖縄への一括交付金制度など様々な政策を実現させたが、二〇一四年の沖縄県知事選挙に党本部の意向に反して立候補、党を除籍されている。

＊11 宮沢が二〇〇一年に発表したソロアルバム『MIYAZAWA』のリード曲。本作のレコーディングはアート・リンゼイをプロデューサーに迎え、ブラジル、アメリカ、日本、アルゼンチンの各地で二ヶ月にわたって行われた。

＊12 一六〇九年の琉球侵攻以降、琉球は薩摩の実質的な支配を受けていたが、薩摩の支配が隅々にまで及ぶような隷属状態であったという従来の説は近年の最新研究によって修正されつつある。十八世紀に年貢の増額を求めた薩摩側に対して時の大臣・蔡温を先頭に琉球王府が抵抗し、交渉の末に権益を維持させたという記録もあり、薩摩による強い支配を受けてはいてもある程度の自由は確保されていたとする見方が主流になっている。

＊13 石垣島の南方に位置する竹富島は、観光が主要産業となる中で昔ながらの琉球赤瓦の並ぶ町並みを守るため、一九八六年に「竹富島憲章」を制定（二〇一七年に改定）。「売らない」「汚さない」「乱さない」「壊さない」という四原則を根底にしつつ、建築、ツーリズム、行動様式、環境保全といったことに関する様々な細則を設けて島の文化的景観を後世に残そうという取り組みを続けている。

5 歌に導かれて人と出会ってきた

沖縄限定発売された「島唄（ウチナーグチ・ヴァージョン）」のジャケットには、パーマのかかった長髪を振り乱し、激しく動きながらロックギターのように三線を奏でる僕の写真が使用されている。沖縄民謡の唄者でそんな動きをする人はいない。今見ると、まあ、確かにこれは民謡の世界からの批判も浴びやすかっただろうと思う。ただ、その一方で、いくつか思いもよらない反応もあった。

年末のレコード大賞にノミネートされたり、有線大賞を受賞したり、NHK紅白歌合戦（＊1）に出演するといった注目の浴び方も、その一つだ。それまで自分は賞とか紅白みたいなものに一切縁がないと思っていたので驚いたが、紅白という、ある面でヤマトを煎じ詰めたような番組で琉球音階を用いて沖縄戦を歌った歌が流れ、三線を全国の人が目にするということは、自分にとっては意味のあることだと少し思えた。

また、沖縄の音楽や文化に関わる方々の中にも、強く擁護してくださる方がいた。八重山民謡のトップランナーである大工哲弘さん（百六十二頁より対談収録）は那覇市の戦後五十年事業「Sound Rainbow 天に響めさんしん3000」（＊2）という大切な催しに呼んでくださったり、備瀬善勝（ビセカツ）さん（＊3）、宮里千里さん（＊4）といった方々も力強く支持してくれた。当時は「こんなヤマトの小僧を、なぜ庇ってくれるんだろう？」とも思ったが、とてもありがたかった。「島唄」という歌を通じて僕は沖縄ともっと対話をしたかったし、それを拒否されたような気持ちになることも多かった中で対話に応じてくれ、そこでまた自分が沖縄についてあまりにも知らないのだということを気づかせてくれる方々の存在があったことは、いくら感謝してもしきれないものがある。

その後多くの方がカバーもしてくれたこの歌だが、最初に「カバーしたい」と言ってくれたのは加藤登紀子さんだった。登紀子さんは音楽家としての大先輩である以上に、早くからアルゼンチンのフォルクローレ、ポルトガルのファドといった、大きな政治の力学にかき消され得ない世界各国の民衆の歌を自らの声と言葉で歌ってきた方でもある。その登紀子さんが、発売してからほとんど即座といっていいタイミング（＊5）でカバーを申し出てくれた。もちろん嬉しかったし、「なんてすごい人なんだ」と思った。ポッと出の若造である僕がこの歌に込めた思いを正確に汲み取ってくれて、いわば対話を呼びかけてくれたのだ。それ以降、登紀子さんは何かにつけて声をかけてくれるし、お誘いいただいたらできる限り歌いに行くことにしている。先日も、大分県の子ども食堂を支援するチャリティコンサート（＊6）に呼んでいただいた。その行動力と、弱い者への視線には敬服するばかりだ。

「この歌を作った以上、沖縄とは関わり続けるし、歌い続けなければならない」と思っていたことは事実だが、その後の数年間、自分の音楽的なチャレンジが広がっていくにつれて、単に「この作品のコンセプトでステージを行うとしたら、『島唄』がどうにもハマらないな」という時期はあった。一九九三年の『FACELESS MAN』ツアーは前の章でも述べたディック・リーとのミュージカル『ナガランド』で経験した大人数でのパフォーマンスに刺激を受け、ダンサーやコーラス、ラップなどを交えて自分たち流に文化の混淆や時代のスピードを表現するステージングを試してみたかったし、『極東サンバ』以降、ブラジルや中南米の音楽にどっぷりはまって、大人数のパーカッションがステージを埋め尽くす時代もあった。この時期、バンドの最大人数は十七人にものぼっていた。

そうしたコンセプチュアルなステージと、「島唄」がどうにもマッチしないということもあった。しかし、歌わないわけにはいかない。思案の末、「第二部」を作ってそっちで歌ったり、アンコールに回したりしているうちに、少しずつ「どんなコンサート形態でも、その流れの楔になってくれる、特別な曲」という扱いになっていった感じがする。

ブラジル音楽に傾倒し、影響を大きく受けた『極東サンバ』や『TROPICALISM-0°』(*7)を作った僕は、一九九五年に念願の初ブラジルツアーを行った。「自分の音楽がブラジル人に通用するかどうか、試してみたい」という、道場破りのようなつもりで意気込んでブラジルに行ったのだが、その時の僕が念頭に置いていたのはアフリカ系やヨーロッパ系のブラジル人であり、恥ずかしながらこの国の日系ブラジル人の歴史については、不勉強なままの渡航だった。

しかし、蓋を開けてみれば、ライブ会場に詰めかけた人たちの大部分は日系人たちだった。今だから言うが、最初は「思っていたブラジルと違うな……」と少々拍子抜けしたのも事実だ。彼らの中でもすでに「島唄」は知れ渡っていて、一曲目から「シーマウタ! シーマウタ!」とものすごいコールが飛んでくる。「いやいや、最後に歌うからちょっと待って……」と思いながらライブをしたりしているうちに、僕の中でだんだん「日系人とは何ぞや」という思いが大きくなっていった。一歩一歩ブラジルに踏み込んでいく過程で、ブラジルでライブのチケットを売ってくれたり、向こうでCDをリリースするにあたってアドバイスをくれた人の多くは日系人の方だった。そして、日系社会について勉強を始め、実際に日系人たちとつきあい始めてみたら、その中で大きなウェイトを占めていたのは沖縄県系人と呼ばれるウチナーンチュたちだった。その後、ペルーに行こうがアルゼンチンに行こうが、どこに行っても僕を助けてくれるのはウチナーンチュをはじめとする日系人たちだった。ここにも、沖縄があった。

明治以降の日本人海外移民の歴史は明治元年＝一八六八年にハワイに渡った「元年者」（＊8）と言われる人たちから始まる。移民史について詳しく書こうとすると、もうそれだけで一冊になってしまうのでさわりだけ書くが、明治維新以降の日本における海外移民の多くは国の政策であり、富国強兵をモットーに近代化に突き進んだ日本から非生産人口を放り出す性格をもったため「棄民」（＊9）と言われたりしている。欧米列強に伍する強国を目指す日本政府は、国内の生産力では養えない人口を国外へと追放するかのように「ブラジルに行けばコーヒー栽培で大金を稼いで、故郷に錦を飾れる」といった甘言をもって海外に送り出した。だが、いざ移民地で待っていたのはほとんどの場合、僻地の農園で奴隷のような労働をさせられる低賃金労働者としての扱いだった。マラリアや毒蛇の危険に怯えながら未開のジャングルを開拓し、そこにコロニア（入植地）を建設していった移民一世たち。熱病にやられて死んでいった人、辛い労働の日々に耐えかねて逃亡した人など、多くの人々の命が異国の夜に消えていった。

その中でも、ひときわ多くの割合を占めたのがウチナーンチュだ。琉球処分以降、身分を失った旧士族、米の物納であった税金が金銭になったことで流動性の高い貨幣経済に組み込まれることになった農民など、社会構造の激変した沖縄には非常に多くの困窮者が発生することになった。特に、一八九九年の「土地整理法」によって農地の私有を認められたものの代わりに重税に苦しむことになった農民たちが土地を手放し、海外へと活路を見出したことで、同年以降、ウチナーンチュの活発な海外移民が始まる。一時は県民の十人に一人が海外に在留していた(*10)ほど、沖縄から多くの人たちが海を渡った。移民先でも同胞であるはずの日本人から差別されることがあり、ウチナーンチュ同士での結束が必要だったため、ただでさえ強い一族やコミュニティの結束はより強くなった。

海外移民たちは懸命に働き、少しずつ社会の信頼や財産を獲得していった。しかし第二次世界大戦によってアメリカや南米の国々では「敵国民」とみなされ、財産を没収されて強制収容所(*11)送りになったり、終戦後もブラジルでは日本の勝利を信じて疑わない「勝ち組」と現実を認識している「負け組」に日系コミュニティが分断(*12)され、日本移民同士の凄惨な闘争が起こったりもした。そうした苦難にも負けず、戦後にかけて現地社会にしっかりと根を下ろし、確固たる足場を築いていった日系人たちには敬意を覚えるばかりだ。アマゾンの奥地で、ペルーの農村で出会ってきた初期移民の一世の方々は、御年百歳前後に至ろうとする人も多かったが、皆さん一様に真っ黒に日焼けし、彫刻刀で刻んだような深い深い皺を湛えていらっしゃった。近現代史に翻弄されてたどり着いた異国の地でただ懸命に働いて、働いてこられた日々が刻んだ、その肌の色と皺の深さが今も忘れられない。

そういう人々がいたことを、僕らは学校でほとんど習ってこなかった。これは自分と同世代でもそうだし、下の世代はますます知らないだろう。

なぜこのようなことが起こっているかというと、やはり日本政府がこのことを教えたくなかったから、ということに尽きる。日本がかつて貧しかったこと、そのために虚言を弄してまで貧しい人を国外に放り出し、何のケアもしてこなかったこと、そして彼らを、彼らの人生を忘却し、「奇跡の戦後復興」と高度経済成長を謳歌してきたこと。その後ろ暗さを後世に伝えることなく、僕たちの国は金儲けに奔走してきたのだ。僕がペルーでお会いした、矍鑠《かくしゃく》とした戦前移民一世の方は人生のほとんどをペルーで過ごしながら、ペルーの人々のことを「外人」と呼び、「私は日本人としての精神を一度も忘れたことはありません」とおっしゃった。南米の日系社会では今でも活発にのど自慢大会（＊13）が開かれ、一切日本語は喋れないのに歌だけはきれいな日本語で演歌を歌う小学生くらいの女の子もいる。彼らの中で幻の美しい故郷となっている日本は、その純粋な思いに値する社会として歩んできただろうか。

一言で「移民史」と言っても、その中には一人ひとり違った個人史がある。現地の生活になじむよう子供を早くから日本人学校ではなくホスト国の子供が通う学校に通わせた人もいるし、逆に二世・三世になってもずっと日本語で教育していたため、現地の言葉が完璧ではないという人もいる。沖縄生まれの父親が先に帰国し、呼ばれて沖縄に移り住んだものの、南米とのあまりの文化の違いにまったく馴染めず帰郷したという人もいる。それぞれの家庭の歴史も方針もまったく違うため、本当に人の数だけ、海をまたいだ千差万別の人生があるのだ。「移民」という大きな言葉だけでくくって見てしまうこと、単なる過去の苦難の歴史のみでラベリングしてしまうことは、移民史を教えない・知らないことと同じくらい、その一つひとつの喜怒哀楽に満ちた人生の忘却に加担することになってしまう可能性があることにも、僕らは気づかなければならないと思う。たった百年あまりで現在の状況を作り上げた日系人やウチナーンチュたちの力強さ、美しさ、現在を生きるその子孫たちの暮らし、そういう生きた歴史と現在のことも含めて、僕たちは知らなければならない。

こうしたことは、すべてブラジルに渡り、南米の日系社会とのつきあいが始まったことで学ばせてもらったことだ。一方では当時ブラジル音楽の最先端で活動していた音楽家たちと作品を作ったり(*14)もしながら何度も通っているうち、現地の沖縄県人会などからさまざまなお声がかかるようになり、その歴史の深さ、多様さに触れる機会が増えた。サンパウロで「ミス琉装コンテスト」

（＊15）に呼んでいただいた時は、沖縄のノリとブラジルのノリがかけ合わさって、そのへんのライブ会場より盛り上がっているのも見た。大変な苦労を経てきたはずなのに、なぜここまで、この人たちは明るく上向きでいられるのか。この人たちの前で歌わせてもらえる機会があるのなら、何度でも日本から飛んできて歌おう——。僕はいつしか、そう思うようになった。以降、日本・ブラジル移民百周年や百十周年（＊16）といった節目だけでなく、サンパウロの「おきなわ祭り」（＊17）に出演したり、アマゾンに行って歌ったり（＊18）、ペルーでは『NIPPONIA』（＊19）という、アルベルト城間、大城クラウディアら沖縄系移民の子孫である音楽家たちと共に音楽で移民史をたどるコンサートの現地公演を行ったりもした。

そんな中で、南米でも一番待望されているのはやはり「島唄」だった。沖縄戦を直接体験し、戦後の焼け野原から豊かさを求めてブラジルに渡った人もいるし、日本のことは直接には何も体験していなくても、どこかで郷愁、ポルトガル語で言えばサウダーヂを感じるという部分もあるだろう。

しかし、二〇〇一年にアルゼンチンの歌手アルフレド・カセーロが発表した「島唄」のカバー（＊20）が向こうで大ヒットしたというのだけは、まったく意外なことだった。南米のパリと呼ばれるくらい白人人口の多い国で、しかも「言葉の意味がわからなかったので」と、歌詞をスペイン語に訳すこともなくそのまま耳コピーで歌われている日本語の歌が、だ。あまりにも意外だったのでアルゼンチンに向かい、アルフレドと会って話しているうちになんとなくわかってきたのは、アルゼンチンにも沖縄とは歩みは違うものの激動の歴史があるということだ。戦後の経済成長、三度にわたるペロン大統領の専制政治、経済の破綻、軍事クーデター、弾圧、血で血を洗う内戦と、冷戦構造の中で激しく浮き沈みしてきた歴史に、言葉を超えて「島唄」が受け入れられたのかもしれない。その年、アルフレドの「SHIMAUTA」はアルゼンチン最高峰の音楽賞、ガルデル音楽賞の三部門で最優秀賞を受賞した。

「島唄」というのは、そういう不思議な歌だ。文字にすると「あなたと出会った島で、永遠にさよなら」というだけ。でも、その行間に、多くの方々が自分の思いを乗せてくれる。隙間の多い歌だからこそ、自分の人生を重ね合わせて解釈してくれているのだろう。戦争を体験した人は戦争の記憶、移民の方は故郷を離れた時の思いや、親から聞いたその思いを重ねているということもある。もともと作った僕の顔も声も、僕の思いすらも関係なく、その人の歌になっていくのだ。なんと幸せな命をもらった歌なのだろう。

少し話が前後するが、今から二十年あまり前、サンパウロにある「デイゴ」という居酒屋で、現地で三線の普及・継承に努めている方々と酒を飲んでいた。「じゃあ最後に、あんたの歌を歌おうね」

ということになってみんなで「島唄」を歌ったのだが、その時に持ち出されてきたものを見て、目を疑った。喜納昌吉さんの父にして沖縄民謡の大家である喜納昌永氏の監修で一九七四年から編纂され続けていた民謡の楽譜・工工四《クンクンシー》（＊21）の聖典「正調 琉球民謡工工四」（＊22）の第十一巻が刊行されたばかりだったのだが、なんと、その一曲目に「島唄」が収録されているではないか。つまり、これは沖縄の民謡の仲間入りをさせてもらった……と考えていいのかもしれない。「あんなのはまがいものだ」とまで言われた「島唄」が、ヤマトの人間が沖縄の記憶を受け取って作った歌が、僕の手を離れ、沖縄の人たちのものとしてこの島々の音楽の片隅に置いてもらえたのだ。それをサンパウロで、ウチナーンチュたちに教えてもらうとは。一言では言い表せない大きな、大きな喜びを感じた。僕のそれまでの旅が、ようやく一つにつながった気がした。自分の選んできた道が、こういうところで結ばれる。J－POPのフィールドで揺るぎない知名度を得たり、大金を稼いで高級車を何台も乗り換えるような人生ではなかったけれど、何物にも代えがたい、実に豊かな道のりだったと思う。

この原稿を書いているのは二〇二二年の三月頭だが、ウクライナで起こっているロシアの侵略行為の報道を見ていると、ポーランドのプシェミシルという国境の街に避難者が到着したというニュースが毎日のように流れてきて、僕はそのたびにハッとする。なぜなら、二〇〇五年にソロのバンド「MIYAZAWA-SICK」でヨーロッパツアー（*23）を行なっていた僕は、この街で演奏したことがあるからだ。その時も今と同じような、雪の降る寒い寒い日だったことを思い出す。その次のライブの予定は、ヴロツワフという中西部の街だった。その移動のちょうど中間地点にポーランド第三の都市・クラクフがある。クラクフはあのアウシュヴィッツ＝ビルケナウ絶滅収容所（*24）の最寄りの大都市であり、僕たちも見学に行った。そこで何が行われたのか、当然知識としては知っていたものの、実際の展示資料を見て、初めてひめゆり平和記念資料館に行った時と同じくらいの衝撃を受けた。

もはやまともな理性は何ひとつ働いていなかったのではないかと思うような日本軍の沖縄戦の対極にある、ナチス・ドイツの緻密に計算された狂気。収容者には髪の毛を剃らせて糸に加工し、眼鏡や義足も没収し、ガス室で殺害した遺体の顎を割って、金歯も銀歯も抜く。ただ殺すだけでは飽き足らず、人の尊厳すら意に介さず、そのすべてを資源として活用するという、効率と生産性を称揚する近代の思想が人間性や倫理の涯まで行ききってしまったような所業を見て、怒りや悲しみを通り越し、ただただ震えが止まらなかった。それをメンバー全員で目の当たりにした後に、みんな黙りこくったままヴロツワフに移動した。マルコス・スザーノとフェルナンド・モウラのブラジル人メンバー二人は、中でも激しく落ち込んでいた。

翌日のライブでは、「島唄」を歌う前に、改めて沖縄のことを説明した。「日本の南のほうにこういう島があって、戦争で二十万人もの人が亡くなった。この歌は、永遠に戦争がないようにと思って作った歌です」と言って「島唄」を歌いはじめたところ、会場の耳が、一斉にこっちに向いてくるのがわかった。大国に何度も蹂躙され、何度も国が消滅した歴史を持つこの土地の記憶とこの歌の記憶が呼応するのだろうか、それまでの曲とは明らかに違い、「この歌を聴き取ろう」という意志を感じる。沖縄の痛みを歌った歌ではあるが、それを自分たちの痛みや悲しみと照らし合わせてくれたのだろう。歌い終わると、万雷の拍手。一言一句わからない異国の歌詞であっても、この歌に込めた思いは伝わったという気がした。

言葉は違えど、僕たちは同じ人間なのだから、心の奥行きは同じくらいのものがあるはずだ。ヴロツワフでのライブで、僕はそれを改めて感じることができた。そして、その奥行きはきっとかつての日本やナチス・ドイツの兵士、現在ウクライナを侵略しているロシアの兵士にも、本来はあるはずのものだろう。そういうものをすべて失わせてしまう、国家やシステムの暴力がある。戦争はそのことをまざまざと見せつける。

「島唄」は世界各国の人がカバーしてくれているが、その理由を求めるとするならば、いろいろな人々の心の奥行き、そこにある痛みや悲しみの形に沿う何かがあるのだろう。そうなりうるだけのメロディのシンプルさやテンポ感というのもあるはずだ。誰かの悲しみを振り落とすような抑揚もスピードもない、タイトル通り、ただその人の島の歌……いや、その人が属する土地を表すカタカナの「シマ」の、夕凪のような平和を願う歌として。

現代に近づけば近づくほど大規模に統合されてきた近代国家というものは、もはや人間がイメージの中で、自らの身体の延長として把握できるスケールを超えていると思う。大きなサイズの言葉は抽象的なイメージによる世界像の把握には便利かもしれないが、そこに実際に生きている人間の具体的な顔、声、人生というものを容易に見失わせ、「日本人」「ロシア人」といった大ざっぱなカテゴライズで人間を切り分けるような判断につながっていく。

その抽象化に抗うのは、やはりヒューマンスケールの想像力でしかない。僕にはウクライナの人々の恐怖や悲しみを同じように感じることはできないが、彼らが着のみ着のまま、明日の保証すらないままに故国を逃げてたどり着いた凍てつく二月のプシェミシルの寒さを体験はしている。そのことによって、少しだけニュースの言葉が自分のことになる。ヴロツワフで「島唄」に対してものすごい拍手があったことで、歴史の中の痛みや悲しみが今も生きてこの土地にあることを知り、人の心はどこにいても変わらないのだと思う。その経験が、他者へのまた新たな想像力をくれる。モスクワでのライブで僕についてくれたセキュリティの人は、以前プーチン大統領の担当だったと教えてくれた。彼は今、何を思うだろうか。サハリンでも歌った。あの島に住む人、あの島をかつて追われた人は、今、何を思うだろうか。

僕は、沖縄の悲しみや平和を希求する心を知ってもらうために、いろいろな場所で「島唄」を歌っているつもりだった。だが、実際は「島唄」のほうが僕をいろいろな場所に連れ回してくれていたのかもしれない。「この世界の、いろいろなものを見ろ」と。「この場所にも、この場所にも痛みがある。それをまた別の場所に行って、誰かに伝えろ」と。この歌に導かれて人と出会い、さまざまな思いがあることを知ってきた。あの日、ひめゆり平和祈念資料館で「頼むぞ」と手渡された何かの続きが、「島唄」との旅路の中にあったのだ。

そうしているうちに、僕自身の音楽への向き合い方、いや、音楽を届けることへの向き合い方も少し変わってきた。

例えば、ＴＨＥ ＢＯＯＭのライブはどうしても都市部の大ホールのようなところだけに偏りがちなので、地方の公民館や大衆演劇の劇場のような、ロックバンドが演奏に来ない場所だけ回るツアー（*25）とか、一人の弾き語りでもっと小さい公民館のようなところを回る「寄り道」（*26）というツアーを企画するようになった。地元・甲府の小学校のために校歌（*27）を作ったりもした。伝えたいことを巨大なステージの上から圧倒するように、投げつけるように歌うのではなく、街の喧騒の中でそっと横に立って、そっと耳元で一生忘れられない一言を囁くような……そんな歌の届け方を、少しずつ志向していくようになったのだ。思えば、この頃から「ロックミュージシャン」としての季節は終わろうとしていたのだろう。

二〇一四年十二月十七日、僕たちのバンドTHE BOOM（*28）は日本武道館で解散ライブを行った。このライブで、僕は「島唄」の演奏を一曲目にすることを選んだ。

この歌はバンドの運命を決定的に方向づけた特別な歌だ。これまで通り解散ライブのアンコールのトリなどに持ってきたら、それはもう、盛り上がるだろう。一方で、この歌は長い時間をかけていろいろな人々のものになっていった歌だ。もうこの歌を、「バンドにとって特別な歌」という立ち位置に縛る必要はない。歌も、そして僕たちも、もっと自由に羽ばたいていいだろう……そんな気持ちだった。

＊1 宮沢はこれまでにTHE BOOMとして三回出演している。一九九三年に単独で、二〇〇二年に本章で述べたアルゼンチンのアルフレド・カセーロと、そして二〇〇八年には「日本・ブラジル移民百周年特別企画」としてGANGA ZUMBAとともに、いずれも「島唄」を歌唱。図らずも、どの出演回もヤマトという空間の外の広がりを意識した内容となった。

＊2 大工哲弘氏との対談を参照のこと。

＊3 「ビセカツ」こと備瀬善勝氏は一九三九年生まれ。ルポライターの竹中労が一九七〇年に本土から持ち込んだ大量のレコードを売りさばく場所としてコザにレコード店「キャンパスレコード」を創業以来、沖縄民謡の普及に努める「民謡界の生き字引」と言われる存在。初の本格的な民謡レーベル「ンナルフォン・レーベル」などのCD制作も行うほか、普久原恒勇、知名定男らの作品に詞を提供する作詞家でもある。また、民謡だけでなくロックやポップス、フォークシーンとの関わりも非常に深く、キャンパスレコードはコザを拠点とした佐渡山豊ら沖縄フォークの発信源でもあった。現在でも、キャンパスの店内にはありとあらゆるジャンルの沖縄音楽が網羅されている。

＊4 一九五〇年、島尻郡生まれ。エッセイスト。那覇市内で書店「宮里小書店」を経営する。『アコークロー 我ら偉大なるアジアの小さな民』（ボーダーインク 一九九二）、『シマ豆腐紀行─遥かなる〈おきなわ豆腐〉ロード』（ボーダーインク二〇〇七）など著書多数。沖縄の民俗祭祀の録音記録者でもあり、一九七八年には以降一度も開催されていない久高島の祭祀・イザイホーの記録も行った。この音源は『琉球弧の祭祀─久高島 イザイホー』（Basic Function 二〇一六）として、比嘉康雄の撮影による記録写真とともにCD化されている。

＊5 加藤登紀子による「島唄」のカバーは一九九三年八月に発売されているが、「島唄」の沖縄発売が前年十二月、全国発売が九三年六月であることを考えると、全国発売前にはもう耳にしていたと考えられる。

＊6 二〇二〇年、新型コロナウイルス感染症の拡大によってひとり親家庭を中心に困窮が進み、景気の悪化でそれを支援する子ども食堂などの組織も財政が逼迫する中で、大分県の「すみれ学級」を支援するために加藤登紀子が始めたチャリティコンサート。二〇二一年の公演に宮沢も参加している。

＊7 一九九六年七月一日に発売された、THE BOOM七枚目のアルバム。『極東サンバ』に続いて中南米との関わりを色濃く反映させた作品だが、ポエトリー・リーディングや東南アジア歌謡などの要素も加わり、影響が直截的であった前作よりもさらに奥行きを増した作風となっている。

＊8 一八六八年五月十七日、約百五十名（記録によって数のバラつきあり）の移民を乗せて、横浜からハワイへの移民船が出港。低賃金労働者を求めるハワイ王国の求めに応じてオランダ人のユージン・ヴァン・リードが主導したこの移民船は、新政府への江戸城明け渡しからわずか二週間後であり、海外旅券などの準備もできない中での強行出港だった。ハワイに着いた日本人は一部を除いて各地のサトウキビ農場に送られたが、その実態は多くが奴隷労働に近いものであり、自殺者や病死者も出た。移民頭の牧野富三郎が日本政府に窮状を訴え、翌年以降、元年者のうち希望者は日本に送還された。

＊9 いくつかの例を挙げると、熊本からは小作争議に関わって地元を追われた小作農や凶作で困窮する農民、福岡からは被差別部落住民や炭鉱労働者がブラジルに渡っている。明治中期の広島県仁保島（現・広島市南区）の事例では、軍港建設に伴って立ち退きを迫られる漁民らに政府がハワイ移民を勧めたという例もあり、国内安定のために人権問題や労働問題の当事者、生活困窮者といった人々を排除する側面は強かった。

＊10 一九四〇年時点の道府県別海外在留者数の割合は沖縄出身が九・九七パーセントと、他県より群を抜いて多い。沖縄では自由民権論者であった當山久三が一八九九年に最初の沖縄ハワイ移民三十名を送り出したのを皮切りに海外移民熱が沸騰し、満州や朝鮮半島、本土への出稼ぎを加えると一九三五年には十五・六三パーセントもの県民が県外に移出している。琉球処分、地租改正、土地整理法、第一次世界大戦後の砂糖価格下落などヤマトとの関係によって生じた諸状況の中で経済的・社会的に行き詰まった人が沖縄にそれだけ多かったことのあらわれでもある。
この時期、海外移民と並んで顕著だったのが辻の遊郭や糸満の漁村に子供を売る人身売買であり、そこで栄えた辻の文化が沖縄民謡の成立過程で一定の役割を果たした側面もある。

＊11 第二次世界大戦中、アメリカをはじめ、連合国側についたブラジル、ペルー、メキシコ、カナダ、オーストラリアなど各地の日系人が、現地市民権を持っているものも含めて強制収容所に入れられた。戦争による敵対心に加え、もともと現地社会に存在していた日系移民への差別感情もあり、その扱いは多くが極めて非人道的なものであった。財産や土地を没収された人々も多く、返還されないまま現在に至っているものもある。

＊12 戦後、ブラジルの日本人移民社会では、日本が戦争に勝ったと信じる「勝ち組」と、日本の敗戦を事実として認識する「負け組」との間で争いが勃発。「勝ち組」の人々はおおむね日本語のみの環境に暮らしていたこと、農村部にいたため外部との接触が少なく、戦時中に日本語新聞が刊行停止処分になって以降極端に外部情報が少なくなっていたことなどにより、熱狂的な言説を信じやすい状態になっていた。ポルトガル語のラジオを聞けたり、ブラジル人社会や都市部との接触があるものは敗戦事実認識をしていたが、両者の分断はやがて対立となり、「勝ち組」による「負け組」襲撃事件や、「勝ち組」家族の集団自決など、社会問題となった。

＊13 戦争の傷跡も薄れはじめた一九五〇年代前半から、ブラジルの日系社会ではのど自慢大会が盛んに開催されるようになった。最初の全国的なのど自慢大会は一九五二年四月にサンパウロで開かれた「全伯のど自慢大会」。現在は日本歌謡の普及に努める「ABRAC（ブラジル歌謡協会）」という組織があり、また、日本の各県の県人会によって各地で数多くのカラオケ大会、のど自慢大会が開催されてきた。一九八六年以降、ABRACの主催による「ブラジル選抜歌謡大会」も開催されている。
日系社会では世代を問わず演歌の人気も高く、日本の「NHKのど自慢大会」に出場して五木ひろしの歌を歌唱したり、実際に演歌歌手としてデビューしたものもいる。一九九八年には、日本・ブラジル移民九十周年事業の一環として、「NHKのど自慢大会」が初めてサンパウロで開催された。

＊14 一九九八年、宮沢はソロ二枚目のアルバム『AFROSICK』を発表。ブラジルのポップミュージック・MPBの新世代の旗手であったカルリーニョス・ブラウン、レニーニ、ペドロ・ルイス、そしてその後長く活動を共にするマルコス・スザーノらとともに、当時の日本のポップミュージックの枠を大きく外れた前衛的な作品世界を作り上げた。

＊15 ブラジル沖縄県人会・ブラジル沖縄文化センターが主催する、正式名称「郷土祭り・ミス琉装コンテスト」。新型コロナウイルスのパンデミック以前、二〇一九年まで三十年以上にわたって毎年開催されており、受賞者が沖縄県を訪問するなどしている。

＊16 一九〇八年に日本からブラジルへの第一回移民船「笠戸丸」がサントスに入港してから百周年の節目に当たる二〇〇八年、宮沢は後述する「MIYAZAWA-SICK」が発展したバンド「GANGA ZUMBA」でブラジルツアーを敢行。クリチーバ、サントス、サンパウロ、リオ・デ・ジャネイロの四都市を回った。移民百十周年となる二〇一八年にも記念式典で歌唱している。

＊17 二〇〇七年からサンパウロ市の公式イベントとして開催されている、沖縄文化の紹介イベント。約五〇〇〇平方メートルの会場に飲食

ブースが並び、ステージでは、古典音楽、琉球舞踊、民謡、空手・古武道、創作エイサーなど沖縄の芸能や文化を紹介する演目が被露される。県系人や日系人を中心に大盛況となる。ブラジルではこの他にも「日本まつり」「文協桜祭り」など日本・沖縄文化に関連するイベントが非常に多い。

＊18 二〇〇九年は日本移民のアマゾン入植八十周年ということで、宮沢はブラジルのアマゾン地域にあるベレン、トメアス、マナウスの三都市で三公演を行った。八十年というキリのあまりよくない数字に疑問を抱いた宮沢だが、〈確かに100周年ならキリがいいけども、1世の人たちはそこまで生きられないからなんです。100周年に誰も立ち会えない。僕はそういうデリケートな部分をまったく想像することなく現地へ行って、本当に顔が真っ赤になるほど恥ずかしい、情けない思いをしました〉（『クーリエ・ジャポン』CONTOUR 2017講演録 宮沢和史『僕らは今こそ、日系移民の歴史から学ぶべきだ』」より）とのちに語っている。

＊19 宮沢が演出を務め、アルベルト城間、大城クラウディア、エリック福崎（現在はエリック・フクサキ名義）、ジェイク・シマブクロ、マルシアら日本移民にルーツを持つ音楽家たちと作り上げた、音楽を楽しみながら資料映像や解説なども交えて移民史を掘り下げていく公演。二〇一〇年三月に沖縄で初演、翌一一年には「第五回 世界のウチナーンチュ大会」に合わせて行われた。二〇一二年はアルベルト城間の母国であるペルーでも公演を行った。

＊20 一九六二年生まれの歌手アルフレド・カセーロがアルバム『Casaerius』の中でカバーした「島唄」が現地ラジオ局で火がつき、国内社会現象となる大ヒットとなった。これはアルフレドがブエノスアイレスの寿司屋で聴いた三線の音色を気に入り、店主から借りたカセットテープに入っていた「島唄」を無許可でカバーしたもの。宮沢ものちにこれを許諾、日本でも改めてリリースされ、十万枚位以上を売り上げている。その後宮沢はアルフレドを日本に招待し、二〇〇一年のNHK紅白歌合戦に出演。二〇〇二年のサッカー日韓ワールドカップでは「島唄」がアルゼンチン代表の公式テーマソングに選ばれたため、国立競技場で共に歌唱した。

＊21 三線の記譜法。押さえる指の位置を「合」「乙」「老」「工」などの記号で示したもので、ギターのTAB譜のように読まれる。十八世紀に古典音楽家の屋嘉比朝寄（やかび・ちょうき）によって考案され、これにより口承が主であった古典音楽が記録の形で残ることとなった。

＊22 喜納昌永監修、滝原康盛著。琉球音楽楽譜研究所刊。琉球弧の各地に伝わりながらも系統立てた採譜がなされていなかった古典～現代の民謡の数々を書物にまとめた、喜納昌永の偉大な功績ともいえるシリーズで、一九七四年から二〇〇四年の長きにわたって断続的に刊行された。全十二巻。現在でこそポップス曲の工工四は一般的だが、当時、しかもこの「正調」シリーズに掲載されたのは異例中の異例。

＊23 宮沢が二〇〇一年に発表した三枚目のソロ・アルバム『MIYAZAWA』ではアート・リンゼイをプロデューサーに迎え、収録楽曲のクラブミックスも英国のレーベルで発売するなど、世界の同時代音楽との共振を志向した。その流れの中、世界各国の旅で出会った音楽家たちとともに「MIYAZAWA-SICK」というバンド・プロジェクトを始動。二〇〇二年のスペイン・パンプローナでのフェスティバル出演を皮切りに、二〇〇三年にはポルトガル、ポーランド、ドイツ、二〇〇五年にはフランス、ブルガリア、ポーランド、ロシア、英国、日本、ブラジル、ホンジュラス、ニカラグア、メキシコ、キューバなどをツアーした。メンバーは宮沢、GENTA、tatsu、高野寛、今福〝HOOK〟健司、マルコス・スザーノ、フェルナンド・モウラ、ルイス・バジェ、大城クラウディア、土屋玲子。このバンドがのちにブラジルツアーを行うGANGA ZUMBAに発展する。

＊24 一九四〇年から四五年にかけてポーランドを支配下に置いたナチス・ドイツは、各地にユダヤ人強制収容所を建設。そのうち六つを、ユダヤ人をはじめ身体的・精神的弱者、社会主義者、ロマ、同性愛者といったナチスの目指す国家像にそぐわない人々を殺害する「絶滅収容所」として運用した（現在のベラルーシ領域にも一ヶ所存在した）。アウシュヴィッツ＝ビルケナウだけで百十万人、六つの収容所だけでホロコーストによる全犠牲者の半数である二百五十万人以上が殺害されたとされる。

＊25 THE BOOMは二〇〇一年、「青空の下、星空のもとで」と題したツアーを敢行。新潟県新潟市の信濃川沿い「やすらぎ堤」特設ステージ、香川県では農村歌舞伎の舞台など、ロックバンドのライブとしては異例の会場を数多く回った。同じステージを違う場所で再現するだけのツアーではなく、地元の実行委員会や子供たちの協力を仰ぎながらその場所ごとに内容を練っていくというこのツアーの方向性は二〇〇二～〇三年「この空のどこかで」、二〇〇五年「Field of Songs」などでも続いていく。

＊26 バンドでのツアーとは別に、基本的には宮沢ひとりでギターを抱えて全国を回る弾き語りスタイルのツアー。二〇〇五年からスタートし、ホールだけでなく美術館や芝居小屋、能楽堂といったバンド演奏にそぐわない場を積極的に選んで公演を行った。同タイトルの詩集も四冊制作している。

＊27 二〇〇五年に新設された甲府市立舞鶴小学校の校歌を作詞・作曲した。二〇二〇年には沖縄の恩納村で、村内五つの中学校が統合して新設されたうんな中学校の校歌の歌詞も担当している。

＊28 この日の解散ライブでは「島唄」を一曲目に演奏したほか、これまで楽曲の中に託しはしても直截的に発することのなかった、この世界の不条理や不正義、人類のゆくえなどについてのメッセージを映像で発信するという異例の一幕もあった。メドレーを含む全二十六曲、三時間以上となったこのステージをもって、ＴＨＥ ＢＯＯＭは二十八年の歴史に幕を下ろした。

対話1

語られなかった個人史がある

具志堅用高

「沖縄人お断り」の時代を生きた人たちのために

又吉直樹

記憶と生活に流れ込み、歴史と接続する「沖縄」

対談

具志堅用高

「沖縄人お断り」の時代を生きた人たちのために

本書の企画に際し、宮沢が「ぜひお話を伺いたい」と一番に名前を挙げたのが具志堅用高氏。現在も破られていない十三戦連続の世界王座防衛を果たした偉大なボクサーであると同時に、沖縄県初のチャンピオンとして本土からの差別や無理解に苦しむ復帰直後の沖縄県人の心を大いに勇気づけた、沖縄にとって特別な存在である。

メディアでは柔和でユーモラスな顔を見せる具志堅氏だが、復帰前の沖縄、そして復帰前後の本土を生きたものとしての個人史を聞くと、そこには先人たちの言い知れぬ苦難への思いが溢れていた。

ボクシングに出会ったのはまったくの偶然だった

具志堅　こういう形でお会いするのは初めてですね。宮沢さんは、沖縄に行き始められて三十年になるんですか？

宮沢　三十一年になります。

具志堅　そんなに経つんだね。「島唄」を作ったときが最初ですか？

宮沢　最初は、民謡との出会いが大きかったですね。東京で沖縄の民謡を聴いて、それが大好きになったんです。あまりにも素晴らしかったので、「こんないい歌が生まれてくる場所というのは、どんな場所なんだろう」と興味がわいて。

具志堅　民謡、沖縄にはたくさんありますからね〜。私も大好きですよ。

宮沢　ただ、実際に行ってみたら、自分の思っていた以上に「戦争が終わっていないんだな」ということを感じたんです。戦後四十五年という時間が経っていても、あちこちにまだ戦争の傷跡が生々しく残っていて。恥ずかしながらそれまで沖縄戦のことを何も知らなかったので、「これは自分が思っていたような場所というだけではないぞ」と感じまして……それから、沖縄の歴史を深く調べ始めました。

ガマでの集団自決とか、島民の四人に一人が亡くなった激しい戦闘のことも、そこで初めて知りました。それまでのほほんと「日本は平和だ」と思って暮らしていた自分が、恥ずかしくなって。この歴史のことを自分たちは知らなければならないし、伝えなければならない。そのために歌を作ろう……そう考えて作ったのが「島唄」だったんです。

二〇二二年はその「島唄」ができて三十年というタイミングなんですが、そこでどうしても具志堅さんと話したくて。

具志堅　そうですか。嬉しいね。どうして？（笑）

宮沢　具志堅さんが初めて世界タイトルを獲得された（*1）のは一九七六年、山梨県の甲府での試合でしたよね。実は僕は甲府出身で、当時十歳だったので、地元の一大ニュースとして具志堅さんのことを見ていたんです。それまで沖縄〝返還〟や海洋博のニュースで、イメージとしての沖縄というのはなんとなく目や耳に入っていたんですが、具志堅さんという存在を知って、僕にとって初めて沖縄が「顔と名前のある場所」になったんです。失礼ながら、最初はお名前の読み方もわからなかったんですが……。

その具志堅さんが——戦後十年しか経っていない頃に生まれ、育ってこられた具志堅さんが、僕の知らないどんな「沖縄」の時間を過ごしてこられたのか、ぜひお話を伺ってみたいと思ったんです。

具志堅　あまりそういうこと、テレビでも言っていないからねえ。

とは言え、私も、こっち（内地）に来てから、「沖縄は散々な目にあってきたんだな」ということをほとんど初めて感じたんですよ。なにせ、生まれてこのかた琉球政府（*2）のもとで育ったから。石垣島の家族とは中学校三年生までしか一緒に暮らしていなくて、子供だったから島では戦争の痕なんかも感じることがなかったし、そんなに深い話をする前に沖縄本島の高校に進学して、家を出てしまったからね。本島にいる当時は基地闘争とかコザの暴動（*3）もあったけど、なにせそういう沖縄しか知らなかったもので、全部が当たり前のことというか、「世の中はこんなものなんだろう」と思っていました。

宮沢　石垣での暮らしはどんなものだったんですか？

具志堅　僕の親父は……僕が生まれる前は、具志堅家は本島の名護にいたんですよ。首里の琉球王朝の流れをくむ士族の家だったので、代々ずっと名護にいて。で、戦争の時、親父はちょうど学校

---

*1　一九七六年十月十日、山梨県甲府市の山梨学院大学体育館にて。ファン・ホセ・グスマンに七ラウンドKO勝ちを収め、「我んや、カンムリワシにないん（私はカンムリワシになりたい）」という名言を残した。
*2　沖縄が米国の統治下にあった一九五二年から一九七二年まで存在した行政機構。上位には米国の設置した琉球列島米国民政府（USCAR）があり、意思決定はその影響下にあった。
*3　一九七〇年十二月二十日未明、中部のコザ市（現・沖縄市）で起こった民衆蜂起。この当日、酒気帯びの米軍人が沖縄住民を車ではねた事件の処理中に、周辺に集まってきた市民の間に従前からの米軍の傍若無人な振る舞いや人権を無視した圧政に溜まっていた怒りが伝播し、米軍車両や施設に対する焼き討ちに発展した。

を卒業したあと、集団就職（＊4）で三重や岐阜にいたんですよ。繊維工場で働いてたそうです。その間に戦争があって、戦後に沖縄に戻ってみたものの、親兄弟の誰にも会えなくてね。無事かどうかもわからないまま、石垣島に流れたんです。八人兄弟で、一番下の弟がサイパンで亡くなったのかな。とにかく、戦争以来、親父の兄弟はみんな本島で、親父だけが石垣ですね。

お袋は久高島（＊5）の出身でした。西銘って名前でね。長女だったもので、出稼ぎに石垣島へ渡ったんです。そこで親父と出会って、結婚して。それで僕が生まれたんですが、お袋はやっぱり神の島の出身だからか、しつけには厳しかった。「あれはダメ、これもダメ」とけっこう叱られましたね。

僕が子供の頃から、中学校を出るまでずっと、両親は共働きでした。貧しかったからね。親父はカツオの一本釣りの船長をしてました。もともと、本部のほうで親戚がやっていたみたいだね。それとは別に、夏になるとパイナップル畑で収穫の手伝いをして、冬は今度はさとうきび畑で収穫の手伝い。さとうきびは当時、石垣のメインの産業だったからね。大きな製糖工場がありましたよ。パイナップルもさとうきびも畑にはとにかく人手が足りなかったので、台湾（＊6）から女工さんを呼んできたりしてましたね。けっこうな数の人が石垣で結婚したりして、まだ住んでいるんじゃないかな。そういう時代に、僕は中学まで島で過ごしました。夏川りみちゃん（＊7）のお母さんと同じ町内だったたね。

宮沢　用高さんはどのあたりにお住まいだったんでしょう。

具志堅　うちは新川でした。海岸沿いにはカツオブシの工場がズラッと並んでいて、道を挟んだ畑にはスイカ、さとうきび、パイナップル（＊8）。農家と漁師しかいなかったね。そういう中で、親父はカツオ釣りの船長をやってね……。

宮沢　海人《ウミンチュ》だったんですね。

具志堅　そう。本島の親戚の船を借りてやってたような覚えがあります。今はあのあたりの海は新栄町という埋め立て地になっちゃって、コンビニがあったり、ボウリング場もありますけど、当時は海岸線にズラッとカツオブシ工場が並んでいたんですよ。ちょっと行ったら、石垣で唯一の米軍

＊4　一九二〇年～三〇年代にかけて、沖縄から本土、特に大阪を中心とする関西圏への出稼ぎ者が増加し、定着するものも見られ始めた。こうした県人ネットワークを通じた出稼ぎは戦後も続く。狭義での「集団就職」は一九五七年、琉球政府の要請によって米軍支配下での就職難や困窮者の対策として制度的に行われ始めたものなので、ここで具志堅氏が語っている父親の経験とは厳密には違うと思われる。

＊5　沖縄島の南東海上に位置する島。海の彼方の聖地ニライカナイにつながる聖地として、琉球王国時代には王が対岸の本島南東部に位置する斎場御嶽からこの久高島を遥拝した。王朝時代の巫女組織であるノロ（祝女）や十二年に一度の秘儀イザイホー（後継者不足で現在は休止中）といった古習俗を今なお色濃く残す。

＊6　一九七二年に日本と中華人民共和国が日中友好条約を結ぶまで、日本と台湾には国交が存在した。最も近い与那国島をはじめとする琉球諸島との往来も盛んで、パイン産業を中心に台湾出身の女性たちが「女工」として当時の石垣島で働いていた。

＊7　一九七三年生まれ。石垣島出身の歌手。「涙そうそう」などのヒット曲で知られる。宮沢とも数々の共演、楽曲歌唱などで縁が深い。

＊8　石垣島では一九五〇年代後半から基幹作物としてサトウキビやパイナップルの導入が進んだため、五五年生まれの具志堅氏とほぼ歩みを同じくして発展したことになる。

の施設があって。軍の偉い人の住宅か、別荘だったと思うんですけど。今は大きい公園になってます。

十月まではカツオ漁のシーズンでしたから、にぎやかなものでしたね。獲ったカツオの身の部分はカツオブシにしてしまうので、使わない頭や尻尾をみんな、タダでもらいに行くんですよ。バケツに入れて帰って、それを丸ごと煮付けにして。おいしかったねえ。中学まではそういう生活をしてましたね。

夏休みはパイン工場の缶詰づくりのアルバイト。一日で五十セント（＊9）もらえたんです。まだドルだからね。映画が一回二十五セントだったから、二回見られたね。それが楽しみでやっていたようなものです。一ドル札は大金なので、持たせてもらえなかったですね。ひと家族の一ヶ月の生活費が三十ドルとか、そういう時代です。四十ドルの家はすごい家、という感じでしたね。

宮沢　そうすると、冬はさとうきび畑ですね。

具志堅　いやー、さとうきびの収穫にも行ったねえ。同級生の家が農家で、夏はスイカをもらったりするから、手伝いに。当時の農家は馬車を使っていたから、遊びに行くような感覚で、馬車に乗せてもらってね。カツオ漁船は十月で終わるから、その時は親父も一緒に行きましたね。さとうきびの収穫は十二月とかだったかな。

当時はパインの工場も製糖工場も、うちの近くにも、東の白保あたりにもありました。近くの人たちが総出で手伝ってましたから、すごくにぎやかでしたよ。今はもうそういうのも全部なくなって、さとうきび畑も少なくなってね。信号だらけのきれいな道ができて、リゾートホテルや立派なマンションばかりになって、シマに見えなくなっちゃってさ……。「ホテルが足りない」「ホテルが足りない」って言ってホテルばっかり建ててたら、今度はコロナになっちゃってね。

宮沢　そんな石垣から高校進学で那覇に行って。本島に進学されたのは、ボクシングのためですか？

具志堅　いや、島の高校受験に失敗したから。本当は島の高校に同級生と一緒に行きたかったけど、ダメだったんですよ。合格してたら、島にずっと残っていたと思いますね。

右も左もわからず本島に出たような状態で、スポーツが盛んだというので興南高校（*10）に入学しました。昔から野球が強くて有名だったんですが、私はそこで初めてボクシングと出会ったんです。

宮沢　平和な時間が流れていた石垣から、復帰前夜の那覇へ。相当なカルチャーショックを受けたと思うんですが、いかがでしたか？

＊9　一九六〇年代の一ドルは三百六十円で固定されていたため、五十セントは百八十円。現在の貨幣価値に換算すると千四百円程度。

＊10　興南高校は一九六二年に沖縄県で初めて創設された、中学からの私立一貫校。野球、ハンドボール、バスケットボールなどの全国大会で非常に優秀な成績を収めるスポーツ名門校としても名高い。具志堅氏が所属したボクシング部は一九九八年に沖縄尚学高校に移管された。

具志堅　いやあ、なんやかんや言われて大変でしたね。
宮沢　それは、島から来ているということで？
具志堅　そりゃそうですよ。宮古、石垣、与那国、いろんなところから人が来ていたんですが、僕の場合は「おい、ヤイマンチュ（八重山人）」と呼ばれた。名前じゃなくてね。石垣島から来たと言ったら、すぐ「なんだ、ヤイマンチュか」と。宮古から来てた同級生は「ミヤコンチュ」と呼ばれたりしていた。やっぱり那覇というか、本島の人の中ではそういう差別心もあったね。
ただ、他の島から来た人が少なかったわけではなくてね。こんなにたくさん、いろんな島から来てるのか！　と、びっくりしましたね。石垣島から来た人が多かったのも驚いたけど、宮古の人が一番多かったんじゃないかな。与那国も、西表もいた。女性もかなりいましたね。
宮沢　その頃は、住まいはどうされていたんですか？
具志堅　下宿ですね。最初の三ヶ月はおばさんのところ……親父の姉妹のところにいてね。その家の目の前が、海兵隊のゲートでした。那覇空港を出たところにある、小禄の垣花というところの軍用地のね。下宿している家の旦那さんがそこの基地で働いてて、毎朝八時に出勤して行ってました。ゲートの前に道路が通っていて、バス停があって。その名前が「ペリー」って言ったんです。あのペリー（*11）の名前かなと思うんですけどね。僕もそこから毎日、興南高校にバスで通ってましたね。グルーっと回って（*12）。

ゲートがあって、野球場……今のセルラースタジアム（＊13）もあってね。大きな敷地でしたよ。戦車みたいなのが走ってたり、それまで見たことのないようなアメ車が嘉手納方面にビュンビュン走って行くのをいつも見ていました。当時は米軍の天下ですから、道路を使うのも有利だったんだね。国産車なんかほとんど見なかった。そういう時代だった、昭和四十六（一九七一）年は。アメリカの食べ物がまだ安く買えた時代だったねえ。

宮沢　高校生活はいかがでしたか？

具志堅　最初の三ヶ月は、とにかくつらかったね。特にやりたいことがあったわけじゃないし、「那覇まで何しに来たんだろう？」という気持ちしかなかった。友達もいないし、下宿に帰ってテレビ

＊11　幕末に「黒船」に乗って浦賀沖に現れたマシュー・ペリー提督は、その前年に琉球にも訪れている。一八五四年に徳川幕府と「日米和親条約」を締結した後は、琉球とも「琉米修好条約」を結んだ。ペリー遠征の主な目的は捕鯨船のための補給港の確保であり、琉球は日本が開国に至らなかった場合の「保険」だったともいわれる。具志堅氏が暮らした現在の小禄山下町エリアは戦前も同じ名前であったが、戦中に「マレーの虎」と呼ばれた山下奉文陸軍大将がいたことをはばかって、米国占領下では「ペリー区」と命名された。一九五七年までこの呼称は続いており、バス停の名前はその名残と思われる。

＊12　おそらく明治橋から壺川を経由し、興南高校方面へと抜ける国道三三〇号線ルート。バスのルートが決まったのは一九七〇年に那覇大橋が落成する前で、糸満方面から小禄を経由して那覇中心部に向かう、あるいはその逆ルートのバスは今でも「グルーっと回って」大きく迂回する。

＊13　一九六〇年に落成した、那覇市営奥武山球場の愛称。二〇一〇年にネーミングライツを沖縄セルラー電話が取得し「沖縄セルラースタジアム那覇」になった。プロ野球や「世界のウチナーンチュ大会」など各種イベント会場として親しまれている。

を見るくらいしか楽しみがなかったね。石垣島では当時NHKしか映らなかったから、那覇で見る民放がおもしろくて。キックボクシングやプロレスが毎週、見られたんですよ。沢村忠やジャイアント馬場を夢中で見てたんですが、まさか自分がボクシングを始めるとは思わなかったですね。始めたきっかけも、たまたま興南高校にクラブがあったから。クラスの人に「ちょっと覗きに行こうよ」と言われて行って、そこでボクシングと出会ってしまったんです。

宮沢　たとえそういうきっかけだったとしても、すぐに実力を認められたのはすごいですね。

具志堅　先輩に「素質がある。頑張れば強くなるぞ」と言われてね。那覇に来て、誰かに褒められたことはなかったからね。初めてだったんじゃないかな。嬉しかったですね。

ただ、そう言ってもらえたのも、シマでいろんなアルバイトをやったり、海とか山で遊んだりして、体力や足さばきの基礎があったからじゃないかなと思います。裸足で筏に乗って海に出たり、草履で尖った岩の上に立って海釣りをしたりしてたんだから。那覇に出てなければ、漁師にでもなってたんじゃないか（笑）。

宮沢　人生に「仮にあれが違っていたら」みたいな話をするのは野暮ですけど、具志堅さんの場合は、島の高校に入れなくて那覇に行き、そこでたまたま出会った友達に連れられて、たまたまボクシングと出会い……と、偶然の導くまま、劇的に展開していったんですね。

具志堅　僕は人見知りはしなかったから、出会う人出会う人、誰の懐にも飛び込めたんですよ。それがよかったのかもしれないね。最初におばさんの家の生活に飛び込み、高校の三年間は銭湯でバイトしながらボクシングを頑張って、東京に出てきてからはジムの紹介でとんかつ屋でバイトをしましたが、そこで出会ったみんなからいろいろなことを吸収できたなあ。今思えば、全部がありがたかったですね。

「沖縄人お断り」の時代を生きた人々の苦難

宮沢　初めて本土に来たのは、高校を出てからですか？

具志堅　いや、高校の時ですね。頑張って全国大会に出られるようになって、初めて本土に来たのは昭和四十七（一九七二）年、ちょうど復帰の年でした。琉球政府のパスポート（＊14）が無効になってね。それで、本土に試合に行ったんです。高校二年でした。試合は山形だったので、沖縄から三日かけて行ったんですよ。

宮沢　三日！

＊14　一九七二年の「復帰」まで、沖縄から本土に渡る際にはUSCAR発行の「日本渡航証明書」、本土から沖縄に渡る場合は日本政府が発行する身分証明書が必要で、さらに米国政府発行のビザにあたる「入域許可証」申請も義務付けられていた。

具志堅　那覇から東京の晴海まで船で二日、そこから夜行列車で山形、新庄ときて、会場は酒田でした。いやー、もう、ここでもなんやかんや言われましたねえ。

宮沢　今度は沖縄から来たことに、ですか？

具志堅　みんな、僕たちを外国人だと思ってましたから。女の子に「みんな英語をしゃべるんですか？」とか聞かれたりして。みんな体が大きくて色も黒いし、顔も濃いから、十六とか十七歳に見えなかったというのもあるんでしょうね。翌年は神戸まで船で来て、岐阜で試合をしました。そのときもなんやかんや言われたし、高校卒業と同時に東京に出てきても、やっぱりなんやかんや言われましたよ。沖縄が返還されたからといって、本土の人は誰も沖縄のことなんて知らなかった。

唯一本土に入っていた情報は、基地闘争でした。嘉手納とか、ああいうところの基地と五十八号線（＊15）を挟んでデモ隊がいて、火炎瓶を投げたり、車をひっくり返したりしている映像がニュースで流れる。みんな、そのイメージしか知らないんだよね。沖縄のいいところも、歴史とか文化も、何も知らない。

宮沢　人が一部の情報だけを切り取って判断してしまうのは、当時から変わらないですね。東京に出てきてからの生活はどうでしたか？

具志堅　いやあ、大変でしたよ……沖縄に戻りたくて戻りたくて、仕方がなかった。つらかったですね。

ジムで練習しているときはいいんです。どうせ一番下っ端だし、誰にも相手にされなくて当然で、一生懸命頑張るだけですから。バイトしてたとんかつ屋のご主人は群馬出身で、大学時代は剣道で国体にも出た人だからすごく気は合って、いろんなことを学ばせてもらったんですが、なにせ沖縄出身の人が周りに誰もいなくてね。ジムとバイトを往復するだけの生活だったもので、寂しさはありました。ジムに上原兄弟（*16）という、沖縄出身の大スターの先輩がいたから、心強かったけどね。

でも、僕はまだ運がよかった。返還前、まだパスポートの時代に東京に来てた先輩たちは本土の人にアパートを貸してもらえなくて、悔しい思いをしていたらしいからね。どうにか就職して、会社の寮みたいなところに入っても、今度はそこで沖縄出身の人たちが集まってお酒を飲むわけ（笑）。早く寝ればいいのに深夜まで大騒ぎするもんだから、すっかり不動産会社や大家の間で「沖縄の人には部屋を貸さない」ということになってしまったらしいよ。沖縄の人は、ただでさえ一人でお酒を飲めないからね……ましてや当時は沖縄のこと、沖縄の人のことなんて誰も知らない時代で、慣

*15　具志堅氏の暮らした小禄にほど近い明治橋を終点に、沖縄本島を縦断する道路。米軍が整備した「ハイウェイNo.1」をもとにしているため、県内では「一号線」と言ってもかなり通じる。起点は、実は海を挟んで遠く離れた鹿児島県鹿児島市である。

*16　沖縄出身の上原康恒、上原晴治（フリッパー上原）のプロボクサー兄弟。ともに具志堅氏より一足早くデビューしている。二人の兄である上原勝栄は、具志堅氏を高校時代に下宿させ指導した人物でもある。康恒は一九八〇年にスーパーフェザー級の世界王座を獲得している。

れない土地で。「沖縄人お断り」という貼り紙をしてるお店もあったというから、もう家で飲むしかないよね。それで集まってしまったら、大騒ぎもしたくなるのは仕方ないですけどね。

そんなわけで、僕が東京に出てきたときも、まだ「沖縄の人間がアパートを借りるのは難しいよ」と言われていましたね。僕は幸いとんかつ屋の寮に入れて、運よくデビュー二年で世界挑戦できたから、そんなに苦しい思いもしないで済みました。でも、パスポートで来た先輩たちはやっぱり、相当に大変な思いをしてきたんですよ……本土でつらい目にあって、いろいろな思いがあってね。だけど、沖縄に帰ったってやれることはないから、みんな我慢して、頑張って東京に残っていたんだよね。

宮沢　そういう方々にとって、用高さんが世界チャンピオンを獲ったというのはとても大きなことだったでしょうね。

具志堅　甲府でチャンプになって、東京に戻ってきた時は、そりゃもう、すごい騒ぎでしたよ。沖縄から出てきて本土に住んでる人たちが、本当に大喜びしてくれてね。いろんなところに呼ばれて顔を出すんですが、そういう時にみんなが最初にかけてくる言葉が「おめでとう！」じゃないんです。「ありがとう！」なんですよ。

沖縄は同じ苗字の人が多いから名前で呼ぶんだけどね、みんなが「用高！　ありがとう！」って言うんだよ。これは嬉しかったね……僕も東京に来たときの心細さを知っているから、同じ思いをしてきた人たちが喜んでくれると思うとね。みんな「お前には、すごく助けられた」って言うんですよ。例えば会社勤めをしてる人に言われたのは、僕がチャンピオンになった翌日に、今まで特に親しくもなかった人が「おい、沖縄からすごいやつが出たな」と話しかけてきてくれたりして、それから会社でたくさんの友達ができたとか。「初めて一緒に酒が飲めたんだ」ってね。そういう人たちがいっぱいいたわけですよ。そんな思いがお客さんたちにあることも、初めて知ったなあ。

宮沢 そこから、沖縄に凱旋した時はどんなお気持ちでしたか？

具志堅 試合後、一週間くらいは東京にいたんですよ。野球選手に会ったりして……王貞治さんとお会いしたときは、興奮しましたね。チャンピオンになって二日後くらい、二十一歳の若造でしたから。

それから沖縄に帰ったんですが、那覇空港に着いてみたら、またものすごい騒ぎでしたね。空港からオープンカーで国際通りをパレードするんですけど、何万人という人が集まってたらしいね。国際通りから安里を抜けると、ちょうど僕の通っていた興南高校があるんですよ。そこまで向かう道々で、「用高〜！」という声が聞こえるの。それで、ようやく実感がわいたね……「チャンピオンになったんだ」と思ったよ。その二日後に今度は石垣島に渡ったんだけど、まさか同じオープンカーがまた島にあるとは思わなかった（笑）。サンダーバードだったかな……当時はああいうアメ車がいっぱいあったねえ。

それまで石垣と那覇は船で行き来したことしかなかったんだけど、この日、生まれて初めてのプロペラ機で二時間くらいかけて島の空港に降りたら、そこでもやっぱり大騒ぎで。一万人くらいの人が集まってくれたね。空港の周りから、市役所まで人、人、人だった。当時はまだ民放のテレビが映らなかったから、みんな一日遅れで電器屋に集まって、那覇で録画したビデオで試合を見ていたらしいよ。実家のほうは公民館があるから、公民館に集まったりして。僕の現役の間、ずっとそんな感じだったらしい。まだまだ、島にはテレビは遠かった（*17）ね。

当時は沖縄県が観光に力を入れはじめていた頃で、それまでは九州の温泉地なんかが主な行先だったけど、沖縄県が復帰して、そこから沖縄にブームが移っていこうとしている時だった。チャンピオン時代は那覇に帰る時も、石垣に帰る時も、飛行機の中は半分くらいが新婚旅行に来た新婚さんだったのを覚えていますよ。

王者になったことで生まれた「沖縄のために」の思い

宮沢　チャンピオンになって、沖縄に対する思いは何か変化がありましたか？

具志堅　僕は世界王者になってからもとんかつ屋でバイトしてたし、ほとんど誰とも会わずにジムと往復するだけの日々は変わっていなかったけど、沖縄出身の人たちが、僕がそこにいることを聞きつけて、お店に集まってくれるようになりました。「会社で試合のチケットを頼まれてるんだけど、なんとかならんか」とか言ってさ（笑）。

でも、昔から本土で働いてる先輩たちは、なかなかそういうところに来づらかったと思うんですよ。だけど、例えばチャンピオンとして鶴見（*18）の沖縄県人会とか、東京の県人会に呼ばれていくと、そこにはそういう先輩たちもいっぱいいる。あの人たちの喜んでる顔を見たら「やっぱり頑張らないといけないな」と思った。それから、だんだんと沖縄のことを思ってリングに上がるようになったよね。だから、僕も、世界チャンピオンになったからボクシングを続けることができたんですよ。そうでなかったら「沖縄のために」みたいな気持ちになることもなく、こんなつらい競技、とっくにやめてたと思うよ。そこでようやく、「沖縄のために」と思ってまじめになった。

とんかつ屋も辞めないで、五回目の防衛まで働いたね。住んでたのも、相変わらず他の社員と同じ寮の部屋だった。朝の五時になると、その社員が起こしてくれるんだ。「おい、ロードワーク。

*17　石垣島など、先島諸島で民放テレビの放送が始まったのは一九九三年十二月十六日。
*18　横浜市鶴見区の沿岸部は古くから工業地帯として栄えた労働者の町であり、中国、韓国・朝鮮、そして時代が下るとブラジルやボリビアなどから労働者が歴史的に多く集まってきた。沖縄からも戦前、そして一九五〇～六〇年代の戦後困窮期にかけて多数の県人が移住した。低賃金や重労働、そしてインタビュー内で触れられているような差別にも耐えながら数多くの人が定着、今では「沖縄タウン」と呼ばれるようなスポットにもなり、隣接する川崎市と並んで沖縄の文化と出会える場所になっている。

ロードワーク行かなきゃ」って（笑）。

宮沢　当時は返還からまだ四年くらいで、沖縄のことをきちんと知らない人も多かったし、偏見や壁があったと思うんです。その中で、チャンピオンとしての用高さんがそれを打ち破った。その後に渡嘉敷勝男さんも続いて。

具志堅　僕は渡嘉敷がいたから、引退できたんですよ。十四回目の防衛戦（＊19）で負けたあと、ジムの会長に「リターンマッチをやってほしい」と言われたんです。何度も何度も、時には夜中まで説得されてね。当時は、九十日以内にリターンマッチをしないと、試合の興行権が世界ランク一位になった相手方に移ってしまう決まりがあったんです。リターンマッチをやればテレビの放映権とか、チケット収入とか、億単位のお金になる。だから、ジムとしてはどうしてもやりたいわけです。だけど、僕は「沖縄の後輩が待ってるから」と言って断った。

やりたい気持ちもあったけどね、地元の沖縄で負けたのが悔しかったから。でも、それでよかったんじゃないかと、自分では思っていますよ。その後、渡嘉敷は見事にチャンピオンになったからね。僕が沖縄で初めて世界タイトルを獲って、十四回目で負けたけど、僕の前には頑張ってきた沖縄のいろんな先輩たちがいて、僕の後にもいろんな後輩たちが出た。よかったですよ、次々と沖縄からチャンピオンが生まれてね。世界チャンピオンも、アマチュアのチャンピオンもたくさん出てくれた。あそこで引退できたから、第二の人生もいいものになったんじゃないかなと思いますね…

…でも、最近は沖縄のボクシング、パッとしないんだよなあ。なんとかしたいんだけどね。

宮沢　具志堅さんで初めて沖縄の人を知った、初めて沖縄が「顔」のある場所になった……という僕のような人も、当時は多かったと思います。僕もそれまでテレビで南沙織さんやフィンガー5を見たりしていましたけど、アイドルとか芸能人として見ていただけで、「沖縄の人なんだな」と意識して見たことはなかったですし。

具志堅　宮沢さんも最初に言っていたけど、本土では、沖縄の人の名前も読めない人が多かったからね。僕もチャンピオンになるまでは「これ、なんて読むんだ?」って聞かれることもよくあった。別に「読めない」くらいならいいけど、差別がひどかった昔はもっといろいろ言われたり、大変な思いをした人もたくさんいたらしいよ。沖縄の人は名前ですぐにわかってしまうからね。

宮沢　不利になるので、内地に来てから名字や名前を変えた人（＊20）も多かったですものね。

具志堅　僕の前、アメリカのパスポートの時代に本土に来た先輩たちは、大変だったと思うよ。あまりちゃんと聞かなかったけど、仕事を見つけたりするのもひと苦労だったと思う。アメリカのパスポートを持ってるから、交通違反で捕まってもそれを出せば見逃してもらえるという、いい目も

＊19　具志堅氏は一九八一年、初の凱旋試合として沖縄県具志川市（現・うるま市）の具志川市立総合体育館で十四回目の防衛戦を開催。ペドロ・フローレスに十二回TKO負けを喫した。

見たらしいけどね（笑）。みんな、復帰でパスポートが使えなくなって悔しがってたのはおもしろかったな。

そういう人たちの中には、頑張って成功した人もたくさんいる。会社の社長になったりね。さっきも言ったように、「島に戻ってしまったら、自分には何もない」というハングリー精神があったからだと思いますね。だから、成功した後も東京の生活になじんで、なかなか沖縄には戻らないねえ。僕なんて、島はいいと思うけどなあ……僕の世代になると、高校の同級生は本土に出た人もみんな沖縄に戻ってしまって、家を継いだりしてるけどね。先輩たちは戻らないね。

具志堅ボクシングのリズムは「鳩間節」のリズム

宮沢　そういう苦難の……誰も沖縄のことを知らず、沖縄出身というだけで差別を受けた時代を経て、今は、スポーツ選手も、芸能界も、沖縄の出身やルーツであることを誇らしく掲げながら活動するようになった。それは、具志堅さんが開けた扉だと思うんです。

具志堅　嬉しいよ。いろんな人たちが出てきて活躍しているのは、本当に嬉しい。ただ、僕の前にも南沙織さんとか、フィンガー5なんかもいた。復帰前、僕が島にいたころは沖縄ではキャバレーが大はやりしてたから、そういうところや、基地の中でも歌っている先輩がたくさんいた。ああいう人たちがいて、ボクシングでは上原兄弟なんかもいて。そのうちに僕もチャンピオンになって、それからその後は安室奈美恵さんとか、仲間由紀恵さんとか、野球選手もたくさん出てきたし、バスケの選手も今は人気だよね。そういった、いろんな人たちにつながっているのは、先輩たちのおかげなんですよ。

僕がチャンピオンの頃は、まだまだ本土から来る人のほうが圧倒的に人気だった。それはそれで

*20 沖縄の近現代史において、「改姓」「改名」は常にヤマトとの関係の中にあった。第一次大戦後の「ソテツ地獄」(大不況)以降、疲弊する経済状況からの脱却を図るために、移民や出稼ぎがその主な解決策となっていた。その過程で沖縄の言語や風俗を「改善」し、「日本人」になることが官民を挙げて求められたことがその背景にある。苗字なら「仲村渠（なかんだかり）」を「仲村」「中村」、「東江（あがりえ）」を「東」、「大城（うふぐしく）」の読みだけを「おおしろ」とする、名前では「ウシー」を久子、「カマド」を安子に変更するなど、さまざまな例がある。

大正中期には教育家の島袋源一郎が「沖縄県人は県外・海外の居住者だけでなく、将来のため特殊の姓はすべてこれを読み替え、また、特異のものは改正すべきである」などと主張し、改姓運動を展開した。一九三七年、沖縄教育界の中に設置された「姓の呼称改正に関する審査委員会」が、「具志頭（ぐしちゃん）」を「ぐしかみ」、「新城（あらしろ）」を「しんじょう」とするなど八十四の「読み替えるべき姓」を発表、そうした動きを受け県当局は制度的にも改姓・改名手続きを簡略化し、改名しやすいようにしている。また、名前だけでなく一九三八年の国家総動員法の施行以降、官民有志を網羅した「沖縄生活更新協会」が発足し、女学校の教員を中心に「琉装全廃運動」が起こるなど服装の本土化、標準語使用の励行、冠婚葬祭の改善が呼びかけられた。

戦後、戦火で焼失した戸籍を復活すべく一九四七年に「臨時戸籍」の編成が行われたが、その際にヤマトでの通りがよい名前で申請するものが跡を絶たず、一九五三年以降の改姓・改名は家庭裁判所への申立が必要になったが、それでもその数は多かった。

こうした動きは沖縄県内で自ら起こったものではあったが、そもそもの背景にヤマトとの非対称な関係や、沖縄からの出稼ぎ者に対する差別・偏見のまなざしがあったことを無視することはできない。

美空ひばりとか、小林旭とか、すごい歌い手が来てみんなを楽しませてくれたのは素晴らしいことだったと思う。あちこちのホテルのディナーショーとか、チケットもまったく取れないほどだったらしいですね。

宮沢 美空ひばりさんの沖縄公演（＊21）のときは、離島からもたくさんの人が来て、港がすごいことになっていたという話を今でも聞きます。

具志堅 当時の本土の歌手の人たちは、本当に沖縄を勇気づけてくれたと思うよ。この前も那覇でタクシーに乗ったら、お爺さんのドライバーさんが大きな音で演歌をかけててね。

沖縄は歌の島だからね。やっぱり、みんな歌が好きなんですよ。演歌も、ポップスも、それから民謡も、みんな好きだよね。僕の生まれた八重山は民謡の一つの中心地ですから、僕も島にいるときから、民謡をずっと聴いていましたね。「安里屋ユンタ」（＊22）とか、「鳩間節」（＊23）とか。「鳩間節」のリズムはね、僕のボクシングのリズムと一緒なんですよ。

宮沢 えっ、それはすごい話ですね。

具志堅 あの「トン、トントン」というリズムね。子供の頃から結婚式とか、いろんなお祝いで「鳩間節」を歌ったり踊ったりするのをよく見ていたんですけど、そのリズムや構え、立ち姿なんかが、ボクシングによく似てる。あの歌は腰をグッと落とさないと踊れないんですけど、ボクシングも、腰を落とさないと絶対にノックアウトのパンチは打てないんですよね。そういうのは、もしかしたら沖縄に生まれた運があったのかもね。

お袋も芝居や歌が大好きでね、子供の頃はよく連れられて見に行ったよ。家の仕事で疲れてしまうと、仲田幸子さん（＊24）の沖縄芝居ね、あれを見に連れて行ってくれた。子供だから意味はわからないんだけど（笑）、周りの大人が笑ってるのは楽しかったね。亡くなった平良とみさん（＊25）なんかも、石垣に公演に来てましたね。

＊21　日本歌謡界を代表するスターであった美空ひばりは、まだ復帰前の一九五六年八月に初の沖縄公演を行なっている。会場となった映画館「国映館」には一週間で五万人の観衆が詰めかけ、会場は急遽改装工事を行なって収容人数を増やし、離島から観客を乗せて訪れた漁船で那覇港が埋め尽くされる大フィーバーとなった。一九八二年には「沖縄返還十周年記念コンサート」も行った美空の歌碑が現在、那覇市金城のがじゃんびら公園に建てられている。

＊22　もとは八重山諸島の竹富島に伝わる古謡で、それに三線で伴奏をつけた「安里屋節」がある。島の絶世の美女と、彼女をものにしようとする役人のやりとりを描いている。現在世の中に浸透しているのは、一九三四年に星克作詞・宮良長包作曲でレコード化されたバージョン。これを「新安里屋ユンタ」と呼ぶむきもある。

＊23　八重山諸島の鳩間島に伝わる民謡。もとは儀礼的で荘重なメロディの「本節」と呼ばれるものであったが、大正時代にそれをアップテンポで快活なものとして再解釈した「鳩間早節」が生まれ、広く歌われるようになった。島の美しい風景を歌いながら、一説には重税を取り立てる役人への反感を裏に込めているともいわれる。

＊24　一九三三年生まれ、沖縄喜劇の女王とも呼ばれる舞台役者。十五歳で劇団入団後に喜劇に転向し、一九五六年に「劇団でいご座」を旗揚げ。一貫して民衆の視線に立ったウチナーグチの喜劇を沖縄のみならず本土や海外でも演じ続け、高齢により二〇一九年の劇団活動を終了した後も二〇二〇年には「仲田幸子の店」を開店、九十歳を目前にしてもなお、沖縄の人々に笑いを届けている。

＊25　一九二八～二〇一五。沖縄演劇を代表する俳優として、数々の舞台で活躍した。一九九九年、中江裕司監督の映画『ナビィの恋』で主人公のナビィ役、二〇〇一年のＮＨＫ朝の連続テレビ小説『ちゅらさん』で主人公の祖母役を演じ、全国的に「沖縄のオバァ」として認知された。

宮沢　民謡の歌い手もたくさん来ていたんですか？

具志堅　いっぱい来ていたよ。正月とか、ハーリー（＊26）とか、豊年祭（＊27）のときとかね。いろんなタイミングで。瀬良垣苗子さん（＊28）の歌も、民謡クラブかどこかで聴きました。その後、東京でもお会いしましたよ。

宮沢　「うんじゅが情ど頼まりる」ですね。知名定男さんが提供した。

具志堅　それですよ。それを、若い人たちもいっぱい、民謡クラブで歌っていましたねえ。あとは普久原恒勇だよね。「芭蕉布」、いいよねえ。

最近はちょっと行けてないけど、沖縄に行くたびに民謡クラブに一度は顔を出してましたね。若狭とか波之上、国際通りとかね。タクシー運転手をしながら歌っている石垣島の同級生とか、まわりにも民謡を歌う人はたくさんいますね。

宮沢　国際通りだと、与那国島出身の宮良康生さんのお店もありますね。

具志堅　そうですねえ。「十九の春」を歌った本竹祐助さんなんかも、与那国の生まれだったはずです。

私はなんだかんだ言ってやっぱり島が好きだから、東京でも高円寺の「抱瓶《だちびん》」には、先輩に連れられてよく行ってました。亡くなった先代のママさん（＊29）が石垣島の生まれで、お世話になったんですよ。まだパスポートの時代に東京に出てこられた方だったはずです。

変わりゆく島の姿への思い

いやあ、こうして沖縄の話をしてるだけでも楽しいねえ。宮沢さんは沖縄にはどれくらい足を運んでるんですか？

宮沢　コロナの流行もあったのでここ一年半くらいは行けなかったんですが、その前は月に二回は

＊26　「爬竜」と漢字表記する。毎年旧暦五月四日（ユッカヌヒー）に沖縄県各地で開催される、装飾したサバニ（木製の漁船）で会場を競走する神事。糸満など「ハーレー」と呼ぶ地域もある。

＊27　ここでは八重山地方の豊年祭（プーリィ、プーリンなどと呼ぶ）について語られている。近世までほとんどの人口が農業従事者であった八重山では、その年中行事も稲・粟などと関わりの深いものが多い。特にその年の収穫を感謝し、次の年の五穀豊穣を願う儀礼をプーリィ、プーリン、プイなどと呼び、通常この行事のことを豊年祭と呼び習わしているが、この呼称自体は「本来沖縄にはなく、村芝居という語とともに明治のころマスコミ・教育界を通して入ってきた」と『沖縄大百科事典』（沖縄タイムス社 一九八三）は述べている。海の彼方の楽園ニライカナイから豊年を運んでくると考えられるミルク（弥勒）神を迎える行列やツナヌミンと呼ばれる演舞、大綱引きなどが行われるほか黒島では舟漕ぎ競争が行われるなど、島によっても行事のバリエーションがあるが、基本的にはその年の収穫への感謝、そしてクナツユー（来夏世）やエンヌユー（来年世）における豊穣を祈願する、農耕と深く結びついた儀礼である。

＊28　一九三八～二〇一六。「復帰」前年の一九七一年、知名定男の作詞・作曲で発表した「うんじゅが情（なさき）ど頼（たぬ）まりる」が沖縄県内で七万枚を売り上げる大ヒットとなる。以降、「義理と情」「情念（なさき）」「ゆすぬ花」などの情歌で沖縄の人々に広く愛された。

＊29　東京・高円寺の名店として名高い「抱瓶」グループ創業者の高橋淳子さん。十六歳で石垣島から単身上京し、二〇一二年に七十三歳で永眠するまで、東京で沖縄の食や音楽文化を感じることができる場所を作り続けた功績は計り知れない。

行っていました。
具志堅　やっぱり、向こうに行くと元気をもらうことがあるでしょう。
宮沢　そうですね……なんというか、何かを取り戻したような気持ちに、いつもさせてもらっています。用高さんは「いずれは島に帰りたい」とは考えないんですか？
具志堅　家族がすっかり、こっちで生まれ育ってますからねえ。子供も孫も島が好きなので年に一度は行ったりしますけど、年に何度も行ったり来たりしているのは僕だけ。
ただ、これはもうどうしようもないことかもしれないけど、石垣島に行っても、昔のよさがもうないからね……。実家はあるし、姉とか兄も向こうにいるんだけど、島の様子はすっかり変わってしまった。
宮沢　今は本土の人たちの、人気の移住先になっていますね。
具志堅　かと言って、石垣から那覇に渡ると、こっちはこっちですっかり東京みたいだからねえ。高層ビルやタワーマンションがたくさん建っちゃって、どこに行っても広告とか、食べ物の看板だらけだし。
宮沢　那覇は今や、大都会ですものね。
具志堅　道路も大きいのができて、様子が変わってしまったね。それでも、ブラっと歩いてると、やっぱり楽しいんですよ。農連市場（＊30）のあたりなんかもすっかり変わっちゃったけどね、それでも、「ああ、那覇にいた頃はこのへんで遊んだなあ」と懐かしくなるね。東京にいても月に一回は沖縄のことが思い出されて、今すぐ飛んで行きたいという気持ちになる。コロナの前には、月に一度は必ず行ってましたね。今は、結婚式くらいじゃないとなかなか行けないけどね。実は、先週行ってきたばっかりなんですよ。（※対談時期は二〇二一年秋で、全国的に感染者が激減していた時期にあたる）

宮沢　ほう、結婚式。石垣ですか？

具志堅　那覇。ボクシングの後輩のね。結婚式、楽しいよね〜。

宮沢　沖縄の結婚式は、すごい人数が集まりますよね。今はようやくやれそうな状況になっているとはいえ、大変でしょう。

具志堅　人数は絞ってやったけどね。本当なら四百五十人くらい集めたいところだけど、絞って……三百八十人くらいだったかな。

宮沢　絞れてない（笑）。

＊30　戦後の焼け野原にできた闇市を始まりとし、一九五三年に琉球農連（現・JA沖縄）が統合して設置した市場。農産物にとどまらず鮮魚や精肉、惣菜など小規模店が集まる県民の台所として六十三年にわたり親しまれたが、建物の老朽化や一帯の再開発事業によって二〇一七年に建て替え。「のうれんプラザ」として再オープンした。

具志堅　それだけの人数がいて、乾杯の前にはみんなもう飲んでるからね。宴会場の人がお酒を運んでくるのを待てなくて、自分でお酒を運んでくる人もいるし。みんな、ずーっと飲んでる。それで、あとはもう歌と踊りの余興だね。みんなが舞台で二時間くらい、めいめいに披露してさ。それがまた、上手なんですよ。プロ顔負けでさ。

この二年、なかなかそんなふうにできなかったからねえ。みんな嬉しそうでしたよ。

宮沢　僕が沖縄の結婚式でいいなと思うのは、ご祝儀がだいたい一万円なんですよね。余計にお金を取ることもせず、引き出物はそのぶん慎ましくなるけど、そのぶん、たくさんの人に集まってもらおうという。

具志堅　そうだね。親戚や友人だけじゃなく、町内とか、近所の人たちとかが来る。そういうところも、まだまだ、昔の沖縄が残っているところだなと思いますね。

宮沢さんは、本島だとどこに行くことが多いんですか?

宮沢　僕は最近、国頭《くにがみ》や東、あとは大里や知念あたりに行くことが増えました。勝連のあたりも好きです。あのあたりにはまだエイサーや地域の芸能が、昔のままの形で残っている感じがしますね。

具志堅　逆に北谷《ちゃたん》、読谷《よみたん》あたりは再開発がすごいね。ホテルがたくさん建っちゃって。昔はさとうきび畑ばかりだったんだけどね。恩納《おんな》とか、今帰仁《なきじん》とか、ああいうところにもリゾートが建って、お客さんが集まっているよね。

観光客は来てもいいけど、島を汚さないで、島と仲良くしてほしいと思うな。竹富島に行っても、ほとんど島の人と会わないですからね……。歩いてるのはみんな本土の人とか、観光産業の人ばかりになっててね。

宮沢 スポーツでも、音楽や芸能でも、いろいろな人がその扉を開いて、壁を少しずつ壊していった。ただ、そういう文化的な壁があったのは、やはりヤマトと沖縄の歴史の帰結だとも思うんです。そういうことを何も知らないまま、本土の人が沖縄の観光資源だけを楽しんでいることを、ヤマトの人間としてどう考えればいいのか……と思うことはあります。

具志堅 でも、若い人の間では、もう最初から壁なんてないなと思うことも多いよね。それ自体はいいことなんじゃないかな。

例えば、うちのおじいやおばあが元気だった頃は「ヤマトンチュと結婚するなんてとんでもない！」という空気がまだまだあったよ。だけど今はもう、そういうのはないでしょう。沖縄の若い人が本土の人と結婚するのは、ごく普通のことになった。そういう人の交流だけでも、だいぶ雰囲気は変わったと思いますね。若い子もいろいろ勉強しているから、ヤマトンチュというだけで線を引くようなことは、ほとんどなくなったんじゃないですか。

宮沢 そうであればありがたいとは思いますが、それは沖縄の人たちの寛容さによるものですからね。コロナの間に本土からウイルスを運ぶリスクも考えず沖縄に〝避難〟していた人たちもいましたし、ヤマトのほうの意識は何も変わっていないんじゃないか……と思うこともあります。とは言え、沖縄出身のさまざまな方の活躍によって、昔のような露骨な差別がなくなったことは確かでしょうね。その先駆けとして、用高さんのような存在がいたわけですが。

具志堅　いや、すべては僕よりも前から出てきた先輩たちがいたおかげですよ。僕なんて、大変だったのは東京に出てきて王座を獲るまでの二年ちょっとくらいだもの。もっと、ずっと大変な思いをしてきた人たちがいるからね……。

宮沢　そうですね。僕たちも、そういうことを忘れてはいけないなと思います。

「ウージの森」はデートスポットだった

具志堅　それにしても、今日は楽しかったです。「島唄」は大好きな歌で、昔からずーっと聴いていますけど、もう三十年になるんですね。僕が引退して三十五年なのか……。時間が経つのはあっという間ですね。

宮沢　僕も、作った時は二十五歳でした。

具志堅　この歌の歌詞は、沖縄のどこの風景を歌っているんですか？

宮沢　出だしは読谷の、当時たくさんあったさとうきび畑の風景を歌いました。途中からは糸満や、南部の戦跡……ひめゆり学徒隊やガマのイメージになりました。戦跡を見て、自分があまりに何も学んでこなかったことに情けなくなって、それであの歌を書き始めたんです。

具志堅　「ウージの森で　あなたと出会い……」のくだりを聴くと、島で遊んだ子供の頃を思い出すんですよ。みんな、本当にウージの中で女の子とデートしてたからね！（笑）さとうきびの収穫の時なんかに、ハブに注意しながら、その森の中で女の子と遊んだりするわけですよ。森のようにさとうきびが茂っていて、人目がないからね。まるでそのときの記憶が書かれているようだったから、びっくりしたよ。

宮沢　あの表現に関しては、「森じゃなくて畑だろう」と言われたこともあったんです。でも、八重山出身の大島保克（＊31）が「いや、宮さん、あれは森でしたよ。子どもの頃は、あれは森だった」と言ってくれて、ホッとしました。

具志堅　僕らが遊んだウージの畑のまわりは農道だし、車も通れないから、子供の頃から絶好の遊び場でしたよ。中に入るとウージがガサガサ言って、姿は見えなくても誰がどこにいるか、わかる

＊31　一九六九年、石垣市生まれ。一九九三年に『北風（にしかじ）南風（はいかじ）』でアルバムデビュー。石垣の芸能の本拠地・白保で代々「ひばり」の屋号を持つ家に生まれた背景から伝統的な民謡を探究する姿勢と、現代音楽家・大友良英の世界ツアーへの参加や米国テキサス州で行われる音楽・映像・インタラクティブアートの祭典「サウス・バイ・サウス・ウェスト」でも公演を行うなど、沖縄や日本にとどまらない世界音楽とアクセスする姿勢を併せ持った稀有な唄者である。

んです。そうこうしているうちに馬車が停まって、そこに収穫したさとうきびを運ぶ。それだけの日々でしたけど、今考えると楽しかったですねえ。景色はもう、全部変わっちゃったけどね……。
コロナが落ち着いたら、宮沢さんとも一杯飲みたいですねえ。月に一度くらい、沖縄出身の芸人さんとか、若い人も呼んで「具志堅会」というのをやってるんですよ。そちらにもぜひ。

宮沢　それは楽しそう。ぜひお邪魔したいです。

具志堅　沖縄出身で頑張ってる若い人たちも来てくれたりするから、とても嬉しいし、楽しいですよ。みんな酒が強くてね。ずーっと飲んでるうち、やっぱりみんな少しずつダウンしたり、限界を迎えて帰っていくんだけど、いつも（夏川）りみちゃんが最後まで残ってる。あの人は本当に強いね。酒のチャンピオンだよ。

宮沢　（笑）。

〈二〇二一年十一月二十九日　東京都内にて収録〉

ぐしけん・ようこう―一九五五年、石垣市生まれ。一九七四年にプロボクサーとしてデビューし、一九七六年に山梨県甲府市の山梨学院大学体育館で行われたファン・ホセ・グスマンにKO勝利を収め、WBAライトフライ級の世界王座を獲得。以降、一九八一年に沖縄県の具志川市立総合体育館でペドロ・フローレスに敗れるまで、十三戦連続で王座を防衛する。引退後はタレント活動のほか、後進の指導も熱心に行う。

対談

又吉直樹

記憶と生活に流れ込み、歴史と接続する「沖縄」

第一線のお笑い芸人であると同時に芥川賞作家でもある又吉直樹氏は、しかしそうしたカテゴライズの言葉が陳腐に聞こえるようなマージナルな佇まいの人物でもある。沖縄と奄美から出稼ぎに来た両親の間に大阪で生まれ、二つの異なる文化の差異を感じつつ育つという、沖縄と日本の近現代史における人の移動の縮図にも似た来歴の中に、どのような「沖縄」があるのか。又吉氏の語る沖縄の姿から、確かに又吉氏自身の中にも流れ込む島の歴史、人々の個人史、人生観や死生観を覗く。

アパートの隣同士で出会った父と母

宮沢　又吉くん、今日はありがとうございます。
又吉　よろしくお願いします。
宮沢　又吉くんは大阪出身で沖縄の生まれ育ちというわけではないですが、親御さんが沖縄のご出身でいらっしゃるというルーツにすごく意識的ですよね。そんな又吉くんの中に、いったいどんな形で「沖縄」が流れ込んでいるのかを知りたくて、今日はお話を伺っています。
又吉　そうですね……。僕は父親が沖縄出身で、母親は奄美の加計呂麻島（＊1）出身です。二人が仲良くなったのも、言語の感覚やニュアンスが近いので、お互い方言を理解できる部分がある、というのがきっかけだったそうなんです。両親は家では方言で話すわけではなかったんですが、それぞれ自分の親や親戚と話すときは方言を使っていました。僕は方言がわからないので「何を話して

＊1　奄美大島から大島海峡を挟んで南に位置する島。行政区分上は鹿児島県大島郡瀬戸内町に属する。太平洋戦争末期には作家・島尾敏雄が特攻隊の隊長として配備されており、一九四五年八月十三日に出撃命令が下るも、出発の前に敗戦を報せる玉音放送を聞くことになった。現地で恋仲になった小学校教員の大平ミホと結婚し、ミホものちに作家・島尾ミホとして世に出る。敏雄の提唱した、日本をはじめとする島々を天皇制を前提とする国家観から見るのでなく単なる島の連なりとして捉える「ヤポネシア」の概念は、新川明らの反復帰論（山城知佳子氏との対談注21参照）にも大きな影響を与えた。

いるんだろう」と思ったのが、最初の沖縄的なものの体験だったと思います。
あと、家では話さないとはいえ、やはり両親の言葉の端々には少し方言的なニュアンスが混じるので、それを聞きながら育った僕はそれが関西弁なのか、沖縄の言葉なのか、わからずに育ったんですよね。それで、小学校に上がると、例えば「ゴーヤー」とか……今なら伝わりますけど、一九八〇年代や九〇年代だと、まだあんまり伝わらなかったんです。「ゴーヤーって何？」と周りから言われるわけです。それ以外にも、ちょっとした単語で「それ何？」と指摘されることがあったりして。そういう体験があったので、「沖縄というのは独自の文化や言葉があるんだな……」と、だいぶ小さい頃から感じてはいました。

宮沢　なるほど。

又吉　あとは、うちの父はなんというか、ちょっと人との距離感とかが……独特な人だったんですよね。友達からも「まったんのお父さんって、変やな」と言われる感じで。僕はサッカーをやってたんですが、僕がいないときにチームメイトたちが公園でサッカーしてたら、父がお酒を持ってその様子をじっと見ていたらしいんです。「まったんのお父さんや」ってみんな一瞬身構えたんですが、「おまえら、ちょっと集まれ」って言われて、砂場に連れて行かれ、そこに台を作って花札を教えられたそうなんですね（笑）。さすがにお金を取られたりはしなかったみたいですけど。
そういう父だったので、僕も「ちょっと変わってんのかな」と思ってはいました。ただ、父は今名護に住んでるんですけど、大人になってから名護にいる父を見ていると、やってることは大阪時代と何も変わってないのに、まったく浮いていないんですよ。「なるほどな……」と思いました。父は父で、大阪にいるときはきっとなんだか歩幅が合わないとか、なぜ周りから浮いてしまうんだろうという思いを抱いていたんだと思います。外で飲むのが好きな人で、そのへんの道端とかで飲み始めちゃうんですけど、大阪だとそれはやっぱり怒られたりするわけです。僕らも僕らで、「お父さん、なんでそんなことすんの」とか、「それはちゃうやろ」と、事あるごとに言ってましたし、父が抱えていたそういうものには、大人になってから気づきました。

宮沢　ご両親は、別々に大阪に出てこられたわけですよね。それぞれ大阪に来られた、移民一世なんですか？

又吉　父は沖縄が返還されてちょっと後に、一人で渡ってきたそうです。母は沖縄に仕事がないということで、家族みんなで大阪に渡ろうとなって。その中でまず母だけが看護師になるためにいち早く大阪に来て、一人暮らしを始めたみたいですね。

父がよく言うには……競輪選手（＊2）になりたかったらしいんです。でも、試験会場にたどり着けなくて諦めた、と（笑）。どこまで本当かわからないんですが、本人はずっと「競輪選手になりたくて、会場に行こうと思ったけど、場所がわからんかったんや」と言ってますね。

宮沢　さっきの、大阪で所在なさげだったという話を聞いていると、何かを示唆しているような…

…と思ってしまいますね。

又吉　父と母は偶然、同じアパートの隣同士に住んでたらしいんですよ。一人暮らしだった母は、隣の部屋から父と同郷の何人かで酒盛りをしている声の、聞こえてくる方言のニュアンスが似ているので「隣に奄美の人が住んでるんだ」と思って嬉しかったそうです。

それで、ある日母が出勤しようとすると、父が路上で吐いていたと（笑）。看護師なので「大丈夫ですか？」と声をかけたのが出会いなんだそうです。「隣の奄美の人だな」と思ってたら、まあ沖縄だったんですけど。そのあと父がお礼にスイカを母のところに持って行ったのが、二人の始まりらしいですね。その街で、僕も生まれたんです。大阪の、ちょっと京都寄りにある寝屋川市というところでした。

宮沢　出会いって、そういうものなんですね……。ここまでの話で、僕はもう小説を書けそうだな（笑）。

又吉　僕の前に姉が二人生まれて、僕が生まれてから同じ寝屋川市内の文化住宅に引っ越したそうです。そこで僕は十八まで育ちました。五人で暮らすには狭いところでしたけど、沖縄独自の文化なのか、父の沖縄の友達が割と頻繁に泊まりに来ていました。しかも、数ヶ月という期間で長期滞在することもあって。狭い文化住宅に、その人もずっと家族みたいにして住んでる……ということが、ちょいちょいありましたね。

宮沢　沖縄から大阪に出てくるのは、当時もまだ大変なことだったでしょうしね。大正区（＊3）なんかだと戦前から来ている人もいっぱいいるから、仕事を探しに来た人がそういう先人を頼って来て、先人たちも後から来た人たちのためにバラックを建ててあげたり、居候させてあげたり……ということが昔はかなりあったようですし。

反対に、沖縄に行くことはあったんですか？

又吉 父方の祖母や親戚はみんな沖縄にいたんで、僕の子供の頃は、母親が正月とか夏とか、なんとか年に一回くらいは……という感じで父と子供たちだけは沖縄に行かせてくれていました。なので、よく行ってはいたんですけどね。夏とかは長くて、一ヶ月くらいいました。

宮沢 かなり長く行っていたんですね。少年の目から見る沖縄はどうでしたか？

又吉 毎回、行くのが楽しみでしたね。華やかなイメージがあって、食べたことのないアイスクリ

＊2 現在の形の競輪は一九四八年、財政難に喘ぐ自治体の救済や自転車産業の振興を目的に誕生した。爆発的なブームとなり一九四八～五三年の短期間に全国で六十三もの競輪場が建設されたがあまりの過熱に事件や批判が相次ぎ、規制も強化されたことで世の中の競輪熱は急激に冷め、大阪府内では四つあった競輪場のうち三つが六十年代半ばまでに廃止された（本文で語られている復帰後の時点では岸和田競輪場のみが存続）。この間米軍統治下にあった沖縄はすべての蚊帳の外であり、復帰時には公営ギャンブルは衰退していたため、現在まで沖縄には競輪のみならず競馬・競艇・オートレースといった公営ギャンブルの会場も場外券売場もない。

＊3 大阪市を構成する二十四行政区のひとつ。区名は木津川にかかる大正橋から取られている。もともとは河口の三角州であったところに、江戸時代以降廻船問屋、次いで近代には工場が多く立地したことで地方出身者の出稼ぎ先ともなった。特に戦前から沖縄出身者、朝鮮半島出身者が多く、戦後も沖縄からの移住者が集中した。各所で受ける差別から身を守るため県出身者が集住したことにより、現在も沖縄県系の住民が非常に多い。

ームを食べられたりもするし。
ただ、沖縄の親戚たちって、みんなすごく元気なんですよ。優しい人たちなんですけど口調も強くて、「おい、直樹。もっとしゃべれ」とか「お前のお父さんはたくましいのに、お前はなんだ」みたいな調子で言われる。僕は内向的な子供だったので、最初はなんだか怒られてるみたいな感覚で、ちょっと怖かったですね。小学校に入るくらいの頃には慣れて、それまで以上に好きになりましたけど。対照的に、加計呂麻の母方の親戚たちはみんなどっちかというと内向的です。僕の性格はそっちに似ているのかもしれません。
宮沢 加計呂麻にも行っていた?
又吉 そっちは全然行ってなかったんですよ。母方の祖父母も、母の兄弟もみんな大阪に出てきて、此花区に住んでいたので。その先の祖父母の兄弟とか親戚は加計呂麻にいましたが、母は僕の四つ上の姉が生まれてから、僕が高校三年生になるまで、一度も加計呂麻に戻らなかったですね。おそらくは予算の問題で。
宮沢 直行便があるわけでもないし、大阪から加計呂麻に行くというのは、沖縄よりも大変かもしれませんね。自分は故郷に帰らずにお父さんと又吉くんたちを沖縄に行かせてくれたお母さん……。
又吉 僕は自分で書く文章でも、人とする話の中でも、両親の話がすごく多いらしいんですよ。小説を書いていてもそうで、「なんでお父さんはあんなことしたんだろう?」「この時、母はどう思ってたんだろう?」のように思ったことが反映されている部分も多いと思います。生まれて一番最初に見た人でもあるし、人生で一番長く見てきた人でもあるわけで、永遠のテーマみたいになっていますね。それで自分のルーツにも興味があるので、同世代の中では両親がどこで生まれて、どう育ってということをいろいろ気にして、読んだり調べたりしてきたほうだと思います。

歴史に蓋をせず、どのように向き合うか

宮沢 寝屋川だと、周りにあまり沖縄ルーツの人はいなかったんじゃないですか?

又吉 いなかったですね。すごく珍しがられました。「又吉」という名前をからかわれて、「マタキチ」って呼ばれたり。それはまあ、よくある子供っぽいあだ名というか、差別という感じではなかったですし、嫌な感じはしませんでしたけど。ただ、寝屋川自体は家賃も大阪市内のほうに比べれば安いし、いろいろな地方出身の人はたくさん住んでたイメージがあります。

何人かは沖縄の人もいて、名前でわかるんで「お父さんは沖縄?」「そやで」という会話をしたりはしてましたけど、特段それが多いというわけではなかったです。

宮沢 小学校だと、一九八〇年代の後半とか九〇年代前半?

又吉 そうです。僕は八〇年生まれなので。

宮沢　お父さんとお母さん、名護出身の人と加計呂麻出身の人が隣の部屋に住むというのもすごい偶然ですけど、大正区のようにどこにいても同郷の人に出会うというような環境ではなかったがゆえの馴れ初めだった。又吉くん自身も、近い文化ではなく遠いルーツとしての沖縄を意識しながら、大阪の人間として成長することになったわけですね。大正区の沖縄コミュニティの濃さは先人たちが受けてきた差別と裏表の関係にありますが……又吉くんもいろんなことはあっただろうけど、そういう明確なアイデンティティの境界を意識せずに育ってきたことが、又吉くんというパーソナリティや、その才能を育てることになったのかもしれないと思います。

又吉　両親に聞くと、大阪に出てきてすぐの頃は……自分たちが当事者ではなかったけど、同じように沖縄から出てきた友達が、職場で物がなくなったりしたりすると真っ先に「知らん?」って聞かれるようなこともあったみたいですけどね。沖縄というだけでそういう扱いを受けた時代に、具志堅用高さんがボクシングの世界チャンピオンになったじゃないですか。だから、うちの両親は具志堅さんのことが本当に大好きですね。

宮沢　復帰前後の歴史を語るとき、誰に話を聞いても具志堅さんの名前が出てくるのは本当にすごいな……。

戦前や戦後に沖縄から大阪に出てきて、大正区を中心に住み始めた最初の頃の人たちは、本当に大変だったと聞きますね。言葉も通じないし、名前も文化も違うし、お店には「朝鮮人・琉球人お断り」なんて貼り紙があり、じゃあ外で飲んだり歌ったりするとこれまた煙たがられるという扱いを受けてきた。テビチ（＊4）を食べたいけど、自分の家で七輪で焼くとウチナーンチュであることをアピールするようなものだから、工業地帯の端までずーっとひたすら歩いて行って、そこで焼いて食べていたという話もあるくらいで。そんな目に遭うものだから、飲んだくれて大阪や本土の悪口をずっと言ってたり、喧嘩したりする人もいたそうです。

大阪で生まれたその子供たち……いわば移民二世の人に聞くと、そんな親の姿を見て、嫌でたまらなかったという人も多いですね。琉球のルーツを嫌い、自分は大阪で生まれたのだからと、なるべく大阪に同化しようとしてきた人もたくさんいるんです。

又吉　ああ……なるほど。難しいですねえ。

宮沢　ただ、一方で、教育や文化の方面に進んだ人たちを中心に「前の世代の悲しみの中には、何があるんだろう」と考える動きや、「こうしているばかりでは、自分たちはこのまま沖縄のルーツを失ってしまう」という危惧も生まれた。そういう人たちが、少しずつ子供たちに三線やエイサーを教え始めたところ、一世の人たちは反発したり、止めたりしたらしいんです。「やめろ。そんな

＊4　豚足は中国、台湾、朝鮮半島、九州を中心に一般的に食べられており、東アジア文化圏の沖縄も例に漏れず日常的な食材。沖縄では煮付けやおでんの具として使用されることが多い。

ことをしたら、また差別されるぞ」と。

それでも子供たちが一生懸命練習して「安波節《あはぶし》」（*5）を覚えたりして、少し形になった頃に「じゃあ、老人会で歌いましょう」ということになって一世の人たちの前で歌ったら、みんな大号泣したそうなんです。「自分たちは、なぜもっと自分たちの文化を誇り、守ることができなかったのか。差別を恐れて、文句を言ってるばかりだった」と……。一言で「沖縄コミュニティ」と言っても、ただ時間が流れてきただけじゃなくて、いろいろな人の思いが積もったり溢れたり、時計の針が進んだり戻ったりしながら、現在につながってきたんですね。

もちろん、一世の人たちが辛い記憶や、差別とか貧困の歴史を語らず、自分たちと一緒に葬っていこうとする気持ちも想像はできる。お店に「沖縄人お断り」という張り紙があった頃のようなあからさまな差別がなくなり、地元に溶け込んで、むしろ沖縄に明るいイメージを持たれている世の中に生まれた子供たちが、そんなことは知らないまま無事に育っていってほしい……というのも、人の心ですよね。どっちが正しいとか間違っているという話じゃない。

又吉　そうですね。

宮沢　ただ、僕はそろそろ……ちょうど復帰五十年ということもあるし、個別の出来事のどれがいい／悪いではなく、誰かの経験を「なかったこと」にするのではない形で、フラットにいろいろな話をするという方向に進まなければならないのではないかな……と思います。語りたくないことを暴くとか、無理やり語らせるということでもなく、それぞれの人が「実はこんなことがあったんだ」という話をし始めてもいい時なのかなと。

ちょっと脱線しますが、沖縄では「ジュリ馬祭り」というお祭りが毎年春（＊6）に行われます。これは琉球王国時代からあるお祭りで、今の那覇のバスターミナルから波の上に至る渡地、仲島、そして辻といったエリアに遊廓（＊7）があった頃、「ジュリ」と呼ばれた遊女たちがきらびやかな衣装を着て、馬の頭を模した木の板を首からぶら下げながら街中を練り歩くというものです。遊女たちは普段は廓の中にいますが、この日だけは街に出るということで、地方から……遊女には地方から、家族の生活苦のために売られてきた人が多かったんです。男の子は糸満の漁師のところに売

＊5 三線や民謡を学ぶ人のための練習曲としてしばしば使われる曲。現在の国頭村安波地区で、男女が忍ぶ恋をする様子を歌っている。実は琉球音階ではなく律音階である。

＊6 二〇二〇～二二年は、新型コロナウイルスの影響で祭は中止。神事のみ執り行われた。

＊7 伊波普猷『沖縄女性史』（初版一九一九、現在は平凡社ライブラリー二〇〇〇）によれば、那覇の遊郭は一六七二年に制度化された。日本の遊郭とは違い、極めて特殊な「女性の共同体」としての性格を持っていたといわれる。自身も辻遊郭に売られて一九四四年まで過ごした上原栄子の著書『辻の華 くるわのおんなたち』（初版一九七六、現在は新篇 時事通信社二〇一〇）には、〈約三百軒もあるといわれた妓楼のどこにも、女たちを支配する男性が一人もいなかった〉との記述がある。とはいえ、公娼制度のもとで主に貧困を背景にした「ジュリ売り」がまかり通っている実情はあり、戦前から廃娼運動を行う人々との間での議論やせめぎ合いがあった。一九四四年の十月十日の那覇空襲によって辻一帯も焼け野原になってしまったが、ジュリたちの一部はその後、日本軍によって慰安婦や看護婦として動員させられている。

られたりして。誰もが貧乏な時代でしたからね。その親たちが、娘の晴れ姿をこっそり見に、地方からやってくることができる。そういう日でもありました。もちろん、遊女たちの中には悲しみ・苦しみを抱えて生きた人も多かったので、ただの祭りではなくて、彼女たちを慰めるため、練り歩きの前には神人《カミンチュ》たちが街の拝所やお墓できちんと奉納のお祈りをします。

沖縄における遊郭というのは我々のような音楽家にとっても特別な場所で、特に明治期以降は琉球舞踊や伝統芸能を継承する場として、そして、民謡文化の一つの発信地として重要な役割を果たしてきました。現在はジュリはいませんが、ジュリ馬のお祭りの時にはこうした芸能関係の方や、周辺の料亭などにお勤めの方が奉納や練り歩きをするんです。

そういう慰霊とか、記憶や文化の継承という背景があったからこそ、日本復帰によって公娼制度が廃止（＊8）されても、祭り自体は細々と続いていました。しかし、一九八九年に一度途絶えてしまったんです。

又吉　それはどうしてですか？

宮沢　世界的に女性の権利運動が大きなうねりを見せる中で、ジュリ馬に対しても「公娼制度の歴史を肯定するものである」といった批判の声（＊9）が寄せられた。それで続けられなくなったんですね。借金のカタに娘を遊郭に売るというのはもちろん今では許されないことだし、公娼制度がさまざまな社会的な問題の中で存在していたのは間違いない。ただ、その構造を客観的に検証することと、この場所に生きた一人ひとりの女性たちの存在や、彼女たちの中から生まれた文化の存在すらも否定してすべてを埋め立ててしまうことは、まったく違います。どんな歴史であっても、当事者たちの営みを他人が全部「なかったこと」にするのは絶対に間違っている。何事も蓋をしてタブーにしてしまうのではなく、すべてが「あったんだ」と話すことが大事なんです。

幸いジュリ馬は二〇〇〇年になってから「やはり記憶の継承が大事なんだ」ということで有志の方が復活させて、遊女たちの歴史や記憶も含めてきちんと発信されているので、それはよかったと思います。

＊8 日本では一九五七年に売春防止法が施行され、一九五八年に赤線が廃止。公娼制度は終わりを告げた。だが当時は米国統治下であった沖縄や小笠原諸島にはこれは適用されず、沖縄では一九七二年の施政権返還によって完全施行された。

＊9 一九七〇年代以降、第二波フェミニズムの流れの中で、沖縄では一九八五年、沖縄の姉妹神信仰からその名を取った女性団体「うないフェスティバル」が結成された。基地など沖縄の社会問題を女性の視点から問うことを目的にしたこの団体のワークショップにおいて一九八六年、「ジュリ馬行列は公娼制度の名残りであり、その祭を那覇市が助成することは買売春の歴史を容認するものである」という議論が提起された。そのためジュリ馬祭りは翌年「那覇旧廿日正月祭り」と名称を変えることを余儀なくされ、那覇市の助成もストップしたため、八八年からは中断となる。九八年の復活後も助成は再開しなかったが、有志の努力で祭りは少しずつ往時の賑わいを取り戻し、二〇一八年には那覇市長が初めてジュリたちの霊前に献花を行うなど、歴史と文化の再評価は進んでいる。

注7で述べた伊波普猷は沖縄学の父と称される人物であるが、その伊波にしてジュリたちを「尾類」と好んで当て字するなど、認識や記述の端々に遊女たちに対する偏見や蔑視が垣間見える。ジェンダーやセクシュアリティについての社会的な議論の中で性産業従事者が知識層の認識の埒外に置かれる事例は現在も多く見られ、それは沖縄においても現在進行形の問題である。本件においても、当時「ジュリ馬」という祭りそのものを問題にしたことは、フェミニズムの担い手たちさえも性産業従事者に対する偏見の陥穽から逃れ得ていなかったことの表れではないかという疑義が後世の研究者から寄せられている。

胸の内を語ることのなかった祖父、そして父

宮沢 又吉くんは沖縄の歴史や文化のことを、ご両親からはどんなふうに聞いていましたか?

又吉 僕の両親が教えてくれるのは、歴史を大きく俯瞰で見るタイプの話ではなかったですね。ほとんど自分が見たものとか、どんな暮らしをして、どんなことを経験してきたという話で。どっちかというと僕のほうが、本なんかで年表的な大きな出来事を見ていて、親にはそれと照らし合わせながら「この時どうやったん?」と聞く感じでした。

ちょっと受け身なところがある人たちなのかな……と思うんですよね。年表とかニュースで見たような物事に対して「どう思う?」とか、「これはすごく嫌なことなんじゃないの?」と聞いても、それについての答えは返ってこないんです。例えば、又吉家のお墓の真ん前に、辺野古の海が見えるんですよ。つまり、そこが新しい基地の建設予定地(*10)なんですけど、僕自身はそれが気になるんですよね。先祖や、おじいちゃんもそこにおるし、せっかくきれいな景色なのに、正面に基地ができてしまうのは嫌だなと思う。けれど、親戚たちに聞くと「あー、なんか、できるらしいなあ」くらいの感じなんです。そこは普段遠くにいる僕なんかとは感じ方が違うのか、実はすごくいろいろなことを考えているけど語らないだけなのか、ちょっと量りかねるのであまり聞けないな……と思うところです。

もし後者であるならば、僕とは比較にならないほどいろいろなことを考えて気にしているんでしょうし、自分たちなりの処理の仕方もしていると思うんですけどね。

宮沢　受け身というか「いったん受け入れる」というのは、沖縄の一つの処世なのかもしれないね。そうすることでしか、先に進まないものもあるから。

又吉　僕は父方の祖父も、曽祖父も、ハワイに行ってた（*11）んです。ハワイに移民して、向こうで暮らしていたんですよ。祖父だけ戦争の前に沖縄に帰ってきたんですが、英語が話せたおかげで、戦争でもなんとか命が助かったらしいんです。米軍が防空壕に隠れた住民に投降を呼びかけるわけですけど、英語がわからないからみんな出ていかないんですよね。それで、火炎放射器でやられた

*10　辺野古は、沖縄県名護市の東海岸側の一地区。又吉氏の故地である汀間からは、大浦湾を挟んだ向かいに位置する。総面積の大部分を米軍のキャンプ・シュワブと辺野古弾薬庫によって占有されている。現在、大浦湾に面した海上に、宜野湾市にある普天間飛行場の代替施設建設を建設する計画が進行中。二〇一八年十二月には反対の声を押し切ってついに海中に土砂の投入が始まったが、その後地盤が「マヨネーズ並み」に軟弱であることも発覚、工事の行方は不透明なままである。

*11　日本からハワイへの移民の歴史は一八六七年（明治元）年に現地に到着した「元年者」と呼ばれた人々に遡るが、沖縄からのハワイ移民の開始は意外と遅く、第一回のハワイ移民は一九〇〇年、二十六名。鳥越皓之は『琉球国の滅亡とハワイ移民』（吉川弘文館二〇一三）において、当時「琉球王」と仇名された沖縄県知事・奈良原繁の強権的な姿勢に反発した自由民権論者が農民の困窮を解消するために移民を主導する傾向があったことで奈良原が許可を出し渋ったためという側面を指摘する。一九〇八年までは渡航に制限のない「自由移民」時代だったが、次第に現地の労働者の反発が高まると、先に暮らす家族や縁者からの「呼び寄せ移民」だけが許可されるようになった。一九二四年以降は、排日移民法により日本から米国への移民そのものが規制された。

りした。でも、ハワイ帰りの人たちは英語がわかったので、「こういうことを言ってるよ」とみんなを安心させて、投降できたことで命が助かった人も多かったんだそうです。沖縄中でそういうことがあったと聞きました。

祖父もその一人だったようで、その後、いろいろな人が「あの時はありがとうございました」と家を訪ねてきてくれたりしたみたいです。戦後、最初は英語が話せるので名護近辺の米軍の施設で働いたらしいですね。ある時、そこで働く沖縄の人に対する給料の未払いがあったらしくて、祖父が上の人に「払ってやってくれ」と英語で手紙を書いて給料を払わせたこともあった、というのは聞いたことがあります。

宮沢　へぇー。

又吉　ただ、米軍の施設で働いてるぶんには稼ぎはよかったらしいんですけど、途中で米軍を辞めて、さとうきび畑を始めたらしいんです。米軍のために働くのが嫌だったのか、家族といる時間を増やしたかったのか……真意は誰も聞いていないみたいですけど、「おかげで又吉家は貧乏になったんだ」と、親戚はみんな言いますね。

宮沢　米軍を辞めて、さとうきび栽培に移ったその中に、どんな心があったんだろう。そのおじいさんも含め、又吉くんのお父さん方には「過去の余計なことは語らない」という人たちが多いんですね。

又吉　みんな明るくて感情表現もハッキリした人たちなんですけど、そういう話のときだけ、僕が思うような怒りみたいなものは、絶対に前に出さないですね。どう考えているのか知りたくて「どう思う？」と聞いても、何も語らない。ちょっと不良っぽいところもある父の性格を考えたときに、そこだけ、なんだか一致しないんですよ。でも、その不一致が父という存在のリアルなのかもしれない。内に秘めた思いがあるなら、僕は聞きたいんですけどね……。

これはどういうことだったのか今でもわからないんですけど、一度、下北沢で飲んでるときに、たまたま沖縄出身の人がお店にいて、声をかけられたことがあって。父が沖縄だというのをテレビか何かで知ってたと思うんですけど、もう最初から「直樹～」って、下の名前で呼んでくるんです（笑）。僕も「あ、どうも。先輩ですね」とか言って。最初は「地元は名護のあそこだろ。俺も名護だよ」みたいな感じだったんですけど、なんか、飲んでるうちに謝られ始めたんですよ。その人が言うには彼は名護の中でもお金持ちの人らしいんですけど、「直樹のお父さんたちには悪いことしたな」と言って、しきりに謝ってくるんです。父が楽しい思いをしたこともたくさん聞いてきましたが、そういうのから推測すると、いろいろと大変なことはあったのかなと思います。

「自分は沖縄とつながっているんだ」と自覚した九〇年代

宮沢　なるほど……。ところで、今までの話を聞きながら僕の頭の中でお父さんを映像化してみたんですが、そのお父さんの息子である又吉くんがお笑いの道に向かったというところが、ちょっとまだわからないです。

又吉　父は大阪にいる時はちょっと浮いてて、危険な感じもする人でした。「これ、みんなに嫌われたりするんじゃないか」と思うような人で、見ていて冷や冷やするところがあるんですけど、沖縄に行った時には水を得た魚のようになって。父がいるとみんなが笑うし、盛り上がるんです。「ああ、愛されてるんだな。ここがホームなんだな」というのがわかるんですよね。

子供の頃の正月、親戚の集まりで誰かが三線を弾いて歌っているときに、父も立って踊り出したことがあって。それがめちゃくちゃウケたんですよ。「うわ、かっこいいな」と思ったけど僕にはそんなことする勇気はなくて、端っこで見てたんですが、親戚の誰かに「直樹も踊れ!」と言われて。父親がせっかく盛り上げているんだから……と嫌々ながらも踊り出したら、父よりウケてしまったんです。

宮沢　(笑)。

又吉　まだ子供だし、踊りも下手だし、ということで、よりウケたんですね。人に促されてではありますけど、初めて自分の取った行動で爆発するような笑い声を聞いたことが、すごく気持ちよくって。ドキドキしました。

その後、台所で麦茶を飲んでたら、父親がやってきて。褒めてくれるのかと思ったら「あんま調子乗んなよ」と言われたんです。自分の子供に、ちゃんと嫉妬してて。まあ、父はそういうタイプなんですけど、そういう体験が僕の芸風を作っているという気がします。調子に乗ると怒られる、でもウケると気持ちいい……というバランスが成立しているように思いますね。実際に表現をするときはそんなことまで考えているわけじゃないんですけど、父の影響はものすごく大きいです。

宮沢 昔の漫才の映像を見させてもらっていると、確かにそういう緩急のバランス感覚は感じますね。沖縄芝居の笑いから影響を受けているところもあるんじゃないかと思うんですが、どうでしょう？

又吉 影響かどうかはわかりませんが、沖縄の笑いのリズムは好きですね。子供の頃、大阪でいう新喜劇みたいな感じの芝居をテレビでやってたのをお正月に親戚の家で見て、めちゃくちゃおもしろかった覚えがあります。そういう劇中のセリフとか、あとは歌でも、僕は沖縄の言葉がわからないのでいちいちおばあちゃんや親戚に聞くんですけど、そうすると、みんな笑うんですよね。みんなは理解できてるから、僕が聞いただけでおもしろいらしくて。そこには悔しさもありましたけど（笑）、そういう思い出があるから、子供の頃から沖縄の民謡も大好きで。寝る前に聴かせてもらったりしていました。

ＴＨＥ ＢＯＯＭも「島唄」の前から好きで聴いてたんですよ。姉がいるので、ＣＤが家にありましたし。「島唄」が出たのは僕が小学校高学年の頃で、カセットテープに録音して、繰り返し聴いていました。歌の背景とか、そういうことはわからないけど、「あ、これは沖縄のことを歌っているんだ」ということはわかったので、嬉しかった覚えがありますね。

宮沢　「島唄」を作ったのは、音楽の世界に限って言えば、色々な音楽家の活動によって沖縄と本土の間の壁が少しずつなくなっていった時代でした。そのときに小学校だった又吉くんの世代は、沖縄にゆかりのあるスポーツ選手や芸能人がたくさん活躍するのが当たり前になっていく過渡期に育った世代ですよね。当時の、沖縄と日本の関わり方が変わっていく時代の雰囲気というのは感じていましたか？

又吉　小学生だったのでそんなにハッキリと変わり目を意識していたわけではないですけど……あの頃、ＮＨＫの大河ドラマで『琉球の風』（＊12）というのがありましたよね。さっき言ったように僕の「又吉」という苗字は寝屋川ではやっぱりすごく珍しがられていて、一度、寝屋川市の住人の電話番号が記載されているハローページを開いて調べたら市内に三軒しかなかったのをよく覚えているんですが、『琉球の風』を見てたら、スタッフロールに「又吉さん」がいたんですよね。「おお、おるおる」って（笑）。自分の住んでいる街では何十万の中の三軒しかない苗字が、この、全部で何十人のスタッフロールの中にもいる。自分はやっぱり、沖縄と関係のある人間なんだな……というのをそこで改めて感じました。

宮沢　又吉という名前を昔の人は「マテーシ」と呼びますが、僕の三線の多くは又吉真也さん（＊13）という素晴らしい職人さんが製作したものです。芸術方面に進んでいる人もたくさんいるし、メジャーな苗字でもある。それはまあ確かに、下北で「直樹」って呼ばれるよね。

又吉　そうですね（笑）。「島唄」もそういう、改めて沖縄と自分の関わりを考える流れの中にあって。当時は僕に限らず周りの同級生もみんなハマって聴いてたので、学校のお昼の給食の時間に、校内放送でも繰り返し流れていたんです。そうするとやっぱり、少し誇らしいというか……それ以前から友達に「まったんって沖縄なんやろ」と言われたりしていましたが、そんな時も「別に自分は沖縄に住んだことないしな……」と思いつつ「そう言われるのだから、半分はそうなんだろう」とい

＊12　正式タイトルは『琉球の風 DRAGON SPIRIT』。一九九三年一月十日から六月十三日まで、大河ドラマとしては異例の半年という期間で放送された。江戸時代初期、薩摩に支配され、その圧迫に苦しみながらも強く生きる琉球の人々を描いた。オープニングは大河としてはこちらも異例のボーカル曲である谷村新司の「階～きざはし～」。第一話をはじめ、劇中では前年に再建が成ったばかりの首里城正殿のロケーションが長時間にわたって使用され、視聴者に絢爛な琉球文化を印象づけた。この年の後半の大河ドラマは平安～鎌倉初期にヤマトの中央政権に対抗した東北の武士団や奥州藤原氏の盛衰を描く『炎立つ』で、一年にわたって日本の権力の周縁に置かれた人々の営みを扱った。ちなみに、本書制作の時点で同作キャストとして確認できる「又吉さん」は俳優・又吉究。

＊13　三線職人の又吉真栄氏は名器〝マテーシ千鳥〟〝マテーシ鶴亀〟の製作で有名であり、一九七八年に文化功労賞を授与されたが、その弟子であり息子である又吉真也氏の三線を宮沢は好んで使用している。「島唄」の録音でも真也氏の三線を使用。

うくらいの意識はあったんです。だから、みんなが沖縄のメロディに夢中になっているということは単純に嬉しかったですね。「次に沖縄に行ったら沖縄の音楽を聴こう」と思って、民謡のCDを買ってもらって聴いたりしていました。だから、沖縄の文化にちゃんと自分から興味を持ったのは、「島唄」のおかげなんです。

宮沢 住んでいるわけではなくても、又吉くんの中にはすでに沖縄があったんですね。僕は時折「沖縄の子供たちにメッセージを」なんてマイクを向けられたりするんですけど、そういう時に話すのは「あなたたちは沖縄に生まれて、そこで育っていると思っている。けれど、例えばそこに生えている木や、そこにある海と同じで、あなたが沖縄の一部なんだ。ただ沖縄に生きているわけじゃなくて、あなたがいるから沖縄なんだ」ということです。又吉くんも、又吉くんのお父さんや親戚の人たちも、きっとそういう沖縄の一部なんだと思う。誰も気づいていないかもしれないけど、その人がいることによってその場が完成されたり、風景が成立する。「その人がいなければ、この世はこうはなっていなかった」ということかもしれません。その感覚は、いかに誰かが政治や経済の原理で山を崩して海を埋め立てても、きっとみんなの心の中にあって、埋め立てられないものなんじゃないかと思います。

又吉くんはその後、ちょうど沖縄ブームと言われた時代に成長していったわけですが、それについては何か思うところはありましたか?

又吉　そうですね。僕が見てきた沖縄はリゾートじゃないので……海はあるし、自然は豊かで大好きですけど、親戚がいて、普通に人が住んでいる場所ですから、観光的な見られ方というのはちょっとピンとこなかったですね。

それに、僕が毎年沖縄に行けたのも、小学校の間までだったんです。それより上になると飛行機代も高くなるし、そうそうは行けなくて。その次に行けたのは、高校二年の時の修学旅行でした。観光バスのガイドさんか誰かが「又吉くんは沖縄の人ですか?」と聞いてきて、「父が沖縄で、祖母が名護に住んでます」と答えたんです。それがちょうど、名護パイン園に行く途中のことで(笑)。同じバスに乗ってたサッカー部の監督が「又吉、おばあちゃんおるんか。お前、なんでそれ先に言わへんねん」と言ってくれて、特別に許可が下りておばあちゃんに会えることになったんです。夜にホテルに戻ってきたらいいからということで、パイン園まで親戚が迎えにきてくれて、会いに行かせてくれました。

宮沢　親戚の皆さんも喜んだでしょう。

又吉　喜んでました。急だったし、平日だったのに親戚がたくさん集まってくれて。そういうものを大事にするところが、やっぱりありますよね。

でも、その次に沖縄に行くのは……また、三十歳くらいまで飛んでしまうんです。みんなに会いたかったですし、ずっと行きたかったですけど、なかなか、いろいろ厳しかったので。

三十を超えてまた沖縄に行けるようになると、その頃には沖縄の歴史的な背景への興味も強く出てきていたので、戦跡の多い南部を一人でゆっくり時間をかけて歩いたりするようにもなりました。たまに友人と行くことがあっても、僕の周りの人もだいたいそういう楽しみ方をする人だったりするので、沖縄の観光的な側面には、ほとんど触れてこなかったですね。

宮沢　人の数だけ、沖縄の姿はありますからね。僕はちょうど今日沖縄から帰ってきたんですが、那覇空港には本当にいろいろな目的で来ている人がいる。それぞれの目的、それぞれの理由を受け入れる奥行きがある場所だなと思います。

又吉　僕の所属している吉本興業は沖縄国際映画祭(*14)に力を入れていますが、その第一回のときは、僕はまだピースとして世に出ることができていなかったので、参加できなかったんです。「行ったら親戚に会えるのに」と思って、なんとか潜り込む方法を模索したんですけど、やっぱり無理で(笑)。第二回以降は行けるようになって、行ってみたら……沖縄の人の、沖縄ルーツの人に対する何かがあるんでしょうね。お客さんがみんな「お帰り」って言ってくれる。それも嬉しかったです。

宮沢　又吉くんを「テレビの有名人」という遠い抽象的な存在とはまた違う、自分たちの具体的な暮らしの延長線上にあるものとして捉える感覚があるのかもしれないですね。それは沖縄にいて感じることで、多くの人にとって「ウチナーンチュ」というアイデンティティは抽象的で実体のないものではなく、どこかしら自分と結びつく具体的な材料があるものとして抱いているんですよね。例えば、又吉くんのお父さんの地元には「汀間当《てぃーまとぅ》」という民謡の名曲が伝わっています。汀間の集落に琉球王府から「請人神谷《うきにん》」という役人が来て、丸目加那という村一番の美少女に目をつけて逢い引きするようになった様子を村人が皮肉っているという内容の歌詞ですが、その請人神谷の子孫が今も津堅島にいて、その一人が神谷幸一さん（*15）という民謡の大家なんですね。ご本人がそうおっしゃっていました。沖縄ではそんなふうに、遠い昔の歌の世界がそこかしこで現在にそのまつながっているということが、本当にたくさんある。そういう、遠いところにあるものとのつながりを意識してきた磁場みたいなものが、又吉くんにもまた結びついているような気がします。時間を超えて、人を結びつける力。

又吉　沖縄も、母方の加計呂麻も奄美もそうですけど、そういう背景には音楽の存在がすごく大きいんだと思います。

僕の母方の曽祖父は、結婚式や祝いの席に行くと、必ず三線を弾きながら歌っていたらしくて、

---

*14　吉本興業や県内の企業・団体の協賛により、二〇〇九年から沖縄で開催されている映画祭。「Laugh & Peace」をコンセプトとしており、コメディ的な作品の占める割合が多いのが特徴。

*15　一九四七年生まれ。「浮名ぶし」「命身ぶし」など数々のヒット曲を持つ、民謡界のスター。神谷の地元である津堅島は、諸説あるが歌三線の始祖とされる伝承上の人物「赤犬子」の生誕地とも言われる。歌手の石嶺聡子、神谷千尋はともに姪。

そのカセットテープがたくさん残っているんです。前にテレビの収録で加計呂麻に行った時にその曽祖父の歌のカセットテープを聴いたんですが、ものすごい高音で、叫ぶように歌っていて。「へぇ〜、ひいおじいちゃんはこんな歌い方をしたんですね」と言いながら周りを見たら、親戚のお年寄りたちはみんな「懐かしい……」と泣いていました。まるで赤ちゃんの鳴き声みたいな歌い方だったんで、僕が「赤ちゃんみたいな声ですね」と言うと、「ああ、そうかもしれないね」となって。その場はそれきりだったんですが、その日の収録が終わって、加計呂麻の親戚がみんな集まってくれて一緒に飲んでいる時に、僕のまたいとこが曽祖父の三線を弾き始めたんです。そうしたら、彼の赤ちゃんが泣き始めて。三線を止めてあやすと泣き止むんですが、また弾き始めたら、また赤ちゃんも泣き始める。昼の話があったので「これは泣いてるんじゃなくて、歌ってるんじゃないですかね」と言うと、親戚たちも「おじいちゃんが帰ってきてるんだ」と言い出して。それで、またいとこが三線を弾いて、赤ちゃんがオギャーと泣いてる中で、しばらくみんなで酒を飲むという状態になってました（笑）。

宮沢　すごい（笑）。

又吉　そういう、ちょっと突飛に聞こえる話を受け入れる早さが、本土とはちょっと違いますよね。その空間で、みんなが一瞬で「そうだね」と納得した感じがすごかった。

「どこの人なのかわからない」からこその自由さ

宮沢　琉球弧の島々（＊16）には、それが自分と地続きのものだという意識があるんでしょうね。「そういうことにしとこう」というようなその場限りのおもしろ話じゃなく、みんなにとっては本当に、ひいおじいさんが帰ってきていた。先祖も、これから生まれてくる赤ちゃんも、みんなが一つのつながりの中にいる。そういう意識が積み重なって、たぶん琉球弧の島々の文化があるんだと思うんです。ユタ（＊17）を今でも信じている人が多かったりするのもそうですよね。そんな姿を見ていると、本土の自分たちはいつからいろいろなものと切り離されてしまったんだろう……という気持ちになります。

＊16　定義は文献や研究分野によっても異なるが、『広辞苑 第六版』の定義では種子島や屋久島などの大隅諸島から奄美群島～与論島、琉球諸島、先島諸島を経てやがて台湾に至る、弧状の島の連なりを指す言葉。地質学、生物地理学、考古学、文化人類学などさまざまな領域において研究対象になるほか、近代国家や行政区分による枠組みに囚われない人文的な思考の手がかりとしても言及される。

＊17　琉球弧の島々において、民間で困りごとや悩みの相談・解決を生業とするシャーマン的な役割を担う巫女。県内外においてノロ（祝女）と混同されがちであるが、ノロは首里王府の統治強化政策の一環として御嶽を差配し、地域の祭祀を統括する存在として任命されるオフィシャルな存在であった点で性質は全く異なる。王国時代においてユタの存在は、首里王府が重んじた儒教思想とは相反するものであり、近代においても世俗権力の権威を借りず信仰と民衆を直結させるものであった。統治や支配を目的とする世俗権力には都合が悪かったため王国時代から明治～昭和に至るまで何度も弾圧、摘発を受けてきた。ノロの祭祀的、宗教的役割が琉球王国の滅亡とともに衰えていったのとは対照的に、ユタは現在もなお沖縄社会においては健在である。

そういう感覚が、お父さんやお母さんを通じて、又吉くんの中にも確かに流れ込んでいる。そのことと、大阪で生まれて育ったことが複合的に作用して、又吉くんの今があるんですね。

又吉　大阪の人はすごく大阪の笑いを大事にするし、「大阪が一番や」というメンタリティを持っている方も多いですが……それがいいとか悪いではないんですけど、僕にはそういうのがないんです。それは、やっぱり親が沖縄だったというのが大きいですね。東京に対する偏見とかライバル意識もないですし、「いろんな場所にいろんなおもしろい人がいて、おもしろいことがあるんだ」という相対的な意識が昔からあるのも、それが関係している気がします。だから、昔からよく「大阪っぽくないね」と言われたりもするんですけど。

宮沢　大阪の大先輩みたいな芸人さんも、他の大阪の後輩に対して「なんでやねん！」とドツくような感じでは又吉くんをいじれない雰囲気がある気がしますね。お笑いのことはあまりわからないけど、大阪的な阿吽の呼吸というものとも少し違った、独特な立ち位置があるのかもしれない。

又吉　（笑）。確かにあまりないかも。

宮沢　そういう、明確に「どこどこの人」という雰囲気のない、けれどどこではないどこかに常に半身を置いているような気はする……というところが又吉くんの個性であると思いますが、逆に「自分はどこにも帰属していない」という寂しさを感じたりはしませんでしたか？

又吉　そうですね……僕はいまだに本籍地は沖縄の名護市ですが、生まれたのは大阪の寝屋川市で、今の住民票は東京にあるし、正直、どこの人なのかよくわからないという感覚はあります。もっと「ここ出身」ということを打ち出しているタレントさんとか芸人もいるじゃないですか。でも、僕は「俺の大阪」「俺の沖縄」と大声で言える立場ではないと思っている。けど、だからこそ大阪も好きだし、沖縄も好きだし、東京も好きだと言えるいい距離感が保てているんだ、とポジティブに捉えています。

宮沢 心の中に故郷のようなところがたくさんある、一つの場所に根ざしていることだけがアイデンティティじゃないというのはいいですね。ものの見方は考え方ひとつなんだな……。

僕は長らく沖縄に通って、沖縄のことを知ってるような気になってしまうこともあるけれど、人それぞれの考え方を聞けば聞くほど、沖縄のことを語る言葉や、人に伝えていく方法論は無限にあるんだなと感じます。僕が見ているものだけが沖縄を表現するすべてじゃないし、同時に、僕がやっていることは僕にしかできないことかもしれない。NHKの番組（*18）で、又吉くんと一緒に沖

*18 二〇二一年放送『沖縄ロマン紀行 宮沢和史 又吉直樹 〝琉歌〟巡り旅』。宮沢と又吉氏が本島各地の歌碑をめぐり、その歌が成立した背景に思いを馳せた。

*19 琉歌は単なる「琉球の歌」という意味ではなく、和歌と同じくきちんとした音数の定義がある短詩。不定型の古謡であるおもろを源流としつつも、基本的には「サンパチロク」といわれる八・八・八・六を基本形とし、八音句が四句以上続いて六音句で結ぶ長歌など、いくつかの形式に則って詠まれ、三線と節をつけて歌われもする。沖縄県内には、各地にこの琉歌の歌碑がおよそ二百以上存在する。

縄の各地に残る琉歌の歌碑（＊19）をめぐる旅をさせていただいたりもしましたが、せっかく僕の大好きな沖縄の音楽をああいう形で人に紹介できるようになってきたのだから、僕は僕のやり方を深めていきたいなと思います。

又吉　あのロケはすごく楽しかったです。自分の見てきたものとはまた違う沖縄を、昔の人が歌にした景色を通して見ることができましたし。

宮沢　お互いが琉歌を詠んでみるという最後のコーナーで、僕は又吉くんのご両親の出身地にちなんで、「本部ナークニー」の一節「浦々ぬ深さ　名護浦ぬ深さ　名護ぬ美童《みやらび》ぬ　思い深さ（名護湾のえぐれの深さは有名であるが、名護の乙女の情けはそれよりも深い）」と加計呂麻島の民謡「諸鈍《しょどん》長浜節」の一節を織り込んで「名護浦ぬ深さ　諸鈍浦ぬ深さ　育てぃたる親ぬ　思い深さ」という琉歌を詠みました。

　お父さんは名護から、お母さんは加計呂麻から大阪に出てきて、いろいろな困難もあった中で又吉くんたちを大切に育てたんだなということを思って詠んだんですが、今日はその「育てぃたる親ぬ思い深さ」が、又吉くんのお話からも改めて感じられて、すごくいい時間でした。

又吉　ありがとうございます。この時間だけでも、すごくいろいろと考えることがありました。

宮沢　それにしても、あの時のロケは弾丸だったし、親戚にも会いたかったはずなのに、せっかくの沖縄で石ばかり見せて申し訳なかったですね（笑）。

又吉　いえいえ（笑）、また行きましょう。

〈二〇二一年十二月十七日　東京都内にて収録〉

またよし・なおき｜一九八〇年、大阪府寝屋川市生まれ。一九九九年以降吉本興業に所属、綾部祐二と結成したお笑いコンビ「ピース」のボケ担当として人気を博す。二〇一五年、小説『火花』で芥川龍之介賞を受賞。以降『劇場』『人間』と計三冊の単行本を上梓する小説家でもある。ほかエッセイ集、共著も多数。

対話2

次の回路を探す「ヤマトと沖縄」

大工哲弘
沖縄の〝来たるべき言葉〟はどこにあるのか

中江裕司
野田隆司
「土地から生えている文化」とどう向き合うか

対談

大工哲弘

沖縄の〝来たるべき言葉〟はどこにあるのか

八重山民謡の名手にして、その活動初期から本土はおろか世界各国の音楽家と積極的に交流・共演し音楽性の幅を広げながら平和への思いを歌い続ける姿が、かつて東アジアの海を股にかけて栄えた琉球が掲げた「万国津梁（あらゆる国々の架け橋となる）」という言葉を思い起こさせる唯一無二の唄者・大工哲弘氏。県内の音楽界で反発もあった「島唄」の発表時から一貫してその表現の本質を信じ、擁護してきた人物の一人でもある。復帰以前から音楽とともに移りゆく世を眺めてきた大工氏が考える、沖縄のこの先に必要な言葉、必要な態度とは何か。

三線を再び若者の手に取らせた「島唄」

宮沢　大工さん、今日はよろしくお願いします……というのと、一昨日、文化功労者（＊1）の受賞の祝賀会があったばかりですよね。おめでとうございます。

大工　ありがとうございます。沖縄の本を作るんなら、もう僕より宮沢くんのほうが詳しいんじゃないの？（笑）

宮沢　いえいえ、そんなことは。

大工　それにしても、宮沢くんが沖縄に来るようになって、「島唄」を作って歌って、もう三十年か。正直、ここまで沖縄に深く入ってくるとは、誰も思っていなかったと思うんですよね。

宮沢　そうですね。自分でも「あいつは通りすがりにつまみ食いをしてるだけだろう」と思われているだろうなと、当時は感じていましたから。

大工　でも、宮沢くん自身が沖縄に来て目覚めたところがあるように、「島唄」が売れたことによって、沖縄の人のほうが目覚めたというか、強く刺激されたのは事実ですからね。

＊1　沖縄県文化功労者表彰は、芸術文化の振興、文化財の保護に尽力する等沖縄の文化の振興に功績のあった個人及び団体の功績をたたえ、沖縄県知事が表彰するもの。二〇二一年（令和三年）度は大工氏と後述の上原正吉氏が受賞した。

僕は那覇市役所にも勤めていましたから、二十五年くらいの間、那覇市の勤労青少年ホールという施設で若い人たちに三線を教えていたんです。対象は十八歳から二十八歳までという年齢制限があって、那覇市に住んでるけどなかなか趣味の合う友達ができないし、カルチャースクールみたいなところに行くのもお金がかかる……という人のために、那覇市が無料のサークルを作って、若者に開放していた。書道、英会話、中国語、着付けなど十二のサークルがあって、その中に三線サークルもあったんですけど、若者が三線に集まらなくて。申し込む際にみんな第一希望と第二希望を提出していたんだけど、三線は第二希望にすら入っていなかったね。

とはいえ、那覇市の規定で十五人集まらないとサークルとは認められないので、どうにかしないといけないと思って、頼み込んで他のサークルからなんとか人をかき集めて、ようやく形だけ整えたんですよ。

宮沢　一九九〇年代の初めはそういう時代だったというのは、よく聞きますね。

大工　その時はもう、悪戦苦闘でしたね。他のサークルは四十人くらいいて、春と秋の二期制で交代していくのに、こっちは常に存続ギリギリの人数で（笑）。とは言え、沖縄でずっと三線を弾いてきた人間として、わずかでも文化の種をまいてきたという自信はあったし、その講座は若者たちと交流できる貴重な機会だったからね。「今、こんなのが流行ってるんだな」というのは、講座にいる若者たちをモニターにして知ろうとはしていたんです。

そんなふうにしてる時だったかな、生徒たちが「先生、こんなのがありますよ」と持ってきたのが「島唄」だったんですよ。当時の八センチシングルですよね、あれを持ってきて。そこに長髪を振り乱した、かっこいい若者の写真が載っていて。「宮沢？　誰か、これは？」って思ったね（笑）。

宮沢　（笑）。

大工　そのうち気づいたら、教室に来ている若者たち、三線をまだ習いかけの初心者たちが、みんな「島唄」を弾くようになっていたんですよ。びっくりしたね。彼らにつられて僕も弾くようになったし、みんな自己流で弾いてるもんだから、「ちゃんと楽譜にしたほうがいいな」と思って、僕が工工四《クンクンシー》（*2）に書き写したんです。そうこうしているうちに、歌は口コミで島じゅうにどんどん広がっていった。三線を弾く人もみるみる増えていって、少しずつ売れるようになっていった。今は三線組合（*3）にいるメーグー（*4）なんかも、その頃の生徒だったんですよ。全然三線なんて弾けなかったのが、今や立派に三線の文化に関わっているのを見ると、嬉しくて嬉しくて。

*2　宮沢エッセイ第五章、注21を参照のこと。

*3　沖縄県三線製作事業協同組合。三線の製作に関わる事業者や職人の組合としての役割にとどまらず、三線をはじめ沖縄音楽文化の普及や継承などにも力を入れている。

*4　歌三線の演奏家・新垣恵。沖縄県三線製作事業協同組合のメンバーでもあり、琉球古典音楽野村流保存会師範として古典音楽を志す人から初心者まで、指導と普及にも努めている。

そして、本当に三線が爆発的に売れるようになったのは、一九九五年に那覇市が主催した「さんしん3000」（＊5）の後だったね。あれは、奥武山陸上競技場（＊6）に三線を持って三千人が集まるという壮大なプランだった。その頃には若い子たちはみんな三線を持ってて「島唄」を弾けるようになってるんじゃないかなと思うくらいだったけど、三千人でやるからには、そこに集まる老若男女がみんなで歌う歌が必要だとなった。それで一般から歌詞を公募して、「太陽《てぃだ》アカラ波キララ」（＊7）という歌も作って、その作曲を宮沢くんにお願いしたんだよね。

宮沢　今さらですが……そもそもあの時、どうして僕に作曲の依頼が来たんですかね？

大工　あのイベントは戦後五十年の記念として、みんなで三線を奏でて平和を祈るために行われたものだったから、まずその趣旨をわかってくれる人じゃないといけなかった。それが宮沢くんだと思ったんです。「島唄」を作った意図なんて聞いてはいなかったけど、あの歌からそれを感じたんだよね。

実行委員会のメンバーは五十人くらいいたんですが、その中にも、「なんで宮沢なんか？」と言う人もいましたよ。沖縄のミュージシャンからも「なんで地元の人間にやらせないんだ」という声はあったし、すごく攻撃された。

宮沢　それは、そうなりますよね。

大工　証人喚問みたいな感じで実行委員会に呼ばれてね。「大工さん、なんで宮沢さんなんですか？」

と聞かれるので、『島唄』は、戦後五十年の沖縄の思いを発信するのに適切な歌なんだ。みんなが今思っている妬みや疑問なんかよりも、沖縄の平和への願いを未来に向けて届けていくんだという思いが『島唄』にはある。こんな歌が、他にどこにありますか。宮沢くんにやってもらうべきだという話をしたんです。それを受けて、実行委員長をやっていた宮里千里（*8）くんも「大工さん、その通りだ」と言って一緒に応援してくれたので、実行委員会は納得しました。

*5 正式名称は「Sound Rainbow　天に響めさんしん3000」。那覇市の沖縄戦終結五十周年事業として企画され、一九九五年八月二十八日に開催された。子供からお年寄りまで、三線の演奏歴も数ヶ月から数十年までと幅広い三千人の奏者が集まり、大工氏の指揮による演奏を披露。韓国から後述のサムルノリ、地元・沖縄からはディアマンテス、そして本土からTHE BOOMも参加してそれぞれのパフォーマンスを行い、フィナーレとして課題曲「太陽アカラ波キララ」を全員で演奏。その後はカチャーシーで幕を閉じた。観客総数は二万人。

*6 那覇市の沖縄県営奥武山公園内にある陸上競技場。八コースの四百メートルトラックを有し、NAHAマラソンや那覇まつりといった那覇市を代表するイベントの会場としても使用される。二〇一一年にサッカースタジアムとして再整備する計画が持ち上がり、当初は二〇一七年に竣工予定だったが、二〇二一年末現在も着工の目処すら立っていない。
　現在J2に所属するプロサッカーチーム・FC琉球のJ1昇格条件としてもスタジアムは必須とされるが、陸上競技場の用途変更には市民の反対もあり、また、沖縄振興特別措置法に基づいて国から給付される一括交付金が七年連続で削減されているという政治的な問題も影響して暗礁に乗り上げたままとなっている。

*7 「Sound Rainbow　天に響めさんしん3000」の課題曲。歌詞は公募され、外間完邦・外間完人の応募作が採用された。作曲は宮沢和史。一九九五年八月一日に千枚限定シングルとしても発売された。現在はTHE BOOMの二〇〇二年発表のアルバム『OKINAWA ～ワタシノシマ』にて聴くことができる。

*8 宮沢エッセイ第五章、注4を参照のこと。

宮沢　宮里さんが当時、すごく味方をしてくれたというのは聞いています。

大工　それでも、今度は議会で問題になるんですよ。それはまあお金の問題で、よくある話なんですが、予算が多くかかっていることに目をつけたある議員が「なんでこんなに使うんだ」と言い始めたんです。その議員が僕のところにも来て「大工さんはどう思うんですか?」と言うので、私は怒って言ったんですよ。「あのね、歌とか芸能というのは、無形だよ。形のないものなんだ。そういうものに、すぐに採算とか結果みたいな〝形〟を求めちゃダメだよ。今は形が見えなくても、これは十年後、二十年後にきっと形としてそれは現れるんだから」と。

まあ、文化行政というのは、いろいろな反対の声とか調整ごとがあるのが常なんだろうけどね。エイサーを呼ぼうとしたって、何十もある団体の全員を呼ぶわけにもいかないし、一団体だけ那覇市の名前で呼ぶと、それはそれで他の団体から「なんであいつらなんだ」という声が出る。だから、韓国からサムルノリ（*9）を呼んだんですよ。「サムルノリのルーツはエイサーと同じなんだから」と言ってね。

宮沢　そうか、じゃああの時のステージは、一番真ん中には僕とサムルノリという外から来た人間がいて、沖縄のみんなと一緒にやったということだったんですね。

大工　そう。サムルノリは四人一組で演奏するでしょう。あの削ぎ落とされた感じがかっこいいんだよね。エイサーも四人とか二人とかでやったら、どんなにビシッとして、かっこいいかと思う。

ともかく、そういうぃろんな反対を説得して、ようやく「太陽アカラ 波キララ」の歌ができたわけだけど、今度はそれを三千人に練習させないといけない（笑）。これがまた大変だった。市内のあちこちの公民館を借りてね、お年寄りに集まってもらって歌を聴かせるんだけど、琉球音階ではないから「こんなのが三線に乗せられるか」と言って拒否する人もたくさんいたんです。だから、僕は「いやいや、三線で何でも弾けるんだよ」と言って「♪ハッピー・バースデー・トゥ・ユー……」って弾いてみせたりしてね。そしたら「あれ、本当だね」となって、みんな練習してくれた（笑）。

宮沢 そんなことがあったんですね。

大工 「さんしん3000」の当日は、あの奥武山の競技場に、ずらっと三千人が集まって。みんなで音を出した時には、本当に涙が出たね。ちょっと前まで三線なんて触ったこともなかった若者たちも、今は人間国宝になってるような人たちも流派を問わず、僕のバンマスで演奏してくれて。その真ん中に立っていた宮沢くんの勇姿も、目に焼きついて離れませんよ。

宮沢 すごかったですよね。あの時は、島じゅうの楽器屋さんから三線がなくなったという話でし

＊9 韓国の伝統的な民俗芸能である農楽（ノンアッ）をルーツとし、一九七八年に誕生したグループの名前、またその演奏形態をとる舞台芸術の総称。大人数でケンガリ（小鉦）・チン（銅鑼）・チャンゴ（杖鼓）・プッ（太鼓）などの打楽器やテピョンソ（ラッパ）を鳴らしながら踊り練り歩くという、エイサーと共通した形態をとる農楽を、それぞれの伝統楽器の演奏者であったイ・グァンス（ケンガリ）、キム・ヨンベ（チン）、キム・ドクス（チャンゴ）、チェ・ジョンシル（プッ）の四人が複雑で激しいリズムの舞台音楽として再構成したものである。「サムル」は「四物」、「ノリ」は「遊び」の意。

たし。

大工　どんどん売れていくもんだから、製作が追いつかなかったからね。「島唄」はただヒットするだけじゃなくて、それこそ歌詞に書いてあるように風に乗って、この島の景色を変えてくれたよね。日本全国ばかりか海外まで飛んでいって歌われる、三十年歌い継がれる歌になった。宮沢くん自身も、ただ歌を売るだけじゃなくて、沖縄のことをもっと掘り下げていこうという姿勢があったから、とても嬉しかったですね。

「沖縄民謡なんて」と言われた時代を経て

宮沢　僕があのイベントに関わることができたり、その後沖縄に関わり続けていられるのも、大工さんや宮里さんのように、架け橋になってくれる人がいたからです。大工さんはそもそも、ヤマトの音楽家とどういうきっかけでオープンにつきあうようになったんですか？

大工　最初のきっかけは、長谷川きよし（＊10）との出会いだったんですよ。永六輔さん（＊11）が沖縄に連れてきたんだ。一九八一年に沖縄に「ジァンジァン」（＊12）ができて、そこにね。きよしが「大工さんや知名定男さんにも会いたい」と言ってたということで、会うことになって。それで、どういうきっかけか、コザで毛遊び《もあし》（＊13）をやろうということになったんだよ。

宮沢　へぇ〜。

大工　まあ毛遊びというか、外で飲みながら車座になって、みんなで歌を歌って……という感じだったけどね。そしたら、そのそばで、大音量で音楽かけてるやつらがいるんだよ。誰だと見に行ったら、喜納昌吉だったんだよね（笑）。「毛遊びはアコースティックサウンドでやるものだ」と思っていたら、ちょうど大盛り上がりになってきたところで大雨が降ってきて、全部お開きになった。

＊10　一九四九年、東京都生まれ。シンガーソングライター。十二歳でクラシックギターを始め、小原佑公氏に師事。六七年に石井好子事務所主催のシャンソンコンクールで入賞し、六九年に「別れのサンバ」でデビュー。大ヒット曲となる。

＊11　一九三三〜二〇一六。放送作家、ラジオパーソナリティ、作詞家、文筆家。日本のテレビ放送が始まる前から番組構成に関わった放送作家の先駆けであるとともに、あらゆるメディアで活躍を見せたマルチタレントのはしりでもある。一九六〇年の安保体制に反対する「若い日本の会」を立ち上げ、谷川俊太郎、大江健三郎、武満徹、石原慎太郎、開高健、江藤淳、寺山修司、浅利慶太ら当時二十代の若手文化人とともに活動した（石原、江藤、浅利らはのちに思想を異にしていく）。一九六一年には坂本九の世界的ヒット曲『上を向いて歩こう』の作詞を手がけたことでも知られる。著書『大往生』（岩波新書 一九九四）は二百万部を超える大ヒット。

＊12　一九六九年から二〇〇〇年まで渋谷で営業していた「小劇場 渋谷ジァンジァン」には当時のメインストリームに飽き足らない若手音楽家や芸術家が集い、アンダーグラウンド芸術の一大拠点となった。荒井由美や忌野清志郎、美輪明宏らがステージに立つとともに、後述の竹林竹山や嘉手苅林昌など、単なるポップカルチャーには留まらない「東京の時代、テレビの時代」に対するカウンターの場所として存在していたとも言える。社長・高嶋進は一九八〇年に沖縄ジァンジァン、一九八三年には座間味ジァンジァンを開店するなど、沖縄に傾斜していく（沖縄ジァンジァンは一九九三年、座間味ジァンジァンは八五年に閉店）。永六輔、坂本龍一、清水ミチコなど渋谷ジァンジァンに集った芸術家たちを沖縄へと導く重要な入口となった。

＊13　毛遊びは沖縄で広く行われていた、若者たちの野遊び。男女の出会いの場というイメージが強いが、こうした遊興の中で三線奏者や唄者たちが演奏技術を競い合い、文化が磨かれていく場であったという側面も実は大きい。

昌吉もいつの間にか、機材を片付けていなくなってたね（笑）。

宮沢　（笑）。

大工　それはともかく、当時の沖縄の歌い手というのは、自分だけで弾き語りをするということはなかったんですよ。司会者がいて、それが歌の解説をして、MCもして、歌手は司会に「はい、歌っていただきましょう！」と紹介されて歌うだけというシステムだった。でも、きよしが「大工さんも定男さんも若いんだから、これからは自分で語って、自分で歌うほうがいいと思います。そのほうがお客さんも納得するし、聴きやすいと思いますよ」と言い出して。彼からそういうスタイルを教わったんです。

宮沢　そうだったんですね……！

大工　それで、定男と僕とで「じゃあ、いっぺんそれでやってみるか！」と言ってステージに立ったんです。衣装も着流しじゃなく、ジーパン穿いて（笑）。民謡歌手でジーパンで舞台に出たのは、僕らが初めてだったと思います。若いお客さんは「似合う！」って喜んでくれたけど、年寄りには「なんで唄者がジーパンつけるか」と言って怒られたね。喜納昌吉なんかは上下真っ白な衣装を着てテレビに出たりしてたけど、あれもテレビ局には非難がたくさん届いたらしいですよ。まあ、新しいことをやろうとすると非難されるのは当たり前なんだけどね。僕らはそうやって民謡の世界を改革してきたという自負はあったんですよ。

宮沢　それはいつの頃の話ですか?

大工　復帰直後だったと思いますね。僕が本格的に県外の音楽家と交流できるようになったのは、永六輔さんのおかげです。彼の紹介で、おすぎとピーコとか、淡谷のり子に宇崎竜童なんかも「沖縄ジァンジァン」にやって来ましたね。あそこは沖縄の文化の、大きな拠点だった。社長は高嶋進さんという新潟出身の方だったんだけど、すごく積極的に文化交流をしようという志のある人でね。沖縄のオープニングは、当時ドル箱スターだった高橋竹山さん（*14）だった。

宮沢　僕も矢野顕子さんと一緒に、一度だけ出たことがありますよ。

大工　渋谷じゃなく、沖縄のほうに?　そうか、来たことあったか。今はああいう場所がないから、寂しいねえ。

宮沢　加藤登紀子さんと出会ったのも、長谷川きよしさん経由ですか?

大工　そうそう。だから、僕の県外の人たちとの関係の基礎は「ジァンジァン」で、永さんによって作られたものなんです。

*14　一九一〇〜一九九八。一九六三年に津軽三味線の奏者として初めて全国レコードデビューを果たした。津軽三味線は幕末期以降に成立した比較的新しい芸能であり、竹山以前は全国的な認知はほとんどなかったが、竹山の登場によって一躍知名度を得るに至った。一九七三年に渋谷ジァンジァンに出演、若者の津軽三味線ブームの火付け役となり、一九八三年にはニューヨークやロス・アンジェルス、ハワイなどを回る全米ツアーも敢行。世界に津軽三味線の魅力を伝えた。

当時、みんな沖縄に来るときはノーギャラだったんだよね。ジァンジァンは渋谷も沖縄も、満員になっても何十名しか入らないでしょう。それで、当時は片道七～八万した飛行機賃を払ったら、ギャラなんか残らない。その代わりに桜坂の「おもろ」っていう民芸居酒屋で打ち上げをやってね。みんなでおいしい泡盛を飲んで、それがギャラ（笑）。他のところだったら全然そんなことはできないかもしれないけど、沖縄という風土があったから、それでもみんな喜んでくれたね。そういう交流ができたおかげで、今でも沖縄のイベントにはみんな出てくれますよ。ありがたいね。

宮沢　竜童さんも、定男さんが少し前まで熊本でやっていた沖縄音楽のイベントに毎年友情出演されてましたね。その頃、ヤマトの音楽家は沖縄民謡を聴いて、どういう反応をしていたんですか？

大工　当時はまだ正直に言って、「トロピカル」とか「エキゾチック」みたいな表現しか出てこなかったですね。みんな、聴いたことがなかったし、歌の背景もわからないから。今みたいに「懐かしさを感じる」とか「癒される」みたいな反応すらなかった。

ある時、竹中労さん（*15）が山下洋輔トリオ（*16）を沖縄に送り込んできたことがあったんですよ。「三線とジャズを融合させたい。これは奇跡的なことだよ」と言ってたのに、労さんが来られなくなってね（笑）。そのプロデュースを、定男に預けたんだよ。定男も「わかった、任せてください！」って言って、那覇やコザで三ヶ所くらいやったのかな。僕も嘉手苅林昌（*17）、登川誠仁と一緒に出てね。コンサートは無事に終わったんだけど、そのあと、特に何も起こらなかったんです。打ち上げでどんちゃん騒ぎはしてるけど、沖縄ともっと接点を持ちたいとか、交流しようという気持ちはあまり感じなかった。まあ、彼らにとっては当時、三線や民謡というのはそんなに響かないもの

*15 一九二八年、東京都生まれ。ルポライター、アナキスト。一九四七年に日本共産党に入党、東京・山谷や横浜・寿町など各地のドヤ街で住み込みの肉体労働をしながら労働組合の組織活動に関わり、たびたび逮捕も経験する。一九五〇年代から芸能や性風俗といった庶民の営みを中心にライターとして活動するようになり、「民衆――雑色の風景、そこで音楽は、うたは階級意識よりもすぐれて革命（反革命）であり、窮民を真に革命のエントウシアスモス（憑霊）へと、脱自の叛乱へと導くことを、（中略）（美空）ひばりとの出会いでおいら感得した」（深沢七郎、浅川マキらとの共著『青春遊泳ノート』小社刊 一九七三）ことで現代的な政治経済の論理に周縁化された人々の音楽へと傾倒した。一九六五年に上梓した美空ひばりの評伝『美空ひばり 民衆の心をうたって二十年』（弘文堂、その後『完本 美空ひばり』ちくま文庫二〇〇五）の大ヒット印税を投じて中国・東南アジアを旅する一方、山谷などで労働者の解放闘争を支援する。一九六九年には初めて沖縄を訪問、七年間にわたる「メモ沖縄」（話の特集）の執筆を開始。以降、一九七三年の嘉手苅林昌の渋谷ジァンジァン公演、七四年の琉球フェスティバル（後述）主催など、沖縄の文化と深く関わり、復帰前後における本土との重要な橋渡しをすることになる。『琉歌幻視行 島うたの世界』（田畑書店 一九七五）『にっぽん情哥行』（ミュージック・マガジン 一九八六）など著書多数。

*16 一九六九年、ジャズピアニストの山下洋輔が結成したフリージャズのトリオ。学生運動の激しかった折、結成当初から早稲田大学を封鎖したバリケードの中で演奏するなど、当時の時代精神の中で若者たちに熱狂的に受け入れられた。対談中で触れられている坂田明氏が一九七二年に加入以降、ヨーロッパツアーなども精力的に行い、世界的な評価を不動のものとする。ここでは交流があまり行われなかったという山下氏だが、沖縄にはしばしば訪れており、宮古島出身のベーシスト国仲勝男のデビューアルバムをプロデュースしたり、画家ＴＯＭＭＡＸと深く交遊するなど、沖縄との関わりもさまざまに生まれている。

*17 一九二〇～一九九九。戦後沖縄民謡を代表する唄者の一人。三六年に大阪に出稼ぎに渡り、その後軍属となった折には特例として三線を持つことを許されたという。その後南洋に渡り、サイパンやテニアンなどをさまざまな肉体労働に従事しながら歌い歩いた。一九四九年に沖縄に戻ると「歌いながらできる仕事だから」ということで馬車の引き手になる。その後「やがて世の中が落着いてくると、逆に流浪の生活がはじまる。琉球芝居の下座でタイコを叩き、サンシンを奏で、本島、宮古、八重山の島々、その足跡のいたらぬところなし」（渋谷ジァンジァンでのライブ録音レコード『琉球情歌行』に寄せた竹中労の解説より）という生活を送るうち、「風狂の謡人」など異名をとる。生涯にわたって三十枚以上のアルバムを録音、民謡界に巨大な足跡を残した。

だったのかなと思いましたね。

で、その時に苦労したのが、また僕（笑）。このコンサート自体はお客さんもそんなに入ってなかったから、大赤字になってね。埋め合わせるためのお金をどこからか調達しないといけない、と。当時、海洋博の会場で民謡ショーか何かをやるはずだったのが先方の都合でキャンセルになったということがあったから、定男が「あそこからキャンセル料を取りに行こう」と言い出して、本当に取ってきたんだ（笑）。そのお金を僕が本部から、那覇空港まで届けに行ったんですよ。なんとしてもギャラを回収しないといけないから、山下トリオのサックスだった坂田明のマネージャーが空港で、ひと便遅らせて待ってるわけさ。急いで車で向かったんだけど、当時は貧乏だったから再生タイヤという、すり減ったタイヤの表面を削って、上に新しいゴムを接着剤で貼りつけたタイヤを使ってたんだよね。それが走ってる途中で剥がれてきて、バッタンバッタン言うんだ（笑）。しょうがないからそのまま高速で空港まで行って、ギャラを渡して帰して。まあ、興行としては大失敗だったね。

その頃、今みたいな「コラボレーション」という発想はあまりなかったんですよ。それぞれの音楽が独立して力を持っていたから、他のジャンルとやる必要がなかったんだね。さっき言ったようなジャズシーンもそうだったし、同じ沖縄だって、フォークではまよなかしんや（＊18）や佐渡山豊（＊19）がいて、自分たちの強力な表現を持ってたけど、民謡になんか振り向きもしなかった。今はジャズでもフォークでも、「一緒にやろうよ」みたいなムードがありますね。一つひとつのジャンルの力が弱まったからなんじゃないかと思うこともあるけど、1＋1＝2にしようという発想が生まれてるのはいいことだと思う。まあ、あの頃は時代がそうだったんだよね。ジャンルの融合なんて、全然なかった。

宮沢　ジャンルの壁もあったし、ヤマトと沖縄の壁という部分もあったんでしょうね。

大工　そうですね。宮沢くんたちの時代にもまだまだ壁はあったし、「島唄」を作った後にいろんなことを言われたと思いますけど、僕はあの歌のヒットを最初から喜んでたし、三線や民謡が広まったのも宮沢くんのおかげだと喜んでます。でも、それには個人的な理由もあってね。

＊18　一九四八年、鹿児島県（奄美諸島）喜界島生まれ。フォークシンガー。魔夜中しんや名義で活動を開始。一九七一年に佐渡山豊ら琉球大学の仲間たちと「沖縄フォーク村」を結成、日本復帰の一九七二年にアルバム『唄の市沖縄フォーク村』をリリース。当時のフォークムーブメントに呼応した沖縄のミュージシャンたちのほか本土からつのだひろ（ドラムス）、小原礼（ベース）、高中正義（ギター）らも参加し、世が日本復帰ムードに沸く中、当時の若者たちに衝撃を与えた。同作に収録された沖縄への愛を歌う「わったぁ島沖縄」、ヤマトやアメリカに踏まれても咲いてほしいと歌う「アカバナー」、沖縄戦の遺骨の語りを歌った「骨のカチャーシー」など、一貫して平和を求める沖縄の心を歌い続ける。

＊19　一九五〇年、越來村（一九五六年以降コザ市、現・沖縄市）生まれ。フォークシンガー。「沖縄フォーク村」の結成に参加、アルバム『唄の市～』の冒頭に収録した、激しい調子のウチナーグチで世の流れに翻弄される沖縄の怒りと悲しみを歌った「ドゥチュイムニイ」が大きな話題となり、一九七三年には上京してフォークシーンに一時代を築いたエレックレコードより『世間知らずの佐渡山豊』などのアルバムを発表。「沖縄は混血児（あいのこ）」「沈黙」など、ウチナーンチュとしてのアイデンティティを歌った名曲を残す。その後沖縄に戻って一時活動を休止するも一九九七年に活動を再開した。

僕は一九七四年に、大阪の読売テレビの「全日本歌謡選手権」(*20)という番組に出たんですよ。これは十週勝ち抜けばプロデビューができるという番組で、まず予選があって、全国の各放送局を回って予選を収録するんです。それが沖縄に来た時に琉球放送が出場者を公募したんですが、あるとき審査員をしていた竹中労さんがそのラインナップを見たら、全員が歌謡曲の歌手だったそうなんです。民謡の歌い手は一人もいなかった。それで労さんは、机を叩いて怒り出した。「沖縄の民謡、沖縄の歌謡を外して〝歌謡選手権〟の名のもとに番組なんか作れるわけないだろう!」と、すごい剣幕で啖呵を切ったもので放送局もびっくりして、再募集をかけたそうです。それを聞きつけた普久原恒勇さんが「哲ちゃん、出なさいよ」と言って、僕を送り込んだんですね。他には国吉源次(*21)やホップトーンズ(*22)も出たんだけど、みんな落ちてしまって、僕一人だけが大阪の本戦に出た。そうしたら、トントン拍子に二週、三週と勝ち抜いて、七週目までは突破したんです。

プロデビューなんてあまり期待はしてなくて、テレビに出られるだけでいいや……という気持ちでいたけど、労さんの言うように沖縄の民謡だったからこそ、そこまで勝ち抜いたのかもしれない。けれども、八週目で敗退してしまった。その時にね、審査員がこういうことを言ったんです。「申し訳ないけど、沖縄の三味線っていうのは、もともと伝統楽器だ。そんなものは島の人だけが弾けばいいのであって、全国に通用するはずがない。言葉もそうだ。何を言っているかわからない」と。テレビの放送で、ですよ。しかも、その人も音楽を作っている人だったのに。それを聞いて、「ああ、こんなにも本土の人間は沖縄のことを理解していないし、三線を通して本土とつながることなんて、できないんだな」と思って、僕の心の中にも大きな壁ができてしまって。悔しくてね、泣きましたよ。それを労さんが慰めてくれて、そのまま二人で朝まで難波で飲み明かしました。なんでこんなに馬鹿にされなければならないんだ、という、あの気持ちは一生忘れないね。

宮沢　そんなことがあったんですか……。

大工　そういう苦い思い出があるから、今これだけ三線が隆盛を極めて、沖縄の民謡が全国に広がっているのはすごく嬉しいんですよ。この現状をその審査員に見せて、「どうだ!」と言ってやりたいね……その人はもう亡くなってしまったけどね。

＊20　一九七〇年から七六年まで日本テレビ系列で放送されていた歌謡番組。製作は大阪の読売テレビ。アマチュアとプロの歌手が合同で参加し、勝ち抜き形式で歌合戦をしていく、現在のオーディション番組のはしりのような構成だった。十週連続で勝ち抜くとグランドチャンピオンとしてレコード会社との契約権などが与えられた。五木ひろしや八代亜紀、天童よしみといった面々もこの番組でグランドチャンピオンとなり、スターの座を掴んでいる。優勝はならなかった人々では、大工氏のほかに南こうせつとかぐや姫、林家パー子、石野真子らも参加していた。

＊21　一九三〇～二〇二一。宮古郡城辺村（現・宮古島市）生まれ。幼少期より唄三線の世界に入り、戦後宮古民謡の第一人者として県内外で活躍した。

＊22　沖縄中央混成合唱団出身の金城邦松、池原宏、金城安雄、川上泰雄によって一九六六年に結成されたコーラスグループ。普久原恒勇が曲を提供し、「うるま島」でデビュー。彼らの代表曲「ヘイ! 二才達（ニセタ＝若者たち、の意）!」はオリオンビールのCM曲としても県内で人気を博した。

僕はあの時、ヤマトに崖っぷちから落とされたような気分だった。それで、ヤマトに逆襲してやろうと思ってやってきた部分もあったんですよ。一九九四年に『ウチナージンタ』（＊23）という、「カチューシャの唄」「満洲娘」「東京節」といったヤマトの戦前から戦後の曲を歌ったアルバムを出したんですが、あれもね、僕のおじいちゃんや、戦前にヤマトに渡った先輩たちは沖縄の方言が禁止されたり、文化や言葉を押し殺して必死にヤマトに溶け込もうとしていた中で、こういう日本語の歌を歌うしかなかったという歴史があるからなんだよね。それを子供の頃に聴いていた僕が、もう一度三線で歌って、ヤマトに返してやろうという作品だった。

……話が前後してしまったけど、そんなこんなを、一発で宮沢くんの「島唄」がひっくり返してしまったんだよね。だから、僕はとても嬉しかったんですよ。

宮沢　なるほど……。

大工　タイミングもよかった。もともと〝島唄／シマ唄〟というのは奄美（＊24）で民謡のことを指して使っていた言葉だよね。七十年代は復帰で沖縄と奄美の交流が盛んになってきたから、奄美の大御所の歌い手が沖縄に来るようになったり、僕も沖縄から奄美大島や徳之島、与論なんかに行ったりしたんだけど、みんなが民謡のことを〝シマ唄〟って言ってるんだよ。民謡というと、本土なんかではもはや現代の生活と切り離されたものになっているけど、奄美では本当に生活の中に〝シマ唄〟という言葉があってすごくいいなと思った。沖縄のほうでも、その頃から明確に沖縄の歌に

〝島唄〟という言葉が使われ始めた。上原直彦さん（*25）が奄美の〝シマ唄〟をキャッチして、ラジオで「沖縄の歌も〝島唄〟だ」と言い始めたんですよね。そうしたところ、ラジオの力でそれが少しずつ広まっていった。

*23 一九九四年に発表された大工氏のアルバム。対談本文で語られる通り、戦前・戦後の日本の世相を歌ったさまざまな歌を三線とジンタ（打楽器と管楽器という軍楽隊のような編成ながら広告や宣伝のための音楽を街頭で演奏する、いわゆる〝チンドン屋〟）のスタイルで演奏した名盤。続編として『ジンターナショナル』も製作された。
本作収録の「沖縄を返せ」は一九五六年に労働組合の全司法福岡高裁支部が作詞し、自らも炭鉱労働者であった荒木栄が作曲。合唱祭「九州のうたごえ」で一位に入選したことで広まり、一九五〇年～六〇年代の沖縄返還運動の中で盛んに歌われたが、作詞者も作曲者も沖縄の人間ではないという背景をもって「我らのものだ　沖縄は／沖縄を返せ　沖縄を返せ」とナショナリスティックに歌うこの曲は、当時のヤマトの沖縄への視線を実に皮肉に示しているとも言える。沖縄返還後は半ば忘れられたものの、本作で取り上げた大工氏がその後「沖縄を返せ」の部分を「沖縄へ返せ」と改めて歌うようになり、復帰を経ても何ひとつ問題の解決しない沖縄からの回答とした。折しも一九九五年の米兵による少女暴行事件を受けて県民の怒りが沸騰し、抗議集会が盛んに開かれる中で、沖縄をウチナーンチュの手に取り戻そうという気運の歌として、ふたたび歌われるようになっている。二〇〇〇年以降、大工氏は全面的に歌詞を改訂した「沖縄かがやけ」として歌っている。

*24 奄美や沖縄といった琉球弧の島々では、「シマ」という言葉は必ずしも地形としての「島」ではなく、自らの郷里や共同体を意味する言葉として使われてきた。そのため〝シマ唄〟というのは厳密には村落の歌であり、それらを統合した「島」の単位として捉えられてきたものでは本来ない。現在は〝島唄〟という言葉も一般化しているが、地域の祭祀などを通じて「シマ」という概念は日常に浸透しているため、用語としての「シマ」「島」はいずれも一般的なものとして使われる。

*25 一九三八年、那覇市生まれ。一九六三年に放送開始された琉球放送のご長寿民謡ラジオ番組「民謡で今日（ちゅー）拝（うが）なびら」に当初は局員プロデューサー、現在はフリーのパーソナリティとして参画する（現在は木曜日の「直さんの話半学」というコーナーへの電話出演のみ）。一九七〇年代以降、竹中労らとともに沖縄民謡を積極的に県外に紹介してきた。嘉手苅林昌の名を一躍全国区にした渋谷ジァンジァン公演では司会も務めている。

宮沢　僕が来るようになった頃には、もう「島唄」という言い方は耳にするようになっていましたね。やはり「民謡」とおっしゃる方のほうが多かったですが。

大工　宮沢くんの歌が出て、もちろん「なんで内地のミュージシャンが『島唄』なんて名前の曲をやるんだ」という議論にもなった。ただ、僕はその頃、高田渡（＊26）を追いかけててね。彼には有名な「生活の柄」とか、沖縄の詩人である山之口貘（＊27）の詩に曲をつけて歌っているものがいくつもある。『島唄』だけじゃなく、これだって沖縄の人は誰もやらないで、内地の人がやってるじゃないか。結局、沖縄の人は発信力がないんじゃないか」と思った。すごく嫉妬心もあったんだけど、それ以上に、「じゃあ、分業しよう」と思ったんだよね。「形にしたり、広めるのは内地の人が上手かもしれない。だったら、沖縄の人はその文化を固めて、深めることをやればいい。そういう分業ができたほうがいい結果になるんじゃないか」という発想になった。

前に一度、BEGINが相談に来たことがあったんだよ。「哲弘さん、僕たちがやってることって、これでいいんでしょうか。『島人ぬ宝』にもいろんなことを言われるし……」と言ってね。僕は「言う人は言うだろうけど、でも、沖縄の文化を野球に例えると、君たちが若い人をまず一塁に出塁させてるんだよ。そしたら、二塁とか三塁に進めるのは、また別の誰かがやるかもしれない。そしたら、ホームには僕たちが向かわせるから。だから、今のまま怖れずにどんどん新しいものを作って、若者たちを進塁させてくれんか」という話をした。実際、民謡をやる人は、最初はポップスから入ってくる人が多いんだよ。最初から民謡で入ってくる人は少なくて、入り口は圧倒的に宮沢くんの「島唄」やBEGINだったりする。そこから進塁してるんだよね。そこから民謡の深いところに入って、ホームに近づいてくる。まずバントでも、ポテンヒットでもいいから、出塁させることが大事なんだ。そういうことを考えると、宮沢くんのやってくれたのは本当にいい仕事なんだよ。THE BOOMというバンドの歌だけど、ブームで終わらなかったね（笑）。完全に定着したよ。

宮沢　そうであれば嬉しいです。沖縄の音楽に、少しでも恩返しができたのなら。大工さんと一緒に文化功労者になった上原正吉さん（*28）の歌に衝撃を受けたのが、最初の民謡体験だったので……。

＊26　一九四九～二〇〇五。フォークシンガー。中学卒業後、文選工として勤務していた印刷所で初めてウクレレを手にしたことで音楽と出会う。一九六八年以降フォークシンガーとして活動し、「大・ダイジェスト版三億円強奪事件の唄」「自衛隊に入ろう」「東京フォークゲリラの諸君達を語る」といった世相を描く歌から「鉱夫の祈り」「系図」「生活の柄」のような生活の喜怒哀楽の機微を歌った曲まで、声なき庶民の側に立った歌を生涯歌い続けた伝説的な存在として、現在も数多くの人に聴き継がれている。後述の山之口貘やエミリー・ディキンソンなど、他者の試作に曲をつけて歌うことも多かった。

＊27　一九〇三～一九六三。沖縄県立第一中学校を中退後、上京して進学するも一ヶ月で退学、関東大震災で罹災して帰郷したところ父親の事業の失敗で一家が離散しておりすぐにまた上京……という生活の中で本格的な詩作の道に入り、一九三一年に「改造」誌上に初めて詩が掲載される。以降、経済、政治、戦争といった大きな力に翻弄される人間の姿や戦禍で失われてしまった故郷・沖縄の風景への思慕を、複雑なレトリックを排した素直な筆致で描き続けた。

＊28　一九四一年、国頭村今帰仁村生まれ。沖縄の情歌・ナークニーの名手として名高く、独特の高音で歌い上げるスタイルは唯一無二である。大工氏とともに二〇二一年度沖縄県文化功労者を受賞。二〇一九年まで那覇・国際通りで民謡酒場「上原正吉 ナークニー」を経営していた。

大工　あの歌声は耳に残るよね。正吉さんのお店にも行ったりしたの?
宮沢　はい。特に沖縄に来はじめた当時は、那覇中の民謡酒場を訪ね歩きました。とにかく、沖縄民謡のことを知りたいと思って。
大工　ありがとうございます。宮沢くんの、そういうところが好きなんですよ。ほとんどの人は何か沖縄っぽいものを作って、つまみ食いするだけで通り過ぎてしまうけど、宮沢くんは三十年間、ずっとこうやっておつきあいができているもんね。もう、立派なウチナーンチュだよ。
宮沢　最近「宮里さん」って呼ばれることもありますよ（笑）。
大工　（笑）。「どこの宮里さん?」となる日も近いね。

復帰前夜、混沌と矛盾のコザで芽生えた矜持

宮沢　大工さんは最初、石垣からどういうきっかけで本島に出て来られたんですか?
大工　歌を勉強しに、ですね。うちの親父が「小さな島にいたら、小さな島の発想しか生まれない。一度、大きな島に行って、大学に行くつもりで歌を勉強しなさい」と送り出してくれたんです。復帰の三年前でしたね。
その後すぐに親父は亡くなってしまって、頼る人もいないので、たまたまその時身近にいた上原

直彦さんの世話になりました。でも、那覇では僕の年代で民謡をやっている人がいなかったんですよ。どこに行けばそういう仲間たちと会えるかなと思ったら、コザだった。

宮沢 当時はロックといい、音楽的にもコザが熱い時代ですよね。どこか、みんなが集まる場所があったんですか？

大工 それが普久原恒勇さんの事務所だったんだね。一度行ってみたら（知名）定男がいて、ホップトーンズにフォーシスターズ（*29）もいるし、僕と同年代のメンバーがたくさんいるわけです。こんなに面白いところがあるのか！　と思って、それから毎日、仕事終わりにコザに通っていました。

宮沢 そこで、やっぱり定男さんが登場するんですね。

大工 話をするたびに、沖縄の音楽についていろいろな意見交換ができる、大事な仲間になった。そういう話ができる人は八重山にも、那覇にもいなかったからね。自然と、彼のいるコザに足が向くようになりました。

当時のコザは、今よりもっとネオンがキラキラ輝いていてね。八重山の田舎から出てきているか

*29　先述のホップトーンズ同様、普久原恒勇の門下生である伊波貞子、久美子、みどり、智恵子の四姉妹によって一九七〇年に結成されたグループ。沖縄民謡界の女性グループの草分け的存在として大人気を博し、ネーネーズなど後進にも大きな影響を与えた。

らそれはもう新鮮で、センター通りのあたりのお店に行っては、ロックがガンガン流れてる中で飲んだりしてましたよ。ちょうどベトナム戦争が激しくなる頃だったから、嘉手納（＊30）の基地からB－52（＊31）が飛んで行くのを毎日見ながら酒を飲んでいるのが、コザでは当たり前の光景だった。

僕が育った八重山は基地もなくて、施設だって八重山民政官府（＊32）というのがある程度だったから、米兵の被害に遭う人もいなかった。それがコザに来ると、街では毎日のように米兵の乱暴な運転で交通事故が起きていて、MP（＊33）は米兵だけを保護して無罪にするけどウチナーンチュは罰せられる。そういう理不尽さを毎日目にすることになるわけ。そういう背景の中でロックも流行ってね。紫（＊34）とか喜屋武マリー（＊35）とか、綺羅星のような人たちが毎日演奏していたし、民謡だって嘉手苅林昌も登川誠仁も、とにかくみんなコザですよ。

一九七二年に復帰してみたら、日本のメディアが取材に来るのもまずコザだったんです。日本とは違う、独特の街並みや音楽があるぞ……というのを取材しに。でも、僕はそれを眺めながら「なんであんたたちは八重山に来ないの？　コザが沖縄の音楽のすべてじゃないよ？」と思ってた。コザは米軍支配という特殊な条件があったがゆえにその周辺で文化が生まれた場所だけど、八重山では琉球王朝時代から二百六十年にわたって人頭税（＊36）に苦しめられる中で歌が生まれて、それが沖縄民謡のコアになった。そういうことを見もしないで、コザばかり……と悔しい気持ちになったし、彼らの目を八重山に向けさせないといけないと思って、本土の記者を豊年祭（＊37）に誘ったり、いろんなことをしましたね。「世界中を見ても、虐げられた民族ほどいい音楽を残すんだ。絶対に八重山からも素晴らしいミュージシャンが出る。待ってろよ」なんて言いながら。僕らが若手の時代ではそれは成功しなかったけど、今では新良幸人《あらゆきと》（*38）がいて、夏川りみがいて、大島保克もいる。彼らは民謡でもポップスでもやれるし、ポップスならBEGINやきいやま商店（*39）みたいな、

*30 嘉手納基地は三千七百メートルの滑走路二本を備えた、東アジアにおける米軍最大の空軍基地。沖縄戦の最中に米軍によって占領された旧日本陸軍中飛行場を原型に、戦後は土地の強制収用などによって拡張を続けた。現在に至るまで嘉手納町の面積の八割以上を基地が占めており、戦闘機の墜落による一般市民十八名（後遺症による一名を含む）の死亡（一九五八）、B－52爆撃機の墜落と爆発炎上（一九六八）をはじめとする敷地内での相次ぐ墜落事故、消火剤やジェット燃料の流出による土壌・水質汚染、騒音公害など深刻な問題が常に起こっているため、それらと隣り合わせに暮らす住民との間では訴訟や撤去申立てが絶えない。また、米国統治時代には隣接する知花弾薬庫（現・嘉手納弾薬庫）に八百発の核弾頭、マスタードガス、VXガス、サリンなど数千トンにものぼる有毒ガスが保管されていたことも明らかになっている。

*31 正式名称はボーイングB－52・ストラトフォートレス。一九五五年から現在に至るまで、さまざまなアップデートを施しながら運用されている戦略爆撃機である。後述するベトナム戦争において、初めて実戦に投入された。

*32 一九五〇年、米国は沖縄の長期保有に備えて従来の米国軍政府を解消、琉球列島米国民政府（USCAR：United States Civil Administration of the Ryukyu Islands）を設立した。八重山民政官府は、このUSCARの出先機関である。住民側の自治組織である琉球政府はUSCARの管理下に置かれており、住民自治は軍事占領に支障をきたさない範囲に制限されていた。

*33 アメリカ陸軍が保有する警察組織（憲兵）。Military Police の略。米軍の施設内で起こる事件・事故の調査や取り締まりを行うための組織だが、米軍統治時代は米軍施設の外で警察活動も行っていたため、たびたび市民との衝突も起きた。現在においても施設外で日本国民に対して犯罪を犯した米軍人であってもその逮捕の優先権が沖縄県警には明確に与えられておらず、実質的にMPが優先的に逮捕して身柄は米軍に引き渡されるなど不公平な状況は続いている。一九九五年の少女暴行事件を契機に、米軍基地が立地する十五都道府県の知事会が米軍のさまざまな特権を定めた日米地位協定の見直しを日米両政府に要求。全国知事会も二〇一八年と二〇年に同様の提言をしているが、日米双方によって実質的に黙殺されている。

全国でも戦えるものが出たでしょう。本土でも本島でも、沖縄音楽のイベントがあると、今やどうかしたら半分くらいは八重山出身だもんね。「俺の言ったことは間違ってなかったな」と思ってますよ。

宮沢　定男さんも、歌の源流というか、まるで宝島のように八重山を本当にリスペクトしている感じがしますよね。二十代のころに二年間八重山で暮らして、その音楽を学んでいったことが後々の音楽性を育んだし、鳩間可奈子さん（*40）や比嘉真優子さん（*41）といった八重山の後進を育て続けていることも含めて、八重山にもらったものを返していこうという姿勢をすごく感じます。

大工　それだけ定男の中で八重山が大きい存在ということだし、あとは彼自身が、八重山に学び始めたのは登川誠仁さんとか、照屋林助さんや普久原恒勇さんの影響が強いんだよね。そういう先輩たちが身の周りにいたのが彼の財産になっているから、今度はそれを次の世代に渡していこうと思ってるんだと思いますよ。

宮沢　基本的にお弟子さん以外にはあまりいろいろなことをオープンにしない唄者もいる中で、大工さんと定男さんはすべてをオープンにしていて、何も隠すことなく「どうぞ、自由に勉強してください」というスタンスもよく似ていますね。さっきのジーンズで歌った話といい、同世代に定男さんがいて新しい挑戦を一緒にできたというのは、大工さんにとっても、すごく大きかったんじゃないかと思います。

大工　定男のほうが、実は三つ上なんだけどね。一九七四年、僕が全日本歌謡選手権に出たのと同じ年に、竹中労さんが音頭をとって最初の「琉球フェスティバル」（*42）が開催されたけど、その出演者の中では僕らが最年少世代でしたからね。沖縄の音楽なんて本土ではほとんど聴く人がいな

*34　日系二世の米軍属と沖縄の母の間に生まれ育ち、UCLA（カリフォルニア大学ロス・アンジェルス校）に入学したものの中退して沖縄に帰ってきた比嘉ジョージ（ジョージ紫）が一九六九年、同じく米軍属の父と沖縄の母を持つ城間三兄弟のバンドに加入。翌年に下地行男が加入、バンド名を「紫」と改め、コザの米兵向けクラブなどで演奏活動を行う。本格的なハードロックバンドとして、コンディション・グリーンやキャナビスといった同世代バンドとともに活躍。沖縄海洋博でも演奏し、沖縄のみならず全国的な認知を獲得した。一九八一年に解散するも二〇〇〇に再結成、不定期ながら活動を続けている。

*35　一九五一年、中城村生まれのハードロック・シンガー。ジグザグなどのバンドを経て、一九七四年に沖縄ロックの草分けと言われたバンド、ウィスパーズのフロントマンでもあった夫の喜屋武幸雄とともにマリー・ウィズ・メデューサを結成。パワフルなボーカルとハードなバンドサウンドで、先述の三バンドの次世代としてコザを席巻した。

*36　人頭税は経済力に関係なく、人口一人に応じて課税する税の方式。首里王府が一六三七年以降、支配下にあった八重山や宮古に厳しい人頭税を課し、男女問わず十五〜五十歳までを課税対象とした。本島による離島差別の象徴として語られており、宮古島では、人頭税石（ぶばかり石）と言われる石柱（高さ一・四三メートルのものが現存）の高さを身長が超えると課税対象になったという。与那国島でも人減らしのため「久部良バリ」という幅三・五メートルにわたる断崖上のクレバスを妊婦に跳び越させる（落ちれば死に、跳べても高確率で流産する）のが習わしだったという伝承が残る。琉球王国の滅亡後も制度は存続し、一九〇三年の廃止まで人々を苦しめることになる。

*37　具志堅用高氏との対談、注27参照。

*38　一九六七年、石垣市生まれ。十一歳の時から父・新良幸永に八重山民謡を師事、高校在学中に八重山古典音楽コンクールで最高賞を受賞する。大学進学で那覇に渡って以降ソロの歌手として音楽活動を開始し、加藤登紀子らとも共演する。一九九三年に結成したバンド、パーシャクラブのメインボーカル・三線奏者としても活動。こちらは新良の古典の素養をバンドアンサンブルに持ち込んだ豊かな音楽性で「やがてぃ、春」「ファムレウタ」「海の彼方」など数々の人気曲がある。

い時代で、やっぱりお客さんの入りもよくないわけですよ。それを目の当たりにしたこともあって、この状況をなんとかしていこうという気持ちでお互い切磋琢磨する関係ができたんだと思います。

宮沢　沖縄民謡なんて顧みなかった本土の人たちが、やがて民謡を聴くようになった。そこには竹中労さんのような紹介者がつけた最初の足跡があったんですよね。

最初の頃はほとんどの人が沖縄も八重山も宮古も違いがわからず、全部ごっちゃにして「沖縄」というくくりだったのが、最近はその解像度がかなり上がってきて、八重山フリークみたいな人もたくさんいますよね。そういう状況は、大工さんが全国を回ってお弟子さんを増やしながら少しずつ積み上げてきた成果だと思います。

大工　本土の人は先入観がないから、入ってきやすいんですよ。沖縄本島の人だと、「八重山民謡は難しい」とか「言葉がわからない」というイメージが先に立つから、八重山民謡をやっている人は非常に少ないんです。本土の人の場合、細かい違いがわからないということが、逆に功を奏しているかもしれないですね。

八十年代は、僕の弟子に一人だけ東京の人がいたけど、どこに演奏に連れて行っても「えっ、ヤマトンチュに八重山が歌えるの?」という反応だった。伊藤幸太（*43）なんかが入ってきたのは二〇〇〇年以降だけど、それくらいの頃にはようやく本土の人も本島と八重山や宮古の違いがわかってきたし、逆に沖縄でも「彼はヤマトンチュですけど……」と言わなくても紹介できるようになったね。沖縄のみんなも、ヤマトンチュでも本当にちゃんと学んでいる人がいることがわかって、違和感なく受け入れるようになった。

宮沢　音楽という入り口があればこそ、そこに興味を持った人が文化や歴史、現在の問題をもっと

＊39　石垣市出身の崎枝亮作（リョーサ）・将人（マスト）の兄弟と従兄弟の大樹（だいちゃん）によって二〇〇八年に結成されたバンド。それぞれ別のバンドで活動していたが、リョーサの帰郷を機に一度だけのつもりで東京・中野で披露したライブが地元で評判となり、石垣での結婚式で再度結成したところまず石垣を皮切りに、やがて県内外で人気に火がつく。ユーモラスな歌詞を石垣島の言葉を多用しながら歌うスタイルで「エンタメバンド」とも称される。

＊40　鳩間島生まれ。石垣島の繁華街・美崎町で民謡ライブの店「芭蕉布」を経営する父母の娘として生まれ、八歳から三線を学ぶ。父の故郷である鳩間島の祖父母のもとで暮らしながら民謡を歌っていたところ、テレビの収録で島を訪れた知名定男がその歌声に魅了され、知名のプロデュースで一九九八年「千鳥」を発表。テレビでの歌唱に問い合わせが殺到し、翌年CDデビュー。その後東京への進学を経て、現在も沖縄を拠点にソロ、家族ユニット「鳩間ファミリー」でも県内外で活発に活動する。「千鳥」は沖縄県内のテレビ天気予報のBGMとして流れたことでも、当時を知る人の記憶に残っている。

＊41　石垣市生まれ。幼少の頃から父の影響で唄三線を始め、高校生時代には八重山古典民謡コンクールで当時史上最年少での最優秀賞を受賞。ネーネーズの第三期〜第四期メンバーとして、二〇〇九年から二〇一四年まで在籍し、卒業後の二〇一六年に知名定男プロデュースのアルバム『新北風〜ミーニシ〜』でソロデビュー。

＊42　一九七四年、竹中労の呼びかけによって第一回開催された、沖縄の音楽を本土に伝えることを目的とした音楽興行。嘉手苅林昌、大工氏の師である山里勇吉ら二十七組が出演し、東京・日比谷野外音楽堂には七千名の観客を動員したといわれるが、大工氏は他のインタビューで〈東京、大阪以外の公演は閑散としていて（中略）県人会などに労さんが土下座して集めてました。ましてや県外の人が聴こうという雰囲気はありませんでした〉（「まんたんWEB」二〇一四年十月四日記事「大工哲弘：伝説の「琉球フェスティバル」から40年　八重山民謡の第一人者に聞く（2）」）と振り返っている。翌七五年にも春、夏と開催されたが、その後長らく中止を余儀なくされる。次に開催されたのは九一年、同年に逝去した竹中の追悼イベントとしてであった。その後一九九五年に復活、以降は沖縄音楽の認知の高まりもあり、全国各都市で開催される一大イベントとなっている。

深く学んでいくということにつながりますからね。

大工　さっき話した「進塁」ということだよね。なんだかまとめみたいなことを言うけど、やっぱり、世の中には音楽がないとダメだと思うよ。

この二年、コロナ禍の中で「音楽は不要不急のものだ」みたいな雰囲気もあったじゃないですか。ミュージシャンやライブハウスなんかはまるで悪者みたいにされながら耐えて耐えて、耐え忍んで、ようやく少しは状況も改善しているけれど、本当にみんな苦労しているよ。世の中に音楽があったから語られた歴史もあるし、生まれてきた文化だってある。それを、みんな不要なもののようにされるのが怖いですね。

昨日、二〇二一年の「今年の漢字」が発表されたでしょう。「金」だったよね。金メダルを取ったとか、スポーツ界の金字塔がどうだとか、それで「金」。冗談じゃないよ。ごくわずかな勝者のことだけを表すのが「今年の漢字」じゃないでしょ。その陰では、一億人の日本人が苦労して、耐えて耐えてきたわけじゃない。でも、そういうのは「なかったこと」にされてさ。それは寂しいことだなと思う。スポーツには絶対に勝敗や結果がついてくるものだけど、すべてをそれで評価するようになったら、おしまいだよ。そりゃ音楽はわかりやすいメダルや勝敗なんてないけど、それでも数えきれないくらい多くの人を癒したり、潤したりしてきたわけさ。そういう、数字では測れないものをちゃんと評価するということができない今の政治の愚かさが世の中に浸透しているのを感じたよね。音楽に限らず、「今年の漢字」なんて言うなら、困ったり苦しんだりしている人たちと分かち合うものであってほしいと思って、ワジワジしたよ。

大きな声を持つものほど学ばなければならない

宮沢 大工さんの姿勢は、本当にずっと一貫していますね。弱い人や、虐げられた人の側に立つ視点はいつから芽生えたんですか？

大工 やっぱり、平和な八重山から本島に来て、コザを目の当たりにしたのが大きかったですよ。あの当時のコザでは白人の兵隊と黒人の兵隊はそれぞれ住んでいる場所も分かれていた（*44）し、とにかく対抗意識があったから毎日のように喧嘩していた。「なんでアメリカーの喧嘩を沖縄でやってるんだ」と思ったよね。後ろを振り返れば、反基地闘争のデモや暴動も起こっている。その日々の中で、僕は目覚めたんですよ。「なんで沖縄にだけ、こんなに基地が置かれているのか。こんな

*43 一九八四年、東京都生まれ。和光小学校在学中に聴いた大工氏の三線の音色に魅了され、手紙で弟子入り志願をする。大工氏はさすがに小学生なのでまだ早いとしつつ「文通をしていた」（大工氏談）。二〇〇二年の大学進学を機に晴れて沖縄に移住、念願の弟子入りを果たして八重山民謡を学ぶ。二〇〇八年、琉球民謡音楽協会民謡コンクール、新人賞・優秀賞・最高賞・大賞を受賞。翌年には「第15回全島とぅばらーま大会」優勝。大工氏の全国三線教室「八重山うた大哲会」の会長を務める。

理不尽があるか」と。それで、僕の思想や発想はガラッと変わっていった。平和運動に参加したり、政治のことを発信するようになった。あの時代の、矛盾に満ちたコザが僕の目を覚まさせてくれたし、ある意味、とっても財産になっているよ。

その後も僕は日本復帰を見たし、七三〇《ナナサンマル》（*45）も見たし、海洋博も見た。「日本に復帰したご褒美をあげよう」と言わんばかりのまやかしの国体、若夏国体（*46）も見た。これから透けて見えるのは、宣撫工作ですよね。沖縄がいかに、本土の好きなようにされてきたか。こう言うとすぐイデオロギーだと言われるけど、そういうことじゃなくて、「おかしいものはおかしいじゃないか」というだけのことなんだよね。それを、きちんと「こういうことがあったんだ」と伝えていくのも、自分たちの責任だと思っていますよ。

とはいえ、沖縄のミュージシャンでも、そうじゃない人もいるからね。「哲ちゃん、あんまりそういうことには関わらんほうがいいんじゃないか」と言われることもありますよ。日本のミュージシャンにも何度もそう言われたことがあって、それはさすがに「あんたの住んでる国と、俺が住んでる島は違うんだよ。俺の生きてる時間に、俺が沖縄のことを語って何が悪いんだ」と言って口論になったけどね。やりたくない人はやらなくていいけど、僕は政治のことや平和のことを言っていく。そして、ミュージシャンなんだから、それを音楽を通して伝えるのが一番いいと思っているよ。拳を振り上げてワーっと言うよりも、「難しい話は優しく」という……これは永六輔さんに言われた言葉だけどね。これを胸にやってきた。ずっと顔をしかめて訴えるんじゃなく、時には笑いも入れながら、お客さんにスッと届けるようなことをしたいと思ってね。それもコザからもらった財産だね。

コザからは、毎日B－52が飛び立っていくのを見ていた。どこに行くかというと、ベトナムに爆

＊44 コザ市（現・沖縄市）は戦前はまだ越來村という農村でしかなかったが、戦後の米軍による土地の収用にともない田の面積が戦前の約六分の一、同じく畑は約七分の一となっていた一方、人口は約二倍になっていた。嘉手納基地の門前町としての都市化に際して商業地としての性格を強め、一九五六年にはコザ村に改称、二週間でコザ市に昇格。この頃にはすでに、旧越來村と隣の旧美里村の境界線上にあった「コザ十字路」には〈センター区と裏街の八重島が白人街、胡差十字路から胡差高校間が黒人街、同十字路から美里村役場方面並に天願方向が共同街（といつても白人を主としている）、越来村役場一帯が比島人さん相手のハーニーさん達のお住居街といったところ〉（『沖縄タイムス』一九五三年十月十六日付）という、人種による空間の区分が成立していた。当然お互いの勢力圏は不可侵とされ、〈白人さんが好きな娘がいるからといつて黒人街に顔を出そうとものなら一ぺんにやつつけられて蛙のようにうちのめされてしまうし、その逆もまた全く同様、白人街の店が黒人さんを招くようなものなら忽ちボイコット（原文ママ）されてしまう〉（前同）とされている。時代は黒人公民権運動の前夜、軍内部での人種差別もまだまだ激しく、コザ市内でも白人・黒人の米兵同士の衝突が頻発した。

＊45 復帰から六年が経った一九七八年七月三十日午前六時をもって、沖縄での自動車交通はそれまでの米国式（車が右側通行）から日本式（車が左側通行）に改められることとなった。これを周知するため、〝七三〇（ナナサンマル）〟という呼称を合言葉に、メディアを総動員したキャンペーンが張られた。テレビCMには具志堅用高氏も出演している。台風が接近する中、前日二十九日の午後十時から県内中の信号約五百基、標識約三万本、全長三百キロ分の道路表示が一夜にして切り替えられ、当日午前四時十八分にすべて完了。事前の予想に反し、切り替え以降には大きな交通事故も起こらなかった。

＊46 一九七三年の五月三日～六日に開催された、正式名称「復帰記念沖縄特別国民体育大会」。国体の誘致は琉球政府が長期経済計画の一環として進め、一九七一年六月、沖縄返還協定の調印に先立って決定された。通常の国体にはカウントされない特別国体という扱いのため通常行われる全国予選もなく、四十七都道府県に種目と人数を割り振って選考した。

弾を落としに（＊47）行ってたんだよね。沖縄が攻撃の拠点にされていたんです。だから、一九九八年にベトナムに演奏しに（＊48）行った時、オフの日があったから、一緒に行ってた日本のミュージシャンに「今からホー・チミンに行って手を合わせてくるけど、誰か行かんか」と言ったんだ。でも、みんなは「いや、自分は関係ないから」という感じだった。やっぱり「ああ、本土の人は無関心なんだな」と思って、一人で行ってきた。ベトナムに関しては、沖縄も加害者なんだよ。B－52は沖縄の嘉手納から飛び立って、何千人ものベトナムの人を殺しているわけなんだから。そこに手を合わせるのを、ウチナーンチュがやらないで誰がやると思ってるよ。県外の人は、そんなことがあったことも知らないよね。

宮沢　僕が大工さんをかっこいいなと思うのは、そういうメッセージを言うにしても、必ず片手には三線を持って、音楽家であると言う立ち位置からはみ出さないまま言っているところです。

大工　やっぱり、三線を持ってないと。これを持たないで何かを言ってても、単なるメッセンジャーみたいになってしまう。三線を弾けば、その音色が伝えてくれるんですよ。三線こそが平和を伝えてくれるメッセンジャーであり、同時に人と人をつなぐこともできる、沖縄のスピリットそのものなんだよね。ただの楽器じゃないんだよ。

僕の弟子には東京の人が多いけど、中にはうつ病や精神疾患を持っているという人も少なくないんですよ。離婚して何もかも嫌になって、海にでも飛び込もうと歩いていたら、どこからか三線の音色が聞こえてきて、ハッと立ち止まったらそのへんでおじいさんが弾いていた。それで「これをやりなさい、ということなんだ」と自殺を思いとどまって東京に帰り、僕の弟子になった……という人もいる。そういう人を、三線の音色がつなぎ止めてくれている。この〝テーン〟という音の中に、どれだけ人を惹きつける、居場所のような広がりがあるか。僕は三線のそういう側面を、もっと多くの人に知ってもらいたい。単に歌の勉強ということだけではない、三線の癒しの力をね。

宮沢 人を呼び止める音、なのかもしれないですね。急ぎすぎている人を呼び止め、少し歩幅を緩めさせる音というか。

＊47 一九六五年にベトナム戦争が始まると、沖縄にもB－52が配備されるようになる。米軍は圧倒的な空軍力と物量で北ベトナムに大規模な戦略爆撃（北爆）を開始し、一九六八年までに約二百二十三万トンの爆弾を投下。南ベトナムやラオス・カンボジアにも爆撃を行い、七五年の終戦までの爆弾投下量は七百万トン近いと言われている。このほか、枯葉剤をはじめとする化学兵器も多く散布・投下された。沖縄はベトナム戦争の遂行にとって重要な拠点であり、極東最大の攻撃基地であった嘉手納基地からも、連日B－52爆撃機がベトナムへと飛び立っていった。大工氏はこれを指して「沖縄も加害者」と述べているが、そもそも日米安保条約によって日本本土の基地からはベトナム攻撃を目的とした航空機が出撃できなかったため、米国統治下の沖縄だけが「加害者にさせられた」とも言える。

＊48 一九九一年、音楽プロデューサーの本村鐐之輔・演出家の串田和美を中心に、山下洋輔や坂田明、仙波清彦といったジャズミュージシャン、韓国のサムルノリ、沖縄音楽の知名定男・ネーネーズらとともに広域東アジアの音楽を演奏するプロジェクト「エイジアン・ファンタジー」が立ち上がる。翌年以降、メンバーを入れ替えつつ三年間Bunkamuraシアターコクーンで公演。大工氏は一九九三年公演に梅津和時と共演し、トゥバラーマを披露している。その発展形として一九九八年春、総勢三十名のアジアの音楽家からなる「エイジアン・ファンタジー・オーケストラ」が結成され、インド、ベトナム、フィリピン、日本と回るツアーを敢行。大工氏はこのツアーに参加している。

大工　同じような楽器を使っていても、例えば厳しい自然が生んだ津軽三味線の威嚇するような荒々しさとは、またコンセプトが違うんだよね。ぶつかるんじゃなしに、どの楽器と合わせても、和することができる。平和の「和」を体現した音だよ。その素晴らしさはこれまでも感じてきたつもりだったけど、コロナの世の中になって改めてそう思ったね。

宮沢　やっぱり、一度力でぶつかってしまうと、そこには何かしらの序列がついたり、恨みが残ったりしますからね。今の時代がどんどんそうした力……数の力とか、お金の力とか、そういうものに流されている中で、そのスピードを呼び止める力が、三線の音の優しさにはあるのかもしれない。

大工　力で押すと、相手は引くか、もしくは力で返されるからね。三線の音は力任せに相手を押し切ろうとするのでも、相手に媚を売るものでも、無理やり聴かせようとするものでもない。この〝テーン〟という一音一音が、どれだけ人の心を動かしてきたかと考えると、改めてこれは本当に大事なものだと思いますよ。

宮沢　大工さんが三線にそういう思いを込めて、多くの人に平和の尊さを伝えようとしてこられたからこそ「さんしん３０００」もあったし、沖縄の人たちが三線に誇りを持てる現在があるんだと思います。

大工　うん、三線はちゃんと広まった。ただ、だからこそ、その音色の奥に何があるのか、沖縄の歴史に何があったのかを勉強もせず、若い子たちが当たり前のように「三線、楽しいさあ」みたいな感じだけで騒いでいるのを見ると、頭にもくるわけよ。戦争とか平和のこともそうだし、過去に県外でいろいろつらい思いもしながら沖縄の文化を守って支えて、広めてきた先輩たちだっていっぱいいるんだからね。そういうことをちょっとは考えながら三線を手に取って、歌っていかないといけないんじゃないかと思うよ。

宮沢　さっき話に出たBEGINの「島人ぬ宝」は、島に生まれたのにトゥバラーマもデンサー節もわからない、でも自分はこの青い空を知っている。それが宝なんだ……というメッセージですよね。これを初めて聴いたとき、すごくいいなと思ったんですよ。それが沖縄の若者たちの気持ちを掴んだのも、よくわかる。でも、次の世代が沖縄を歌うとするなら、もうトゥバラーマもデンサー節も知っていなきゃいけないんでしょうね。知らないことを、いつまでも「知らないから」と言っていてはいけないと思う。

大工　その通り！　それはね、僕もずっと思っていたんですよ、「いつまでもそう歌ってるだけではよくないなあ」と。知らないことに気づいたんなら勉強しなきゃいけないし、この次のものを作るなら、勉強したことをまた発信していかなければいけないと思うんだよね。あの歌のメッセージは、あの歌のメッセージとして、いつまでも「知らないまま」ではそのメッセージが更新されていかない。若い子たちが歴史のことや、政治のことを語りたがらないのだって、上の世代が語ってこなかったからだよ。「辛いことや悲しいことは忘れて、楽しく歌いましょう」だけではダメだと思うし、それは間違ってると思う。戦後にブーテンさん（＊49）が村々を回って「せっかく生き延びたんだから、明るく楽しく踊ろう」と説いて回ったのとは違うよね。僕らは沖縄の歴史や文化というバックグラウンドがあるから、歌を歌っていられる。だったら、その沖縄のことをちゃんと知って、語っていかなければいけないよ。沖縄にはいい歌を作る人がたくさんいるからきっとそれができると思うし、たくさんの人がその歌や言葉を聞いているんだから、その責任もあると思うな。もちろん僕たちもだけどね。

宮沢　多くの人に届く声を持った人たちの一言、一言は本当に大事ですからね。「知らないけど、いいんだ」だけでは、聴いた人は「あ、知らなくていいんだ」と思ってしまう。

大工　日本に復帰するとき、「本土並み」（＊50）という言葉があったよね。「核抜き、本土並み」とか。今でもいろんなところで使われるけど、だいたいはまやかしの言葉ですよ。まあ、僕は「完全本土並み？　沖縄県だけで五〇〇以上ある民謡が本土並みに廃れてしまうのはごめんだよ」なんて言ってたけど……（笑）。アメリカや日本にそういうまやかしで扱われてきたことも含めて、昔あったことをちゃんと知ってないと、これからも同じことが起こると思うよ。

ああ、こういう話をし始めると明日くらいまではかかるかもね（笑）。このへんにしておこうか。

〈二〇二一年十二月十四日　那覇市「アルテ崎山」にて収録〉

＊49 一八九七〜一九六九。「ブーテンさん」こと小那覇舞天は「沖縄のチャップリン」との異名も取った喜劇人。本業は歯科医師であったが、沖縄戦後、多くの人が身内を失い貧窮を極めていた沖縄に笑いを取り戻そうと弟子の照屋林助とともに三線を奏でて歩き、「命（ぬち）ぬスージサビラ（命のお祝いをしましょう）」と言いながら歌い踊るという活動を続けた。

＊50 一九六八年、琉球政府にとって初めての行政主席の公選選挙において、「沖縄の即時無条件返還」を唱える屋良朝苗が当選。それを後押しした日本復帰運動には「米軍支配からの脱却＝米軍基地の撤去」と言う望みも含まれていたため、その後の日本政府とのやり取りは、琉球政府の「即時無条件全面返還（基地も撤去）」の求めに対し、沖縄を「本土並み」に扱うといういかようにも解釈可能な言葉を用いて応答する日本政府という構図になった。日本政府としては沖縄を重要拠点とする米国との関係上基地の撤去は考えられないことであり、「本土並み」という言葉をあくまで国政参加や財政支出を主としたものと解釈させたがったが、琉球政府側はあくまで基地撤去を最低限度とする態度で交渉に臨む。日本政府は落とし所として日本の〝独立〟後に基地が縮小されたことを例に出し、いずれは基地の規模や密度まで「本土並み」に縮小させる可能性があることなどを示した。また戦闘機の自由発進、有事核持ち込み、B－52のベトナムへの出撃といった米軍統治時代と同じ行動を許すことはないとの佐藤栄作首相の言明もあり、琉球政府側は獲得目標には遠く及ばなかったものの、まずは復帰を第一義としてそれを受け入れた。県民の願いと日本政府の板挟みになった屋良の無念が、復帰式典での演説に表れている。結果として、復帰後も基地は「本土並み」にすらならないまま厳然と沖縄に存在したままである。

だいく・てつひろ―一九四八年、石垣島生まれ。高校卒業後に那覇に渡り、八重山民謡の大家・山里勇吉氏に師事する。リーダーアルバム発表は二十枚以上を数え、沖縄県内外から欧米、中南米、東南アジアなど世界各国において国籍・ジャンルを横断した演奏活動を行う。沖縄県民謡合同協会（十団体）の共同代表、琉球民謡音楽協会名誉会長など民謡界の要職も歴任。日本全国に八重山民謡の教室を開設し、その普及に努めてきた第一人者でもある。

鼎談

中江裕司
映画監督

野田隆司
桜坂劇場プロデューサー・ミュージックタウン音市場館長

「土地から生えている文化」とどう向き合うか

那覇の街角、古きよき〝マチグヮー〟の風情を残すエリアのはずれに「桜坂劇場」が建っている。二〇〇五年に閉館した劇場の建物を映画監督の中江裕司氏、プロデューサーの野田隆司氏ら有志が承継。以降、単なる映画館やライブ会場の枠を超え、地域のハブになる場所として機能しながら、この街の景色を多様で豊かなものにしてきた。全国的にも先駆的だったこの場所を、ふたりはどういう考えで運営してきたのか。そして、県外出身者として、沖縄で長く活動する作り手・送り手として、沖縄の文化的状況とこの先をどのように考えるのか。

アパートの下には不発弾が埋まっていた

宮沢　中江さん、野田さん、今日はよろしくお願いします。最初に、お二人が沖縄に来た頃のことから聞かせていただいてもいいですか？

中江　僕は一九八〇年、琉球大学（*1）に入学するために沖縄に来たのが始まりです。七三〇《ナナサンマル》（百九十五頁参照）の二年後というタイミングで、まだ左ハンドルの車がたくさん走っていたのを覚えていますね。平和通り（*2）の奥のほうとか、牧志公設市場のあたりも、今よりもはるかに混沌とした雰囲気を残していた時代でした。

今でも覚えているのが、琉球大学に入るために沖縄に渡るとき、ちょうどコザ暴動のドキュメンタリーか何かを見ていた親が、泣きながら「行くのをやめなさい」と言ってたことと、友達に……

---

*1　米軍政府が一九五〇年に開校した大学組織。一九七二年五月十五日以降は文部省（現・文部科学省）に移管され、沖縄県唯一の国立大学となった。

*2　那覇市の中心部、国際通りから浮島通りに抜けるアーケード街。戦後はこの辺りに露店が立ち並んでおり、それが商店街の原形となった。国際通り寄りの入り口付近に平和館という映画館があったことから一九五一年に「平和通り商店街」と名づけられたという。四百メートル以上に及ぶアーケードは那覇の代表的な風景として親しまれてきたが、老朽化などを理由に二〇二五年には撤去される予定。二〇二〇年には第一牧志公設市場の解体に伴って市場中央通りのアーケードも撤去されており、長らく那覇の混沌としたイメージを規定してきた、黄ばんだアーケードの風景はまもなく消え去る。

まあこれは冗談半分でしたが、「予防接種は射ったのか」「パスポートはいらないのか」と言われたこと。沖縄がどんな場所なのか、まったく知られていない頃でしたね。まだ観光とかリゾートというイメージもほとんどなく、大多数の人はなんとなく戦争のイメージを抱いているだけだった。

行ったら行ったで、地元のおじさんたちからはしょっちゅう「腐れナイチャー」（＊3）と言われたりして。そういう意味では、お互いに壁のあった時代ですね。

宮沢　なるほど。

中江　ただ、琉大生だったので、ちょっと手加減はしてもらえた気がします。交通違反をしても警察官が見逃してくれたりとか（笑）。オートバイでちょっとスピード違反をして警察官に止められるんですけど、免許証を見たら「中江」と書いてあって、にんべんのつかない「中」の字なのでヤマトンチュだってわかるわけです。当時、沖縄に住んでるヤマトンチュは琉大生か、企業の沖縄支社の偉い人くらいだったので、「お前、琉大生か?」と聞かれて「はい、そうです」と答えたら「わかった、行け。今度からは気をつけろよー」って（笑）。琉大生はどこかで許されているような雰囲気がありましたね。

大学で最初の授業の時にも印象的なことがあって。教室の前のほうに、何かのサークルの勧誘ポスターが貼っていたんですよ。そこには「入部さんでー、たっくるされんどー」って書いてたんです。「入部しないと叩き殺されるよ」、つまり入部してねという意味なんですけど（笑）。それで、石川市（現・うるま市）出身の伊波先生という先生が「中江くん、君はヤマトンチュか」と言うんですよ。「はい」と答えたら、「なんでわかったか、わかるか。名前ににんべんがないだろ。つまり人でなしなんだよ」と。それで、その勧誘ポスターを指して、「これが何て言ってるか、答えてみなさい」と言うんです。まったくわからなくて、「〝たっくる〟と書いてあるので、ラグビー部ですか？」と答えたら、クラス中が大爆笑になって。当時は、学生も八割くらいはウチナーンチュでしたからね。

今こういうことを言うとハードに聞こえるかもしれないんですけど、そういうふうにからかわれたりすることも含めて、当時の僕はおもしろくて仕方がなかったんです。「どうしてそういう物言

＊3　本土からの移住者や訪問者を意味する「ナイチャー」は沖縄から〝内地〟をまなざす言葉であり、そもそもあまり好意的なニュアンスは含まないが、「腐れナイチャー」「ヤナナイチャー」といった使い方をされる際は、それが冗談のレベルであっても〝内地〟に対する反発がより強く表出する。

二〇一五年、辺野古への普天間基地移設工事に反対してカヌーで海上抗議を行なっていた市民に対し、海上保安庁の職員が「腐れナイチャー」と発言したことが問題となった。社会学者の岸政彦は、この発言に関して〈「ああいうことしているのはみんなナイチャー」という物語は、特に平和活動に参加していない沖縄県民からよく聞かれる。もちろんこれも何かの根拠があって言っているわけではないが、県内で広く流布しているこの物語は、日本と沖縄との複雑な関係を表している〉（関西社会学会『フォーラム現代社会学15』所収論文『錯綜する境界線――沖縄の階層とジェンダー――』二〇一六）〈相対的に安定した地位と収入を確保したナイチャーが、「沖縄のため」という理想をかかげて、基地に反対するとき、経済的事情から誘致に同意する沖縄の人びとが、ある種の複雑かつ強烈な反感を抱くことも、考えられないことではない。ここでは、階層的現実と日本への反発が、たったひとつの言葉に凝縮しているのである〉（前同）と分析している。

いになるのかな」と考えることとか、自分の生まれ育った京都とは違う文化圏にいることそのものを楽しめたんですよね。

宮沢　そもそも、中江さんはどうして琉球大学を目指したんですか？

中江　大した理由はなかったんです。僕はとにかく実家を出たかったんですが、兄貴が北海道の帯広畜産大学に通っていたので、「どうせなら兄貴よりおもしろそうなところに行こう」と思って、だったら琉球大学かなと。

なので、最初に沖縄に来たのは受験の時でした。遊びに行くのが好きだったので、受験の後、その足で西表島に行って、二週間くらいジャングルを縦走したりしてました。合格発表も西表で、電報か何かを送ってもらって聞いたんですよ。じゃあもうこのまま入学までいようかなと思ったんですが、親が「とにかく一回帰ってこい」というので、一度京都に帰ってから入学しました。

宮沢　初めての沖縄には、どういう印象を持ちましたか？

中江　昔の那覇空港（＊4）は小さい建物で、そのすぐ前に駐車場があったんですよ。なので、ターミナルの建物を出た瞬間に開けていて、むわっと蒸し暑い空気が襲ってくる。単に暑いというより、もっと熱気の塊のようなものが押し寄せてきて。その記憶が一番強いです。そこに島常賀《じょうが》さん（＊5）のシーサーがいて、出迎えてくれたんですよね。今はもうないですけど。

宮沢　野田さんも進学で沖縄にいらしたんですよね。

野田　そうですね。私は一九八三年に琉球大学に入ったんですが、雰囲気はずいぶん違ってたと思います。中江さんの時は、まだ首里にキャンパスがあった頃ですよね？

中江　そうですね。その最後の年の入学。キャンパスにハブが出たりしてました（笑）。

野田　私が沖縄に来た時には、首里に男子寮は残っていましたが、キャンパス自体は西原町の千原に移っていて、だだっ広い、きれいなキャンパスという感じでした。私は長崎県佐世保市の公立高校を出て琉球大学に来ました。当時の共通一次試験で、振り分けられた感じです。私たちの高校からの合格者は確か十六人で、今でも沖縄に残っているのは、私ともう一人いるかどうかという感じです。

＊4　那覇空港の前身となったのは旧日本軍の小禄飛行場だが、この飛行場は一九三三年、日本軍が平和な漁村であった小禄の地を強制的に接収してつくられたものであり、よく米軍による強制的な軍用地接収を指して言われる「銃剣とブルドーザー」がそもそも日本軍によって先に行われていた歴史があることは、那覇空港に限らず読谷村などでも指摘されている。那覇空港周辺は戦後も米軍による強制接収が続き、軍民の共用空港として発展。復帰後は航空自衛隊に管理が移管された。
　沖縄の日本復帰、その後の観光客増などに対応してターミナルの増設が繰り返されてきており、現在の国内線ターミナルは一九九九年に供用開始。二〇一四年には新国際線ターミナルが開業し、二〇一九年には二つのターミナルをつなぐとともにLCCの発着も統合。商業エリアも増強した連結ターミナルが開業している。

＊5　一九〇三～一九九四。壺屋を拠点に活動した名工。シーサーや龍頭といったモチーフを得意とした。特にその力強い造形のシーサーは、日本全国にシーサーのイメージを定着させたといったも過言ではない。旧那覇空港（現在は壺屋焼博物館に移設）、海洋博記念公園、万国津梁館、波之上宮など、県内のいたるところで島氏のシーサーを目にすることができる。

入学した教育学部の学科は、定員二十五人の定員のうち、沖縄の人は四人だけでした。あとは九州の高校を出た学生が大半でした。なので、大学と自宅アパートを往復するだけであれば、よほど意識しない限り沖縄の文化に触れる機会はほとんどなかったと思います。

宮沢　沖縄への興味は、その後でわいてきたんですか？

野田　一年生の夏休みが終わる頃、「コザがおもしろいらしい」と聞いて、隣の部屋にいた同じ高校出身の友達と、原付バイクで夜に出かけたことがあります。ギリギリ、センター通りの雰囲気（＊6）が残っていた時期で、ものすごくアンダーグラウンドな熱のようなものを感じました。そのあたりからですね。大学時代の後半には、広告代理店のアルバイトで、輸入タバコのサンプリングで、夜な夜なコザのディスコやバーを回っていました。センター通りはパークアベニューに変わって、随分毒が抜けたような感じもありましたが、ワンドリンクの注文で入ることができるディスコは、常に米兵でいっぱいで、那覇にはない高揚感がありました。

当時、教育学部は四年間勉強して、教員免許を取って地元に帰って学校の先生になるというのが定番でした。同期の友人たちにも「沖縄の文化に興味を持って入学した」という人はほぼいなかった気がします。当初は私自身も四年で卒業して九州に帰ると思っていましたし、これほど長居することになるとは想像していませんでした。

結局、大学を四年では卒業せず、五年目の春から夏にかけて、西表島から糸満まで動力のないサバニ船で渡るという国際プロジェクトに参加しました。約一ヶ月、改めて島々で沖縄の人や自然、文化に触れて、その時に沖縄を離れる理由がなくなった気がしました。

中江　確かに、教育学部は独特な雰囲気がありましたね。僕のいた農学部は、逆に半分から六割くらいウチナーンチュだったんですよ。だから、農学部からすると「教育学部のやつらは沖縄をバカにしてる」みたいなイメージが確かにあったように思います。今の広いキャンパスに移ってから、学部ごとに分かれてしまって、よけいに交流がなくなったような気もしますね。首里の時代はまだ混沌としてて、学校といってもエアコンもない部屋で、蚊はブンブン飛んでるしハブも出る……みたいな感じでしたが、みんなが狭い中に共存していたから、そこでの交流はまだあったと思います。風樹館（*7）という資料館の建物があって、その前にマンホールがあったんだけど、おばあちゃんがその蓋を開けて御願《うがん》をしてたりもしました。首里のキャンパスは首里城跡に建てられていた

*6　コザは一九五〇年から商業地区としての開発が加速した。中でもゲート通りと並ぶメインの街路は「ビジネスセンター大通り」という当初の呼称から、やがて「センター通り」と呼ばれるようになった。米軍人・軍属相手のAサインバーが多数立地する歓楽街として栄え、一九七〇年時点でのコザ市の事業所基本調査では、五十八軒のクラブ・バーのうち、一軒以外はすべて外国人顧客率が百パーセントの店舗であった。復帰後の一九八二年には「中央パークアベニュー」と改称。照屋林助の父・照屋林山が創業した照屋楽器店も、ここで一九五一年から営業している。

*7　風樹館は旧首里キャンパス時代の一九六七年、県内のセメント企業である金城キク商会から建物の寄贈を受け、農学部附属の農業資料館として開館。キャンパスの移転後はは全学共同の資料館として運用されていたが、二〇一五年に博物館として常設展示やビオトープ園の開放も行い、より地域に開かれた場所となっている。

（＊8）んですが、戦争の時はその下に地下壕（＊9）が掘られていたから、そこで戦死した人の肉親だったんじゃないかなと思うんですけど。それで、そのおばあちゃんが御願してる横を、新婚夫婦が通り過ぎていくわけです。大学は守礼門（＊10）をくぐったところにあったから新婚旅行とかに来た人たちが普通に入ってくるし、そもそも大学自体が「無門主義」といって、門も柵も設けないようにしていたから、誰でも勝手に入ってくることができる。沖縄のいろいろな横顔が、あそこにはありましたね。千原に移ってからは、普通の大学になっちゃったな……という感じでした。

首里がおもしろかったので、大学が移っても首里のアパートから離れなかったんですが、後にその時の大家さんから聞いたところによると、建物の下から不発弾が見つかったらしくてね。僕は七年くらい、不発弾の上で暮らしていたんですよ。首里はそういう土地でしたね。

映画、演劇、音楽……新世代が台頭し始めた九〇年代

宮沢　そういう暮らしの中で、中江さんはどんなふうに映画を撮るようになっていったんですか？

中江　もともと映画に興味があったわけじゃないんです。親が持っていた八ミリフィルムのカメラを沖縄に持ってきていて、それで市場のあたりを遊びでドキュメンタリーのように撮ったりしている程度だったんですが、ある時、そのカメラが壊れてしまって。カメラを借りようと思って琉大の

映画研究会に行ったら「入部するなら貸してやる」と言われたんですね。で、入部してみたらもうどっぷり映画に浸かってしまって、そのうち授業にも出なくなった、と（笑）。

宮沢　そうなんですね。もとから映画を志していたのかと思っていました。

中江　どっちかと言うと、僕は漫画が好きだったんですよ。少女漫画がカルチャーの最先端だった

＊8　首里城は沖縄戦によって正殿をはじめほとんどの建造物が消失し、戦後はその上に大学施設、職員住宅などが造成されたため、その遺構というべき部分や地形も大きく改変された。首里城跡は一九五五年に琉球政府指定史跡に指定され、日本復帰にともなって国指定史跡となるとともに首里城跡復元事業が始まる。復元機運の高まりとともに、琉球大学は一九七七年に大学の移転事業を開始。八四年に千原にキャンパスを移転した。

＊9　戦時中、首里城正殿の直下には旧日本軍が司令部を置いていた。「第三十二軍司令部壕」と名づけられたこの壕には千人近くの将兵や労働者、動員された学生などがひしめいていた。慰安婦として動員された女性もいたことが証言されてきたが、沖縄県は案内板からその記述を削除するなど、歴史を否認する動きもある。しかし、二〇二一年には司令部が一九四四年末から四五年初めにかけて作成したとみられる名簿に女性たちが「特殊軍属」として記されていたことが一次資料レベルで発見されている。

　この壕は沖縄戦において一番の標的となり、徹底的な攻撃を加えられたため非戦闘員を含む死者も多数出た。二〇一九年に首里城正殿が失火により消失したあとこの壕の存在が改めて取り沙汰され、重要な史跡として保存・整備するべきだという機運が高まっている。また、沖縄戦の司令官であり、その惨禍を招くことになった牛島満陸軍中将の孫として第三十二軍司令部壕についての研究を行い、その語り部として活動している牛島貞満氏が、その著書『首里城地下 第32軍司令部地下壕 その保存・公開・活用を考える』（高文研 二〇二一）に詳細を記している。

＊10　琉球王朝時代、首里の目抜き通りであった「綾門大道」の東端に建てられた、王都首里の第二の門（第一の門である中山門は一九〇八年、老朽化を理由に取り壊されている）。その壮麗な美しさから「上の綾門（うぃーぬあいじょう）」との異名もとった。沖縄戦で消失し、一九五八年に再建されている。

時代で、高校時代はどっぷり浸かっていました。大島弓子（＊11）とか、萩尾望都（＊12）とか、あんなレベルの高いものがよく何十万部もヒットしていたなと今でも思います。特に、樹村みのり（＊13）という作家さんには強く影響を受けて、いまだにそこから脱し切れていないと自分でも感じてます。高校では漫画研究会というのに入って、今のコミケみたいな同人誌即売会……たぶん、そのはしりの頃ですね。オリジナルの漫画同人誌を作って、大阪の即売会に出店もしていました。と言っても、僕は描くほうというより編集者みたいな参加のしかただったんですけど。

まだオタクという言葉もなかった頃で、自分たちの手で創作するような……漫画とか、文芸誌とか、そういうものづくりの文化に惹かれていたんですね。とは言え同級生で頭のいいやつやクリエイティブなやつはいっぱいいたので、「かなわないな」という気持ちも抱きながらではあったんです。でも映画を撮り始めてみると、別に自分が演技が上手な必要はないし、現場にいる人たちとコミュニケーションを取りながら集団をまとめていけばいい。「自分に向いてるな」と思ったんですね。当時は、人と交流することが好きでしたから。今ではそうでもないけど（笑）。

宮沢　野田さんが中江さんと知り合ったのは、やはり映画との関わりを通じて？

野田　中江さんは大学の時からすでに有名だったと思います。映画研究会で映画を撮っていて、沖縄ジァンジァンで手塚眞さん（＊14）を招いたイベントとかもやっている人として、知っていました。最初にきちんと会ったのは、一九九一年、『パイナップルツアーズ』（＊15）の撮影準備が始まる頃でした。その頃、私は二年半ほど勤めた旅行会社を辞めて、友人と編集プロダクションを始めたばかりだったんですが、当時は沖縄が復帰二十周年に向かう時期で、旅行ガイドブックの制作依頼が途切れなく続いていました。メールどころかパソコンもない時代で、原稿は原稿用紙に書いて、編集部にファクシミリで送っていました。それでガイドブックを一冊丸々作っていたことが、今となっては信じ難い感じです。フリーランスで時間も自由になることもあって、合間に知り合いや紹介

＊11　一九四七年、栃木県生まれ。一九六八年『ポーラの涙』（「週刊マーガレット」春休み増刊集英社）でデビュー。代表作『ミモザ畑でつかまえて』『バナナブレッドのプディング』『綿の国星』など。愛猫家であり、『グーグーだって猫である』など、猫を題材にした作品も多い。

＊12　一九四九年、福岡県生まれ。一九六九年、『ルルとミミ』（「なかよし」夏休み増刊号講談社）でデビュー。代表作『ポーの一族』シリーズ、『トーマの心臓』『11人いる！』『イグアナの娘』など。思索的・哲学的な作風で現在も創作を続け、熱狂的なファンを獲得し続けている、少女漫画界を代表する作家。

＊13　一九四九年、埼玉県生まれ。一九六四年、『ピクニック』（「りぼん」春の増刊集英社）キャリアの初期より人間の心の裏表や罪、政治に翻弄される人々など、学生運動や全共闘など若者たちの心に政治が吹き荒れた時代の精神を取り入れた作品を多数発表。代表作『カッコーの娘たち』『悪い子』など。

＊14　一九六〇年、東京都生まれ。漫画の神様・手塚治虫の長子。「ヴィジュアリスト」を名乗り、映画監督、コンピューターソフトの企画、イベントの演出などにおいて独創的な映像表現を追求する。

＊15　『パイナップルツアーズ』は一九九二年、それぞれ琉球大学出身で自主映画を撮っていた真喜屋力（第一話）、中江裕司（第二話）、當間早志（第三話）の若手監督三人によって制作された、ある離島で起こる三つの出来事を時系列に沿って描いたオムニバス作品。三人の監督はいずれも商業映画ではこれがデビューであり、コメディタッチの展開の中に戦争、移住者、観光といった沖縄と内地の関係性を盛り込んだ、意欲的な作品となっている。津波信一を始めとする笑築過激団のメンバーや新良幸人といった沖縄の新世代から照屋林助、平良トミのような沖縄芸能の担い手、洞口依子や利重剛のような内地の俳優も参加した。

されたミュージシャンのライブのブッキングを手伝うようになりました。そういう中で地元の若いバンドとのつきあいが深まったり、新良幸人さんや大島保克さんといった、今につながる人たちとの縁も生まれていきました。そんな流れの中で『パイナップルツアーズ』にも参加したんです。

沖縄の文化の様相が少しずつ変わり始める過渡期に作られた『パイナップルツアーズ』は、いろんな意味でとても大きかったと思います。私は那覇で仕事をしながら、ロケ地の伊是名島に毎日キャストやスタッフ、必要な品物を送り出す役をしていました。編プロのメンバーからも、一人が女優、もう一人は撮影助手で参加しました。映画というのは映像、脚本、音楽、衣装などさまざまな要素で作る総合芸術ですが、自分も含め、まさにあの映画のもとに、沖縄で表現に携わるいろいろな若い世代の人たちが集まってきた。THE BOOMの「島唄」の発表とほぼ同じタイミングだったと思うんですけど、私はあのあたりで、沖縄の音楽や文化など、さまざまなことがガラりと変わったと思います。

それまでの沖縄では全国ネットのテレビに出ているようなものを追い求める風潮が強くあったと思うんですが、あれくらいの頃から音楽はもちろん、笑築過激団（*16）が出てきたりして、自分たちの足元にあるものを見つめ直そうというムードが高まってきた気がします。そういう気分が『パイナップルツアーズ』に集約されていった印象がありますね。（照屋）

中江　音楽が一番早かったと、僕は思ってます。林賢さんとか（喜納）昌吉さんがいち早く、自分たちのことを発信し始めたんですよね。ただ、そういう新しいことが起こるのは、いつもコザだったんですよ。笑築過激団もコザだしね。『パイナップルツアーズ』を作ったメンバーは那覇だったので、「俺たちは、那覇で一番早く外に出ていくんだ」という気持ちがありましたね。

「向き合う覚悟」があればふざけたっていい

宮沢　僕からすると、まさに喜納昌吉さんが『ニライカナイparadise』で久しぶりに前線に復帰して、林賢さんは『ありがとう』が売れて、知名定男さんはネーネーズを立ち上げて……というのが同時に起こった頃だったんですよね。だから僕とか、あとはボ・ガンボス（＊17）とか山口洋（＊18）、ソウル・フラワー・ユニオン（＊19）といったバンドや音楽家たちがなんとなく「沖縄」という扉の前で

＊16　笑築過激団は一九八三年、元りんけんバンドの玉城満を座長としてコザで結成された演劇集団。藤木勇人、普久原明、新垣正弘、川満聡、津波信一といった、現在でも沖縄で一線を張る演劇人、タレントを数多く輩出した。一九九一年に深夜の十分コント番組『お笑いポーポー』（琉球放送）を開始、爆発的な人気で翌九二年には三十分番組に拡大している。座長の玉城は沖縄県議会議員も三期務めた。

＊17　一九八七年結成の日本のロックバンド。一九八九年メジャーデビュー、一九九五年解散。バンド名はさまざまな移民文化のるつぼであった米国ニューオーリンズの食文化である「ガンボ（ごちゃ混ぜ）」から。その名の通り、多様な音楽文化を取り入れたサウンドは、当時のワールド・ミュージック的な時代背景もあり耳の肥えた音楽ファンをに強く支持された。ボーカルのどんとは沖縄にも移住していたが、二〇〇〇年にハワイで死去。

立ち尽くしていたところに、沖縄のほうから扉が押されて開きはじめたような感覚があったんです。僕らが開けたんじゃなくて、開くところを目撃した、という。何かが変わっていくんだな、という雰囲気がすごくあった。それはやはり沖縄の音楽家たちの意識、特に昌吉さんの求心力がそうさせた部分もあったと思うんですけど、映像や映画の人たちにもそういう意識はあったんですか?

中江 そうですね……僕らにはそこまでの意識はなかったというか、集まって好きに作っている中で「外に出していくぞ!」と思っただけなんですけど、周りを見回してもそういう人たちはいなかったんですよね。演劇の世界ではちょこちょこいましたけど。やっぱり、映画は機材もいるし、今と比べてお金もかかったから、なかなか多くの人が選べる手段ではなかったということもあると思います。僕らが機材を使えたのは琉大の映研にいたおかげ、という部分は大きいですね。

ただ、『パイナップルツアーズ』とほぼ同時期に宮沢さんが「島唄」を作られて、それが沖縄でヒットしていくのを見た時は衝撃的でしたよ。ヤマトンチュである僕にとって一番大きかったのは、ヤマトの人間が沖縄について作ったものを沖縄の人が受け入れた、一番最初のものだったということなんですよね。沖縄の人が作ったものを沖縄の人が受け入れるのは当たり前のことでしたけど、ヤマトの人が作ったものを、「誰が作った」とか関係なくウチナーンチュが受け入れたというのはすごく大きかった。それを目の当たりにした経験は、その後の『ナビィの恋』(*20)につながっていったと思います。「あ、自分もやっていいのかな」という思いですね。沖縄の人が作ったものだけが沖縄を語っていいのだということでは必ずしもないのかもしれないな、と。
ただし、ヤマトと沖縄の溝は昔もあったし、今でもあることは忘れてはいけない。あの九〇年代前半を境に溝は少し埋まったように見えたし、お互いの距離は確かに近づいたようにも見えるけど、それがいいことなのかどうかも、正直わからないです。かつて円谷プロの金城哲夫さん（*21）が「沖

*18 一九七九年結成のロックバンド、ヒートウェイヴのボーカリスト。一九九〇年メジャーデビュー。骨太なロックサウンドを基本としながら、チャンプルーズや大島保克の作品への客演、石垣島のシンガーG.Yokoのプロデュースなど、沖縄の音楽家との交流も深く、その音楽世界への共感を滲ませる作品も多数発表する。一九九五年にソウル・フラワー・ユニオンの中川敬と共作した「満月の夕」は阪神大震災当夜の情景を描いたものだが三線の音も印象的な曲であることから沖縄でも愛され、頻繁にカバーされる。

*19 一九九三年、それまでともに自主レーベル「ソウル・フラワー・レコード」を主催していたニューエスト・モデルとメスカリン・ドライヴという二つのバンドが同時に発展的解散・統合する形で結成。フロントマンの中川敬を中心に、琉球、朝鮮、アイヌ、あるいは労働者やコミュニストといった日本の近代史の中で周縁化されてきた人々、そしてアイリッシュやロマといった世界史的にも抵抗や迫害を経てきた人々の音楽をロックンロールに乗せ、汎近現代におけるレベルミュージックとも言える唯一無二の活動をハイペースに続けている。

*20 一九九九年公開の中江裕司監督作品。都会での生活に疲れて里帰りした主人公（西田尚美）の祖母であるナビィ（平良とみ）の過去の恋をめぐり、島に巻き起こる波乱を描いたミュージカルコメディ映画。沖縄発の映画としては空前のヒットとなり、平良とみの名を一躍全国区にするとともに、登川誠仁のメインキャストとしての出演、結果的に生前最後の歌唱記録となった嘉手苅林昌の出演など大きな話題も読んだ。この劇中ではカナディアン・アイリッシュの歌手・フィドル奏者であるアシュリー・マックアイザックが「島に住んでいるアイルランド人」役として起用され、近代史においてアイルランドから分割されイギリス領とされたままの北アイルランドの代表的な民謡であり抵抗歌でもある「ロンドンデリーの歌」をはじめ、さまざまなアイリッシュ・トラッドの演奏を見せている。本書三百二十二頁でも山城知佳子氏の言及によって示される沖縄とアイルランドの文化的、そして歴史的・政治的な共通点を踏まえたメッセージが文脈としてエンターテインメントの中に織り込まれた好例と言える。ロマ女性を主人公に据えたビゼー『カルメン』劇中のアリア「ハバネラ」も、同様の文脈のもとに本作に登場する。

縄と日本の溝を埋めたい」とおっしゃった時に、同僚の上原正三さん（*22）が即座に「そんなのは無理だ。東シナ海の海溝ははるかに深いんだ」と返したという話があります。二人のウチナーンチュがいるだけでも、それくらい考えの違いはある。そういうグラデーションや、溝……深いと思うか浅いと思うかは別として、「それがある」ということをわかっているかどうか。それが、ヤマトンチュが沖縄のものを作れるかどうかの大きな分かれ目になると思っています。わからないまま触れてしまうと本や資料の知識しかないまま「沖縄＝社会問題」という枠だけにはめ込んで沖縄を見ることになったり、暴力的な触れ方になったり、逆に「こんなことを描いていいんだろうか」と過剰に臆病になったりするんじゃないかな。それは全部、結局ちゃんと向き合ってないのと同じというか……いまだに、そういう扱いはずっと続いていると思いますね。

宮沢　中江さんは映画を作る過程で、そういう溝の存在を感じる場面はありましたか？

中江　普段から「溝があるな」なんて思いながら作っているわけでもないんですけど、この間も沖縄の照明部の人たちと一緒にロケハンしていたら、スタッフの一人が、「なんかさ、沖縄のことを描いた映画やドラマって、全部暗いよね。なんでそうなるんだろう。ウチナーンチュ、そんなに暗くねえじゃん」と言うんですよ。「でも中江さんの映画は暗くないよね」とも言ってくれたんですけど、僕はそれをけっこう大切な違和感だと思っていて。本土の人が沖縄を扱う時に、どうしても過剰にシリアスになってしまうというのは、裏を返せば、まだきちんと沖縄と向き合ってないということなのかもしれないと思うんです。ふざけてもいいし、批判される点があるなら批判をちゃんと受ければいいんですよ。そうしていかないと、いつまでも考えが先に進まないでしょう。僕の『ナビィの恋』のすぐ後に、NHKが『ちゅらさん』（*23）を作ったじゃないですか。『ナビィの恋』の主演の平良とみさんも出てるし、一見、雰囲気も似てるから、沖縄には『ちゅらさん』も僕が作ったと思ってる人がいっぱいいるわけですよ（笑）。それで、市場を歩いていたりしたら、しょっちゅう「あの場面のあの言葉は間違ってるよ」と言われるわけです。最初はいちいち「いや、

*21　一九三八～一九七六。島尻郡南風原町に生まれ、円谷プロダクションの脚本家として『ウルトラマン』シリーズの基礎を築く。本土による沖縄への差別への怒りや沖縄戦体験を下敷としたキャラクター設定やエピソードも数多く指摘されているが、本人はそれを直接的に語ることはなかった。一九六九年に円谷プロを退社後、沖縄に帰って沖縄芝居の脚本、海洋博の演出などで活躍したが、七六年に自宅の外階段から転落し、若くして死去。中江氏は一九九三年、「金城哲夫の世界」と題して金城についての企画展を開催。ウルトラシリーズのみならず、金城の書いた沖縄芝居『一人豊見城』の太田守邦主演による再演（初演は一九七一年）、脚本集『金城哲夫の世界［沖縄編］』（パナリ本舗編、「金城哲夫の世界」実行委員会 一九九三）を刊行するなど、東京を去って以降の金城の仕事を再度紹介し、その後の金城哲夫再研究の嚆矢となった。現在、南風原町の実家の書斎は資料館として運営されている。

*22　一九三七～二〇二〇。那覇市生まれだが、四四年に一時疎開先の台湾から那覇に戻る途中、乗っていた船が流されて鹿児島に漂着し、そのまま終戦後まで熊本で暮らしたため沖縄戦の経験はない。先に円谷プロに入社していた金城哲夫の誘いで円谷入りし、金城の退社とともに自身もフリーになるが、円谷との仕事は継続。『帰ってきたウルトラマン』『ウルトラマンエース』などをヒットさせる。その後『がんばれ!! ロボコン』『秘密戦隊ゴレンジャー』などの東映作品でも活躍。

*23　二〇〇一年に放送されたNHK「連続テレビ小説」シリーズのドラマ。脚本は岡田恵和。同シリーズ六十四作目にして初めて沖縄（小浜島）を舞台に設定し、主演の国仲涼子をはじめ沖縄出身・在住の俳優陣も多数起用した。本作をきっかけに爆発的な沖縄ブームが起こり、沖縄の文化や文物がより広く全国に紹介されることとなった。

あれは僕が作ったわけじゃないから」と訂正してたんですけど、そのうち面倒になってきて、「いや〜、あそこはああいうふうにしかできなかったんですよ」みたいに答えてた（笑）。

宮沢　（笑）。

中江　くだらないやり取りなんだけど、『ナビィの恋』を作ったからには『ちゅらさん』の間違いも引き受けないといけないのかもしれないわけですよ。そういうことも考えていかないと、ヤマトの人間は本当には沖縄に踏み込めないような気がしますね。

沖縄って、くだらないことが多いというか、くだらないことが素晴らしいという側面もあるじゃないですか。登川誠仁さんなんて、あんなに素晴らしい音楽家なのに、普段の振る舞いはくだらないことばかりですよ。誰かがそこに置いておいたカメラで勝手に自分のおちんちんを撮って、また戻しておいて、持ち主が現像してみたらそれがバッチリ写っている、とか。自分の公演で、楽屋で盛り上がって気が済んだからって、ステージに出なかったということもありましたからね。嘉手苅林昌さんとか、白百合クラブ（*24）の人たちもそんな感じでしたけどね……「自分たちが楽しければそれでいいんだ」と言い切っていた。

でも、それは何も考えてないということじゃない。くだらないことって、つらいことを救うじゃないですか。やっぱり、戦争の体験があったからこそ「生きてる間は楽しくやるんだ」という意識が切実に強くなったんじゃないかと僕は思います。それがあの人たちの音楽に陰影というか、深みを作ったんじゃないかな。単に「沖縄のおじいおばあは愉快だね」という話じゃないんですよね。触れる側もそのことについてちゃんと考えて、そこに踏み込む覚悟があるのなら、ふざけたっていいと思う。自分たちは長らく沖縄に住んでいて、その肌感覚と距離感がだいぶわかってきた。もちろんそれは人によっても違いますが、その肌感覚で、「ここまでは笑いにしてしまっていい」というようなことがなんとなくわかります。もちろん時代によってもこの肌感覚は変化しますし、絶対に「住まなきゃわからない」ということでもないと思いますが、さっき言ったようにヤマトンチュが沖縄のものを作ろうとするならそれを感じることは必須だし、覚悟をもってやらなければその感覚は得られないと思いますね。相手方のウチナーンチュは日々、それを感じているわけですから。今の二十代以降はちょっとわからないけど。

野田　かつては半年も沖縄に暮らすと、「あんたもウチナーンチュだね」と酒席などでよく言われたものです。自分もその言葉を当初は純粋に好意として受け止めていましたが、沖縄で暮らす時間が

＊24　一九四六年に石垣島・白保の青年たちによって結成された地元楽団。まだ洋楽器の手に入りにくかった時代、マンドリンはひょうたんで、バイオリンの弦は針金で自作して演奏したという。以降半世紀以上、同じメンバーで歌謡曲の演奏を続けてきたその特異性が中江氏の目に留まり、氏が演出を担当した二〇〇〇年の沖縄サミットで演奏、その後中江氏から宮沢への紹介により二〇〇二年には東京・鶯谷の東京キネマ倶楽部にて、宮沢のプロデュースによるイベント「ウチナー・ビスタ・白百合クラブ」を開催。この模様は創立六十周年となった二〇〇四年、中江氏監督のドキュメンタリー『白百合クラブ東京へ行く』として映像化されている。

長くなるうちに、反語的に聞こえる場面もたびたび出てきました。佐世保に暮らしている時は自分のアイデンティティについて考える機会はほとんどありませんでしたが、沖縄ではそれを突きつけられるような場面がたびたびありましたね。常に「お前は誰なのか？」と問われているように感じました。

大衆は「そこに沖縄の魂があるか」を嗅ぎ取る

宮沢　そういった意味でも、中江さんの『ナビィの恋』は、かなり踏み込んだ映画だったじゃないですか。登川誠仁さんが出て、大城美佐子さんが出て、嘉手苅さんがあそこまでしっかり出て、生前最後の演奏を見せて……あれは、「今の自分なら作れる」という自信があったんですか？

中江　特にそういうわけではないんです。自分の好きな人に出演交渉をしていっただけで……大工（哲弘）さんにもお願いしたんですよ。けど断られてしまって、「八重山で大工さんよりすごい人なんて……」と思った結果、「お師匠の山里勇吉さんがいるじゃないか」と思って、お願いして出ていただいたり（笑）。

宮沢　なるほど……でも、皆さん、「映画に出てくれませんか」なんていきなり声をかけて、受け入れてくれましたか？

中江　怪しまれたんじゃないですかね。これが成立したのは、ひとえに間に立ってくれたビセカツさん（キャンパスレコードの備瀬善勝氏）のおかげです。誠仁さんを口説いてくださったのもビセカツさんですし。それでもOKをもらうのに六ヶ月かかりましたけど。最初にお宅に伺ったら、奥から「俺はいないと言え」っていうご本人の声が聞こえてきたところから始まって（笑）。本当に、備瀬さんがいなければあの映画はできてないですね。

宮沢　そうだったんですか。僕が民謡を二百四十五曲集めたCDボックスセットを作ったときも、備瀬さんにはものすごくお世話になりました。いろんな唄者の方との間を取り持って、うまく話を持っていってくださって。

中江　備瀬さんと話している時、「竹中労がいなかったら自分もこんなことはやっていないし、嘉手苅だってただの民謡の親父のままだった。だから、ヤマトとの間のこともちゃんとやらなきゃいけないんだ」とおっしゃっていたのが印象的でした。

宮沢　「島唄」が出た時、沖縄の音楽界では批判する方も多かったんですけど、備瀬さんがそこを擁護してくれたというのを、後で聞きました。「文句を言うんだったら、お前らが作ってみろ」と言ってたと。

中江　そういえば当時、新聞でも「島唄論争」みたいなのがありましたよね。「ヤマトの人間が『島唄』というタイトルで歌を作るのはいかがなものか」と書いている人がいたり、他にも同じような新聞投書がいくつかあったんですよ。それに対して（宮里）千里さんが「もう勝負はついている。沖縄の大衆が、おじいやおばあまで受け入れているのだから、勝負はあった」みたいなことを書いていたので、腑に落ちた覚えがあります。

野田　民謡に関わる方々はまた違った反応があったと思いますが、一般の人たちは好意的な反応のほうが大きかったと思います。「島唄」が最初に収録されたアルバム『思春期』が出る前後に、THE BOOMのファンクラブ会報誌『エセコミ』（＊25）の企画で、沖縄の人たちにこのアルバムのカセットテープを聴いてもらってその感想を原稿にしてほしい……というものがありました。世代的にバラバラの人たちに聴いてもらったところ、ネガティブなリアクションはほとんどありませんでした。

でも、この歌の背景に沖縄戦の悲劇があることには、その時はまだほとんどの人が気づいていなかった。そのことを宮里千里さんが、初めて言語化してくれたという記憶があります。そういう中で、「Sound Rainbow 天に響めさんしん3000」にTHE BOOMを迎えて、ある種のレクイエムとして「島唄」を歌い、そしてまた次に向かう沖縄の曲を作ってほしいという流れにつながっていきました。

奥武山陸上競技場の観客席で、三千人の三線奏者が、二万人の観客を前に、THE BOOMと一緒に「太陽アカラ、波キララ」を演奏する光景は、とても象徴的でした。その中には、一般の人たちのほかに、嘉手苅林昌さん、登川誠仁さん、大城美佐子さん、大工哲弘さん、照喜名朝一さんもいらっしゃいました。「島唄」をきっかけに、特に若い人たちにとって、自分たちの足元の文化に改めてプライドを持つことができたという大きな出来事だったんじゃないでしょうか。当時は沖縄アクターズスクール（*26）の全盛期で、沖縄発のアイドルがもてはやされていた時期でもありました。それはそれで大きな自信につながったと思いますが、そうした商業的なシステムとは別の故郷の文化が、自分たちにとって大切なものだと思える大きなきっかけになったと思います。

中江　沖縄の人たち……知識人とか業界人じゃなくて一般大衆という意味ですけど、沖縄の人たちって、すごく敏感なところがあるんですよ。その作品を誰が作ったかじゃなくて、その作品に沖縄の魂があるかないかということをなんとなく、だけどものすごく嗅ぎ取っちゃうんですよね。「島唄」からは、みんなその魂を嗅ぎ取ったんだと思います。県内であれよあれよという間にヒットしていく様子を同じ沖縄にいながら見ていて、「この歌には何が宿ってるんだろう」と思った覚えがあり

＊25　THE BOOMがデビュー以来、解散まで刊行し続けたファンクラブ会報誌。活動初期〜中期は次々に新しい世界を開拓していった初期の勢いそのままにメンバー発案による一般的な会報誌のイメージからはかなり逸脱した熱量の取材企画、中期以降はじっくり腰を据えた特集や読み物などが並ぶ濃厚な誌面構成でファンの好評を博していた。

＊26　一九八三年、映画監督・マキノ雅弘の長子で長門裕之・津川雅彦兄弟の従兄弟であるマキノ正幸が沖縄に設立したタレント養成学校。第一号タレントとしてデビューした歌手のGWINKOを皮切りに、全盛期である一九九〇年代には安室奈美恵、SPEED、MAX、DA PUMP、三浦大知・満島ひかりの在籍したFolder、山田優といったメンバーを輩出した。

ます。明らかに、みんなは何かを受け取っている。それはいったい何なんだろう、と。

宮沢　この歌をリリースするにあたっては批判も予測はしていましたし、「出すべきなんだろうか」「本土の人間がこんなことを歌うのは失礼なんじゃないだろうか」と悩みましたが、喜納昌吉さんに「魂までコピーしたら、それはもう真似じゃないよ。この歌には沖縄の魂がこもってるよ」と言われた一言が、ものすごく背中を押してくれたんです。さっき言われた溝を、飛び越えてみようと思えたんですね。

中江　宮沢さんがそれをやられたことで、僕は「溝のありか」がわかったとも思ってるんですよ。どこに溝があって、それはどれだけ深いのか。それまで正体がわからなかったものがなんとなく、可視化された出来事だったとも思っています。少し戦い方がわかるようになった、というか。

「地面から生えている劇場」を作るもの

宮沢　『ナビィの恋』のヒットや『ちゅらさん』なんかもあって、沖縄の文化がより多くの人に認知されていく「沖縄ブーム」と言われる状況下で、世の中に抽象的な沖縄のイメージだけが先行して広まっていった部分、沖縄でも一部の人がそれに飲まれていった部分というのもあると思うんですが、そうした時代に、桜坂劇場ができるわけですね。オープンはいつ頃なんでしたっけ？

野田　二〇〇五年ですね。

宮沢　じゃあ、もう十六年（対談時点）。この場所で沖縄の文化と深く関わりながら、メディアの言う抽象的な「沖縄」ではなく、もっと生活に根ざした、具体的な街の景色を作ってきたわけですよね。現在のような存在になることとか、その当時の沖縄を取り巻く文化的な状況みたいなものは、どれだけ意識しながら作られたんでしょうか？

中江　明確に意識していたわけでは全然ないんですよ。直接には、長らく沖縄で営業されてた琉映さん（＊27）がシネコンなんかに押されて映画事業から撤退し、劇場も閉めることになったのがきっかけで。僕らはもともと琉映さんの劇場で上映もしていたから、閉めるときにお知らせをいただいたんですね。それで「閉めるんなら自分たちでやれないか」と思い立って、すぐに野田に声をかけたんです。

僕と野田はその前からずっとリウボウホール（＊28）で映画とライブのイベントをやっていたので、

＊27　一九五〇年に設立された映画興行会社。沖縄県内で東映・東宝などの作品配給をしていたが、現在は映画事業から撤退、社名も変更している。沖縄では全盛期には二百を超える映画館が林立し、その中には「琉映」の名を冠した劇場も多数あったが、「桜坂シネコン琉映」を前身とする桜坂劇場だけが現在も営業を継続している。

＊28　リウボウグループは沖縄随一の商事会社・百貨店企業として発展した会社グループ。アメリカ世の初期、日本や諸外国との貿易には米国軍政府の規制がかかっており、軍政府の琉球貿易庁が一手に握っていた。その関係者によって設立された会社・琉球貿易商事を前身とする。リウボウホールは那覇市久茂地のデパートリウボウの七階にあった多目的ホールだが、二〇一四年に閉館。

肌感覚として「映画だけでは絶対に無理だろうな」とは思っていたんです。なので、映画、ライブ、舞台とか、なんでもできる「劇場」というスタイルにしようという話になって、何人かの仲間に声をかけていった、という感じですね。最初は行政の補助金をもらうことも考えたんですけど、意思決定とかの面でうまくいかなくなるだろうなと思ったので、覚悟を決めて全部みんなで出資して、会社も作って、やることにしたんです。

やっぱり、僕も野田も劇場で育ってますからね。街から劇場が消えていくということに対して「なんとかできないかな」という気持ちが第一だった。それはオープンしてからも同じですね。

宮沢　なるほど。

中江　一番最初に「街に劇場がある意味って何だろう?」と考えたんですが、やっぱりお金を落としてもらうことの前に、「人が来やすくて、入りやすい場所である」ことが第一だったりする。だったら、もぎりを入り口すぐじゃなく奥のほうに置いて、手前のスペースにはチラシを置いたり、お茶を飲めたり。映画を見るのはお金がかかるけど、「劇場に来る」という行為にはお金がかからないようにしようと。それだけ確認して始めました。

宮沢　それまでの劇場は、お金を払ってから入る、というイメージでしたね。そういう公共性みたいなものを背負うような場所……というと固いけど、近所の人でも観光客でもどんな人でもフラッと行ける場所、そして「あそこに行けばおもしろいものがあって、誰かに会えるかもしれない」と思える場所が街にあるというのは、本当に大事なんだなと感じます。桜坂劇場は、それを最初からやっていた。今はもうそういう場所作りの流れがある時代になっていますけど、当時はまだ日本全国を探してもそんな場所は少なかったと思います。

中江　地面から生えている劇場、という感じがするのがいいところですね。沖縄の地面から。東京だと、劇場といってもビルの一室だったりするじゃないですか。桜坂は一棟の建物ということもあるけど、建物だけじゃなく、ちゃんと「その土地から生えている」という雰囲気を目指しました。一九五〇年築だったかな、とにかく古いので、あちこちに無駄なスペースがあるんですよ。そういう隙間を物販の場所にしたり、「とにかく、どこにでもお客さんがいられる場所にしよう」といって、建物の内壁もどんどん取っ払いました。よりパブリックに開いていこうという方向性は、最初からありましたね。

劇場って、自分たちの持ち物というよりは、時代とか、地域からの預かり物だなと思っているんです。だから、その時代、その地域の中で何を受け取って、どう返していくか、一生懸命に考える必要がある。とは言え、その場しのぎでいいわけでもなくて、常に「ちょっと先」を考えていかないといけない。ウチナーンチュの中でも考えていることはそれぞれ違うわけで、単に流行りを追いかけるということではなく、今の沖縄のお客さん、今の時代のお客さんが何を考えて何を求めているのかというのを想像した上で、そのちょっと先にあるものを考えて、投げかけていかなければいけない。そういうこととの連続ですよ。お客さんの欲望って僕らが思っているよりものすごく強いものなので、そういう人間の欲望の奥深さみたいなものに立ち向かい続けているという部分もあります。

宮沢　お客さんの欲望。それはわかる気がします。

中江　それと向き合うというのは、単に時代の流れとイコールという感じでもないんですよね。シネコンみたいに確実に売れるものをやらなければならないわけでもないし、合理性で営業しなくていいのは隙間産業のいいところです（笑）。合理的なことは合理的な企業に任せて、僕たちはとにかく多様であればいいかな。相変わらず、日活ロマンポルノも上映してるし。でも、そんな感じだからこそ、コロナの中でもお客さんに見捨てられていないんじゃないですかね。

宮沢　それはやっぱり、「ここに行けば何かおもしろいもの、新しいことがあるはずだ」という期待を背負うことができているからこそなんでしょうね。

中江　ただ、一方で、それに応えなければならないぞというのは、こちら側も問われるところなんですが。お客さんの欲望に全部が全部応えているとヘロヘロになってしまうけど、おざなりにしたら今度はすぐバレるわけです。「心を込めて、素早く、たくさんやる」みたいなことを求められているので、スタッフは大変ですね。一生懸命にやってても、ちょっとでも他の後追いになってしまうと「最近の桜坂は元気がないな」と言われたりするから、常に三十パーセントは新しいことをやり続けないといけないし。

うちのお客さんは、とにかく厳しいですよ。他と同じようなものでは満足しない。今は二十五歳のスタッフが映画をセレクトしているんですが、そのスタッフも、ふくら舎（*29）で器を選んでいるスタッフも、桜坂市民大学（*30）でプログラムを組んでいるスタッフもそうです。貪欲なお客さんの厳しさによって、いろいろ考えながら育っている。成功することも失敗することもありますが、それが大事で、僕や野田があぁしろこうしろと言ってもしょうがないんですよね。たまに僕が「石を売りたい」みたいなことを言い出すこともありますが……。

宮沢　石？

中江　化石とか、鉱石とか。それを、僕は十年間くらい、ずーっと「売りたい」って言い続けて、ずーっとスタッフに「石なんて売ってどうするんですか」と止められてたんです（笑）。でも、どうしても忘れられなくて。「お試しでやらせてくれない？」とお願いして、ちょっとだけ仕入れて売ってみたら、これがお客さんも喜んでくれて、けっこう売れたんですよね。それでスタッフも「お

*29　桜坂劇場内に設置された雑貨店。沖縄の手工芸、書籍などを扱っている。
*30　桜坂劇場が運営する、市民参加型のワークショップ。伝統芸能などを含む沖縄学講座、文章講座、映画・演劇といった表現に関わるものから語学や料理、動画制作など項目は多岐にわたる。

もしろいですね」と言ってくれて、今では、石はよく売れます（笑）。

そんな感じで、まだ誰も気がついてないことって、けっこうあるんですよ。だから、新しいことはどんどん試したらいい。ただ、そんなときに「なんでこれをやりたいの？」ということをスタッフには聞くようにしています。僕らと考え方が違っているのは全然いいけれど、ただ「流行っているから」という外部的な理由でなく、自分の内側にどんな理由があるのかを考えてやってもらえればいいなと思いますね。だから、何かをやった結果お客さんの入りが悪くても、「その数字だけで『失敗だった』と言うのは違う、その中身を見よう」という話をスタッフにもするんです。そこにいつもは来ないお客さんが来ていたら、それは成功なんじゃないか？という考えですね。劇場というのは人が来ることが大事なので、今まで来なかった人が来る習慣がつくのならば、それは客層が広がったという成功になるのかもしれない。そういうところはちゃんと見たほうがいい。

たまに「桜坂劇場のターゲットはどういう層ですか？」という質問を受けることがあるんですけど、そもそも、そういうものに向かって劇場はやってないんですよ。お客さんというのは奥深いもので反応するポイントがどこにあるかなんてわからないし、時代が常に動いている以上、成功も失敗も時の運みたいなところはあるので、成功を求めてターゲットを絞るみたいなことではないんですよね。それよりも、どのようにそこを「うまく外すか」みたいなところのほうが大事かなと思っています。それを続けていければ、他にはない形で成功するというイメージがありますね。

文化を次につなぐ「健全な、沖縄的な方法」とは

宮沢　なるほど。そういう姿勢が、桜坂劇場の唯一無二の雰囲気を作っているんですね。映画でもライブでもいいんですが、お二人が一番印象に残っている取り組みはありますか？

中江　僕は、ふくら舎で焼き物を仕入れ始めたことかな。今、自分たちで仕入れたものを内地の伊勢丹とか、ああいうところにも卸し始めているんですよ。劇場という性格上、内地から入ってくるものを沖縄に紹介していくということが多かったわけですけど、最近は沖縄のものを内地に紹介するという試みが増えています。沖縄の焼き物はおもしろいんですよ。作り手がおもしろいと作っているものもおもしろくなると思ってて……僕が沖縄に来た頃に「腐れナイチャーが」と散々言ってくれたようなおじさんたちって、もう今は大人しくなってしまってるんですけど、焼き物の世界にはまだいるんです（笑）。土や火と向き合ってきた人たちにはどこか独立独歩な雰囲気があって、沖縄の魂というか、そういう厳しさをまだ残している人が多い。そういうところが好きです。だからこそこっちも食いついていけるというか、いろいろ新しいものづくりの相談をできる部分もあるので。なんでもハイハイと受け入れてくれるわけではない人たちと一緒に新しいものを作れる関係性ができているのは、幸せなことです。

宮沢　それは、すごくわかりますね……。野田さんはいかがですか？

野田　桜坂劇場は、一般的にはミニシアターの映画館というふうに見られていると思いますが、中江さんが言う通り、映画に音楽、さまざまな文化が集まる場所という認識です。自分たちでそうした拠点を持つと人や企画も集まってきますし、あらゆる文化や人の結節点になれるということがおもしろいですね。それが一つの形になったのが、「Sakurazaka Asylum」（＊31）です。二〇〇七年にスタートして、十五年になりますが、これまで八百組以上のアーティストが出演しています。

今、次に続いていくものとして力を入れているのは、アジアとの音楽ネットワークの構築です。ここ六〜七年、「Music from Okinawa」という沖縄発のレーベルを立ち上げて音源を作ったり、沖縄の若い音楽家たちを海外に紹介するという試みを行ってきました。最初は、ワールドミュージックを入り口にして、WOMEX＝World Music Expo（＊32）という、ヨーロッパを巡回して行われるワールドミュージックの見本市に出展したりしました。そうした場所に行くと、それこそ昌吉さん、林賢さん、ネーネーズといった九〇年前後の音楽が今でも沖縄発の音楽として知られているんですが、逆に言うと、そこで認識が止まってしまってるんです。そういう音楽シーンの中に、その後三十年を経て生まれてきた新しい音楽家を紹介していかないといけない。去年のWOMEXには、沖縄のARAGAKI Mutsumiさん（＊33）という歌い手がオフィシャルのセレクションで選ばれて、ポルトガルで演奏されました。古典・コンテンポラリー問わず、沖縄から自力で外の世界を切り開こうとする音楽家も増えていますし、そうした状況の変化がすごくおもしろいですね。地元の文化を吸収した上で活動をしている音楽家がこんなに多い場所は、日本では沖縄以外にはない。その豊かさを、豊かなままどういうふうに可能性を広げていくかということを考えています。

二〇一六年に「Trans Asia Music Meeting（TAMM）」（*34）というプロジェクトを立ち上げてからは、アジア各国と沖縄との音楽のネットワーク作りも少しずつ充実してきました。コロナがきてストップしている部分もありますが、アジアと沖縄の音楽シーンが直につながって、アーティストがお互いの街に演奏に行くことも増えて、知り合いの輪も広がってきたと感じています。これまで

*31 野田氏の企画で桜坂劇場が二〇〇七年から主催している、音楽のフェスティバル。劇場の立地する周辺は古くからの飲食街として小規模店舗が多数立地しており、そうした店舗も含め街のあらゆる場所で演奏や展示が行われる、地域ぐるみの一大イベントとして成長している。

*32 一九九四年にベルリンで初開催され、おもに西欧諸都市持ち回りで開催されるワールドミュージックの一大見本市。毎年十月、世界中から数千人以上の演奏家、音楽業界人、批評家、メディアが集まり、七つのステージでの演奏、出展企業や講演者によるプレゼンテーションなどが五日間にわたって行われ、いわゆる欧米のメジャー音楽だけではない世界の豊穣な音楽文化を担保するための重要なネットワーキングの場となっている。

*33 歌三線の古典の素養をベースに、そのグルーヴ感をジャズやエレクトロニカなどと融合させた実験的な作品を発表している。二〇二一年、右記のWOMEXにおいて日本で6組目、沖縄からはソロとして初めてオフィシャルの招聘アーティストとして演奏した。

*34 沖縄とアジアの音楽ネットワークを構築することを目的にスタートした国際音楽カンファレンス。アジアを中心に演奏家、イベント企画者、プロモーター、レーベル、メディアなどの音楽業界人たちが沖縄に集まる。TAMMを通して日本からはKachimba 4、折坂悠太などが海外のフェスティバルに紹介され、韓国のバンドがタイのフェスティバルに出演するなど、東京ではなく沖縄をハブとした交流が生まれている。

は沖縄から東京を目指すアーティストが大半でしたけれど、音源もストリーミングで聴ける時代になって、東京に出るメリットは以前ほどはなくなってきました。沖縄は地理的にも圧倒的にアジアに近いわけで、そのまま行くこともできるし、逆にアジアから日本に来たいという人を沖縄経由で紹介するきっかけも作れるわけで、双方向に可能性は広がっていくんじゃないかなと思います。

宮沢　僕は若い頃……九十年代の後半には、次から次へと新しい音楽的な挑戦を続けながら、しゃにむに新しい世界に飛び出していた。そんな中で、沖縄の同時代のロックやポップスに対して少し退屈さを感じていたこともあるんです。「もっと新しいこと、もっと誰もやらないことをやればいいのに」と思っていた。なんでそんなに、すでに誰かが作ったロックやポップスの枠組みの中で戦っているんだろうと。

でも、そうじゃないんですよね。そうした形式以上に、アメリカと日本の間で揺れ動きながら流れてきた時間はもちろん、琉球時代からの芸能や、旧暦の日常の習慣もまだ身近に生きている、いわば歴史との距離の近さそのものが「沖縄」という土地の固有の経験なのであって、形式がどうあろうと、土地の経験を意識しながら作られたものの中に世界の、まったく別の土地の経験ともつながる……なんというか、互換性というか。そういうものがあるんだということに、ある時気づいたんです。僕はそういう土地の経験そのものと切り離されて育ったから、自分の根っこにあるものから作る音楽というものが、「島唄」を経ても本当の意味ではまだわかっていなかった。だから、次から次へと新しいことを追い求めるしかなかったんですね。

今はインターネットもあるし、かつてのワールドミュージックブームとはまた違って「誰かが発見したローカリティ」というのではない自発的な発信ができるようになっていますから、そういう沖縄の音楽が今までは思いもよらなかった形で世界の音楽と共振するという可能性も、すごく高くなっている気がします。アジアからも今、本当に素晴らしい才能がどんどん出てきていますしね。

野田　アジアのアーティストは、音楽家の才能ももちろんですけど、マネジメントなど周りにいる人たちの能力の高さも含めて、本当にすごいと思います。英語も流暢だし、チームも身軽で、世界とのバリアが全然ない。地元から海外に自由に出て行けるようなマインドが普通に備わっている印象があります。

沖縄の音楽家にもそういうマインド自体はあると思うんですが、日本的なプロモーションとかブランディングみたいな思考が邪魔をしている感があるので、そういうものにとらわれない身軽さが身につくといい気がします。あとは語学とか契約とか、ビジネス的にバックアップできる環境を整えたいところです。

中江　沖縄からはパフォーマーや歌い手など、才能あるプレイヤーはたくさん出てきている反面、ビジネスの面で弱いというか、プロデューサーが足りないのが問題だとは昔から言われています。文化だと言っても、やはり食っていけないと続かないわけですが、若い世代だとネットもあるし、プロデューサー不在のままどんどん世に出て、食うだけなら事足りる、ということもできる世の中になっているとは思うんですよ。ただ、それがいいことかどうかはわからない。それだけではどんどんつまらなくなっていくとも思うんです。だから、何かしらのプロデュースというか、セレクトみたいな審美眼を持って作業に関わる人はやっぱり必要なんじゃないかと思いますね。

とは言え、それを単にビジネスライクにやってても本土の人や世界の人には勝てないわけで。沖縄の人って、単に儲かるとか、そういうことにあまり執着がない人が多いなと思うんですよ。それよりももっと楽しく、人間らしいペースでやりたいというほうが多いし、時代にも合っている気がする。そういう、沖縄に適した……できれば沖縄ならではのミニマムな形の方法や仕組みが見つかるのが理想的です。

野田　仕組みや枠組みを作っておくのは大事だと思います。私で言えばウェブサイトやカンファレンスやイベントのようなプラットフォームを作って、まずはそこに乗っかってもらう。音楽の面ではそういう場を作ろうと思って、少しずつ動いている感じですね。

中江　野田の話を聞いていても、桜坂劇場を作ってからの十六年で一番変化したところは、僕ら自身が「沖縄のものを外に出していく」ということをやるようになったことだなと、改めて思いました。だったら、これからどんなものを出していくかを考えていかないといけない。ものや文化を作っている人は単独で存在しているわけではなくて、それを支えているのは沖縄の普通の大衆だったり、自然だったり、風土だったりもする。そのことをわかった上で、僕らは作る人の気持ちもわかるわけだから、それらをどういうふうに両立させて、健全に形にできるかという知恵をしぼる。これは、まだやりきれてないことですね。僕らもそうだし、行政だって「文化発信」なんて言いながら実はやってないし、沖縄の誰も、まだやれてないことなんじゃないかと思います。

一方で、さっき沖縄でものを作る時は肌感覚が必要だと言いましたが、それだけに頼って作っていては、ほぼ沖縄で言う「ウチナービケーン」……沖縄びいきというような意味なんですが、その域を出られません。沖縄の肌感覚を持って、それを打ち破るような普遍的な方法が必要だということなんだと思います。映画で言えば、この芸術には百年以上の歴史があり、先人たちの作った素晴らしい作品が世界中にある。それを見まくって吸収し、自身の映画に生かすというような、世界共通の方法です。

僕から見るとそこがウチナーンチュは圧倒的に弱いし、「そんなことしなくても俺たちには沖縄の肌感覚があるし、それで作ればいい」というところだけでやってる。また、そのことを周囲も認めて、求めるようなところがある。それでは、なかなかいいものは作れないというか、いいものが何であるかもわからないまま終わる気がする。

野田　二〇二〇年四月から、五年間ですがコザの「ミュージックタウン音市場」（*35）の指定管理者としての仕事も始まりました。僕らにとってのコザはやっぱり「音楽の街」というイメージですが、いろんな調査を見ると、今の若い世代にはそうした認識はほとんどないようなんです。「この街には音楽があるんだ」ということを、改めて、新しい世代に思い出してもらえたらと思います。「音市場」で、音楽やその周辺のことに触れる機会を増やして、少しでも裾野を広げていきたいですね。その中から、新たな音楽の才能が生まれたり、音楽の街として、認識を新たにしてくれる人が増えるといいなぁと思います。

宮沢　自分の愛する文化を次につなげていくということは大きな責任を伴うこともあるし、一方で大きな喜びでもあるなと、自分自身のことを振り返っても思います。自分がヤマトンチュであるということを考えながら、それをやっていく……ということになるわけですが。お二人は、ご自身が外から来てその一端を担うということについて、どうお考えですか？

野田　文化を広げていくという意味では、外からの目も必要です。外から評価されることで、自分たちの文化に対しての確信や自信が持てるし、オリジナリティが磨かれます。そもそも文化というものは必ず相互に影響しているので、どれだけ「琉球文化」と呼んだとしても、そのベースには中国や東南アジア、ヤマト、アメリカ、多様な文化のチャンプルーがありますからね。ですから、ヤマトンチュの自分が沖縄にいて、さまざまなことに揺さぶられながらも文化をつなげる作業に携わっているということは、さほど不思議なこととは感じません。沖縄はそれくらい懐が深いと感じます。

例えば、もし「島唄」が生まれていなかったら、現在の沖縄を取り巻く音楽の風景はずいぶん違ったものになっていたと思います。その風景をまた次につなげていくことは、次の人たちがそれぞれの領分でやる。そういう意味でも、沖縄の文化に対する愛と敬意さえあれば、ヤマトンチュ、ウチナーンチュということはもう関係ないんじゃないかなと思います。

中江　僕も、覚悟があれば誰がやってもいいと思います。僕は自分をどこまでもディレクターだと思ってるのでプロデュースとかは本当はしたくないんだけど、年齢的にそっち側に回ることも増やしていかないといけないんだろうなあ……まあ、すごいやつは僕らが何もしなくても勝手に出てく

＊35　コザの地はアメリカ文化に影響を受けたロック文化や戦後沖縄の大衆音楽を支えた普久原恒勇の本拠地であり、そして一九五六年に米軍が軍用地の一括買上を発表したのを機に盛り上がった「島ぐるみ闘争」と呼ばれる反基地闘争の中で、ある種エスニック・ナショナリズムの発露として「全島エイサーコンクール」が初めて行われたことで現在のエイサー隆盛の端緒となり、ベトナム戦時には反戦フォークも盛り上がりを見せた、「基地の島」に対抗する文化の一大拠点でもあった。時代がくだり、そのコザの記憶が少しずつ失われゆく中、沖縄市は往時の音楽の街としての顔を取り戻して活気と雇用を生み出すべく「中の町ミュージックタウン整備事業」を計画。翌年には、沖縄市＝旧コザ市の前身であった戦前の越来村域の頃からこの地域の中心地であった胡屋十字路に、構想実現の核となる施設コザ・ミュージックタウンを開業させた。その目玉テナントとなっているのが桜坂劇場の運営する「ミュージックタウン・音市場」であり、単にライブ会場だけではなくスタジオも常設し、地域のイベントやエイサーも行う広場も確保。広く地元の音楽文化に関わる人材育成のための試みを続けている。

ると思ってるけどね（笑）。

〈二〇二二年一月八日　オンラインにて収録〉

なかえ・ゆうじ──一九六〇年、京都府生まれ。琉球大学入学後に自主映画の制作を開始し、一九九一年『パイナップルツアーズ』で商業デビュー。一九九九年発表の『ナビィの恋』が全国的な大ヒット作となる。監督作の多くは沖縄が舞台だが、福島の原発事故による避難住民とハワイ日系社会の関わりを描いた『盆唄』（二〇一九）、二〇二二年秋公開予定の水上勉原案『土を喰らう十二ヵ月』など、その作品世界を拡張し続けている。

のだ・りゅうじ──一九六五年、長崎県生まれ。琉球大学入学後、アルバイトをきっかけに音楽業界へ。プロデュース、執筆など沖縄の音楽界と深く関わり、桜坂劇場の設立に参画後は「Sakurazaka ASYLUM」はじめ毎年五十本以上のライブイベントを企画。沖縄発の音楽レーベルの立ち上げ、アジアと沖縄をつなぐ音楽ネットワークの構築など、大きく移り変わるメディア・情報環境に対応しながら沖縄音楽の可能性を追求している。

6

僕が「沖縄を伝える」ということ

先日、こんなことを言われた。

「宮沢さんは、昔のライブ映像を見ていると、少し鬼気迫る感じというか、顔を歪めて、吠えるように歌っていましたよね。今はそうじゃないと思うんですけど、何か変化があったんですか?」

確かに、昔の自分の映像を見ていると、「吠えていたな」という感じがする。ただ、それは、「俺の歌を聞け!」という吠え方ではないとも思う。

僕は、自分はどちらかと言えば自我の叫びのようなものを歌う人間ではないと思っている。もっと端的に言うと、ステージ最前列で「俺を見てくれ!」と言うような心理には興味がない。自分というパーソナリティや自意識、あるいはメッセージがその音楽そのものより前に出てくるようなことは、音楽家としてやりたくないのだ。

沖縄のこともそうだし、東南アジアの音楽やブラジル音楽を採り入れながら新しい音楽を作ろうとしていた頃も含め、「俺を見てくれ!」と言うよりは、「俺の好きなこの音楽、すごいだろ!」という気持ちでやってきた気がする。それはある意味、昔から感じていた自分自身の「根っこ」のなさ、拠って立つべき一本の柱がないという気持ちの裏返しだったかもしれない。それでも、沖縄民謡やブラジル音楽を素晴らしいと思っている自分の心は、誰に何を言われようと揺らがない。そして、文筆家でもジャーナリストでもなく音楽家として存在している以上、ただそれを紹介するだけではなく、そこに自分なりの芸——光の当て方や見せ方の工夫を加えて人に伝わる力を持つようにするということ、その技術や思考や言葉を磨いてきたつもりだ。もし、僕が素晴らしい美声と歌唱力の持ち主だったとしたら、そんな研鑽をすることもなく、つまらない歌を作るそこそこのシンガーになっていたかもしれない。

そういう美意識は若い頃から変わっていないと自分では思う。だが、今にして思えば、かつての吠えるような、鋭く突き刺すような歌い方というのは、その研鑽がまだまだ足りておらず、自分の伝えたいことを十分に形にすることができていないという自覚があったことの表れだろう。焦燥ゆえに、強く激しい伝え方でそれを補強しようとしていたのだと思う。

知名定男さんはしばしば、「みんな上達すると自分の力で上手くなったと錯覚するけど、ようやく先人の作ったものを受け取れるくらいの技術がついただけなんだ。それを忘れちゃいかん」とおっしゃる。

今日の沖縄で歌われている民謡の多くは唄者本人が作ったものではなく、以前から存在していたものだ。唄者たちはその歌の中に描かれている情景や、言葉の裏に込められた思いを聴衆に伝える器として存在する。本人の自意識や願望といったことは後にして、まず先人が残したその音楽の中にあるものをどのように聴衆の脳裏に浮かべ、幻視させるかということを考えながら、そこに自分の芸や技巧、間合いといったものを乗せていく。そして、それを磨くためにかけた時間の中にも本人にしか出し得ない人生の滋味のようなものがあって、また芸は円熟していく。そういう円環を見ているのが、僕はとにかく好きだ。ある人は作って残し、ある人はそれを受け取り、また誰かにうまく手渡せるよう己を磨いていく。その流れが滔々と続いていくんだなと思えることが沖縄の音楽を見ていて一番楽しいところだし、定男さんの言葉は、僕自身にも当てはまるものとして聞いている。僕も今ようやく、先人から受け取ったものを、肩を怒らせたり吠えたりせずに誰かに伝えられるようになったという意識がある。

思えば、沖縄を初めて訪れた時に作った「ひゃくまんつぶの涙」に始まり、「島唄」の後も、僕は沖縄について、たくさんの歌を作ってきた。

八重山民謡の聖地・白保の海の生態系への深刻な影響が懸念されていた新石垣空港（＊1）の建設計画と当時フランスが南太平洋のムルロア環礁で行った核実験（＊2）を対置してウチナーグチで歌った「TROPICALISM」（一九九七）、ひめゆり学徒隊や沖縄戦の戦没者に捧げた「ねんねこよ」（一九九九）、沖縄戦への怒りを極限までミニマルな言葉にした「島唄」へのアンサーソングとしてその怒りをよりダイレクトに歌った「オキナワ」（同）、ブラジルのサルヴァドールで沖縄を思いながら書いた「沖縄に降る雪」（二〇〇一）、平安隆さん（＊3）に歌詞を書いていただきコザで録音した自分なりの新民謡「ちむぐり唄者」（同）、遠く後にしてきた生まれジマを思う人の心を歌った「心の泉に浮かぶ島」（二〇〇四）、どこにいようとも沖縄を思う心があればそこが沖縄であり、その心を持つものが島の仲間なのだと歌う「シンカヌチャー」（二〇一二）、一度ステージから降りた僕がまた歌うにあたり、自らの力だけでどこかに行こうとするのではなく、自分にとって大事な場所を心の支えに歌の流れていくまま身を任せてみようという気持ちで沖縄とブラジルを思った「Paper Plane」（二〇一九）、新型コロナウイルスの影響で沖縄に行けない間、せめてこの風は沖縄とつながっていてほしいと願いながら書いた「沖縄からの風」（二〇二一）……。

こうして挙げるだけでも、全部まったく違う歌だ。それだけの伝え方を試した、ということでもある。自分で作った曲だけでもまだまだあるし、すでにある名曲をカバーしたもの、人に提供した曲も含めれば、いくつの歌に沖縄への想いを託して世に出してきたかわからない。昔の作品の中には伝え方がまだ練られていなかったものもあるかもしれないが、どの歌も沖縄のこと、沖縄で起こっていることや沖縄という土地にうずまく思いも含め、僕なりの芸でみんなに伝えたくて作った大切な歌だ。

だが一方で、どれだけの歌を重ねても、最初のインプレッションで作った「島唄」が一番まっすぐ沖縄の魂に近づいた気がしている。沖縄をまだほとんど知らない時に作った歌であるがゆえに、この島の社会における様々な事情や関係性を気にすることもなく、ディテールにとらわれることもなく、「この島に永遠の平和を」というその思いだけで作れたのだ。そういう意味では、あれ以上の歌を作るのはたやすいことではない。

「抽象的すぎて中身がない」と言われたこともあるけれど、この歌は、むしろ大きな器なのだろうと思う。音楽というのは乗り物のようなもので、歌詞や楽譜のような静的な存在としてそこにあるだけでは、その本領はわからない。その乗り物に乗ってみて＝演奏したり聴いたりしてみて初めて、その内的な空間の広さや狭さ、あるいは一緒に遠くに行けそうだとか、自分の心の奥深くへと潜っていけそうだとか、そういうことがわかるものだ。そういう意味で「島唄」という歌はミニマルな言葉とメロディの中に多くの人が思いを寄せてくれるだけの無限の内的な広がりを獲得したし、そこにそれぞれの現実や記憶を投影してくれる人の数だけ思いを乗せて遠くに運ぶことのできる、大きな船になってくれた。

もちろん、器を作った人間がそこに入れるもののことを知らないままではいられない。長く沖縄と関わっていく中で、この島々のディテールを学ばなければならないのは当然だ。その思いは島々のことを知れば知るほど強くなる。新しく学んだり調べたものごとをさまざまな形にしたり、自分なりの考察をしたり。「島唄」が広げてくれた大きな空間に、知識や理論や経験で自分自身の中に具体性を蓄積していくという作業は常に意識して行うようにしている。

今の僕がもっとも大事にしているのは、「多くの人が『島唄』に寄せてくれた大きな信用を壊さないようにしたい」ということだ。「島唄」以降、少しでも多くの方々に沖縄のことを伝え、沖縄のことを教わりながらやってきたのに、少しでも不勉強だったり敬意の伴わないことをしてしまったら、この歌まで台無しになってしまう。長い時間をかけて信用してくれた人にも申し訳ない。この歌が沖縄の永遠の平和を願う歌であるということの輝きをいつまでも保てるよう、僕自身が学びと研鑽を重ねていかなければならないと思っている。

そして、音楽や芸能に関わるものとして、その学びの結果をさまざまな方法で実践してみるということが僕の現在のライフワークになっている。今も僕はこの本の原稿を書きながら、五月に開催する民謡と舞踊の舞台の演出を考え、沖縄の大学で行う授業の資料を作り、琉歌の歌碑をめぐるテレビ番組（以前又吉直樹さんと一緒に作った歌碑めぐりの番組（＊4）の第二弾だ）を準備し、雑誌やウェブメディアでの連載を執筆し、ラジオ（＊5）やナレーションの収録を行っている。喜んでもらえる場所があるなら、歌も歌う。趣味の釣りの連載を除けば、ほぼすべてが沖縄に関わることだ。ますます、不勉強なまましたり顔で語るわけにはいかない。ほぼ毎日沖縄のことを調べて、新たな資料や文献にあたることが仕事の大半になっている。その過程で「ああ、この歌にはこういう隠された意味があったのか……考えが至ってなかった」とか、「琉歌はこんな限られた言葉数でここまで深い奥行きが作り出せるのに、俺はなんて冗長な言葉を重ねているんだ」などと思うことがしょっちゅうだが、とにかく楽しくて仕方ない。

自分の知識や認識を常に更新しながら、遠く深くこの島々の水脈をたどって行けることとの幸福。自分が歌わなくても、そこにはすでに素晴らしい歌い手や踊り手たちがいる。彼らを間近で見て、そしてまだ出会ってない人に「こんなすごいものがあるから、見てほしい！」と語ることができる。実に贅沢なことだと思う。「沖縄をモチーフに表現する俺を見てくれ！」ということではないのだ。

あくまで僕という人間を媒介に、少しでも多くの人がこの島々の芸能に触れ、ただ明るいだけの歴史から生まれたわけではない文化の奥行きと、そこに営々と託されてきた人々の思い、島で言うところの「情け」の美しさを知ってほしい。

戦前の沖縄で綴方教育の普及に努めた教育者・稲垣國三郎が昭和初期に記した沖縄紀行の名著『琉球小話』（*6）の中に「白い煙と黒い煙」というエピソードがある。稲垣が名護に講演に赴いた際、かつての名護城（*7）の跡を散策し、眼下に広がる名護湾の美しい景色に見とれていると、〈すぐ近くの小高い所から白い煙が風もない春の空へしきりに立ちのぼるのが目にとまった〉。近寄ってみれば野焼きや炭焼きなどではなさそうで、老夫婦が松の枝を燃やし、か細い煙を絶やさぬようにしていた。何をしているのかと尋ねると、今日は老夫婦の娘が那覇港から大阪に旅立つ日だが、年老いた自分たちは険しい道のりを越えて見送りに行くことができないので、船が名護の沖を通るときにはこちらを見ていてくれと言いふくめ、ここで白い煙を上げて惜別の念を伝えているという。「あの汽船に娘が乗っております」そう言われて稲垣が老夫婦の指差すほうを見ると、〈ボーッと夢のような春の夕の沖合を、一艘の汽船が一条の黒煙をひいて静かに北へ北へと進みつつある〉。

貧しかった時代、娘はおそらく大阪に出稼ぎに行くのだろう。もしかしたら、そこからさらに遠い異国へ行くのかもしれない。庶民にとっては車も飛行機も縁遠い時代、今生の別れになるかも知れない親子の惜別の情景に心を打たれた稲垣が記したこのエピソードをもとに、知名定男さんのお父さんである知名定繁が作詞作曲したのが民謡「別れの煙」だ。全部で五番ある歌だが、この歌の二番と三番は親と娘、両方の視点から代わる代わる歌われている。

二、糸ぬ上ゆ走ゆる　船に立つ煙り　山ぬ端に向かてぃ　我親目あてぃ　ちゃーかりゆしどぅ
（糸のような白波の上を走る船から上がる煙よ、山へと向かって私の親を見つけ、元気でいてと伝えてほしい）
三、山ぬ端に立ちゅる　照らし灯ぬ煙　かりゆしぬ船に　産し子目あてぃ　ちゃーかりゆしどぅ
（山の稜線から上がる合図の煙よ、無事の航海をする娘を見つけ、幸せであれと伝えてほしい）


ぼんやりと霞がかった春の夕まぐれの空に立ちのぼる白と黒、二筋の煙。なんと美しい光景だろう……と思う。

これはもちろん親子の情愛の物語なのだが、その奥には多くの人々が本土や海外に出稼ぎに出なければならず、行った先でも厳しい労働や差別が待っていた沖縄の近現代史の苦難という、別の文脈も横たわっている。

作者である知名定繁も、かつて北九州の炭鉱に出稼ぎに出て、戦後は大阪で暮らしている。内地

で生まれた息子の定男さんも著書（*8）の中で「ウチナーグチを使うと差別されるから普段は使わなかった」と子供の頃の差別経験に触れているし、おそらく定繁自身も、語らずともさまざまなことを体験しただろう。今まさに大阪へと出ていく、自分とほぼ同世代だったであろうこの娘のことを思い返しながらこの歌を作りもしただろう。沖縄にその状況を強いることになった、自分の生まれる前の歴史にも想いを馳せたかもしれない。短い言葉とシンプルな旋律にどれだけの思い、どれだけの時間を託し、あるいは己の中の先人たちに託されて、定繁がこの言葉を紡いだか。それを聴き、歌い継いできた人たちが何を思い、何を伝えようとしてきたのか。そうした土地の記憶と、それを物語る聞こえざる声の長い長い水脈が、この短い歌一つの中にある。

歌詞は文字数八・八・八・六の、わずか三十文字の定型の琉歌でできている。だが、その奥に、無限の想像力と時間の広がりがある。数えきれないほどの人が己の心や先祖から連なる時間の感覚を民謡や組踊などの形にしてアウトプットしてきたわけだが、その基層にあるのはこの琉歌のリズムなのだ。沖縄県内のあちこちにものすごい数の琉歌の歌碑が建っていることも、それがいかにこの島の文化を強固に下支えしているかを示している。

「別れの煙」の歌碑も、名護市の、おそらく老夫婦が松の枝をくべていたであろう名護城跡に建っている。僕は先述の、今準備しているテレビ番組の中でこの歌の歌碑を紹介し、その歌の背景について語った。その情景と背景を僕の言葉で語るだけでも、遠い昔のようでまだ百年も経っていない時代にどんなことがあったのか、現在の景色の向こうに想像してもらうことはできるだろう。

ただ、今やりたいのは、そこからもう少し踏み込むことだ。先日は神谷武史さん、宮城小寿江さんという古典琉球舞踊の実力者に、この歌をもとに創作舞踊を舞ってもらう映像も収録した。古典の先生方にも監修をいただいたが、古典琉球舞踊においては、こういうことは本来タブーだ。琉球舞踊というものは本来中国や薩摩の使者に見せるための祝儀であり、華やかで縁起がいい演目が基本である。組踊の定番である仇討ちのようなものもあるが、この「別れの煙」や、もう一つ収録した花売りの男の絶望を舞った「下千鳥《さぎちじゅやー》」（*9）という演目のような、歴史の重みや民の苦しみを感じるどっしりとした歌で舞うものではない。だが、僕はこれらの歌の、先述したような奥行きを視覚で表現するために舞踊が必須だと思ったし、古典の先生方も「これはおもしろいね」と言ってくださった。これはとてもありがたかった。その言葉には琉球舞踊の「伝統」を固定化してしまってそこに安住するのではなく生きた芸能として更新しながら続けていく意思を感じたし、先達のそうした姿勢に刺激を受け、新しいことを始める若手もいるだろう。古典と革新の両輪で前に進んできた沖縄の芸能の姿が、ここにもある。

正直、抽象的な「沖縄イメージ」をなぞるだけの創作をするのは僕の仕事ではないと思っている。「別れの煙」や「下千鳥《さぎちじゅやー》」のように、この土地の空間と時間の中から生まれてきた表現の持つ深みと奥行きを伝えたいのだ。だから、「これが沖縄だ！」とデフォルメした像を強く打ち出したり、この土地の固有の複雑さを捨象してしまって簡単にわかりやすく見せるということには、僕は関心がない。受け手や、扱う対象そのものを侮っているのではないかと思えてしまう。僕は聴く人や見る人を信頼して、高度なものは高度なまま、さらに質を高めて提示したいと思う。

とはいえ、それは「不親切でいい」ということではない。どんなにいいものであっても、今の人には言葉もわからなければ、時代背景もわからないという問題はある。僕の役割は、その内容を文章や言葉で説明したり、創作舞踊をつけるといった演出を加えることで、受け手がその核心に近づくための補助線を引くことだ。派手にしたり簡単にしてインスタントに届けるのではなく、複雑さは複雑さのまま、その複雑さを丁寧に解きほぐしていく。本質は変わらぬまま、それを新しい形に構築し直すということなのだ。

民謡や地域芸能と聞くと、反射的に懐古主義のような雰囲気を感じる人もいるかもしれない。だが、僕が沖縄の芸能に関わるにあたっては、まったくそんな気持ちはない。長い歴史を経てきたという意味で、会話の中などで便宜上「伝統」という言葉を使うこともあるけれど、僕はこれらを「伝統」とは思っていないからだ。その言葉がまとう権威的な響きにそもそも興味がないし、沖縄の芸能はかつて権力の側の芸能であったものも含め、近現代史の中で民衆の手によって息を吹き返し、今も自らを更新し続ける「生きた芸能」だからこそ、僕はここまで惹かれるのである。その本質を今の時代に即した形で見せていくことは、むしろ未来を思考するための営みなのだ。僕のやっていることを見て、一人でも「なんとなく聞いてたこの歌にこんな意味があったのか!」「琉歌ってかっこいいじゃん」と思ってくれれば、それがその人にとって沖縄の大いなる水脈へと続く扉になるかもしれない。その水脈の先に、この島々の未来を語る言葉もあるのだから。

とは言え、状況を楽観視することは、残念ながらまったくできない。自分にできることを少しずつでも今からやっておかなければ、それは間に合わなくなってしまうかもしれないという気持ちはある。

「沖縄の本土化」と言われて久しいが、この流れは大枠ではもはや不可逆だと思うし、例えば土地に根ざしてきた言葉も、この先どんどん消えていく危機にあるのは間違いない。

琉球弧の島々には様々な、異なる言語がある。本来は沖縄本島周辺と八重山や宮古ではまったく会話が成立しないほど違うし、本島周辺だけを見たって、実は二十近くの方言がある。この島々の歌の多くはそうした土地の言葉を用いて作られ、土地の記憶や生活を歌ってきた、そこに生きる人たちの身体感覚の延長線上にあるものだ。言葉や文化を通じて土地と自分、土地に生きた先祖と自分がつながっていると思える感覚は、自分の存在を大きなものや強いものに回収されないための重要なよすがになる。

小さなものを土地から引き剥がして流動可能にし、大きなものに統合するということを力の源泉にしてきた近代国家権力にとって、もっとも都合がいいのは人々の意識をそれぞれの土地ではなく「国家」というフィクションに統合し動員するための統一言語であり、逆に最も都合が悪いのはまさに土地に根づき、国家に回収されない民衆意識を醸成するそれぞれの「シマ」の言葉だろう。そういうものが手つかずで残っていると、国家にとっては脅威である。だからこそヤマトは土地の言葉や文化を弾圧した。人々を統合し、動員し、強い国を作るために。そして、それはやがて戦争に至ったことを忘れてはならない。

沖縄の言葉や文化が長らくヤマトによって劣等感とセットで日本語を刷り込まれてきた影響は大きく、生まれた時代が下るほどいわゆる「ウチナーヤマトグチ」(*10)の話者が多数派であり、各地域の古い方言を理解できる人はどんどん減っている。それ自体が悪いということではないのだが、琉歌や芝居、組踊、あるいは地域の年中行事などにとっては、その中で使われる方言が「生きた言葉」でなくなってしまうことのダメージは計り知れない。

ここ最近、県内では古いシマの言葉である「しまくとぅば」（＊11）を教える動きが高まっている。それ自体はとてもいいことだと思う。だが、島の風景が開発によってどんどん変わっていく中で、その風景に根ざして育まれてきた言葉はどれだけ土地の記憶を喚起する力を持ちうるか……と思う気持ちもある。そして、風景に関しては、インバウンドの名のもとにヤマトや外資のホテルばかりが林立しはじめた頃から、僕はほとんど悲観的な気持ちを抱いている。

現在僕たちが唯一の世界観のように信奉している資本主義は、いわば合意の上での詐欺だ。合意に基づいた商取引をベースに際限なく利益を出していく＝元手以上のものを生み出すというサイクルを繰り返しているうち、いつしかそこから降りられなくなってしまう、手ごわい詐欺の構図。人間の社会にいつから利益という概念が発生したのかは知らないが、利益というのはお互いの差し出すものの価値が不均衡であるほど大きくなる仕組みである以上、どこか詐欺的な部分を孕んでいくしかない。あらゆるものをそれが拠って立つ場所から引き剥がして流通させ、すべてを換金可能にいく。資本主義はそうやって、自ら肥大していく怪物だ。

それはもちろん悪い側面ばかりではないが、その不均衡が大きくなりすぎると、確実にそのスピードも加速する。人間の感覚や倫理でコントロールし得ないほど、速く。現在のように短期的に莫大な儲けを得る人がたくさんいるということは、そのハイパーな収益を生み出すための利益を荒っぽく吸い取られている人も多いということになる。その陰には悲しみや、憎しみも多く生まれるだろう。僕には、それは何の未来もない、いや、未来までも現在の収益のために消費する、いびつで荒廃した風景に見えてしまう。

こうしたことが純粋にこの島々に生きる人々の意思によって選ばれ、起こっていくことであれば、ヤマトの人間である僕が何かを言う筋合いはない。だが現実には、その状況は僕の属するヤマトが過去にこの島に行ってきたこと、そして現在も行い続けていることに起因するところが大きいのだ。ならば、そのことについてはこの僕も考えなければならない。

一方で、沖縄の島々を歩いていると、それに対抗する軸がまだそこかしこに存在していることも感じる。大きな構造に同化したり短期的な利益を追求することに優先する、何か。「それ、儲かるかもしれないけど、うちのおばぁがこう言ってるからなあ」という感覚や、地域の拝所をきちんと手入れして、どんな開発からもその一角だけは守るという強い意思表示に残る、人が過去や未来を自ら売り渡してしまうことを防いでくれる、いわば顔の見える引力のようなもの。先祖やグソーへの意識もそうだろう。そういう感覚をことあるごとに思い出させてくれる瞬間が、日常のリアリティの中にまだ存在する。沖縄の豊かな芸能は、その感覚の上に成り立ってきた必然の表現だからこそ、現在もこれほど力を持っているのだと思う。土地の水脈への敬意がなかったら、それらはとうに奥行きを持って生きることをやめ、ただ商業的に売り買いされる平板な記号になってしまっていただろう。

この先、時代がどのように移り変わっていったとしても、僕はこの島の記憶の水脈だけは残ってほしいと思っている。日常の中から言葉が失われ、風景が失われていったとしても、せめて歌や芸能の中でだけはここにかつてあった美しい言葉、美しい景色、それらを芸能に託してきた人々の心の奥行きが残っていってほしいし、その未来に対して僕の伝え方で寄与できることは何でもしたいと思っているから、沖縄のことを伝え続けているのだ。それが少しでも残っていけば、小さな小さなタイムカプセルのようにいつかそれを受け取るべき誰かに伝わり、仮にどんなに絶望的な状況になっていたとしても、新たな花が開く時も来るはずだと信じて。この後の章で触れる二つのプロジェクトも、そんな思いで続けている。今からでも遅くはない。少しずつ、未来の種をまいていきたい。

僕が「顔を歪めて、吠えるように歌う」その代わりにたどり着いたのは、こういう場所だ。

＊1 愛称は「南ぬ島石垣空港」。旧石垣空港が観光客の増加に対応しきれなくなったため、一九七〇年代後半に新設が検討された。沖縄県は当初、白保集落の沖合を予定地に決定したが、これは先祖伝来の漁場である白保の珊瑚礁を破壊する計画であり、また事前に地元への相談が一切なかったため、白保住民は猛反発。住民や自然保護団体、研究機関などとともに国会への陳情やメディアへの訴えを行い、環境庁の指導や国際的な環境保全への機運が高まる中、一九八九年に計画は撤回。だがその代案も白保の珊瑚に影響を与えるものであり、住民の反対運動は継続する。二転三転の末、石垣島東部のカラ岳の東側を開削する陸上案に決定したのは二〇〇〇年だった。二〇〇六年に着工され、二〇一三年に開港。

＊2 ムルロア環礁は、タヒチなども属するフランス領ポリネシアにある環礁。一九六六年から九六年までフランスの核実験場だった。一九七四年までに四十七回の大気中核実験が行われ、この期間中にフランス領ポリネシアのほぼ全人口に当たる約十一万人が被爆している。それ以降は百四十七回の地下核実験が行われた。実験は九二年以降休止していたが、一九九五年九月から九六年一月にかけて突如再開、計六回の核実験を行って国際的批判を浴びた。二〇二一年三月には、フランス政府が住民の甲状腺被爆量を極めて低く改竄した報告書を出していたことが発覚している。

＊3 一九五二年、中城村生まれ。十六歳〜二十一歳まで米軍キャンプを転々としながら演奏、一九七八年に喜納昌吉&チャンプルーズに加入。九五年脱退、それ以降ソロアルバム発表多数。THE BOOMやソウル・フラワー・ユニオンなど内地のバンドだけでなく、ボブ・ブロッズマンなど海外ミュージシャンとのレコーディングも積極的に行い、独自のチャンプルー・ミュージックを追求している。

＊4 又吉直樹氏との対談、注18を参照のこと。

＊5 ラジオ沖縄にて、毎週月曜日午後九時半から午後九時五十五分まで放送されている『宮沢和史の琉球ソングブック』。琉球弧の音楽の魅力を幅広く紹介する。

＊6 稲垣國三郎『琉球小話 - 立体感ある沖縄の風土記 -』は一九三四年、沖縄文教出版株式会社より刊行。この「白い煙と黒い煙」は戦後に教科書にも掲載され、一躍有名な逸話となった。

＊7 現在の名護市にかつて存在したグシク。三山時代には北山勢力の一つ名護按司の根拠地であった。中山による三山の統一後、第二尚氏王統期尚真王の時代にすすめられた中央集権化の中おこなわれた、按司の首里への集住という施策の煽りを受けて、次第に衰退したと伝わる。

＊8 知名定男の回顧録『うたまーい 昭和沖縄歌謡を語る』は二〇〇六年、岩波書店より刊行。知名の個人史を通して戦後の沖縄と沖縄音楽を語る充実の内容になっている。

＊9 宮沢エッセイ第二章、注14を参照のこと。

＊10 現在の沖縄では日常生活の中で、方言の新語として「ウチナーヤマトグチ（沖縄大和口）」、つまり「沖縄で話されている日本語」という意味のクレオール言語が使用されることも多い。一般に「沖縄方言」と混同されがちではあるが、この言葉は狭義には後述の「しまくとぅば」のような各地域の土着言語を示すのであり、根本的に異なる。

ウチナーヤマトグチは戦前の同化教育によって「標準語」としての日本語受容の過程で方言と混ざり合って生まれたものであり、その一般化の段階として、永田高志は二〇〇九年の論文「ウチナーヤマトグチ発生のメカニズム（方言の新語）」（『日本語学』14号第28巻所収、明治書院）において、①日本語を受容した方言話者によってウチナーヤマトグチが発生→②沖縄方言とウチナーヤマトグチを対等に使い分ける等位併用→③ウチナーヤマトグチを母語とし、沖縄方言は理解出来ない、または理解できたとしても使用できないウチナーヤマトグチ単一言語話者→④ウチナーヤマトグチと共通語の二言語併用話者であり、ウチナーヤマトグチが生活言語として方言になった時期、の四段階で話者が置換されてきたと分析する。現在は一部の若者コミュニティの中でその同質性を確認するコードとして新しいスタイルのウチナーヤマトグチが意識的・アクセサリー的に使用されているという状況もある。

＊11 二〇〇九年、国連教育科学文化機関（UNESCO）は国頭語・沖縄語（ウチナーグチ）・宮古語・八重山語・与那国語のそれぞれを「消滅の危機に瀕する言語」と認定した。沖縄県では二〇一三年に行われた「しまくとぅば県民意識調査」において、「しまくとぅばへの親しみは多くの人が抱いているものの、使用可能者は県民の一割に満たない」という結果が出たのを受け、二〇一三〜二〇二二年にかけて行う「しまくとぅば普及推進計画」を策定。さまざまな啓発・普及施策を実施している。

7 沖縄民謡への恩返しをしたい

二〇一一年の東日本大震災を機に、沖縄民謡をきちんとした記録に残したいという気持ちが僕の中でグッと強くなった。震災によって「明日も明後日も変わらずあると思っていたものは、今にもなくなってしまう可能性があるものだったのだ」という思いを新たにしたことがその大きな要因だった。

沖縄各地の島々に住んでいる民謡の唄者の中にはお歳を召した方も多くなり、亡くなってしまう方もこの先出てくるはずだ。それまでの二十数年の間だけでも、知名定繁さん、我如古盛栄さん、照屋林助さん、喜納昌永さん、嘉手苅林昌さんといった人々がこの世を去っていった。もちろんみな素晴らしい録音を残して行かれたが、それらは「作品」であり、録音環境やアレンジなどの違いによって聴こえ方も異なる。そういうものとは別に、これから三線を学んでいく若い人や子供たちのための練習のお手本になる記録音源を作りたいと思った。登川誠仁さんが体調を崩されていてそろそろ歌えなくなるかもしれないという話を人伝に聞き、さらにその思いは高まった。

民謡は古典音楽と違って、同じ歌でもそれぞれの唄者によって節回しや、時には歌詞までも独自のアレンジがなされ、一代のみで歌われてきたバージョンも少なくないため、それらを一つひとつ記録しておくことは難しい。工工四《クンクンシー》には残っていても、それはいわば話し言葉を文字に起こしたようなものであり、唄者のクセや息遣い、節回しの情感、三線のトーンといった、本当にその人をその人たらしめている部分はそこからは省かれてしまう。今後、記録されないままその歌い手がいなくなってしまえば、それらはあっけなく消滅してしまう。一九九九年に嘉手苅林昌さんが亡くなった時、僕はそれを痛感した。「人が一人いなくなるだけで、こんなにも多くのものが失われるのか……」と。「まだ聴ける」からといって油断していると、永遠にその機会はなくなってしまうかもしれないのだ。もちろん、その思いに加え、自分自身の命さえも明日にはどうなるかわからない——という考えが重なってもいた。

島々に遺された歌の大いなる遺産が消えてしまわないうちに、そして僕の命がまだ沖縄のために使えるうちに、自分の音楽に測り知れないほど大きな贈り物をくれた沖縄の民謡をきちんと録音し、研究し、後世に残して次の誰かに手渡すことでその未来が少しでも豊かになることに寄与したい。民謡に恩返しをしていくことをライフワークにしていきたい——そう考えて、その構想を本格的に個人のプロジェクトとして動かすことにした。『沖縄 宮古 八重山民謡大全集1 唄方〜うたかた〜』という二四五曲収録の十七枚組ＣＤボックスセットとして結実したこの「唄方プロジェクト」や、次章で述べる「くるちの杜１００年プロジェクト in 読谷」といった沖縄の未来に向けた活動は、この時を本格的な端緒にしている。

とは言うものの、実はその前々からそういうことをやりたいとは思っていたのだ。だが、自分にはその力がないと思っていた。沖縄全体にも、民謡の世界にも、まだまだ僕のことをおもしろく思わない人は多いだろう。もちろん自分のことを理解してくれている人や仲のいい人も多いし、そうでなくとも「こういうことを考えているんです」と真摯に相談すれば受け入れてくれる人もたくさんいるだろうが、それにしても沖縄民謡という、大きな海のような存在をアーカイブするなどという大それたことは自分にはできないだろう……という気持ちがあった。

だが、それが震災の頃には少し「今ならできるかも」に変わっていたのだ。

そのきっかけの一つは、二〇〇八年頃だったと思うが、ふとしたことで見た過去のテレビ番組のVTRだ。その映像の中では、GACKTさんが「島唄」をウチナーグチで歌っていた（＊1）。そして、その伴奏で知名定男さんが三線を弾き、さらにご自身も歌唱されていたのだ。どこか現実離れした存在感が魅力であるGACKTさんが故郷・沖縄について語り、「島唄」をウチナーグチで歌うという、いわばウチナーンチュとしての土着性やアイデンティティの表明をしていることも衝撃的だったが、僕にとっては何よりも、発表当時には「あんな歌、いくらでも作れるよ」と言うほど「島唄」をおもしろく思っていなかったはずの定男さんがそこで三線を弾いて、さらに歌ってさえいるということがショッキングだった。「これは自分から、定男さんに挨拶しに出向かなければならない」と思った。

定男さんには、実はもう一つ大きな負い目もあった。一九九二年だか九三年頃、定男さんがプロデュースしていたネーネーズがレコーディングを行うにあたって、先方のレコード会社のディレクターか誰かが「沖縄つながりだし、THE BOOMのメンバーを賑やかしで呼ぶか」と思ったのだろう、僕らに声をかけてきた。詳しい依頼内容も聞かされずに「何をすればいいんだろう」とスタジオに行ったら、特に僕のやることは決まっておらず、スタッフの方が「そうだな、かけ声でもやってもらおうか」などと言う。誰かに何かを依頼する時には「こういうものを作るために、あなたのこの力が欲しいんだ」と伝えるのが最低限のことだと思うが、それすらない、おそらく上の誰かに言われて呼んだだけ……というような、あまりにリスペクトのないその態度に腹が立った。そして、「そういう感じなら結構です」と、何もせずにさっさと帰ってしまった。プロデューサーの定男さんはその場にはいなかったので直接気まずい関係になったわけではないのだが、当時の僕は定男さんのライバルであった喜納昌吉さんと近しくしていたこともあり、「これでもう定男さんにお会いすることはないだろうな……」と思ったのだった。

そんなことがあったもので、定男さんがGACKTさんと「島唄」を演奏してくださっている映像に、余計に衝撃を受けたのだ。定男さんが自らこんなに歩み寄ってくれている——というのは自分の勝手な思いだが——というのに、こちらから会いに行かないわけにはいかない。ちょうど、折よく渋谷のパルコ劇場で大城美佐子さんと定男さん、お二人の唄会（*2）を聴きに行き、終演後に楽屋に挨拶に伺った。

僕が「あのとき、『島唄』を演奏してくださってありがとうございました」と言うと、定男さんはとても喜んでくれた。その心境をご本人から直接聞いたことはないが、おそらく、定男さんも僕があれから長い時間をかけて沖縄と関わり続けていることを知ってくださっていたのだろうし、いつしか「あいつは通りすがりの、沖縄をつまみ食いに来た人間ではない」と思うようになってくださっていたのかもしれない。その場で「今度、熊本で大きな沖縄音楽のイベント（*3）を立ち上げるんだけど、出てくれないか」とお誘いをいただいた。沖縄にルーツを持つ人が熊本にも多いことから生まれたこのイベントには、それ以降、可能な限り出演させてもらった。僕がブラジルに行ったりしていてスケジュールが合わず出演が叶わないこともあったが、定男さんは毎回必ず声をかけてくれた。

そんなこともあって、民謡を記録したいと思っていることは、まず定男さんにご相談した。二〇一二年だったと思うが、定男さんは当時、唄者としては引退された直後だった。思うように声が出なくなったというのがその理由だ。どこまでも自分に厳しい方なので、自分の理想とする芸の水準が保てなくなったと思ったのだろう。だが、この計画にはすぐさま賛同してくださり、スタジオに来て歌ってくださった。それだけではなく、ご自身の門下生の方々も連れて来てくださり、どのような点に気をつけて記録していけばいいかといったアドバイスを親身にしてくれたのだ。僕は感謝の気持ちでいっぱいになるとともに、「二十年、歌ってきてよかった……」という感慨も覚えた。

昌吉さんとの関係性だけを頼りに思い切って沖縄へ飛び込んだ当初は、それ以前には見えてすらいなかった、沖縄音楽界のさまざまな方々との距離の遠さ、あるいは近さを感じて戸惑いもした。「この人はきっと自分のことを好きではないんだろうな」という人とも、何人も話をする機会があった。もちろん、その人にはそう思うその人なりの理由があるわけで、話を聞いて「そう思うのも無理はないかもしれないな」と思う点も、「ここは誤解されているな」と思う点もたくさんある。だが、もう飛び込んでしまったのだから、それらを受け入れながらできるだけ誠実に話をして、こちらのほうから一歩でも、相手の大事にしているもののほうへ踏み出していくしかない。二十年間、試行錯誤しながらそれを続けているうち、自然と定男さんだけでなく、民謡界の方、古典音楽の方など皆さんと、同じくらいの距離感でつかず離れずつきあえるようになっていた。何か魔法を使ったわけでも、記念碑が建つような業績を残したわけでもない。ただ、できるだけ真摯であろうとしながら一歩ずつ進んできただけだ。自分らしい道のりだったと思う。

定男さんや、結果的にはこれが最後の演奏録音となった登川誠仁さんの歌を真っ先に録った後も、録音は順調に進んだ。もちろん「記録するのだ」という使命感もあったが、僕としては楽しくて楽しくて仕方がなかった。なにせ、沖縄じゅうの素晴らしい唄者の方々がスタジオにやってきて、僕の目の前で演奏を披露してくださるのだ。これを贅沢と言わずして、なんと言おう。拠点になったのは、沖縄市のイガルーサウンドスタジオというレコーディングスタジオだ。民謡からポップスまで幅広いレコーディングを手がけてきたオーナーの東江《あがりえ》厚史さんがいなければ、このプロジェクトは成立しなかった。僕が神妙な顔で座っているだけでは緊張してしまう唄者も多いだろう。そこを東江さんが巧みに場の雰囲気を作ってくれたことで、うまく進んだ録音は数えきれない。沖縄本島での録音は、基本的には皆さんにこのスタジオにお越しいただいて進めた。

マルフクレコードの普久原恒勇さんにも相談にも行った。この計画の話をすると、普久原さんは当初「それはどうかな」と難色を示された。ご高齢の唄者も多い中で、「みんな、どうせならピークの時の歌を聴いてもらいたいんじゃないかな」と言うのだ。普久原さんは「そういう音源ならうちにたくさんあるし、貸すよ」と提案してくださり、イチからすべて録音することしか考えていなかった僕も「なるほど……」と思ったのだが、よく考えた結果、やはりすべて新しく録音することにした。僕が作ろうとしているのは作品ではなく、あくまで記録であり、練習教材だ。三線を実際に練習する人の助けにするべく、歌と三線しか収録していない。装飾やエフェクトもない。すでに音源化されたものを入れてしまうと、そこが担保できないのだ。次に普久原さんのもとにご挨拶に伺った際にそういう話をしていると、「やってみたらいいんじゃないか」とおっしゃってくださった。協力をお願いした中にはマルフクレコードに所属している歌手の方々もおり、最初は「先生に聞いてみないと……」という感じだったのだが、プロジェクトが進むにつれ快く協力してくださった。

普久原さんが歌を作るほうのトップランナーならば、それを売るほうのトップランナーはキャンパスレコードの備瀬善勝（ビセカツ）さん（＊4）だ。沖縄の民謡界を知り尽くしている備瀬さんは「島唄」が発売され、批判も浴びていた頃から強く支持してくれていた方だ。僕自身はそのことを当時は知らなかったのだが、その後初めてお会いしたときに「『島唄』は痛快だった」と言ってくださったことがある。その備瀬さんもまた、このプロジェクトに大きな力をくれた。キャンパスレコードの近くにある備瀬さん行きつけの喫茶店で「こういうことを考えているんです」と相談すると、即座に「協力するよ。誰を収録したいんだ」とおっしゃってくださり、その後も相談に行くたび何人もの方々に電話をかけて「宮沢さんがこういうことを考えてるから、来てくれ!」と連絡をとってくださった。面識のない方、連絡先がわからない方、僕がまだ存じ上げなかった方も含め、備瀬さんがハブとして連絡を取ってくれた方は本当に多い。その行動の素早さ、熱意、情の深さには本当に頭が下がる思いだ。

また、宮古や八重山にはほとんどツテがなかったのだが、年配の先生方に挨拶に行ったりする中で、それぞれ川満七重さん(*5)、金城弘美さん(*6)という実力ある唄者と出会えた。彼女たちが中心的に動いてさまざまな方を紹介してくれたり、スタジオに来る手筈を整えてくれたことで、僕の存じ上げなかったたくさんの唄者の方々の協力を仰ぐことができた。宮古島では下地暁さん(*7)がスタジオを使わせてくれ、与那覇修宏さんが録音を担当してくれた。石垣島ではスタジオB1の砂川英人さんにお世話になった。南大東島(*8)には東江さんと二人で、鳩間島には僕一人で、それぞれ最小限の機材を持って録音に行った。与那国島出身の宮良康生さんのように、離島出身であっても本島にいる方には、本島で協力していただいた。月に数回、沖縄に行く用事ができるたびに数日滞在を伸ばし、その都度録音していった。夏川りみ、大島保克、上間綾乃、鳩間加奈子といった関東を活動拠点にしていた面々には、僕の自宅兼スタジオに来てもらって録音したりもした。こうして二百四十五曲を録音するのには四年半かかったが、朝から晩まで素晴らしい唄に聴き惚れていられる、夢のような時間だった。

さて、そこまでは楽しかったのだが……歌詞カードやパッケージといった形に残る部分を作るのは、ものすごく大変だった。そもそも、当初はこの記録集は流通にかけて販売するつもりでいた。だが、二百四十五曲、CDにして十七枚組の大ボリュームである。どう価格を抑えても五万円くらいにはなる。欲しい人はよだれを垂らして欲しがるかもしれないが、そういう人は決して多くはないだろうし、下手に大手のレコード会社などから出したりすれば、売れなかったらすぐ廃盤にされてしまう。長期的なことを考えると、自分の力の及ぶ範囲で手渡していかなければならない。そう思って、やはりすべて自主制作とすることにしたのだ。録音にかかった費用はすべて自腹で支払ったが、その先のパッケージ製作には多額の費用がかかるので、クラウドファンディングを行ってまかなった。尊敬する演出家・詩人の平田大一さん（三百五十頁より対談収録）がプロジェクトの呼びかけ人を務めてくれ、沖縄を拠点に文化・芸術に関わるさまざまな方が呼びかけ人として加わってもくれた。

ボックスや歌詞カード、盤面といった実製作の部分に関しては、光文堂コミュニケーションズという沖縄の出版社に本当に助けていただいた。「宮沢さんの力になりたい」と歌詞のブックレット、CDを入れるケースの手配、すべてを収納する箱の製作、そして発送など、僕が完全に門外漢である部分を担ってくださった。CDのプレスにあたっては、東洋化成株式会社の久根崎伸さんに大変お世話になった。こうした方々のおかげで、僕は集中するべきところに集中できた。

それは何かというと、歌詞のブックレット、そして箱のディテールを考える作業だ。

まず歌詞のブックレットだが、これが想像を絶する難関だった。歌ってもらって録音したのはいいけれど、いざ音源を収録し、歌詞を掲載しようとしたら、権利関係をクリアにするのが極めて困難であることに気づいたのだ。JASRAC（＊9）などの権利団体が管理している楽曲ならまとめてお金を払えば済む話だが、いかんせん長い歴史の中で作者やご遺族がどうしているかわからなくなっていたり、詠み人知らずになってしまったものも多い。詠み人知らずなら、権利は関係ないからまだいい。大変なのは、作者ははっきりしているもののその本人やご遺族がどこにいるかわからない、という場合だ。もう少し事前に考えが回っていればレコーディングの際に詠み人知らずの歌を選んでもらうということもできたのだが、後悔先に立たず。最初に「とにかく歌いたいものを歌ってください」と言ったことによって、とんでもない苦労をすることになった。一つひとつ収録の許諾を取っていくのにも骨が折れるし、管理者が遺族だったりする場合、その人が例えば「曲を使うなら百万円ほしい」と言ったとしたら、その要望を飲まなければ収録できないことになる。「JASRACに登録すると店で流したり歌うのにもお金がかかるし、みんなに歌ってほしいから登録していない」とおっしゃる方もいた。気持ちはわかるが、登録してくれたほうが誰でも問い合わせさえすれば定額で曲を使えるわけで、みんなが使いやすいのだが……。

管理団体は歌詞も一字一句間違えずに登録しているので、そこから転記すれば、ブックレットも楽に作れる。ところが、民謡の場合は、これもそう簡単にはいかない。なにせ、同じ歌であっても、いくつもの歌詞が存在する歌も多く、唄者によって言い回しを変えてしまっていたりするのだ。そこが民謡のおもしろいところだし、その芸の勝負どころでもあるのだから仕方がない。とにかく、その人が歌ったままを記録しなければならないし、「明らかに歌詞を間違えているな」という人がいても、それを単に直してしまうのでは失礼にあたる。注釈をつけて「一般的にはこうだけど、ここではこう歌っています」というフォローをすることにした。また、一曲一曲に短い解説をつけることにして、録音の際にその曲のいわれを伺っていたのだが、人によっては「うちの父が好きな歌だから」という話しかなかったりするので、これまた自分で必死に調べて書く羽目になり、この作業だけで半年もかかってしまった。結局出来上がったのは、〝ブックレット〟とは程遠い一四〇ページの大著だった。

さらに、歌詞の表記にも頭を悩ませた。例えば「唄者」という言葉一つをとっても、「うたさー」「うたしゃー」など読みの違いがある。そういうものがある場合、どれを記載するべきか。歌われている語尾は文字にすると「ヨー」なのか「ヨゥ」なのか、「ヨォ」なのか。こうした違いは単なる表記として扱っていいものなのか、唄者の個性やスタイルに関わるものなのか、いちいち立ち止まって頭を悩ませ、調べていった。表記統一を最優先するならどれか一つにしなければならないが、音源に忠実であることを目指そうと思ったら、目指すほど表記はバラバラになる。研究者に聞いてもみんな見解が細かく違っていたりする。仕方がないので自分の判断でもっとも適切と思われるものを選んだが、後々見返すと、「ここは違う解釈がよかったのではないか」と思うところが多々出てきたので、完成に息つく暇もなく、改訂版を作ることにした。この作業はサグラダ・ファミリアのように、永遠に終わらないかもしれない。

これほどに、民謡は「正解」のない世界だ。歌い方も、演奏の型も、人によってすべてが違う。

三線の弾き方も違う。訥々と歌い上げるように弾く人も、激しく打ち鳴らすように弾く人もいる。知名定男さんはバチの代わりに爪で三線を弾くし、登川誠仁さんはギターのピックも使う。照屋寛徳さん（*10）に至っては爪楊枝で弾いていた。博物館に収蔵されて永久不変の展示となるような死んだ文化ではなく、一人ひとりの唄者の工夫や研鑽、ひらめきによってそれぞれ唯一無二のユニークな形をとっていく、現在進行形で生きている文化なのだ。僕はその一部を垣間見たにすぎない。

さらに、箱の問題があった。十七枚組という大ボリュームを収納するには、丈夫な箱がいる。当然、既製品でそんなものはないから、これもイチから作らなければならない。

どのような箱がいいのか。まずは重みだ。この記録集を作り始めた当初から、「わざわざ図書館に借りに行くのも手間だろうし、データでどこかにアップしておけばそれでいいんじゃないか」という助言をもらうことが多かったのだが、僕はそれは絶対に嫌だった。楽に扱えるからといって質量のないものにしてしまっては、インターネットで拾う画像と同じになってしまう。唄者たちの人生と研鑽、関わってくれた方々の労力、民謡という巨大な宝、その源流にある沖縄の歴史と文化。それらが全部、安物になってしまう。それはダメだ。他者の人生の時間と歴史を形にするのだから、軽く扱ってはいけない。しっかりとした作りにして、単に物理的な意味ではない「重み」を感じてほしかった。とは言え、そうした設計から人任せにしてしまうと、とんでもない額の見積もりが来ることがわかった。とにかく手弁当のプロジェクトなので、そんなお金はない。そこで、理想の箱の形を考えながら、まず自分で外形、厚み、緩衝材となるスポンジの入れ方などをあれこれ手作りで模索し、先ほど触れた出版社の光文堂に持っていった。百円ショップを回ってなるべく安く揃いそうな材料を吟味し、「箱からCDを取り出しやすくするにはV字の切れ込みがほしい」といった細部まで試しながら一緒に何パターンも試作品を作って、ようやく重厚な箱が完成した。ジャケットと盤面のデザインは、MONGOL800などが所属するハイ・ウェーブ（*11）というCDレーベルのデザイナー、大城光さんが引き受けてくれた。彼にも足を向けて寝られない。

こんな細々としたことができたのも、この当時、頸椎の病気が悪化して歌手活動を引退（*12）していたために時間があったからだ。誰もが浮かれていた時代に「島唄」などという曲を作ったくらいなので、もともと僕は世の中の短期的な風潮に左右されるタイプの人間ではなかったと思うが、逆に「誰もやったことのない音楽を作るのだ」という意識は非常に強く持っていたし、その意識が東南アジアやブラジルにまで乗り込んで行って前衛的な音楽を作る原動力にもなった。いい成果を残すこともできたと思う。ただ、それを続けるには体力的・精神的な限界もあった。病気をきっかけに、自分がステージで光を浴びて歌うことではなく、自分を育ててくれた文化に裏側から資することを目指していこうという決意ができたし、そういう意味ではこの期間は『唄方』を作るための期間だったと言える。

完成した『唄方』のボックスセットは、お世話になった関係者やクラウドファンディングの支援者に返礼として送るほか、県内各地の学校や図書館に寄贈した。二〇一六年には第六回の「世界のウチナーンチュ大会」(*13)があったので、本当はそこに間に合わせることをゴールに作業を進めていたのだが、予想以上に作業が大変だったため、最終的には現物の完成がギリギリ間に合わず、海外の県人会の代表の方に目録を手渡すにとどまった。しかし、沖縄県が「そういうことなら」と、大会後に各国の県人会に送る記念品などと一緒に、完成した『唄方』のセットを送ってくれた。おかげで、宝物のような民謡の数々が、世界の国々で故地の文化を受け継いでいるウチナーンチュたちの手にも渡ることになったのだった。

今こうやって書いていても、演奏してくれた方、協力してくれた方、たくさんの方々のおかげでこのプロジェクトが成立したことを改めて思う。本当はここに全員の名前を書きたいくらいだ。三十年前は何もわからず沖縄に来て、沖縄戦の歴史の前でたじろいでいた僕だが、その時受け取った大きな荷物を抱えながら少しずつ学んで、そして歌っていくうちに、これだけ多くの方に力を貸していただけるまでになったのだ。

「今の自分ならできるかもしれない」という根拠のない思いから行動に移したこのプロジェクトで

はあったが、一方で「他にやれる人はいないな」という感覚もあった。それは、あくまで僕が外の人間だからだ。沖縄の中にいたらやはり日々の人間関係も境界ももっと見えてしまうわけで、全方位に気兼ねして身動きが取れないということもあるだろう。沖縄に近づきたくて近づけない、そんな寂しさを感じたことも過去にはあったが、その結果としてみんなと等距離で話ができるようになったからこそ、この記録集が実現した。皆さんが「あいつなら協力しても悪いようにはしないだろう」と思ってくれるようになれたのかもしれない。大変な作業ではあったが、その大きな喜びを実感する日々でもあった。だが、大きな喜びには、大きな責任もついてくる。信頼してくれた皆さんを裏切ることのないものを作って、なんとかいい形で着地させなくてはならないというプレッシャーとの戦いでもあった。タイトルに『沖縄 宮古 八重山民謡大全集1 唄方〜うたかた〜』と、「1」をつけたのは、やっていくうちに、いずれまた違う切り口で民謡大全集を作ってみたいという思いが強くなったからだ。

とは言え、この『唄方』にせよ、次の章で述べる「くるちの杜プロジェクト」にせよ、勘違いしてはいけないのは、僕個人の力量や人徳に人々が集まってきたのではないということだ。誰もがなんとなく「こういうふうになったらいいな」と、同じ方向性のことを思っていたからこそ、僕が手探りで始めたのを見て、多くの方々が協力してくれたのだ。誰もが心のどこかに抱いていた民謡の現状、沖縄の文化の現状に対する危機感や寂しさ、そして愛情。それらを注ぐ器を、たまたま僕が用意したのにすぎない。それを満たしているのは、あくまで沖縄の人々の「この音楽文化がこの土地からなくなったら嫌だな」と思う心だ。

日本全国に残る民謡の約半数があるといわれるこの沖縄でなければ、こんなことは起こらなかっただろう。自分が直接民謡を歌っているわけではなくても「おじいちゃんが弾いていた三線が作れなくなったら……」「夏に聞こえてくるエイサーの音が聞こえなくなったら……」と現代っ子たちまでもが思う豊かな芸能や、人々がそれに託してきた土地の歴史――単なる年表上の出来事ではない、ヤマトやアメリカがいかに奪っても塗り潰そうとしても奪いきることができなかった、古くから流れる生活の水脈とでもいうべきものとの距離の近さ。これこそが、この島々の財産なのだと思う。

＊1　フジテレビ系列で放送されていた『僕らの音楽』の二〇〇四年六月五日放送分。

＊2　パルコ劇場で二〇〇八年五月八日・九日に行われた「知名定男・大城美佐子　二人唄会」。

*3 二〇〇八年から二〇一八年まで知名定男のプロデュースによって熊本県で開催された「琉球の風〜島から島へ〜」。知名定男、宇崎竜童、夏川りみ、新良幸人、下地イサム、かりゆし58、ネーネーズ、MONGOL800の上江洌清作、HYの新里英之、仲宗根泉、大城クラウディアといった沖縄県の音楽家たちが揃い踏みした、沖縄音楽の祭典であった。沖縄と熊本との関わりは、沖縄戦を目前にした太平洋戦争末期、島から多くの沖縄県民が熊本に疎開したことに始まる。そんな中、一九四四年八月二十二日に学童と大人たち千四百八十五人を乗せた「対馬丸」がトカラ列島沖で、米軍の魚雷攻撃で沈没するという悲劇も起きた。本土復帰後にはよりよい教育を求める多くの沖縄の学生たちを熊本マリスト学園が積極的に受け入れた歴史もある。卒業生の中には笑築歌劇団の座長であり県議会議員も務めた玉城満、噺家の藤木勇人（両者は共に元りんけんバンドでもある）などがいる。その卒業生である山田高広、田島慎一両氏と、与那国島にルーツを持つ熊本在住の東濱弘憲の三名が「琉球の風」の立ち上げメンバーとなった。

*4 宮沢エッセイ第五章、注3を参照のこと。

*5 一九七五年、静岡県生まれ。自分のルーツが宮古島にあることを知らぬまま大阪で育つ。二〇〇〇年に初めて訪れた小浜島で初めてそれを知り、五年後に宮古に向かい、それ以降歌の道に入ることとなる。二〇〇八年には宮古民謡保存協会で最高賞を受けた。

*6 一九六八年、石垣市生まれ。十七歳で八重山古典民謡最優秀賞受賞。安室流協和会師範として演奏活動を行い、二〇一五年にはソロアルバム『美童の海』も発表している。

*7 一九五九年、平良市（現・宮古島市）生まれ。島の高校を卒業後に上京、東京で音楽活動の傍らスタジオ運営をしていたが、島の言語である宮古言葉を未来につなげたいと考えるようになり、一九九二年に帰郷。以降、地元・宮古島で活動する。二〇〇二年には宮古島の伝統芸能保存継承を目的とした「クイチャーフェスティバル」を立ち上げ、現在に続くイベントに育て上げた。二〇一三年には世界の音楽の見本市・WOMEX（World Music Expo）に参加するなど、幅広く活躍する。

*8 沖縄島から東に約三百四十キロメートルの洋上にある島。南大東島が属する大東諸島の「大東」は、琉球の言葉で「ウフアガリ（すごく東）」と読む。琉球においては遥か東の果ての島という認識であり、明治期にいたり沖縄県に編入されるまでは無人島であった。そのため、琉球王府に属していたことはなく、一九〇〇年以降に開拓で入った住民も半数以上は伊豆諸島の八丈島、つまりヤマトからの人々であり、開拓移民としてやってきた沖縄県人はここでも差別に直面することとなった。八丈系住民と沖縄系住民が暴動寸前の睨み合い

になったという話も残っているが、時間の経過とともにそうした溝はなくなり、今では八丈島言葉の民謡が琉球音階で三線とともに歌われ、ヤマトの習俗である山車や江戸相撲が豊年祭で催され、江戸前風の島寿司が食されるというクレオール的な状況も生まれている。

＊9　日本音楽著作権協会の略。「ジャスラック」と読む。著作権等管理事業法をもとに、音楽制作者からの委託を受ける形で音楽著作権の集中管理事業を行う一般社団法人。

＊10　一九三〇〜二〇一四。高音が伸びつつスモーキーな深みのある歌声で、通好みの唄者として人気を博した名手。三線を弾く際はバチではなく爪楊枝を使用していた。

＊11　沖縄県宜野湾市にあるレコードレーベル運営会社、マネジメント事務所。地元の看板バンドであるMONGOL800やディアマンテスの他、過去にはスクービー・ドゥ、ハスキング・ビーといった人気バンドのリリースも行っていた。宮沢が二〇一一年に行われた「世界エイサー大会2011」の課題曲、同時開催された「第五回 世界のウチナーンチュ大会」応援ソングとして制作した「シンカヌチャー」の沖縄県内限定シングルもこのレーベルからのリリースである。

＊12　宮沢は二〇一六年、体調不良のため一度シンガーとしての引退を発表した。THE BOOM後期は長年の激しいライブパフォーマンスからくる首の痛みに悩まされており、精密検査で正式に「頸椎症性神経根症」と診断されていたが、その痛みが限界に達したがゆえの「マイクを置く」という判断であった。その後しばらく静養している中で体調も改善、沖縄での知り合いづてに「村祭りで歌ってくれないか」といった声が届くようになったことで、再び少しずつ人前で歌い始めていくことになる。

＊13　明治期以降に海外に渡った沖縄県人移民、その子孫など、沖縄にルーツをもつ海外の沖縄県系人を世界各国から招待して開催される一大イベント。一九九〇年に第一回が開催されて以降、県の主導によりほぼ五年ごとに開催されている。この期間は県内各地でシンポジウムや公演が行われ、遠い昔に海を渡った祖先から数えること三世や四世といった各国の子孫たちが顔を合わせたり、県民との交流を深める。宮沢は二〇一一年の第五回大会フィナーレで「シンカヌチャー」「島唄」を歌唱した。二〇一六年の第六回大会の際には、最終日である十月三十日が「世界のウチナーンチュの日」と制定されている。

8 「自分のいなくなった後の世界」を信じて

僕はこの十年、沖縄の読谷村（＊1）で「くるちの杜100年プロジェクト in 読谷」という植樹プロジェクトの運営に携わっている。

ことの発端は「島唄」が発売されてから二十年くらい経った頃、三線職人の照屋勝武さんと知り合い、一緒に飲みに行くようになったことだ。その勝武さんがある時、飲みながら僕にこう言った。

「宮沢さん、『島唄』を作ってくれてありがとう。おかげで子供たちが三線を手にとって民謡を習うようになったし、僕たちの仕事も増えました。でも、あの頃から沖縄の黒檀《コクタン》がなくなって、木を輸入するようになったんだよね」

心臓が飛び出るくらい、僕は驚いた。三線の棹には琉球黒檀《リュウキュウコクタン》(黒木=くるち)(*2)という木を用いるのが最良とされているのだが、聞けば、そのくるちの木が沖縄ではほとんど枯渇と言っていいほど減少していて、現在は三線に使うくるちもフィリピンや台湾などからの輸入に頼っているのだという。雷に打たれたような気持ちになった。くるち不足はもとをたどればその多くを伐採したことと、沖縄戦でおびただしい数のくるちや古い三線が焼けてしまった(*3)ことに端を発するもので、もちろん「島唄」だけがその状況を作ったのではないし、勝武さんも決して僕を責めているわけではなく、あくまで軽口でそう言ったのだが、僕のほうは「今まで、なんてまずいことをしてきてしまっていたのだろう」と思い、笑えなかった。

沖縄で育った木を使って三線を作り、沖縄の歌を歌い継いでいくという循環に欠落が生じてしまうということは、土地の文化にとって深刻なリスクだ。何らかの理由でその輸入が止まってしまえば、最悪の場合、先人たちが使ってきたのと同じ三線を新しく作ることは叶わなくなってしまう。実際、成長の遅い樹木を保護する目的から、フィリピンなどでは輸出制限も始まっているという。流通には上流~下流という言葉があるが、三線という、単なるモノではない、地域文化を象徴するような存在の源流ともいえる部分を他者に依存せざるを得ないという状況は、土地の音楽文化やものづくりの文化が長期的に衰退していく可能性すら孕んでいる。ましてや、その状況を作った原因の少なくとも一端は、自分にあるとも言えるのだ。三線や民謡にまつわる文化や歴史、沖縄の人たちの思いを学んで少しは知っていた気になっていたが、生産や流通といった現実的な構造に関しては、まるで思いが至っていなかった。これでは、三線文化の上澄みだけを消費しているのと同じことになってしまう。そのことに、二十年も気づかなかったとは。これは、落とし前をつけなければならない。

「植えるか……」考え込むまでもなく、僕は決断した。

とはいえ、調べれば調べるほど簡単にはいかないことがわかってきた。まず、くるちは育つのに時間がかかる。仮に格好の土地を見つけたとしても、三線の棹に使えるほどの太さになるまで、最低百年は見なければならない。以前、三線店で「八重山くるち四百年」と書かれた三線を見たことがあった。この時間の長さは、さすがに僕一人の手には負えない。何世代にもわたって管理し、存続させなければならないのだ。

どうしたものか……と考えていたある時、平田大一さんの顔が浮かんだ。彼は当時、沖縄県に新設された観光文化スポーツ部（*4）の部長を四十代前半の若さで務めていたのだ。平田さんなら相談に乗ってくれるかもしれないと思ったが、いくら友人とはいえ、個人的な頼みに近いことを県庁に持ち込むのもどうかと思った。そこで、「十分だけください。僕が独り言をしゃべるだけで、相槌もいらないから」と言って時間をもらい、三線職人の勝武さんに言われたこと、自分自身の思いが至らなかったこと、沖縄の文化のためにくるちの木を植えたいこと、しかし一人ではどうにもならないので、何か方法を探していること……すべてを一人で一方的に喋って、そのまま帰ったのだった。

数日後、平田さんから連絡があった。どうやら、読谷村に同じようなことを考えた人たちがいたらしいのだ。二〇〇八年から三年間、有志で座喜味城跡に土地を取得し、行政の助成を得てくるちの植樹をしていたという。だが、短期間で結果を出さなければならない自治体事業の悲しさ、「育つまでに百年」という植物はなかなか扱いづらかったのだろう。継続的な運営は難しく、事業は宙ぶらりんになっていた。平田さんが現地の様子を見に行ったら、一帯は草ぼうぼうになっていたそうだ。しかし、その草を刈ってみたところ、くるちの若木は元気に育っていたという。「これだけの生命力があれば、やれるぞ！」と思った平田さんが、あっという間に読谷村に話をつけて、事業を引き継ぐ算段をつけてくれた。実行委員会の会長には読谷村の石嶺傳實《でんじつ》村長についてもらい、僕は名誉会長という形で、広報や実務は筆頭賛同人である平田さんと、奥様の葉子さんが引き受けてくれることになったのだ。そうして装いも新たに船出したのが、今も続く「くるちの杜100年プロジェクト in 読谷」だ。

船出にあたって決起集会をやろうということになり、村役場の若い人たちと一緒に、役場近くの居酒屋に飲みに行った。その場で車座になって平田さんに話したような僕の思いを語り、「島唄」を歌ったりもした。そうしているうち、若いメンバーたちも、くるちや三線に対する熱い思いを語り始めた。くるちが輸入に頼ってしまっている現状や、三線職人が地元の材を使うことができない現状。そうした状況を憂う声を聞くことができて、「この思いがあれば、やれるんじゃないか」という確信が少しずつ芽生えてきた。偶然にも、読谷村は歌三線の始祖とされる伝説上の存在「赤犬子（あかいんこ、あかぬく）」（＊5）が生まれ（生まれは津堅島という説もある）、そして沖縄島中を歌い歩いた人生の最期に再び戻ってきて昇天した地とされる場所だ。三線の未来を考えるのに、これほどふさわしい場所があるだろうか。

それから十年、新型コロナウイルスに邪魔をされながらも、このプロジェクトは着実に歩みを進めている。沖縄在住の有志七人がボランティアリーダー、通称「くるちセブン」として中核をなしてくれており、沖縄県三線製作事業協同組合（＊6）の人たちも常に連携して動いてくれている。大きな活動としては月に一度、朝からみんなで集まって草刈りをするのだが、県内だけでなく全国各地、時には海外から毎回数十人ものボランティアの皆さんが参加してくれる。他には肥料をあげたり、水をまいたり。僕はできるだけ参加するようにしているが、スケジュールの都合上どうしても参加できないこともある。そんな中でも活動に参加してくれる人が増える一方なのは、このプロジェクトが僕ありきというようなものではなく、ひとえに沖縄の人たち、沖縄の文化を愛している人たちが「自分ごと」として大切なことだと思っているからだろう。年に一度、旧暦の九月六日を「くるちの日」として行う育樹祭や音楽祭、くるちを考えるシンポジウムといったイベントごとも行っているが、基本的には継続的に手を動かし、汗をかいてくださるボランティアの方々によって支えられている、文字通り草の根のプロジェクト。平田さん曰く〝聖なる難儀〟なのである。

一番初期に植えたくるちの苗木は、気づけばもう三〜四メートルの高さに育っている。だが、若木のうちは高く伸びているだけであって、その幹自体はひょろひょろと頼りない。やがて縦方向の成長は八メートル程度で止まり、今度は幹が横に太くなっていくのだ。とは言え、百年のうち十年、つまり十分の一の時間でこれだけの成長を見せてくれていることで、メンバーのモチベーションも上がる。

また、活動の一環として、県内各所から伐採危機にあるくるちの成木を引き取ってこの土地に植樹するということもしている。宅地を売ったり取り壊したりする家、再開発などで立ち退く区画がある際に、どうしてもそこに生えている木を伐採しなければならないということが起こるが、くるちの木がその対象になってしまうこともしばしばある。その中から、戦争を生き延びた樹齢八十年近いもの、夫婦のように二本でずっと立ってきたものなど、物語性のあるものを引き取り、くるちの杜の敷地入り口付近に植えているのだ。一本を移植するだけで数十万円というお金がかかり、なにせ募金だけで運営しているプロジェクトなので全部にはとても対応しきれないのが残念なのだが、「この木にまつわる物語を断ち切ってしまうわけにはいかない」と思うようなものだけはなんとか……と思って、少しずつでも移植している。くるちの杜にはまだ若木しかないので、大きく育った成木を見ると「自分たちが植えた苗が、いずれはこんなふうになるのか」というイメージが湧き、みんなの張り合いも出るというものだ。そんなこともあり、移植されてきたくるちの木はいわばこの場所のシンボルツリーになっている。

しかし、中には移し替えた場所で根づかず、枯れてしまうものもある。くるちは強い木だし、もともと生えていた場所と土壌もそんなには変わらないはずなのだが、新しい場所でうまく育てるのは難しい。「もしかしたら心があるんじゃないか。生まれた場所から引き剥がされたことを悲しんで枯れてしまうんじゃないか」と思うほどだ。とは言え、それはくるちに限らず、本当は木も石も花も、すべての自然物がそうなのだろう。自らが依って立つもの――土地や記憶や歴史から引き剥がされ、自分がどの地点に立っているのかもわからないという寄るべなさ。それは、大地の記憶からもっとも遠くに離れてしまった自然物、つまり現代に生きる僕たち人間がテクノロジーでごまかしながらも感じている根源的な孤独や不安と同じことなのかもしれない。そして、それに耐えられない命もあるのだ。

僕が沖縄の民謡に惹かれたのは、ヤマトに暮らす僕らがすっかり捨ててきてしまった、経験し得ない何世代も前の記憶と現代の自分をひとつながりの時間軸の中に共にあるものとして捉える思想が歌の中に生きているからだ。だが一方、沖縄のくるちの木は戦争で燃えたり、人間が思慮なく伐り尽くしてしまったことで消滅の危機に瀕することになってしまった。短期的な勝敗、短期的な儲けだけを追求してきた近代の論理が、この島の大切な文化と、その循環を壊しつつあるのだ。

それならばなおのこと、僕たちはくるちを植えなければならない。百年経っても二百年経っても沖縄の子供たちが沖縄のくるちで作った三線を手にし、過去から連綿と続いてきた島の記憶と文化を紡いでいけるように。そして、ここにあるくるちがちゃんとそれくらいにまで育つということは、その間百年、二百年と、この島が戦火にさらされずに済んでいるということだ。古い三線には二百年、三百年と時を経たものもある。くるちの杜のくるちにも、願わくば人間の欲望に任せた戦争や開発で失われることなく永遠の命を与えられて、素晴らしい演奏家の懐で美しい音楽を、自らが生まれた土地の記憶を奏でるものになってほしい。その未来を願い、そして信じながら、僕たちは木を植えているのだ。

もちろん、その未来を、僕は見ることができない。くるちの木が十分に育つ百年、二百年後には当然のことながら現在のメンバーは誰もこの世に生きていないし、名前すら残っていないだろう。しかし、それでかまわないのだ。このプロジェクトのいいところは、「誰にも現世的な利益がない」ということである。もちろん僕も含めて参加している全員がボランティアであり、金銭的には誰の得にもならないわけで、何の利権も搾取も発生しない。この場所の運営に全面協力してくれている読谷村にしても、財政的には何の得にもならないし、むしろ人員の出動や出費が発生する。そして、形になる頃には生きていないのだから、功名心で参加している人も誰ひとりいない。見事に誰の欲望も満たさないのだ。それでも、自分がこの島の文化の未来のために何かを残せたかもしれないという気持ちを抱きながら人生を過ごすことはできる。それで十分だと、みんなが思っている。

くるちの杜に植えられている木が全部きちんと成長するかどうかは疑わしいし、そのうち、間引きもしなければならないだろう。先行きの成功が約束されているわけではまったくない。さらに土地の管理には煩雑な事務も伴うし、樹木に関する専門的な知識も今後は必要になってくる。肉体的にも重労働だ。欲を言えば、一ヶ所で植樹しているだけでは災害や病気に対して脆弱であることは否めないので、県内の他の場所にも広げられるといいなと思う。それが実現すると、ますます大変になるかもしれない。しかし、くるちの杜には今日も多くの人々が集う。三線を作る人、弾く人、歌う人、聴く人と、音楽文化をめぐる一つの循環に関わる人たちがすべてこの杜にいて、例えば三線職人とリスナー、島の文化の継承者と東京の会社員とか、この場所がなければ起こらなかったはずの出会いも生まれている。そして、その全員が己の利益ではなく、自分たちのやっていることをやがて次の誰かが受け継ぎ、いつかここから美しい三線の音色が生まれていくはずだという、「自分のいなくなった後の世界」への信頼だけで参加してくれているのだ。こんな豊かなことがあるだろうか。くるちの杜に行くといつも「気がいいなあ」と感じるが、それはこの場所を作り守っている人々の、そうした清々しさゆえなのかもしれない。

読谷村も含め、沖縄は戦争によって多くのものが破壊され、戦後を通して大きく風景を変えながら現在に至っている。僕が沖縄の風景だと思っていたものも開発でどんどん姿を変え、確実に〝原風景〟になっていきつつある。もちろん、土地の風景はそこに住んでいる人たちのものだし、生きていくためのさまざまな事情もあるわけで、変わっていくことを寂しく思ったり、簡単に「昔のまま残っていてほしい」と思うのは外の人間である僕のエゴでしかない。ましてや、非難がましいことを言う資格などない。風景を作り変えていくことによって人々が失うものもあれば、得るものもあるだろう。

だが、その影響は「今自分が生きている間」というような短期的なものに留まらず、その後も延々とその先の時間に作用し続けるものなのだということを忘れてはならないと思う。このことを考えないで、ただ目先の利益や欲得のために未来を掘り崩すような開発のかたちや方向性を決めるのが、それによって大きなお金や利権を手にすることのできる一部の人たちでしかないということ。そして、その中には、土地の長い歴史や文化に対する敬意を抱いているようには感じられない人も多いこと。それを僕は危惧している。そして、政府や政治家といった社会に範を示すべき人々が率先してそうした振る舞いに走っているせいで、世の中にどんどん「それでいいんだ」と思う人が増えている気がするのだ。

これは沖縄に限らず、日本のあらゆる場所でも起こっていることだ。「くるちの杜100年プロジェクトin読谷」は二〇一八年にサントリー地域文化賞（*7）をいただいたが、その関係者の方や一緒に受賞した方々と話していると、やはりどの地域でも歴史や記憶の喪失は深刻な問題になっている。いわば、この時代の精神の問題でもあるのだ。それが未来を蝕む力になっているという状況にはどこにいても抗いたいし、こと沖縄においては、僕たちのヤマトがその状況と構造を作ってきたのだから、少しでもそうでない状況を作る助けになれないかと考えている。

と同時に、現在のような状況を問題だと考える共通認識もまた、僕の若い頃よりも強く、人々の間に生まれていることも感じている。僕たちが沖縄民謡に受けた恩を返したいと思って植樹を続けているうちに、我知らず同じような問題意識を持ったどこかの誰かに何かをパスしていることもあるかもしれない。それが、その人が自分自身の必然性によって何かを新しく始めていくきっかけになれば、また別の場所へと水脈がつながっていくだろう。

海をきれいにするのでも、音楽や映像を作るのでも、社会の陰で困っている人を支援する仕組みを作るのでも、学校に入り直すのでもいい。「今、ここ」でなくても、いつ、どこで始めてもいい。それぞれの必然性のある時間と場所で、それぞれの領分で、現在の自分がこの先の百年、二百年という時間軸とつながっていることを信じて未来に種をまいていく人が一人でも増えるといいと思う。手紙を入れたボトルを海に流すように、いつかどこかで名前も顔も知らない誰かに届くはずだと信じて諦めずに続けていくことは、歴史の一部にいるものとして、この社会への信頼を決して失わないという責任を表明する態度でもある。

僕が今のような熱量で自分の納得いく感じで歌えるのも、長くてあと十数年だろう。そんな時になってまで「今だけ儲かればいい」「自分だけいい目を見たい」という気持ちで生きているのはまっぴらだ。現在性のみに依拠して生きるのは楽かもしれないが、それはその言葉や行いが時の流れとともにどんどん陳腐化していくことと背中合わせだ。その焦燥に駆り立てられて、人は時々よけいに強く、よけいに大きな声を出そうとする。他者の声を圧してまで。そんないたちごっこは虚しいだけではないか。それより、僕は自分がいなくなった後に世の中がよりよくなっているほうがいいし、そのために今、何ができるのだろうか……と考えているほうが楽しい。自分の名前を残したいというのではなく、有形無形の未来を残せれば十分なのだ。百年後も登川誠仁に憧れてその真似をする若者がいて、彼が弾いているのが僕らが植えたくるちの木で作った三線だったとしたら、こんな楽しいことはない。そして、そうした状況は音楽だけでなく、この島々が政治・経済などを含めたさまざまな要素においてよりよくなっていないと実現しにくいものだ。将来にわたって沖縄の音楽が豊かであるためには戦争があってはいけないし、沖縄の人が貧困に喘いでいてはいけないし、アメリカやヤマトに搾取されている構造もないほうがいいし、基地も減らしていかなければいけない。そして、ヤマトの沖縄に対する視線そのものが変わらなければいけない。沖縄芸能、とりわけ民謡の未来のために、社会とどう向き合うか。僕にとっての立脚点はそこなのだ。

僕には、すべてを正しい方向に導く大いなる力などない。だが、僕にとって、宝物のような芸能を後世に残し、くるちの木を植え、草を刈ることが、沖縄を語り、思うことのすべてにつながっている。人によってはそれをもどかしく思うかもしれないが、音楽家としての僕が自分のリアリティの延長として沖縄を語るのは、そういう方法なのだ。

＊1 現在の読谷村一帯は古くから「読谷山（ゆんたんざ）」と呼ばれていた。十五世紀前半には、沖縄で現在も歴史上の人物として親しまれている護佐丸によって座喜味城が築城された。明治〜昭和初期には読谷山村と呼称されたが、太平洋戦争の際に日本軍による飛行場用地の強制接収が行われ、その飛行場が沖縄戦において米軍の標的となったため村も艦砲射撃による大きな被害を受けた。戦後に読谷村と改称されたのはその記憶を払拭するためともいう。戦争までは二十二のシマで構成されていたが、米軍上陸時に村の面積の九十八％が占領され、戦後も軍用地の建設による集落の強制移転といった苦難の経験が続いていくことになる。二〇二二年現在、「村」という行政区分では国内で最大の人口を擁する。村長の石嶺傳實氏は一九七九年に村役場に入って以降村政一筋、二〇一〇年に村長になって以降は無投票での再選が続いている。

＊2 沖縄、奄美、東南アジアなどに分布するカキノキ属カキノキ科の植物。心材は漆黒色をしており密度も非常に高く、磨けば光沢を増すことから三線の棹だけではなく床柱や高級調度品などにも使用される。

＊3 すべてを焼き尽くした沖縄戦によって沖縄の三線文化は危機に瀕したが、人々は米軍から支給される粉ミルクや食料の空き缶を胴体とし、ベッドの脚や廃棄された木材を銃剣で削って棹に、落下傘のヒモを絃にして三線を組み立てたという。その「カンカラ三線」は戦後沖縄の情景のひとつの象徴でもあり、逆境の中で人々が歌と三線を必要とした歴史の証人でもある。

＊4 沖縄県庁の文化観光スポーツ部はその名の通り文化振興、観光政策、観光振興、スポーツ振興、博物館・美術館担当と細かい課に分かれており、その業務内容も多岐にわたる。

＊5 赤犬子は一五世紀半ばに現在の読谷村楚辺地区に生まれたと伝わる（生没年不詳、津堅島生まれ説もあり）。三線を持って沖縄の各地を訪ね歩きながら多くの歌（琉球では「オモロ」と呼ばれる）を詠み、歌三線を広め、また島中に農作物の種を伝えたとされる人物。一六世紀〜一七世紀に首里王府が断続的に編纂した琉球の歌謡集「おもろさうし」では、全二十二巻のうち第八巻を「おもろねやかり・あかいんこ（オモロの名人ねあがりとあかいんこ）」と題し、赤犬子のオモロを約四十首取り上げている。楚辺地区は戦後大部分が米軍によって強制移転させられ、有名な楚辺通信所（通称「象の檻」、二〇〇七年に撤去）など様々な軍用地が立地することになったが、赤犬子を祀った赤犬子宮のあるエリアは接収を免れ、集落移転後の生活再建や伝統文化復興の拠りどころとなってきた。

＊6　大工哲弘氏との対談、注3を参照のこと。

＊7　飲料メーカーのサントリーが毎年行っている、全国各地の地域文化の保全や活性化に貢献した個人、団体に対する褒賞。「くるちの杜100年プロジェクトin読谷」は沖縄県内の受賞としては九例めとなった。

対話3

声なき声を聞き、土地の物語《ナラティブ》を紡ぐ

山城知佳子
経験し得ない記憶、語られなかった声を聞く

平田大一
「斜めの景色」を提示し、土地の尊厳を取り戻す

対談

山城知佳子

経験し得ない記憶、語られなかった声を聞く

那覇生まれの映像作家・美術家である山城知佳子氏は、沖縄戦や米軍基地も含む沖縄の歴史が作り出した風景と、土地の記憶に立脚した映像やパフォーマンス作品の制作を続けている。

自身も沖縄民謡を次代に残すための記録活動を行ってきた宮沢は、そうした山城氏の作品を「五十年後、百年後に効いてくる芸術家の仕事」と語る。その制作思考を、どのような時間軸が貫いているのか——それを探るための対談は、やがて宮沢もこれまで思いをいたしてこなかった「復帰後世代」の葛藤へと至ることになった。

沖縄の中でも「不可視化」される場所がある

宮沢　僕が山城さんの作品を最初に拝見して思ったのは、沖縄の歴史や現在の問題を下敷きにしながらも近視眼的に何が正しくて何が悪いとか、「このように受け取れ」という一面的な考えを押しつけるものではないのがいいな、ということでした。多様な語りがそこに含まれている。
　沖縄の歴史には、さまざまな力学や因果が働いていますよね。その中で、単純ではない理由で口をつぐんできた人もいる。ただ、時間が経ってそれぞれのリアリティが変わってきた時に、「あんなことも実はあったよ」「こういう思いもあったんだよ」と、フラットに言えるようになるといいなと思うんです。それを可能にする一つの手がかりとして、芸術がある。山城さんはその大事な仕事をされていると思うので、ぜひお話を伺いたかったんです。
山城　ありがとうございます。
宮沢　お生まれは、具志堅用高さんが世界王者になった一九七六年と伺いました。実は具志堅さんにも、この間、お話を聞いてきまして。
山城　そうなのですね！　私の最新作『リフレーミング』（＊1）は、実は名護の部間《ぶま》という集落で撮影したのですが、そこは具志堅さんの親御さんゆかりの地域だと聞きました。今でも集落の方々は具志堅さんを誇りに思っていらして。

宮沢　お父さんが名護のほうの方だったというのは、具志堅さんから伺いましたが。部間というのはどのあたりですか？

山城　名護から本部の美ら海水族館（＊2）のほうに向かう途中に、禿山のように岩肌が剥き出しになった鉱山地帯があるのですが、その麓です。かつては山間部に六百人ほどの人々が住み、六つの集落があったそうですが、今は部間集落が残っていいます。

部間権現という洞窟があって、神様が祀られる聖地として集落が今でも大事にしている場所なんですが、具志堅さんも、現役最後の試合前にそこへ拝みに来たと地元の方がおっしゃっていました。試合自体は負けてしまったんですが、集落の人たちは「残念だ」と言うのではなく、「部間権現の神様が具志堅さんを守ってくれた。神様のおかげで死なずにすんだんだ」という話をされてました。それを聞いて、単なる勝ち負けで測るのじゃなく「生きて戻ってこられたから、守られているんだよ」という感覚が「ああ、この集落の人たちは大きいな」と感じました。

二年ほど、ここで作品のために取材を続けました。公民館にチャンピオンベルトを締めてポーズを取っている具志堅さんのモノクロ写真が額に入って大切に飾られていたんですが、だいぶ色も褪せてしまっていたので、この作品の撮影のために色を復元した写真を作って、それを撮影後に元あったものと交換しました。それは今でも公民館に飾られています。

宮沢　二年も！　『リフレーミング』の劇中に、公民館に貼られた具志堅さんの写真が出てきましたが、あれがそうなんですね。

山城　はい。私の世代は断然、安室奈美恵さんのほうが馴染みがありますが、具志堅さんの存在は「沖縄を背負って闘った人」という特別なイメージです。作品中で言及するのも、実は二度目です。最近作の『リフレーミング』と、もう一つは『日本への旅』（＊3）という初期作品です。国会議事堂の前でプロテストしているように見えて、実は沖縄の観光イメージをユーモアを交えて叫んでいる……というようなパフォーマンス映像ですが、そこで「沖縄で一番有名なのは具志堅用高さんです」という叫びも入れました。この作品は復帰直後にオートバイで国会の正門に激突して死んだ沖縄の青年（＊4）がいた史実からもヒントを得ています。

＊1　二〇二一年に発表された、鉱山地帯で働く部間地区の人々の暮らしとこの地区に根を下ろす開発問題、そして地区の御嶽「天舟（てぃんぶに）」の伝承が交錯する、幻想的な短編映像作品。東京都写真美術館で行われた同名の個展にて、三画面構成で発表された。タイトルは心理カウンセリングの手法の一つからきている。

＊2　一九七九年、沖縄海洋博の施設を受け継いで開館した国営沖縄海洋博記念公園水族館を前身とする。老朽化や来場客の減少に伴い、二〇〇二年に現在の美ら海水族館としてリニューアルオープン。二〇一九年以降は沖縄県が運営管理を行なっている。

＊3　二〇〇四年発表のビデオ・インスタレーション。『オキナワTOURIST』と銘打たれた連作の一つ。国会議事堂の前で、沖縄に特有の墓の写真を掲げながら抗議者のように叫ぶ人物が、首里城や美しいビーチ、モノレール開通など外から見た沖縄イメージを叫んでいるという内容。

＊4　復帰翌年の一九七三年五月二十日、当時二十六歳の沖縄出身の青年・上原安隆が大型オートバイで国会議事堂の正門鉄扉に突っ込み、即死した事件。遺書も残されておらず詳しい動機は不明ながら、復帰後も不平等なままである日本と沖縄の関係に悲憤したのではないかと言われる。さまざまな表現者に衝撃を与え、この事件をモチーフにしたルポや舞台、映像作品が多数制作された。

宮沢　具志堅さんは首里王府の旧士族の流れを汲むお父さんがいて、久高島出身のお母さんがいて、ご自身は石垣で生まれ育って……とルーツがたくさんあるのも、沖縄全体で愛される所以なんでしょうね。

山城　お父さんがそうなんですか？なるほど……つながりました！　あの部間という場所は、屋取《ヤードゥイ》（＊5）の集落なんですよ。

宮沢　あ、なるほど。

山城　琉球処分の時に、士族が逃げ延びて移り住んだ場所だと聞きました。前作『チンビン・ウェスタン 家族の表象』（＊6）に出演された久高さんというおじいちゃんは部間の自治会長さんですけれども、この方も旧士族でした。逃げ延び移り住んだはいいけれど、この地域は鉱山地帯となるような地域ですから、農業には適さない土地なのでしょう。土地が貧しいのですね。それが、今なお続く悲劇の原因の一つにもなっている。なんとか林業で生計を立てていたけれど、時代の流れの中で茅が売れなくなり、生活ができなくなって土地を売り離れていく人が増えた。それをセメント会社（＊7）が買い占めていったわけです。

山の上方に住んでいた住民はまだ土地が売れたからいいけれど、それが出来ない人々はどこへも行くこともできず、そこに住み続けている。多くはセメント会社の採掘関係の末端の仕事につき、いわば故郷を削り取りながら生きている。取材を進めるうち、そういう構造が見えてきて。

宮沢　そうか……。

山城　そういう場所があることを県内でもあまり知られていないと言いますか、知っていたとしても話題にも意識にも上がらないような場所なんです。「あのような砂漠化した場所に、もう人なんて住んではいないだろう」と誰もが思うような環境ですし、集落の前に広がる海には橋が通っていて、運転していると一直線に駆け抜けてしまうので、集落があることには気づきにくい。

＊5　屋取とは、十八世紀以降、困窮した士族が首里・那覇を離れ、一時的に農村に身を寄せた（宿った）ことから来ている。彼らの大半はそのまま土着化し、各地にこうした集落が形成されていった。沖縄大百科事典によると、本島の約六〇〇ある集落のうち、実に一三八もの集落が屋取を起源としているという。

＊6　二〇一九年発表。部間地区を舞台に、辺野古の基地建設のための労働に従事する地元の人間と、その工事が作り出す荒涼とした風景が、どこかフロンティアを求めて西進を続けてきたアメリカの西部劇的なイメージ、そして開拓民の最小単位であった「家族」と重なる短編映像作品。

＊7　南西諸島の島々は、そのほとんどが地質的には珊瑚や有孔虫の死骸を多分に含んだ地盤が隆起してできた石灰質の大地であり、その岩盤は良質なコンクリート材料となる。戦後、米軍基地施設や軍人住宅整備にコンクリートを用いるため米軍がコンクリートブロック製造機を持ち込み、米国から輸入するセメントや沖縄本島中部の石灰岩を使ったコンクリート製造が始まった（中部の石灰岩が枯渇し始め、砕石の部隊は北部に移った）。だが民間でも戦後復興や高温多湿で台風被害の多い沖縄の気候に対応したコンクリート住宅建設の需要が増加する中、良質なセメントの需要は圧倒的に不足していく。
そんな中、一九五二年に屋部村（現・名護市）が地元産業として設立計画を立てたのが琉球セメントである。会社は一九五九年に設立、技術的な問題もあり屋部工場の完成は一九六四年までずれ込んだが、それ以降、県内の住宅や建造物建設に果たした役割は大きい。普天間基地の辺野古への移設事業には協力的で、本対談で言及される部間を含む安和地区に同社の所有する栈橋から埋め立て工事に使う土砂を搬出させ、その際、栈橋付近にカミソリつきの鉄条網を設置するなどして批判を浴びた。また、二〇二〇年には安和鉱山で森林法で定められた手続きを経ない違法状態での採掘を行なったとして県の行政指導を受けている。

宮沢　すごく、沖縄のいろいろな状況を暗示するような話ですね。

山城　私がこの集落を見つけたのも本当に偶然。鉱山を舞台にした物語を作りたいと取材に来て周辺を車で走っている時、曲がり角からおじいちゃんがヒョイッと現れて。「えっ、こんなところに人が？」と驚いていたら、その背後に数軒の家屋が見える。「集落だ……！」と。おじいちゃんが山のほうへ登っていくのでついて行くと、禿山が広がる鉱山地帯に急にポコリと森が残っている。そこが洞窟のある部間権現で、おじいちゃんはそこを守るため毎日掃除をしに来ていたんです。声をかけたら、堰を切ったようにいろいろなことを話してくださって。「この集落にはもともと六百人くらいの人がいた」「誰々は土地を売って、浦添でお菓子屋さんをやってる」といった具体的な人の動きまで、全部頭の中に入っているんですよ。すごいと思って。それがきっかけでこの集落に取材に通うことになり、最初に『チンビン・ウェスタン』が完成しました。

宮沢　『チンビン・ウェスタン』の中で、セメント採掘のために削られた山を舞台にしたシーンがありますね。琉球王朝時代の人物がこの山を訪れて「御嶽も何もなくなってしまった！」と嘆いていたら、他の人物も現れて寸劇が始まる。印象的なシーンでしたが、これはどこで撮ったんですか？

山城　このシーンは、首里城に石を提供している南部の採石場に許可をもらって撮らせて頂きました。

宮沢　このシーンの演出は、本当にいいですよね。沖縄芝居を思い出します。沖縄芝居に独特の「間」

の感覚や笑いのツボみたいなものは、本当に沖縄らしいというか、沖縄の若い人の中にも深く根づいているもののような気がしますね。その、遠く刷り込まれた要素……笑いであるとか、演じることや芸を楽しむ気持ちが多くの人にあるんだなというのは、プロの現場ではない日常の場、たとえば結婚式の余興なんかでも感じることです。そういう意味でも、こういうシーンが入ってくるのは実に沖縄らしい表現で。僕が大好きな高嶺剛監督の『ウンタマギルー』や『パラダイス・ビュー』にも近い感覚を感じました。

山城　私も高嶺監督の作品は大好きで、影響は大いに受けています。実は、高嶺さんの『変魚路』(＊8)では、美術のスタッフとしても入っています。

宮沢　なんと、そうでしたか。あの作品も、まさに沖縄芝居へのオマージュでしたね。

山城　『リフレーミング』でも引き続き部間を舞台にしていますが、この物語では「天舟《てぃんぶに》」という聖地が大事な場所として語られます。取材を進めているうち、採掘が進む山の中腹に「天舟」という御嶽がまだ残っているという話を聞いたんですね。写真を見ると、かなり大きい、それこそ斎場御《せーふぁ》

＊8　二〇一七年に公開された、高嶺剛監督の映画作品。自殺志願者たちの「生き直し」事業を営む男たちが、ひょんなことから追われる身となり、やがて沖縄の神話的領域へと迷い込む。沖縄芝居の重鎮である平良進と北村三郎が主役を務めるなど、高嶺監督の沖縄芸能へのリスペクトが色濃く出た作品となっている。『ウンタマギルー』『パラダイス・ビュー』に関しては本書第一章を参照のこと。

嶽（*9）と同じくらいの規模で。「天の舟」というだけあって、舟の形をした巨大な岩石が地面にブスッと突き刺さってる、明らかに普通でない場所です。ぜひ行ってみたかったんですが、今は完全にセメント会社の敷地内に入ってしまっていて、許可が取れませんでした。

そこへ行きたいと、八十や九十を越えている集落のおじいちゃんおばあちゃんへ話をしたら、「すぐ行けるよ～」と言うんですよ。自治会長さんも「僕が言えばいつでも行けるよ。案内するよ」と言うので「じゃあ、連れて行ってください！」とお願いするんですが、何日待っても一向に行ける気配がなくて。それで、集落の五十代くらいの人に聞いたら、「いやいや、行けないよ」とあっさり（笑）。入るのに許可を取ろうとしても、難しいと。

それで途中で気づいたんですが、みなさんの記憶の中の御嶽に通じる道はすでに掘り崩されてしまって、実はもうとっくにないんですよね。記憶の中では緑豊かな山のまま、「あそこにはシークヮーサーがなっていて子どもが木の下で遊んだ」とか「ここで藍染めをしてて」と聖地に向から道の記憶を鮮明にお話しされるんですが、実はもうそのような道も風景もなく禿山なんです。誰もが、家のすぐ裏側で毎日ダイナマイトで発破されて削られていく禿山が緑豊かだった頃のお話を、どこか現実を忘れたように生き生きと語りながら生活している。そして「いつでも連れて行ってあげる」と言ってくれる。その様子は、故郷への道を失ってしまって、もう戻れない魂の浮遊した感じに近いと感じました。

宮沢　そんな場所があったんですね。（天舟の写真を見ながら）こんなに大きいのか……。

山城　部間やその周辺の地域の歴史をまとめた『安和誌』（＊10）という大きな本が、今年の三月に出版されたそうです。その編纂室が天舟捜索チームを結成して、まずドローンを飛ばして目星をつけ、その場所に十人くらいで探索し天船を見つけたそうです。これは、その時の写真なんです。

宮沢　記憶を明確に持っている人たちはそこに入れなくて、場所がわからない人たちがドローンでようやく「発見」することになるというのは、皮肉なものです。そういう場所は、沖縄にたくさんあるんでしょうね。そこに帰ることができないという思いを抱えた人も。

復帰運動に身を投じた父と、復帰後世代のトラウマ

宮沢　山城さんは、お生まれは那覇なんですか？

＊9　現在の南城市知念にある、琉球最大の御嶽。琉球王府の神女・ノロの最高位である聞得大君（きこえおおきみ）の就任儀式が行われた。

＊10　安和誌編纂委員会編『名護市安和区 安和誌』。部間集落は現在、行政区画としては名護市の安和区に統合されている。その安和のなりたち、部間を含む集落の歴史や文化、社会構造の変遷に関する寄稿や資料などを収録した大冊で、A3判に文字は二段組、四百ページを超える。五百部限定のため一般流通はほぼしていないが、名護市立中央図書館など県内の一部図書館で閲覧可能。

山城　はい。父方は久米島ですが、父が生まれたのは本部町です。祖父母が結婚したあと、父を身ごもりましたが、生まれる二ヶ月ほど前に亡くなったと聞きました。祖母が本部の実家に戻って父を産んで、そのまま父は本部で育ち、高校から那覇に出てきました。ですから、私も那覇生まれ・那覇育ちです。

宮沢　沖縄県立芸術大学（＊11）で最初は油画専攻だったということですが、芸術を志されたきっかけは何だったんですか？

山城　それも、父の影響が大きいですね。

父は大学に進学できず、高校を卒業するとすぐに米軍基地の中にあるコーヒーショップで働き始めたそうですが、それこそ人権を蹂躙されるような、理不尽な経験をたくさんしたことで、政治や人権に関する勉強会を主催し始めたと聞いています。そこでできたつながりで瀬長亀次郎さん（＊12）のいる沖縄人民党（＊13）に入ることになって、青年部のリーダーをしていたとか。

宮沢　へぇー。

山城　人民党では日本復帰にも——つまり、推進するほうとして関わったりしたそうですが、四十代半ばで体を壊してしまって。文学青年だったというし、もしかしたら、政治の世界のストレスに耐えられなかったのかもしれません。それから十年くらい自宅で療養していたので、私が物心ついた頃の記憶では、すでに父がずっと家にいたんです。母は看護師で、働きに出ていました。父は仕事に復帰したいという思いで悶々としていたようですが、ある時「もう戻れないな」と意を決したようで、琉球新報のカルチャースクールで小説を勉強し始めて。そのうち自力で小説を書くようになったんです。十年ほど頑張って、五十五歳の時に新沖縄文学賞を受賞（＊14）していました。

宮沢　すごい。

山城　そんな父がいろいろな史跡やギャラリーへ私を連れて行ってくれたのが、芸術に触れたきっかけですね。壺屋（＊15）にやちむん（焼き物）を見に連れて行ってくれたり。私が小学校のときに

＊11　那覇市首里に立地する、公立の芸術系大学。学部は美術工芸学部と音楽学部、大学院は造形芸術、音楽芸術、芸術文化学の研究科を擁する。コンテンポラリーな芸術だけではなく、沖縄の伝統的な文化・芸能に関する教育の重要拠点でもある。宮沢もこの大学で非常勤講師を務める。

＊12　一九〇七～二〇〇一。戦後沖縄と復帰運動を代表する政治家の一人。一九四七年、うるま新報（現・琉球新報）の社長在任中に米国支配からの脱却を訴える沖縄人民党の結党に参加、米軍の圧力で社長を辞任させられると本格的に政治家に転身。那覇市長として県民の支持を集めるが、危険人物として米軍に逮捕投獄され、長らく被選挙権を剥奪されていた。その間も反米闘争としての日本復帰運動に身を捧げ、一九七〇年から一九九〇年の政界引退まで（一九七三年以降は日本共産党）国会議員として沖縄の声を代表し続けた。

＊13　沖縄人民党は一九四七年、兼次佐一、瀬長亀次郎、浦崎康華、池宮城秀意らによって結成。日本共産党との距離の近さゆえ当初は共産党が「軍国日本からの解放軍」と見なしていた米軍にも好意的であったが、冷戦構造の変化とともに共産党の態度の変化に歩調を合わせ、米軍の琉球統治に反対の立場を取り、「自主沖縄の再建」を訴える。労働者を組織化してストライキを敢行するなどの活動を行い、米軍の激しい弾圧と監視を受けながらも日本復帰方針を掲げ、やがて復帰運動の一翼を担っていく。

＊14　一九七五年に沖縄タイムスによって創設された、県内出身・在住作家のための文学賞。又吉栄喜、目取真俊といった芥川賞作家も輩出している。山城氏の父である小説家・山城達雄は何度かの佳作入選を経て、一九九八年度に受賞。アンソロジー『山城達雄全集』（ボーダーインク二〇一八）が刊行された際には、山城氏が装丁の写真を提供した。

図画工作で絵が褒められたことを知って、沖縄芸大を勧めてくれたのも父でした。

宮沢 大人の役目の一つって、子供に美しいものを見せることだと思うんです。今はあらゆるものがスマートフォンの中で見られるけれど、そこがスタートラインでいいのかな……という気持ちは常にあって。沖縄に限らず、世の中が移ろって変わっていくことは止められないかもしれませんが、例えばお父様の見せてくれた壺屋の焼き物の美しさとか、そうしたものは山城さんの中に原風景として残りますよね。それが何かの原点になるんじゃないかと。

山城 同感です。琉球の歴史に興味を持ったのも、もとはと言えば父が熱狂的に調べていたからでした。それはやっぱり、戦後にも銃剣とブルドーザー(*16)で土地を奪われる経験や、政治に関わる中で、沖縄の誇りを取り戻したいという気持ちがあったのだろうと思うんです。

私は開邦高校という芸術科がある高校に進みましたが、当時の芸術科の友人たちは東京藝大を目指すという雰囲気だったので自分もなんとなくそうしようとしていたら、父に反対されて。「沖縄の歴史と文化をちゃんと勉強してから自分で東京に出るのはいいけれど、何の考えも持たずに行くのはよくない。まずは足元の歴史を知ってちゃんと勉強してほしい」と。非常に納得して、それで沖縄芸大を受験し、進学しました。

宮沢 お父様には、復帰運動に関わっていく中でも、ご自身の中で単なる「復帰推進派」というだけでは説明できない葛藤があったのかもしれませんね。ヤマトに対しても複雑な思いを抱いていた部分があったでしょうし。

山城　祖国復帰協議会が開催していた、辺戸岬沖の二十七度線の海上大会（＊17）にも参加してたそうです。何回か海上大会があったそうで、別の船にはまだ結婚前の母も乗っていたと。両親ともども、当時の沖縄の理不尽さに立ち上がって活動していたという話を、子どもの頃からよく聞きまし

＊15　壺屋地区の歴史は一六八二年に首里王府が窯元をこの場所に集住させたことに始まり、それ以来現在に至るまで、沖縄の窯業の中心地である。沖縄戦後、大部分が米軍に占領され一般人立入禁止区域になっていた那覇（旧市域）において、陶工を中心とした百三名の「復興先遣隊」が最初に壺屋に入って陶器・瓦製造を始めた、いわば那覇の復興の始まりの地でもある。

＊16　戦後、特に冷戦構造の明確化以降の沖縄においては米軍基地用の土地の接収が急ピッチで進んだが、その大部分が強制的に接収されたものである。米軍は沖縄戦時から旧日本軍の軍用施設周辺の土地を収用していたが、戦後にその返還を求める声が上がり始めると一九五三年、布令一〇九号「土地収用令」を公布し、真和志村（現・那覇市）銘苅・具志、宜野湾村（現・宜野湾市）伊佐浜、伊江村真謝などで強制接収を開始。武装した兵士を送り込んで非武装の農民たちを「銃剣とブルドーザー」で脅嚇し、土地を奪っていった。集落ごと強制的に移住させられた場所では御嶽だけが基地の中に取り残され、今でも地域住民が御願のために基地内に立ち入ったり、「黙認耕作地」といわれる農地での作業に来るといったケースもある。

＊17　国頭村に属する辺戸岬は本島最北端、つまり沖縄から本土に最も近い場所である。本土復帰前には毎年の四月二十八日、この場所で復帰推進派の人々が篝火を焚き、ある者は船を出して海上で集会を開き、当時の国境である北緯二十七度線上で復帰への気勢を上げた。四月二十八日は、敗戦によって沖縄と同じく米国の占領下にあった日本がサンフランシスコ講和条約の発効によって沖縄を置き去りに〝独立〟した日（一九五二年）であり、沖縄では「屈辱の日」とも呼ばれている。そして、復帰後の一九七六年にこの地に建立された「祖国復帰闘争碑」の碑文に刻まれた〈一九七二年五月十五日、沖縄の祖国復帰は実現した。しかし県民の平和の願いは叶えられず、日米国家権力の恣意のまま軍事強化に逆用された。しかるが故にこの碑は、喜びを表明するためにあるのではなく、まして勝利を記念するためにあるのでもない〉という一節からは、復帰に際して米軍基地もほとんどそのまま残され、主権の完全な回復には程遠い状態におかれた沖縄の憤りが伺える。

た。

宮沢 文学や芸術を愛する気持ちと、政治、あるいは復帰運動といったものの狭間での戦いがあったんでしょうね。

山城 そのせいか、父の書いた小説は、基地の中のメイド殺人事件（*18）を取り扱ったサスペンスものやパラオを舞台にした話など、とにかく、すべての題材が戦争の結果として起こった物事でした。

父は戦争中、四歳から六歳まで家族でパラオ（*19）にいたので、沖縄戦は体験していないんです。パラオに向かう船上の記憶として、船に添って鳥が飛んでいたらしいんですね。それを見た父は「とぅい（鳥）や、とぅいや！」とウチナーグチで喋ったそうなんですが、船に乗っていたのはほとんどが日本人だったので「鳥だ、鳥だ！」と言うんですね。言葉の違いにかなり衝撃を受けた、と言っていました。パラオに着いても、周りは現地の人か日本人しかいない……という生活の中で、ウチナーグチを全部忘れてしまった。そういう話を、私は繰り返し繰り返し聞いて育ちました。父がそうなので、私たちの兄妹はウチナーグチを話せないんです。祖母も方言札（*20）のあった時代なので、孫にはウチナーグチで話しませんでした。

宮沢 言葉を奪うことは、侵略の一番根っこの部分ですよね。自分たちの歴史や文化を伝えてきた、そして生活の中で自分自身を表すのに使ってきた言葉を奪うのは、プライドを奪うことに他ならい。方言札というのは、その典型だと思います。そして、それが七〇年代まで存在していたという のは、押しつけていた側の本土の人たちはほとんど知らない。復帰のときだって多くの人がアメリ カの支配を脱するために「祖国・日本に復帰するのだ」という物言いをしていたけど、本当はそん な単純じゃない。

*18 米国統治時代、沖縄経済の一端を担ったのは米軍を相手にした女性たちの労働だった。飲食店が最も多かったが、米軍人宅におけるハウスメイドとして働いた女性も最盛期には一万四千人以上がおり、当時の軍労働者の実に六分の一にのぼるとともに、軍労働者のうちメイド女性が家計支持者となっているケースが四割と、非常に高率で一家の稼ぎ手でもあった（『軍関係メイドの実態調査報告―71・6・1現在―』琉球政府労働局一九七一）。一九六八年三月、浦添村（現・浦添市）牧港の米軍兵站基地内でハウスメイドの女性が殺害されるという事件が発生。基地の中のことであるため地元警察による捜査が許されず、有力な被疑者である米国人女性はその後帰国した。復帰運動がピークに達しつつあった時期で、この事件も県民の反米感情を高めることになる。

*19 第一次世界大戦後の一九一九年、日本は戦勝国として、ドイツ領だった南洋群島を委任統治領とする。南洋庁が設置されてミクロネシア支配の本拠となり、第二次世界大戦までに二万人以上の日本人や朝鮮半島出身者が移住したが、一九四四年に日米両軍合わせて二万人弱の死者を出す激戦のあと米国に占領され、そのまま信託統治領となる。戦闘に際しては民間人の疎開が行われ、サイパンやテニアンとは違い民間人の被害はなかったとされる。一九九四年、パラオ共和国として独立。

*20 明治・大正期、東北や鹿児島、そして沖縄など特に言語差の大きい地方の学校を中心に標準語励行政策の一環として行われた、方言を話した者の首から「私は方言を使いました」などと書かれた罰札を下げて見せしめにするという施策。「国語」という概念形成とともに、これを外すためには他の者が方言を話すのを見つけて指摘しなければならないという、相互監視的な振る舞いをも植えつけられるものであった。

方言札は戦後においても、沖縄タイムスの調査などで、一九七〇年代初頭までは教育の一部の現場において存在していたことが確認されている。これは祖国復帰運動の中で、苛烈な米軍支配からの脱却の手段として「日本人化」を志向した教員の自発的な熱意によって採用されていたと認識されている。

山城　当時は反復帰論（*21）もあったようですが、父はそういったものについては、「そんな場合じゃなかった」と言っていました。沖縄には、人権さえなかった。同じように焼け野原になった東京にはGHQが基本的人権を定めた日本国憲法を作りましたが、沖縄にはそれも適用されなかった。人が死んでも虫ケラのように片づけられ、殺したほうの米兵は罪にも問われない。「まず、その状況をなんとかしなければならなかった。基本的人権を取り戻すということが先で、『復帰』というのはそういう意味だった。日本に戻りたいとか帰りたいということではなかったんだ」ということを、父は常々言っています。それだけ、ひどい状況だったんだと。

そういう父の影響もあって、私は「復帰なんかしなければよかった」とは思わないですね。あの時点で復帰しなければ、よりひどい状況が継続していただけなんじゃないかなと。

宮沢　山城さんの作品の中に流れる沖縄の歴史、沖縄の時間とでもいうべきものの源泉がどこにあるのか、少しわかった気がします。

山城　私自身は、もちろん戦争を体験していません。ですが、世代間トラウマを持っているんじゃないかと思うことがあります。

宮沢　と、言うと？

山城　私は中学、高校、大学という多感な時期に父とよく話をしていたんですが、その父が毎晩、夕ご飯を食べながら戦争の話をしていました。聞きすぎて、ちょっとキツくなってきた頃に、さすがに「おかしいぞ」と思い始めたんです。それで、ある日初めて「お父さん、ご飯を食べながら戦争の話をするのはやめて」と言ったんですね。

そうしたら、父はハッとした顔になって。明らかに、すごく驚いていたんです。その顔を見て、私もハッとしました。「あぁ、無意識だったんだ」と。父は私の言葉に驚き、その後ちょっと怒って「もう、お前には話さん」と言いました。その姿を見て、罪悪感がわいたんです。私の立場からすると、生きることとの根源的な身体的活動である食べるという行為と一緒に戦争の話も吸収してしまうのはさすがにきつい。でも、それさえも罪悪感に変わってしまうのは、自分自身もちょっと尋常じゃない状況なんじゃないかと後に思うようになって。その後、いろいろな本を読む中でトラウマやPTSDには世代間で継承されることがあるということを知り、きっと私だけではなく、沖縄の多くの息子や娘たちが同様に抱えてきただろうと思ったんです。沖縄の戦後の傷が癒えぬまま、まだ乾かない傷として継承され抱えているのが、私たちの世代なんだろうなと感じるようになりま

＊21　一九六九年十一月二十一日、当時の佐藤栄作総理大臣とニクソン米大統領が会談し、沖縄の施政権を七二年に日本に返還することが合意された。しかし、それは復帰運動を推進してきた多くの県民の期待する基地撤去を意味するものではなかった（大工哲弘氏との対談注50も参照のこと）。この失望の中から新川明らによる「反復帰論」が力を増してくることになる。琉球政府主席、そして沖縄県知事として復帰を主導した屋良朝苗が日本政府との融和を図りながら沖縄に有利な条件を引き出すことを模索していたのに対し、新川は徹底的に国家体制としての日本を批判し、そこに沖縄が同化していくことを拒否するのだという立場を鮮明にした。

した。

宮沢　なるほど……。

山城　実際の戦争体験者がトラウマを抱えるというのは、まだわかる。だけど、私たちのように、自分の体験していないことに対する傷を負っているという状況は、まずそのことに気づくのさえも大変です。気づいたとしても、その原因ははるか遠くにあるから、解消する方法もわからない。そういう複雑で、得体が知れないものが私の中にある。ならば、私はまず作品を通して自分のトラウマを解放する作業をしなければいけない。そうでないと、自由なアートは作れないと思ったんです。同級生がきれいな色彩を使って美しい絵や造形を作るのを横目に見ながら、私はそれができなかった。楽しいもの、美しいものだけを追い求める気分にはなれなかったんです。目の前に問題がこんなにあって、自分の内面にあるものを解放していかないといけないのに……と。だから、沖縄の歴史や政治性をテーマにすることに向かっていったんです。周囲にはそういうテーマに向き合う人はほとんどいなかったですね。本当は羨ましかったんですよ。「みんなは美しいものだけを追求することができるのに、自分はなぜできないんだろう」と。でも、それは今じゃない、今じゃないんだ……という気持ちでやっていました。

宮沢　自分の話で恐縮ですけど、今伺った話は、僕が「島唄」を作ったときの気持ちと似ていますね。一九九〇年に初めて沖縄に来てガマを回ったり、ひめゆり学徒隊の方のお話を聞いたりする中で、自分が沖縄戦のことも何も知らずに、戦後の沖縄を犠牲にした高度経済成長の中で育ってきたことを認識して、衝撃を受けました。何か、自分が罪を犯したような気持ちになって。「生きていること自体が恥ずかしい」というか。

それをどう解消するかというのは、まったく今伺ったことと同じで。まだバブルのムードが残っていた頃ですから、街には「今を楽しもう！」みたいなポップな音楽が溢れていました。でも、自分にそれは作れない。できるのは、目の前にある自分自身の情けなさ、当時の軍国主義教育やヤマトのリーダーたちへの怒りを鎮めるための曲を作ることでした。まったく時代に合っていない曲でしたし、売れるとも思っていなかったけど、そんなことはどうでもいいと思いながら作ったので、あれがヒットしたというのは、今でも不思議なんです。

「自分はウチナーンチュなのか」わからなかった

山城　「島唄」がヒットしたのは、私が高校二年生の頃だったと思います。二十人は美術、二十人は音楽というクラスだったので、音楽好きも近くにいたんですが、その中にTHE BOOMのファンもいて。当時はスカなんかも聴いたことがなかったので、教えてもらいながら聴いていました。そんな中で「島唄」が、あまりにも突然に出たんですよね。

当時、私たちの世代では民謡を聴く人は表向きには皆無だったし、入院しているおじいちゃん、おばあちゃんが病院で聴く古臭い音楽というくらいのイメージだったんです。若い人が聴くものじゃない、というのが一般的な感覚で。

宮沢　うん、わかります。

山城　だから唐突感がすごくて、この歌がいいとか悪いとかの前に「びっくりした」というのが正直なところでした。ただその後、歌が全島にすごい勢いで伝播していくのを見て……「この沖縄で根づいてきた音階が、日本全国に流れていくのか」という再発見にも近いイメージが……高校生なので理解の及ばないところもありましたけど、おぼろげに生まれた気がします。それでも、同時に「なぜ日本の人が、急にこの歌を作るに至ったんだろう?」という素朴な思いも出てきて、知りたくなりました。

そして、そこから先の風潮がガラッと変わっていくのを、まざまざと目の当たりにしました。多くの人が三線を持ち、民謡を聴き始め、学ぶことを始めて。その流れの中で沖縄ブームが来て、『ちゅらさん』(＊22)なんかもありましたけど、次に私が衝撃を受けたのが、BEGINの「島人ぬ宝」(＊23)だったんですね。この歌詞が、まさに私たちの世代を表していたんですよ。島に生まれたのに伝統の歌も、言葉の意味もわからない、という。世の中には「沖縄イメージ」が溢れているけれど、実際に島で暮らす自分たちは島の言葉を話すことも聞くこともできなくなってしまっている。

そんな自己像に迷う世代の声が、初めて歌になったんだと思いました。この歌は「島唄」から十年後に出た歌ですが、「島唄」の衝撃が伝播して、浸透して、それをみんなが吸収して、「次は自分がやるんだ」という研究があって。それを声として放つまでに、十年もかかったんですね。

そして、その十年は、そのまま高校生の頃の私が芸大を目指して、自分の表現を模索していった十年です。沖縄全体が揺れ動く中で、「自分はどんな声を出そうか」という模索が、音楽だけじゃなくて各ジャンルでも起こっていました。例えば、少し前後しますが出版の世界でも、ボーダーインク（*24）の新城和博さん（*25）という編集者が『おきなわキーワードコラムブック』という、沖縄に住む人々の日常に起こる些細なことから綴ったコラムを集めた本を出したりしていました。日本に同化してきた私たち……前の世代からは「そんなのウチナーンチュじゃないよ」と叱られるようなカルチャーの中で生きてきたけれど、じゃあ完全に日本人化したかと言われるとそうとも言え

*22 仲江裕司氏・野田隆司氏との対談、注23を参照のこと。
*23 沖縄の伝統文化と縁遠くなってしまった世代の声を歌ったこの歌は、ボーカル・比嘉栄昇の同級生が当時石垣島の中学校で教員をしていたことから、生徒たちに島への思いを書いてもらい、それを歌詞の参考にしたという逸話がある。
*24 一九九〇年に那覇で設立され、県産本のニューウェーブを担った出版社。「沖縄に関することなら、『ぬーやてぃんしむさ（Everything is OK!）』」と同社ホームページにある通り、ジャンル・硬軟を問わず沖縄県に関するトピックを幅広く刊行し続けている。
*25 一九六三年生まれ。ボーダーインクの編集者。同社の名物編集者として数々の名企画を世に送り出してきたほか、『ぼくの沖縄〈復帰後〉史』（ボーダーインク）ほか自身の著書も多数。

ない私たちの世代のことを、みんなが書き綴っている重要な本でした。

そういう一連の動きは、つまり「こんなに日本人化してしまった自分たちは、もうウチナーンチュじゃないんじゃないか」という不安感や罪悪感を見つめながら、「いやいや、自分たちの中に沖縄は残ってるよ！」「表現の仕方は前の世代とは違うかも知れないけど、ちゃんと息づいてるよ」ということを、多くの若い世代が言い始めたということなんです。その中で、私も「じゃあ、アートならどうするんだろう」という視点で自分の表現活動を考えるようになりましたし。その大きな転換点として、「島唄」のヒットというのは大きな影響があったと思います。

宮沢　山城さんが自分の表現を見つけたと思えたのは、いつのことでしたか？

山城　沖縄にいると東京のアートシーンと離れているので、東京や世界で評価されているアートと接点が少ないし、そこに乗っかっていこうという興味もなかったんですよ。かと言って、いわゆる「沖縄らしい」とされる表現……民謡や琉舞はできないし、今からそれを始めようというのも違う。じゃあ、何を器とするべきかと思って模索しているうちに、パフォーマンスを映像に記録する、ビデオアートという形式に出会ったんです。

宮沢　それは、イギリスに留学していた時に？

山城　そうですね。もちろん日本にもその系譜はあったんですけど、最初はビデオアートを食わず嫌いしていたので。向こうに行って、最初にアイルランドの遺跡巡りをしたんです。そうすると、五千年前の岩の遺跡が、御嶽と似た形をしていて。「うおおっ」と興奮しました。

宮沢　ケルトの遺跡とか、ああいうのがありますもんね。

山城　それまで、例えば岡本太郎さん（*26）が「沖縄の久高島の御嶽は素晴らしい、石が三つだけ並べてあって……」というようなことを言っていたと聞いても、「そんなの当たり前じゃないの？」と、比較対象がなかったのでわからなかったんです（笑）。比較してみようと思い立って行ったアイルランドで、全然文化が違うはずなのに同じ造形が存在していたのには驚いたし、感動しました。

その後、サリー州の美大に通いながら、毎週末ロンドンに出ては美術展やギャラリーを巡り、表現を探すということを始めました。あるとき、ホワイトチャペル・アートギャラリーで大規模個展をしていた、ギルバート・アンド・ジョージ（*27）という二人組の作家の映像作品に出会って。イギリス紳士らしいジェントルマンの風貌をした二人が、大きな木のトンネルを出たり入ったりする

***26**　美術家の岡本太郎（一九一一～一九九六）は復帰前の五九年と六六年に沖縄を訪れ、「別な天体であるかのような透明な空間のひろがりと、キラキラした時間の流れがある」（『沖縄文化論 忘れられた日本』中央公論社 一九六一、現在は中公文庫や中公草書として入手可能）と、沖縄における時空間の感覚を表現。古代より接続された琉球の文化に日本が忘れ果ててしまった生命力の根源を見出すというのが岡本の沖縄観ではあるが、久高島で墓の中の遺体を撮影したことが後に明るみに出るなど、そのスタンスに対しては批判もある。

***27**　一九六七年に英国の美術学校セント・マーチンズで出会ったギルバート・プロッシュとジョージ・パサモアの二人組による美術家コンビ。「生きる彫刻（living sculpture）」として有名な、ジェントルマンの格好をして全身をメタリックに塗り、ロボットじみたパントマイムを披露するシリーズは多くのフォロワーを生んだ。以降も宗教や生と死、セクシュアリティといったテーマをさまざまなメディウムで表現する。二〇〇五年にはヴェネチア・ビエンナーレの英国代表を務めるなど、現在に至るまで現代美術のアイコン的な存在である。

だけの十分程度の映像作品をループ再生していました。私は当時、ループのことを知らなくて「この映像、いつ終わるんだろう」と思いながら五十分くらい見ていたんですけど（笑）。何も知らずに新作だと思って見ていたんですが、キャプションを見たら一九七四年の作品と書いてあって。私が生まれる二年前です。かなりびっくりしましたね。

その時に、「ああ、映像は再現性のある芸術なんだ」と感動しました。空気や音を記録して、もう一度蘇らせる力を持っている。過去の映像を見ていながら、現在性として映像内に引き込まれ、包まれ、その時間を私も作家と共に生きる。その映像の力に衝撃を受け、「これだ！」と思いました。私の中の沖縄をパフォーマンスで表現し、映像に記録しようと。そういった表現方法を見つけて留学を終えて戻ってきましたが、沖縄芸大には映像を専門的に学ぶ課程がないので、独学で映像制作を始め、それが現在につながっています。

宮沢　一度外に出て、沖縄的な文脈と離れた場所で自分の方法を探すことができたのがよかったのかもしれませんね。

山城　そうですね……。もしかすると、沖縄に生きる若い世代の中には、当時の私のように、沖縄に生まれ育ってはいても、沖縄で育まれた文化芸能と距離があったために沖縄的な文化表現というアイデンティティを持てず、故郷喪失的な気分に悩んでしまう、という人は今でもいるのかもしれません。私が幼少期に住んでいた地域にはエイサーはなく、隣の古い集落でも途絶えていた。三線も弾けなければ、踊りも踊れない。大学に入っていざ表現活動をしようとすると、ウチナーンチュという「型」を持っていないことに気づいて自信を持てないこともありました。でも、そのおかげでアートに出会えた。そういう意味で現代アートは、私を救ってくれた。私にとってアートとの出会いは沖縄で生きて感じた様々な想いや感情を乗せ、表現できる器を与えてくれるものだったと思います。

宮沢　なるほど……。そういった葛藤が、山城さんをここまで歩ませてきたのかもしれませんね。

僕が沖縄と、ある一定の距離を保ちながら長くつきあってきて、いつも「すごいな、かなわないな」と思うのは、「両方ある」ということなんです。すごくコンサバティブな部分というか、しっかり守らなければいけない物事と、そこからどれだけ遠くに行けるかというチャレンジが両方存在している。しっかり古典の形を継承してきたものと、「そんなにかしこまらなくてもいい。新しいことも自由にやろうよ」というものの両輪があるから現代に続いているわけで、片方だけになったら終わると思うんです。他の地域の伝統芸能みたいに、継承者がいなくなって、終わってしまう。たとえば平田大一さんが現代版の組踊《くみおどり》（＊28）を追求していますが、古典の人からは「あんなの組踊

＊28　演出家の平田大一氏（次項の対談参照）はうるま市勝連でロングラン公演を続ける現代版組踊『肝高の阿麻和利』をはじめ、琉球の古典芸能である組踊を現代的な解釈で上演する活動を続けている。

じゃない」と言われたりしながらも、彼がそれをやることによって組踊に新しく興味を持つ人も、そこから古典に遡っていく人も現れる。そのことで、組踊全体が両輪で続いていくんです。エイサーにしても伝統エイサーと創作エイサーが時に議論を戦わせながら、それぞれ全然違う表現を模索しているからこそ、こんなに文化が生きているんですよね。だからこそ、応援したくなる。

映像表現にしても、中江裕司さんのようにキャッチーで沖縄を全国に発信する力があるものを作る人がいる一方で、山城さんとか、あるいは高嶺剛さんのような方も……高嶺さんも、石垣で生まれて那覇で育ち、パスポートで京都に留学するという人生の中で、アイデンティティにすごく悩まれた方だと思うんですよ。あの、時には暴力的にも思えるほどの、沖縄の内臓を投げつけられているような表現というのは、その葛藤の中から生まれてきたものなのだろうという気がします。誰もが切実な自分の声で、自分と沖縄の関係を表現している。それが多様であることが、うまく両輪のバランスになっているんだと思います。

他者の記憶、他者の声を作品化すること

山城　私は沖縄戦の記憶の継承をテーマにいくつか映像作品を作っています。『あなたの声は私の喉を通った』（*29）という作品は、あるおじいさんの戦争体験の語りを書き起こし、証言の一言一句

を同じように読み上げるという動作をした私自身を記録し撮影するパフォーマンス映像作品です。この作品を発表した当初、上の世代の方の中には、お怒りになる方がいました。個人の作品を作るという欲望でおじいやおばあの命の証言を消費しているというふうに見られてしまったのだと思います。私としては他者の記憶を継承するという不可能性を前提に、それでもなお私自身の身体を通して証言を語り、擬似的な経験の共有、分有を試みるという作品でした。

戦争経験のある高齢者がやがていなくなり、記録化されたアーカイブ資料だけが残っていくことになる未来を考えると、次世代が過去の戦争の記憶を理解することは非常に困難なことのように思えます。ズラッとアーカイブ資料の並んだ保管庫から「さあ、どの記録映像を引っ張り出して見てみる？」ということになっていく。機械のプレイヤーにディスクを入れ、再生ボタンを押す。またはデジタルデータ化された証言を聴く。何というか、接し方としては生身の人ではなく〝モノ〟または〝データ〟じゃないですか。極端に言うと、ほとんどデジタルゲームを楽しむ時と動作の工程は変わらないわけです。

宮沢　下手したら、デジタルアーカイブとしてネットにアップするだけで、見るほうはフィジカルに手に取りすらしないですね。

＊29　二〇〇九年発表の短編映像作品。戦争体験を語る老人の映像と声を、それを読み上げる山城氏の上に投影する。

山城　そうですよね。私は運よく直接おじいさんやおばあさんの証言を聞けたけれど、それが叶わなくなる日はもうそう遠くない。でも、私は直接お話を聴き、手を触れ、抱き合ったその時の皮膚の皺や体温を覚えている。この声を出すあの身体を、血の通った肉体を持つ人の声を、デジタルアーカイブ化された時に一体どうやって私たちは聞くことができ、どうやってあの壮絶な記憶を想像できるかと考えています。

『あなたの声は～』はその試みの最初の作品でした。今までは証言を「残すこと」が重要だった。次世代は、その残された記録をどう自分たちの記憶としてリアリティを持てるのかが問われるんじゃないかと思います。

これも話を聞く中で知ったんですが、戦後、生き残った人たちが道端で出会ったとき、お互いカチャーシーを踊りながら近づいていったと……ああ、話しながら涙が出てきた。それは、今の私たちが失ってしまった身体性なんだと思います。カチャーシーが先に出てくる体ではなくなってしまった私たちは、どうやって、彼らの記憶を自分たちの血肉や経験にしていけばいいのか。すごく難しいことになっていくと思うし、「残す」ということの先をどう考えればいいのかという模索の途中に、まだ私もいます。

宮沢さんは数年前に、二百五十曲でしたっけ……放っておくと消えてしまうような民謡を収録したＣＤボックス（*30）を出されましたよね。それは前例のない、宮沢さんがやらなかったら、沖縄の人は誰もやらなかった・やれなかったことかもしれないと思います。若者が昔と同じようなウチナーグチの発音もわからない、踊り手も正確な振りがわからないという時代に、歌を「残す」ということをどう考えていらっしゃるんですか？

宮沢　アーカイブという言葉は、狭義では公文書とか古文書のような、「こういうことがあったのだ」という、〝正史〟に近い言葉ですよね。実は、民謡というのはそういう〝正史〟的な発想と相性が悪いんです。

沖縄の古典音楽は琉球王府お墨つきの音楽なので、曲数も数えられるし、いくつかの流派が楽譜や口伝によって守り伝えていて、当時も今もほぼ同じように演奏できるという強みがあります。一方、民謡はだいたいみんな最初は先生について学ぶものですが、弟子はある時から先生のもとを離れて違う道を行くんです。先生のいいところは受け継ぎつつ、「俺はこの曲はこう弾くんだ」という感じで、どれだけ遠くに行けるかということも同時に模索していく。だから、同じ歌を歌っていても同じ歌唱・同じ奏法になるわけではないし、基本的には一代限りのものになることが多いんです。山内昌徳さんという人の場合、曲自体は他の人と同じナークニー(*31)なのに、あまりに美声が素晴らしいということで「山内《ヤマチ》ナークニー」という名前がついたくらいで。

*30　本書第七章で言及される『沖縄 宮古 八重山民謡大全集1 唄方〜うたかた〜』。

山城　へぇ〜、すごい。

宮沢　古典は僕が残すまでもなく同じ形で残っていくものですが、民謡は人の数だけ変化していくがゆえに残りにくい。そんな民謡のユニークさを記録したいなとはずっと思っていたんですが、なかなかできずにいたんです。でも、東日本大震災が起きて「自分の命なんて、明日にはなくなるかもしれないんだ」と改めて感じたことや、登川誠仁さんがいよいよ歌えなくなりそうだということもあって、二〇一二年から作業を始めました。ある程度しっかりした形で残せれば、五十年や百年後の世代が何かしら感じてくれるだろうと。だから、「てぃんさぐぬ花」とか「谷茶前《たんちゃめー》」のような有名な曲は実は収録してないんです。メジャーな歌はきっと残るだろうから。そういうのではなく、とにかくレコーディングに参加してくれた方々が歌いたいものを、歌いたいように歌ってもらいました。

作っている最中には、それこそ「アーカイブなんだから、データ化して誰でもすぐ聴けるようにしたほうがいいよ」というアドバイスをいただいたりもしたんです。でも、それは違うなと思って。容易にアクセスできるものにしすぎてしまうと、未来の人にすごくインスタントな、軽く扱っていいものだと思われてしまうんじゃないかと。だからわざわざ重い箱を作って、十七枚組のボックスセットという難儀なものにしたんです。図書館とかで借りて帰る子供が自転車のカゴから落としても壊れないくらいの（笑）、頑丈なものに。そうすることで、二百四十五曲に込められた、それぞれ何十年も続いてきたものの重みを、身体的に感じてもらえるんじゃないかと思って。さっき山城さんがおっしゃっていた危惧に近いところでは、そこにこだわりを込めました。
　そういう、利便性とは相容れない部分も芸術の大事なところというか……僕は自分を芸術家とは思っていないけれど、芸に関わる人間としては、そうした細部も一つの表現なんです。いかにそれを表現として成立させるか、いかに「単なるアーカイブになってしまわないか」が試されるのかもしれないと思っています。言い換えると、山城さんがロンドンで見た映像作品によって自分のヒントを得たように、何十年、何百年後にそれに触れた人の中の何かが目覚め、「ここからは自分がやるんだ！」というふうに思ってもらえるようなものをどう細部まで作っていくかが、自分の領分での勝負ということですね。

山城　なるほど、そうなのですね……。単なる過去の再生や再現だけが私たちの仕事じゃない、そこから、見た・聴いた人のリアルな現在が立ち上がるようにするにはどうしたらいいかということ、今のお話を聞いて私も少しでも映像表現にその力が備わるようにしたいと思いました。

＊31　ナークニーは八重山のトゥバラーマとしばしば並び称される、本島の名歌。もとは毛遊び（若い男女の野遊び）の中で歌われる即興歌であり、構成的な抑揚はそれほどないが、それゆえ演奏者の個性に大きく左右される歌でもあるため歌いこなすには芸の熟達が必要とされる。

宮沢　僕がいいと思っているあり方は、なるべく問いだけを渡す、ということなんです。現在よしとされている価値観や、自分自身の現在の感覚だけに基づいて「これはこういうものなんだ」というふうに言い切ってしまったり、善悪を切り分けてしまうと、それは乱暴なものになるし、すぐに過去のものになってしまう。

僕が最初に琉球音階を取り入れて音楽を作ったのは「ひゃくまんつぶの涙」という曲ですが、これは妻を亡くした男が、その体の切れ端をオクラ畑に埋めて、時折掘り出しては眺めていたのだけど、やがて男にも命の終わりが訪れる。それを沖縄の生き物や自然がカチャーシーで祝福してくれる……という、沖縄戦を暗示するような内容です。メロディはすぐできたものの、歌詞がまったく浮かばなくて難渋していたんですが、その後初めて沖縄を訪問したとき、その土地の景色を見ていたら、一瞬で浮かんできた。その時はそれがなぜなのか、まったくわからなかったんですが、その後沖縄戦の歴史を学び、ひめゆり平和祈念資料館で学徒隊の生存者の方の話を聞いたことで……笑わないでほしいんですけど、「ああ、それまでの時間の中で沖縄を生きてきた無数の人たちから何か、風呂敷に入った心のようなものを渡されているんだな」という気がしたんです。「ひゃくまんつぶの涙」の時はまだ気づかなかったけれど、きっと、それは「お前は今、何の上に立っているのか」という、自分の現在に対する問いでもあった。

それで、この次は自分が、さらに次の人たちの現在に渡す問いを風呂敷に入れて渡さなければならないんだと思いました。音楽家として、ただ渡すのではなく、そこに意識的に自分の芸を……自分の仕事を乗せて渡す。そうして作ったのが「島唄」だったんですよね。結局、そこから三十年の沖縄の関わりの中で、ずっと同じように、未来の誰かに渡すものを風呂敷に入れる作業をしている気がします。

山城　オクラのお話、私が制作のための取材中にもっとも衝撃を受けた沖縄戦の話を思い出しました。大勢の人が亡くなった南部のほうでは、戦後、農作物が豊作になった、というもので。死者の体が養分となり、それまでになかったほど生き生きと色鮮やかに、大きな作物が実った。それを、みんな泣きながらむしゃむしゃ食べた……と。『土の人』（＊32）という作品は、その話からも強く影響を受けています。宮沢さんがご自身の知識よりも先に風呂敷を受け取って、イメージされてできた歌のお話はとても驚きます。このようなことがあるのですね。

宮沢　それが、それぞれの形で「渡された問いに自分なりに応えて、次の人に問いを残す」ということなんですよね。山城さんのお話を聞いていると、長い作品も短い作品も、すごく綿密に取材を

＊32　二〇一六年発表の短編映像作品。本土からの差別、米軍基地の存在、抗議運動への弾圧と沖縄と似た経験をもつ韓国の済州島に二週間滞在して制作された。事象の相似だけでなく、記憶や声、そして土といったモチーフを媒介させることで沖縄のみならず幅広い土地の経験と共鳴する作品となっている。

して、人の話を聞いて、場所にもこだわって作られている。その取材からこうした作品を作って、性急な決めつけをせずにただ問いを提示しているのが、山城さんの作品が芸術家の仕事たる所以だなと思っています。今という現在性の中だけでみんながどう反応するかは知りませんが、その問いがあるからこそ、必ず五十年、百年先に効いてくるものになっている。そこがすごいなと思います。

「語られなかった声を〝聞く身体〟」として生きる

宮沢　ところで、初期の作品は、山城さん自身がパフォーマンスされている作品が多いですよね。あのジュリ馬（*33）みたいなのとか……。

山城　あれも見たんですか!?　恥ずかしい……（笑）。

宮沢　見ましたよ（笑）。

山城　初期の作品は、自分が出演することが多かったです。生まれたときから基地がありフェンスに囲まれる島で育って、「あの土地は銃剣とブルドーザーで無理やり奪われたんだ」という話を聞いてきた。ですが、私にはその話と、すでに目の前にあるその基地やフェンスが、うまくつながらなくて。そのような風景をどう捉えていいのか、わからなかったんです。情報や知識として沖縄戦を知っているけれど、体感することは不可能なので自分と接続されない。そういった距離感から馬の飾りをつけてフェンス沿いを歩いてみたり、基地の前でアイスクリームを頬張ったりなど、自分の身体を使ってパフォーマンスをすることで、その接続を試みていた時期ですね。

宮沢　なるほど。でも、そこから最新のものになるほど人に演技をしてもらったり、セリフがあったりと、少しずつ芝居の要素を取り入れてこられているじゃないですか。これは自分だけで映像作品を作るというのとはまた違う思考が働くものなんじゃないかと思いますが、そのあたりはどうお考えなんでしょう。

山城　二〇〇八年、沖縄タイムスの六・二三（*34）の特集企画で「フォトエッセイを書いてください」という依頼が来たんです。私はそれまで、まだ沖縄戦を直接テーマとして扱ったことはありませんでした。自分にとってやはりどこか遠さがあり、そして怖いものだったので。それで、初めは断ろうと思いましたが「いや、ちょっと待てよ」と。

＊33　那覇・辻遊郭で年に一度、旧正月明けに行われる「ジュリ馬祭り」において、ジュリ（遊女）たちが首から馬頭を模した板をぶら下げ、騎乗しているかのように練り歩く。山城氏は初期作品『Girls Riding Horses』でそのジュリ馬を装着して米軍基地の脇を練り歩き、基地の島に生きる経験と、その場所で危険にさらされる女性としての経験を表象している。ジュリ馬祭りについては本書百三十九頁以降、又吉直樹氏との対談も参照のこと。

＊34　沖縄戦末期、日本軍司令官であった牛島満中将（当時）の自決によって「沖縄戦が終結した」とされる六月二十三日を沖縄県は「慰霊の日」として公休日に制定している。この日には県内で沖縄戦全戦没者追悼式が行われるほか、平和を願うさまざまな催しが行われる。一方、牛島中将の自決後もそれを知らぬままの将兵による散発的な戦闘行為は続いていたため、司令官の死によって「終結」とすることには懐疑的な意見もある。

それまでこうした慰霊の日特集は例えば写真家や、ドキュメンタリー映画作家への依頼が多かった気がします。しかし今回は美術家に、いわばフィクションの世界を描く人間になぜこのような依頼が来たのだろうか、と考え直しました。これはもしかしたら、沖縄戦の継承をめぐる社会の変化なのではないか、想像力がなければ語り継ぐことができなくなっていく、そのような時代の変わり目にいるのじゃないかと思ったんです。そうであるならば、これは美術家に対する社会の要請ということなのかもしれない。だったら受けてみよう――と覚悟を決め、デイサービスセンターを訪問して「沖縄戦の話を聞かせてください。写真も撮らせてほしい」とお願いしました。幸い受け入れてくださって、回想法というグループワークにお邪魔できたんです。

宮沢　回想法というのは、どういうものですか?

山城　高齢者の方々で集まり、写真を見ながら思い思いにお話をするグループワークです。戦争の語り部ではない方は戦争の経験を話したがらない場合もありますので、強制せず、戦前や戦後の沖縄の風景の写真をお見せしていこうとスタッフの方のアドバイスを受け、自発的にお話していただくことを待とうと決めました。すると、農連市場の写真に懐かしいと泣き出す方が出てきたり、そしてコザ暴動の写真が出たあたりから、一人の男性がサイパンでの戦争体験をお話し始めました。と同時に、沖縄戦時に疎開して島を離れていた方々は「経験してないから」と申し訳なさそうに口をつぐんだりと、そのグループだけでもさまざまな断層を見ました。

サイパンのお話をしてくださったおじいさんは「崖っぷちに追い詰められて、母と姉が目の前で海へ落ちていった」と。その方の証言が『あなたの声は私の喉を通った』で私が一言一句、おじいさんの証言を自分の声に発してみるという試みへとつながりました。……実はそのおじいさんのお話を聞いている最中、私はお話が自分の中に入ってこない、「わからない」と思ったんです。もちろん、日本語としては理解できるし、話している内容も理解できる。ただそれだけでは、経験がまったく追いつかない。わからない。それが、大きなショックでした。

宮沢　ああ……なんだかわかる気がするなあ。

山城　話しているうち、そのおじいさんの身体は、尋常じゃない震えで止まらなくなりました。初めて見るような震え。表情も、最初は「若い人に戦争体験を話して聞かせようか」というお顔から、急にすーっと目線が上がり、まるで目の前にスクリーンがあるように、そこに映った戦場に戻ったようなお顔に変わっていった。そして自分でも止められない様子で、涙も鼻水も流してくしゅくしゅになりながら証言してくださったんです。ずっと震えながら。

私は圧倒されるばかりで、このような壮絶な過去に引き戻してしまったことに、恐怖心と強い罪悪感とが入り混じった気持ち、そして咄嗟に私が話を聞きながらわからないと思っていることを「バレちゃいけない」と思いました。そう思った自分自身に対しても、非常にショックを受けました。

話が終わり、気づくと参加していた十六名のお年寄りたちが、みな暗く沈んでしまっていました。

「まずい！　今夜から戦場の記憶に苛まれて眠れなくなってしまったらどうしよう」と、私は何の準備もせず、このようなお話を引き出してしまった――と、遅まきながら、この時、初めて自分の戦争の記憶を「聞く」姿勢が非常に浅はかなものであったことに気づいたんです。

経験した者としていない者との断絶を埋めようと必死だったのだと思いますが、咄嗟に「お話くださった中でもどうしても言葉にできないこともあったと思います。ぜひ、私に触れて、手で伝えてくださいませんか」と言ってみなさんの手を引っ張り、頬に触れてもらったんです。手と手を触れ合って、抱き合って。そうしたら「いや〜、孫みたいだねえ」「かわいいねえ」と急に場がほぐれて、その様子を写真に記録することが出来ました。新聞企画のフォトエッセイにはその写真を掲載し、経過をエッセイに綴りました。ホッとはしましたが、その後、自分の内に秘めた「わからなかった……」という気持ちをずっと抱えることになって。加えて、さもわかったような顔をしたことで「嘘をついてしまった」という罪悪感もあったんです。ですから、一年後、もう一度自分が撮影したおじいさんの証言の声を聴いて、書き起こしをし、一語一句そのままに、私自身が証言をなぞり読み上げるという形で『あなたの声は私の喉を通った』の制作に向かうことになりました。おじいさんの体験を自分自身の喉を震わせ何度も何度も繰り返し発話してみることで、おじいさんの声が、初めて自分の体の中に染み入るように聞けるような気がしたんです。

それからです。今度はどんどん戦争体験者の声が体の中で増えていくような感覚が生まれるイメージへとつながって、また別の作品、そのまた次の作品、と戦争の記憶の継承をテーマに終わりなく作品制作が続いていきました……。

宮沢　一つの声が増幅していったということですか？

山城　そう。増幅です。腹底でマイクの花束がイソギンチャクのようにゆらゆら揺らいで、たゆたっているというイメージが生まれ、『沈む声、紅い息』(＊35)という初めてのフィクション作品が生まれました。一年間、腹に声とマイクの花束がたゆたい揺れているイメージが消えなくなったんです。「この謎を解くために作品を作らないと、何が起こっているのかはわからない」と、ダイビングの免許を取り、一ヶ月練習して、海底に下りました。それで、イメージ通りに作ったマイクの花束を落として、海中に沈んでいく様子を撮ったんです。

海底にたゆたうマイクの花束を無事撮影した後は、「あ、マイクは声なんだ。マイクを落とした声の主がきっといる。探さなきゃ」と、次のシーンのイメージを追いかけている時、偶然車で立ち寄ったコンビニに、ずっとこちらを凝視してるおばあさんがいて。目が合ったと思ったら、まっすぐこちらに来て「私を家まで乗せて帰ってほしい」と話しかけてくるんです。発話も振る舞いもち

＊35　二〇一〇年発表の短編映像作品。語ることを抑圧された声のように水中に沈んでいくマイクを追って潜水するダイバーの姿に歴史への潜行を、そして海底から立ち上る泡がその「声」の解放を表すかのように対照的に描かれた。

ょっと不安定な感じがする人だったし、このまま連れて行っていいのか？　と戸惑いつつ車に乗せて、家に送る道中で話を聞きました。そのおばあさんのお話がまた衝撃的で。「私の母は農連市場で働いてる」と。今乗せているおばあさんが七十代半ばくらいでしたので、そのお母さんですと、九十半ば？　百歳近い？　と驚いて、「まだ元気でいらっしゃるんですね」と聞いたら、「一回死んだけど、また生き返ってきた」と言うんですよ。

「えーっ！」と驚いて（笑）。驚きながら、ハッとしました。私がとりつかれるように見ていたマイクの花束のイメージは、声そのものではなく、誰にも聞かれることなく陸上で、海底で回流し続け、誰かに聞かれることをずっと待っている声を収録するマイクなんだ！　では、今、車内でおばあさんのお話を聞いている私はマイクなんだ！」と。声とは、必ずしも今の目の前にいるおばあさんの声だけではなくすでに沖縄戦で亡くなった人たちの声の残響かもしれないし、ずっと口をつぐんできた人たちの心の声かもしれない。そういう無数の声なき声を……聞く身体。おばあさんの家に着いた瞬間、「もう一度お会いしたい」とお願いして、再度、機材を持って撮りに伺ったんです。それが『沈む声、紅い息』です。この作品以降、私はフィクションに入っていきました。私の腹底で揺れるマイクに集まる声の行方を追うように次々と生まれるイメージを追いかけることが、作品制作の原動力でした。

宮沢　そのおばあさんとの出会いは、本当に大きかったですね。

山城　はい、そうですね。大きな出会いでした。ただ、自分の中に充満して増幅する他者の声の存在に……沖縄戦の死者に自分の体を乗っとられるんじゃないかという感覚も生まれて、苦しくもありました。海の底から肉が――つまり、声が受肉したものがやってくるという物語の『肉屋の女』（＊36）という作品を制作している頃です。私の制作は、まるでイメージを追いかけるドキュメンタリーのようなところがありまして、『肉屋の女』の作中で女の人の体を解体するシーンがあるんですが、それを撮っている最中にやっとふっと楽になりました。

それまでは、どこかで自分の身体や自我が死者に、または過去の記憶の残響に飲みこまれていくような恐怖心がありました。生まれ育った沖縄で自分の経験していない沖縄戦と、その結果である米軍基地の問題に苦しめられる現実に気づけば取り巻かれ、窮屈さや、いわば自分の人生を生きられていないような感覚を抱いてしまった。作品の中で切り刻まれ肉体が解けていくシーンは、そういったものから解放してくれるような心的作用を起こしました。

そのシーンを撮影した後「これでいいんだ。おじいやおばあ、死者たちとこうして共に生きてい

＊36　二〇一二年発表の映像作品。『沈む声、紅い息』で解放された声に肉が宿り、それが浮上するかのような、連続したイメージが提示される。少女がそれを持ち帰り肉屋の女に届けられ、肉屋の女は黙認耕作地内のマーケットでその肉を労働する男たちへと提供するが、最終的にはさらなる肉を求めて群がる男たちに切り刻まれ、肉屋も破壊される。しかし、一度顕現したその肉と女はまた他の場所にも現れ、増殖し、やがて海へと帰っていくという、「聞かれざる声」の決して殺され得ない力が示唆される。

けばいいじゃないか」と思えるようになり、メンタルが変わったことに気づきました。「死者の声がそばに感じられる。この土地の声を聴ける身体や感覚を持てたのは、沖縄に生まれたおかげだ。よかったんだ」と。私自身もそうでしたが、沖縄の文化や風土と呼ぶものになぜだか距離があり、馴染めず育ってきたような人は他にもいるかもしれません。過去や歴史と切断されてしまったような感覚の中で、もしかしたら孤独を覚えながら生きている方ももっといるかもしれない。でも多くの私たちは、戦争を生き延びてきたおじいやおばあ、たくさんの死んでいった大勢の人たちと自分を完全に切り分けずに「一緒にいるんだ」という感覚を持てている気もします。そういった感覚を持てるようになったことはよかったんじゃないか。『肉屋の女』や『コロスの唄』(*37)などの作品を制作し続けていくうちにそう、初めて思えたんですよね。

宮沢　なるほど……。戦争やアメリカ世《ゆー》を知らない「復帰後世代」なんていう言葉がありますけど、僕は、自分より年下であるその世代のウチナーンチュたちの葛藤やメンタリティについて、あまり深く考えたことはなかったかもしれない。生まれた時から基地があって、お父さんからは毎晩戦争の話を聞かされて、自分はと言えばウチナーグチは話せないし、かといって日本からは「違うもの」として扱われる。全部が矛盾ですよね。しかも、他者が勝手に「沖縄は楽園」とか「貧困県」というイメージを押しつけてもくる。そうしたすべてに対する「なんで?」という思いや、あるいはトラウマの中で、毎日、何もないような顔で学校に通わなければならなかったりする。そういう人たちがいるんだということに、僕は考えが至らなかったかもしれない。そうか……そうですよね。本当にそうですよね。

山城　作品作りにしても、本当は自分の作りたいものを作ればいいのに、常に何かに「作らされている」感じもあって、自由ではなかったかもしれません。でも、それを乗り越えないと自分の表現にはたどり着けないと思ってきました。ここ一〜二年ですかね、ようやく「もう、自分の言葉で語り始めてもいいんじゃないか」と思えるようになりました。それで、少し作風が変わってきて『チンビン・ウェスタン』『リフレーミング』といった、劇映画の語りの方法を模索し始めたんです。自分の身体から離れて、少し俯瞰的に沖縄のことを表現できるのかもという気持ちにようやくなってきました。

＊37　二〇一〇年に発表した写真作品のシリーズ。さまざまな世代の人物が、強い木漏れ日とそれが映し出す陰影の下で輪郭を失い、やがて風景と溶け合っていく様子が作品化されている。土中にうずもれ堆積した声なき者の思念や記憶と、不可能であることを前提にそれを継承しようと試みる生者の想いの響き合いを「唄」というメタファーを用いて視覚化した。

「沖縄」との距離をどのように考えるか

宮沢　またしても自分の話で恐縮ですが、僕も、自分の語り口を見つけるまで時間がかかりました。さっき言ったような沖縄との出会いによって抱いた、「自分は何も知らなかった」という恥ずかしさや自責の念を、山城さんとは違う形でのトラウマだと捉えると、やはり「島唄」を作ることがそれを解放する作業でした。ただ、ある程度はそれで自分の心も開けた気がしたんですけど、売れてしまったことによって、いろいろなバッシングも受けました。「あんたの音楽は帝国主義じゃないか」と言われたりしてね……正直、「もう沖縄に行きたくない」なんて思ったこともあるんです。でも、そこで逃げてしまうと、「ああ、あいつはやっぱり一時的に接近してただけだったね」と思われるし、それも癪だった。こうなったらとことんつきあってやろうと思いながら、関わりを続けてきました。

僕が「ああ、沖縄と自分の関係はこれでいいんだ。自分の好きな民謡や芸能のことを人に伝える仕事をしていくのが、自分の言葉で沖縄を語るということなんだな」と思えるようになったのは、ここ最近のことです。

山城　三十年、音楽を通じて関わり続けてこられても「ここ最近」なのですか……。具体的にはいつからですか？

宮沢　ここ十年くらいです。それくらいで、ようやくさっき言ったボックスセットの話や、三線の棹に使うくるちの木を植樹しようという話をできるようになった。「島唄」を作ったときには、民謡の世界の人のお怒りもたくさん買ったんです。「ヤマトンチュが三線を振り回して琉球音階を歌うなんて」と。でも、二十年沖縄に通い続けてボックスセットを作る頃には、民謡の唄者の方々に「一曲歌ってもらえませんか」とお願いすると、皆さん「あんたがやるなら協力するよ」と言ってくださって、ご病気などで歌えないという事情で辞退された数名の方を除いて、参加・協力してくださった。嬉しかったですね。二十年経ってやっと、沖縄と話ができる関係になった……という気持ちでした。

もちろん僕と山城さんとは立場も世代も違うわけですけれど、自分の受けたインパクトをどう表現として昇華しようかという戦いや、そのために時間が必要なんだという感覚が似ている気がしました。それに、その表現がメッセージに埋もれてしまうのではなく、芸術家として、ちゃんと芸術として完成させようとしているところも、すごく共感するポイントです。メッセージだけを伝えたいなら、政治活動家になったほうがいいかもしれないじゃないですか。

山城　そうですよね。私も同じようなことを思うことが何度もありました。

宮沢　そうじゃなくて、どんな明確なメッセージがあったとしても、自分は作家として表現できる範囲でそれをやるんだという意志が山城さんの作品には感じられる。それが清々しいなと思います。

山城　ありがとうございます。まだまだ、長年感じている課題がありまして。多くの方に辺野古で起こっていることも伝えたいし、できれば少しでもいい方向へ現状を変えたい。そのためにアートがどれだけの力を持てるかはわからないけれど、自分の思いをそこに込めたいと思う。でも、現状は何をしても「これは沖縄というローカルの問題」と捉えられて終わってしまうことも多かったと感じます。最近は少なくなってきましたが、長い間、私には「沖縄のアーティスト」という枕詞がついてまわり、作家として正当に評価されていないのじゃなかろうか、と思うこともありました。東京で活動している作家さんだったら、例えば「〇〇のアーティスト」というように地名をつけて語られることはほとんどないじゃないですか。でも、私には今でも「沖縄」がついてくることがあります。

宮沢　なるほど。勝手に「特別な背景がある人」にさせられるんですね。そうなるのは裏を返せば、ヤマトの沖縄に対する無関心ゆえなのかもしれない。

山城　その意味でも私はこの「沖縄の〜」から逃れよう、逃れようともしてきました。映像作品を観ていただくときに、もちろん実写ですから沖縄の風景は映っています。でもそれを具体的には語らず、どこにでも起こりうる話として物語を絵で描こうと努めてきました。フィクションを言い訳に何でもかんでも抽象化しただけのものを作ってしまうと、自分自身、足をすくわれてしまいそうになる危うさもありますし、なかなかバランスは難しいですが。

宮沢　沖縄の表現者たちを見ていると、そういう葛藤は必ずあるんだろうなと思います。さっき言った両輪の話じゃないですけれど、自分自身の中で今はどっちに重点をおくべきかという悩みもあるだろうし、一人だけで両輪ができるわけでもないですものね。

山城　沖縄の音楽畑の方たちと、そういう、両輪で発展させていくんだ！　というような話をされたりしますか？

宮沢　民謡の周辺に限って言えば、けっこう真剣にそういう話になるときは多いですよ。

山城　それはとてもいい関係ですね。羨ましいです。

宮沢　美術の外の人たちと一緒にやる、という手もありますよね。これは聞き流してくれていいんですが、僕は山城さんが舞台を演出するのを見てみたいなと思いました。

山城　舞台……ですか？

宮沢　例えば音楽のライブって、ノンストップで進む、やり直しの効かない一回性の芸術ですよね。一方、レコーディングは演奏のやり直しとか、今は部分的な切り貼りもできてしまうし、音源はそれこそ再現性のあるものです。その両輪がある。山城さんの映像芸術が再現性の芸術だとすれば、この人が一回性の芸術であり、また他者との共創でもある舞台を演出したら、どんなものになるんだろうと思うんです。

山城　わぁ、ライブ！　ライブは本当に憧れます。

宮沢　そして、それは現代美術の世界にある、何かしらの「型」みたいなものから自分を解き放つことになるんじゃないかなという気持ちもあります。狭い業界の型の中で戦うだけでなく、その外側にいるより多くの人を、山城さんがこれまでご自身の身体性を通して表現してきた、沖縄に生きる復帰後世代の肌感覚や問題意識へと導く入り口になるかもしれません。

東京の常識とか、東京中心に語られる「現在」からかけ離れたものを提示することで「東京」的なものを揺るがす力を、僕は沖縄発の音楽や映画に感じてきました。「沖縄」というイメージとの距離感について考えている山城さんたちの世代の表現には、そのもっと現代的な形の可能性があるんじゃないかなと思います。

山城　そうですね……確かに。それはもしかしたら、沖縄だからこそできることなのかもしれません。ちょっと、考えてみようかな。

宮沢　ぜひ。勝手に楽しみにしていますね（笑）。

〈二〇二一年十二月十三日　那覇市内にて収録〉

やましろ・ちかこ｜一九七六年、那覇市生まれ。生まれ育った沖縄の歴史や政治・社会的状況を、自身のパフォーマンスによるものから大人数での劇映像まで、様々なアプローチで写真や映像作品にしている。近年の主な展示に個展『Tokyo Contemporary Art Award』（東京都現代美術館 二〇二二）、『話しているのは誰？　現代美術に潜む文学』（グループ展 国立新美術館、東京 二〇一九）『山城知佳子リフレーミング』（東京都写真美術館 二〇二一 ※同展で二〇二一年度芸術選奨新人賞を受賞）、『Chinbin Western』Dundee　Contemporary Arts（イギリス 二〇二一）など。現在、東京藝術大学先端芸術表現科准教授。

対談

平田大一

「斜めの景色」を提示し、土地の尊厳を取り戻す

二〇〇〇年三月の初演以来、沖縄本島の中部、勝連地域の子どもたちにより二十二年の長きにわたって上演され続け、二〇万人近い観客動員を誇る舞台『肝高の阿麻和利』。地域を大きく活性化し、奇跡の舞台とも称されたこの作品の演出を手がけたのが演出家・平田大一氏である。同作をはじめとする数々の現代版組踊や「世界エイサー大会」の企画など、琉球芸能に創意を加えてアップデートしていくその活動の根底には、島に流れた過去の時間への敬意と、次世代への思いがあった。宮沢とともに運営する「くるちの杜100年プロジェクト in 読谷」の草刈りを終えた平田氏に、その思いを聞く。

八重山では那覇よりも東京が身近だった

宮沢　さっきまで、草刈りお疲れさまでした。今日はもう少し、対談にお時間をください。

平田　よろしくお願いします。「くるちの杜」も『唄方』プロジェクトも一緒にやってるわけで、今さら改めて何を話せば……という感じですが（笑）。

宮沢　平田さんは僕と同世代で、違う場所で生まれ育ちながら今同じ志をもって活動している人だと、僕は勝手ながら思っています。平田さんの代表的なお仕事といえば、もう二十二年続いている舞台『肝高《きむたか》の阿麻和利《あまわり》』ですね。琉球王府の成立過程で首里の王府に討たれた勝連地域の偉人・阿麻和利（＊1）を主人公にして、地域の子どもたちをキャストに演じる現代版組踊（＊2）。このすばらしいお仕事によって、勝連という地域がすごく元気になりましたよね。これを軸に、平田さんの沖縄への思いを聞いていきたい。その中に、僕が「島唄」に込めた願いと共振するものを見出せるか

＊1　生年不詳～一四五八。現在の勝連地域一帯を支配した按司（当時でいう地方豪族）。外には中国との貿易、内には大陸技術の導入などの善政を行い、一帯に強大な勢力を築き上げたが、これを警戒した首里王府の攻撃を受け、滅亡。その後成立した首里王府の正史においては謀略を用いて王府の転覆を目論んだ謀反人として描かれ、長らくそのイメージがつきまとうことになったが、現在の研究では、阿麻和利討伐は当時まだ脆弱だった王府の権力基盤を盤石化するために有力な按司を討っておく必要があったがゆえのことだとされている。

もしれないという気持ちもあります。

平田　もともと、僕らは中江裕司さんの『パイパティローマ』（＊3）という映画の撮影で数時間ご一緒しただけだったんですよね。僕は当時まだ無名の演劇人で、宮沢さんは「あの『島唄』の宮沢さん」だったんですけど。

宮沢　それから数年経って、僕の耳にも『阿麻和利』の評判が聞こえてきたので気になってはいたんです。「平田大一……あ、あの時の人だ！」と。そう思っていたら、レコーディングスタジオに遊びに来てくれて。『阿麻和利』にかける思いを、バーッと話してくれたんですよね。それで観に行かせてもらったら……その舞台の出来もさることながら、それが地域に及ぼすものすごい影響力を目の当たりにして。ものすごく感激したんです。変な感想かもしれないですが、嬉しかったですね。僕も、「島唄」から始まった沖縄との関わりの次の景色が見えた気がした。

平田　宮沢さんが「島唄」を作られたときは、沖縄でも賛否さまざまな声があって、いわばハレーションが起こったじゃないですか。沖縄の人ではない宮沢さんが作った「島唄」は「内地の人間が琉球音階を使うなんて」とも言いやすかったし、「外からの視点で作った歌だからこそ、みんなに届いたんだ」という納得もしやすかった。

で、そのヒットとほぼ同時期に、僕は日《ひ》出克《でかつ》さん（＊4）に頼まれて、彼の曲に故郷・小浜島に伝わる豊作祈願の口説《クドゥチ》（＊5）をつけた「ミルクムナリ」（＊6）という曲を作りました。八重山の言葉を当時のワールドミュージック的なアレンジで演奏する曲なので、最初は「これも外の人間がつまみ食いして作ったのか……」と思った人もいたらしいんです。そうしたら、作っているのが小浜島出身の僕と、竹富島出身の日出克さんだったというので、みんな別の意味でびっくりしたんですよね。沖縄本島の人からしたら意味もわからない八重山の言葉で、八重山の人間が新しいものを作ってき

＊2 伝統的な組踊は、琉球の王が代替わりするたびに中国からやってくる冊封使（臣下として任ずる公式の使者）を歓待するための出し物として十八世紀初頭に創始された。琉球処分後は上演の場を失い、野に下って庶民の商業娯楽にもなっていった。六十余を数える伝統組踊の曲目は一九七二年に国の重要無形文化財に認定され、その後は「伝統組踊保存会」がその保持者となっている。また、戦後早くから新作組踊も活発に上演されており、『カクテル・パーティー』で芥川賞を受賞した作家・大城立裕らが多数の作品を残している。
この「新作」は、楽器編成も、八・八・八・六の琉歌形式に基づく台詞構成も含め、伝統組踊の様式に則って作られる「新作」という位置づけである。一方、平田氏の「現代版組踊」はより現代的な音楽・舞踊・台詞を取り入れている点、子どもたちの演劇として成立している点で、伝統～新作組踊の系譜とは少し立ち位置の異なる「創作」という位置づけである。

＊3 中江裕司監督による一九九四年公開の映画。主演は今野登茂子（元プリンセス・プリンセス）。八重山地方の伝承ではるか南方にあるとされる理想郷・パイパティローマ（南波照間）を追い求めて島にやってきた女性がトラブルに巻き込まれる活劇。平田氏は翁面をかぶり横笛を操る「アンガマ男」、宮沢はギターを持ってラスタカラーの服を着た「アブジャーマー男」という謎の神を演じた。

＊4 一九六一年、竹富島生まれ。祖母は竹富の種取祭の唄者であった。「太古ギター」という独特な形状のギターを手に独自の音世界を築く。

＊5 口説はヤマトの七五調をベースに同じ旋律を繰り返すスタイルの、長編の叙事詩。十六世紀までにヤマトから伝来したとされ、それまでの八・八・八・六の定型詩とは違うスピーディな展開が受けて沖縄～八重山に定着した。十八世紀半ばには民謡の楽譜・工工四（クンクンシー）の考案者としても知られる屋嘉比朝寄（やかび・ちょうき）によって「上り口説」や「下り口説」が作られ、王府の宮廷音楽に取り入れられている。

＊6 曲名の「ミルク（弥勒）」は八重山の祭事に登場する、南方から五穀豊穣を運んでくる自然を司る神。「ムナリ」はインドネシアで舞踊を意味する言葉で、「大自然の神が舞い降りてきたら豊年満作だった踊り」という意味の、平田氏が生み出した造語である。現在は世界中で踊られる創作エイサーの定番曲にもなっている。

た、と。内地の人が作った「島唄」の衝撃を踏まえた、二重のハレーションがあったようなんです。だから、僕らの関係もまた、間接的に「島唄」から始まっている。

宮沢 八重山の人が古くから伝わるものをポップス的に解釈して世に出たのは、「ミルクムナリ」と、少し遅れて(新良)幸人が最初だったんじゃないかな。BEGINはデビューこそ一九九〇年ですが、最初はユニバーサルなポップスとして世に出て、沖縄に回帰したのはもっと後なので。

平田 そうですね。

宮沢 当時の八重山と沖縄というのは、物理的にはもちろん、精神的な部分でも、今とはまたまったく違う、僕らには計り知れない距離感があったんじゃないかと思うんですが、どうなんでしょう?

平田 僕らにとっては、沖縄本島はまったく違う次元の場所でした。例えば、本島の人たちは目の前に基地がある中で生活していて、戦争や平和のこと、あるいはヤマトとの関係を考えながら生きざるを得ない現実がある。一方、一九六八年生まれの僕からすれば、小さい頃は「これから沖縄が日本に復帰して、さあ世の中よくなっていくぞ」という楽観的なムードの中で育ったという感覚がありますます。基地もない島でしたし、まず大人たちがとにかく未来に光を感じていたんでしょうね。そういうこともあってか、「自分たちは島育ちなんだ」というアイデンティティを、素直に受け止められるところがあった気がします。

幸人さんやBEGIN、大島保克といった音楽家たちは同世代ですが、僕らはみんな同じ時期に八重山高校にいて、彼らは文化祭なんかでも……例えばヘビーメタルがけっこう流行ってた時代に、幸人さんはヘビメタに負けないようなパワーで「これが世界ナンバーワンの曲だ！」と屈託なく言いながら、滔々とトゥバラーマを歌ってました。僕は生徒会長で、BEGINの（比嘉）栄昇くんが生徒会役員の一人だったんですけど、バンドを組むというだけで不良扱いされたような時代に、栄昇くんは文化祭の後夜祭でコンサートをやって、体育館をドーンと盛り上げたりする。先生たちが周りを取り囲んで、監視している中で（笑）。そういう身軽さはありましたし、先生たちも最後には根負けして応援してくれてましたね。

「沖縄」というアイデンティティはそもそもないし、自分がシマンチュであることを当然だと思っていて、よくも悪くも特別なことだと思っていなかった。BEGINだって今でこそ「沖縄」というイメージですけど、『オモトタケオ』（*7）というアルバムで自分たちの根っこを表現するまで、いろいろ模索しながらも好きなことを好きなようにやっていましたよね。僕らはそういう自由を謳歌した世代だったんです、きっと。

宮沢　八重山の人たちは、本当に「自分は八重山だから」という人が多いですよね。「沖縄だから」

*7　BEGINは二〇〇〇年七月にアルバム『ビギンの島唄〜オモトタケオ〜』をリリース。十年のキャリアにおいて、初めて全面的に沖縄の音楽と取り組んだ作品となった。

じゃない。島を出るにしても、那覇を飛び越して東京に行ってしまう、ボーダレスな身軽さがある。距離感は東京も那覇も、そんなに変わらないいんじゃないかと思うことがあります。

平田　むしろ、那覇よりも東京と直結していた感じはあります。八重山にも空襲や艦砲射撃はありましたが、地上戦はなく、被害を本島のようには受けなかった結果、文化的にも戦後の歩みが違っていたからじゃないかな。八重山では印刷機や活字が焼けずに残ったので、戦後復興はまず文芸の世界から行われていったんです。伊波南哲《いはなんてつ》（＊8）など、東京や海外から帰ってきた作家・詩人が多く集まり、戦後の沖縄で初めての文芸誌（＊9）が八重山で生まれたりもしています。僕が子どもの頃もそういう文芸っぽい雰囲気は残っていて、クラシックを聴いている人がすごく多かったですね。

それとは別に、僕の家は民宿をやっていたので東京や大阪といった大都市圏からのお客さんが多かったし、余計に東京のほうが身近に感じていました。

「勝者の歴史」だけが歴史ではない

平田　とはいえ、まったく沖縄のことを気にしていなかったかというと嘘になる。というか、はっきり言ってしまうと、反感もありました。

八重山は琉球王府から過酷な人頭税を課されたりして、搾取されていた歴史があるわけです。八重山民謡の「月ぬ美しゃ」（＊10）の中に「東《あがり》から上がりょる 大月《うふつき》ぬ夜《ゆ》 沖縄《うちな》ん八重山《やいま》ん 照《て》ぃらしょうり」という一節がありますね。日本語にすると「東から上る満月よ、沖縄も八重山も照らしてください」という意味ですが、そこに込められた含意は「満月よ、せめてあなたくらいは沖縄も八重山も平等に照らしてください」ということでもある。それくらいの差別があったわけです。そういう場所で生まれた人間として、やはりアンチ琉球・アンチ宮廷文化というか、八重山芸能至上主義みたいなところがあったと思います。

実は『阿麻和利』の舞台に関わる前に、古典芸能の演出をしたことがあるんですが、その依頼が来たとき、僕の中にはすごい反発感があったんですよ。琉球の古典芸能というのはもともと琉球王

＊8 一九〇二〜一九七六。石垣島生まれの詩人・文学者。子ども時代より宮良長包・岩崎卓爾といった文学研究の実践者の薫陶を受け、一九二三年に上京して佐藤惣之助に師事。二七年に『南国の白百合』（詩之家出版部）を発表する。三六年に後述するオヤケアカハチの乱を題材にした『長編叙事詩 オヤケ・アカハチ』（東京図書株式会社、一九六四年に未来社より再販）を刊行。戦後は一旦帰郷し、その後再び上京。八重山の民話・奇談、八重山の殉教キリシタンなどについて、最晩年まで精力的に執筆活動を続けた。在郷中より児童文学の普及にも力を入れており、青少年向けにも『オヤケアカハチ―沖縄のものがたり』（岩崎書店 一九七二）などを上梓している。

＊9 八重山では、戦後すぐに文芸雑誌が相次いで創刊された。『八重山文化』（一九四六）『南の星』『新世代』（一九四八）『若い人』、児童文学誌『青い鳥』（一九四九）などが次々に創刊され「文芸復興期」と称されるが、一九五〇年度の国勢調査で石垣島の人口が二万七千九百二十人であることを考えると、かなりの密度といえる。焦土の中でまず誰もが生活の再建から始めなければならなかった沖縄島と大きく雰囲気が違ったであろうことは想像に難くない。

＊10 作詞・作曲者は不詳。八重山の童歌、子守唄として歌われていたものが沖縄にも伝わり、民謡として歌われるようになったといわれる。歌い進むにつれて変化していく美しい旋律が印象的な、八重山民謡の中でも人気の曲である。

府の宮廷文化ですし、八重山をさんざん搾取して栄えた琉球の芸能を、なんで自分が演出しなくちゃならないんだ、と。

ただ、その後古典芸能のことを勉強していく中で、琉球王国でそうした文化が発達したというのは、中国や日本といった周辺の大きな国とつきあう上での外交戦略の一環であったという側面も見えてきたんです。武力では絶対に敵わない相手と向き合う中で、自分の国を守るためにそういうソフトの力を、しかも日本には日本向けに、中国には中国向けにアレンジして戦略的に使っていったのだと。その成り立ちを知った時に、八重山と琉球、琉球と諸外国という二重構造の中で、規模感は違っても小さいものと大きいものの関係性の中に立ち現れる課題や苦労、あるいは自らの存在意義を発信したいという気持ちは共通しているのかも……と思えてきて。考えを変えるきっかけになりました。

宮沢 そうだったんですか……そういう思いがあったとは知らなかった。僕はその反発にまで思いが至ってなかったな。でも、八重山と沖縄の歴史的な関係をみれば、確かにそうだ。一方、逆はなかったんですか？「なんで先島（*11）の人間に琉球王府の公式な芸能を託さなきゃならないんだ」という、沖縄本島側からの反発は。

平田 もちろん反発もあったと思います。ただ、それ以上に、演出家として未知数な僕への期待感のほうが大きかったんじゃないかな。

宮沢 そもそも、なぜ平田さんにその依頼が来たんでしょう。

平田　きっかけはアルベルト城間くん（*12）ですね。

島に帰ってすぐの頃、『南島詩人一人舞台』という詩の朗読の舞台をやっていたんですが、それを見た石垣市から「平和の大切さを謳う詩の朗読劇を作ってほしい」という依頼が来たんです。それで、一九九六年から三年連続で『島の道』『潮の道』『風の道』という作品を作りました。それぞれに「平和とは何か」「人権とは何か」「自立とは何か」というテーマを決めて、島の小・中・高校生と一緒に公演をしたんですが、その三年目。九八年の『風の道』に、アルベルトくんが音楽をつけてくれたんです。評判もよかったし、見に来てくれたアルベルトくんも「これはすごくいい。インパクトがある」と言ってくれていたんです。

そこから話が宮本亞門さん（*13）に飛ぶんですけど、ちょうどその頃、おそらく復帰三十年というタイミングで、亞門さんが沖縄で琉球古典芸能の演出をする舞台の企画が進んでいたそうなんで

*11　琉球諸島のうち、本土から見て「沖縄島の先」であることから八重山・宮古・与那国などの島々を総称する言葉。首里王府の支配により人頭税などの過酷な収奪を受けた地域であるため、「先島」という呼称にネガティブなニュアンスを感じる人もいる。

*12　一九六六年、ペルー・リマ生まれ。日系三世。十九歳で地元の歌謡コンクールに優勝し、副賞の航空券で来日。父祖の地である沖縄で古典芸能を学びながら音楽活動を続け、一九九一年にディアマンテスを結成。一九九三年『オキナワ・ラティーナ』でメジャーデビュー。沖縄を拠点に、宮沢の盟友として様々な活動を共にしている。

*13　一九五三年、東京都生まれの演出家。ダンサー・振付師としての活動を経て一九八七年に『アイ・ガット・マーマン』で演出家デビューし、同作品で文化庁芸術祭賞を受賞。九〇年代にはアジアへの興味を鮮明に打ち出した創作を精力的に発表、沖縄に惚れ込んで南部に移住。その後もミュージカルのみならず歌舞伎、オペラなど演出の領域を広げ、世界的に活躍してる。

すが、亞門さんが別の舞台公演が決まって、急遽キャンセルになった。「じゃあ、その後を誰にしよう」という会議に、アルベルトくんも呼ばれて行っていたらしいんですね。それで、「八重山におもしろいのがいる。彼にやってもらったらいいんじゃないか」ということで推してくれたんです。強力な推薦と差し迫った公演計画が相まって、思いがけず僕に白羽の矢が立ってしまったんですね。

この公演は『大琉球・浪漫王朝の歌と舞　沖縄新歌舞団　大太陽《うふてぃーだ》』(＊14)として、全国十ヶ所を巡演しました。演者には古典を担う若手の実演家と地謡手が揃い、指導する先生方も重要無形文化財保持者の大御所の皆さんで、緊張感のある現場でしたが、刺激的でとても勉強になりました。そして、その作品作りに立ち会った脚本家の先生の一人が「今度、阿麻和利の芝居も作るので、こっちもやってみないか。今まさに、主催する勝連町の教育委員会が演出家を探しているから」と誘ってくれたんです。

無名の人間が小さな島で作った作品が、それを見た人の心に残って、その人がスピーカーとなって「せっかくなら未知数な人間にやらせてみよう」というチャレンジの機会をくれて、チャンスの連鎖が続く……というのは、不思議なものです。

宮沢　阿麻和利と王府の争いというのは、琉球王府の物語の中でも一番メジャーな話ですよね。「王府に叛いた謀反人を滅ぼしたのだ」という語られ方で。

平田　阿麻和利は、琉球王府の物語の中では悪人です。その悪いやつを討伐したぞというのが、王府の語りたい物語。これは、僕の中では、八重山のオヤケアカハチ（＊15）と一緒の構図なんですね。オヤケアカハチも先島の独立を守ろうとして首里の軍勢に討伐された、王府からしたら賊徒ですが、先島では悲劇の英雄です。実際、阿麻和利とアカハチは共通点も多いんです。両者とも生まれは捨て子で……アカハチは島に到来した西洋人の子という説もありますし、阿麻和利はその力を警戒した琉球王府の王女「百十踏揚《ももとふみあがり》」、アカハチは敵対する豪族の娘「クイツ姫」と結婚し、そしていずれも琉球王府に滅ぼされた。彼らは王府の〝正史〟においては悪者なわけです。しかし、逆から見たらどうだろうか？　ということがあるんですよね。

阿麻和利については、伊波普猷《いはふゆう》（＊16）がかつて『阿麻和利考』という論考の中で「『おもろさうし』

＊14　琉球舞踊の若手を育成するために琉球新報社が主催する『大琉球・浪漫王朝の歌と舞　沖縄新歌舞団　大太陽《うふてぃーだ》』は一九九九年七月二十六日、よこすか芸術劇場にて初演。舞踊監修は玉城節子、組踊監修は宮城能鳳と重要無形文化財保持者である伝統組踊の重鎮が担当、第一部「絢爛たる琉球王朝の組踊絵巻」として伝統的な演目を、第二部「南風大太陽新たなる出発」として創作的な演目を上演し、伝統芸能の舞台で演出家を起用するという点でも画期的な取り組みであるとの評価を受けた。二〇〇四年に地域伝統芸能奨励賞を受賞。その後も公演を重ねている。

＊15　生年不詳～一五〇〇。十五世紀の八重山の豪族。当時の八重山や宮古などは首里王府の完全なる支配下というわけではなく、いくつかの地方豪族が割拠していた。伝承では、王府のさらなる統治強化の動きに反発してアカハチ率いる八重山住民が蜂起。王府に近い豪族を殺害・追放した。これを反逆であると見なした首里王府は三千の兵力を擁する船団を派遣、アカハチを殺害し全島を支配下に置いた。王府の正史『球陽』では「アカハチが王府への朝貢を停止し、王府に従う宮古を攻めようとした」との記述があるが、実際には朝貢の存在を窺わせる資料はなく、侵略行為の理由づけであるという説もある。ちなみに、平田氏の故郷・小浜島には、アカハチが逃げのびたという伝承の残る森がある。

から紐解く（＊17）ならば、阿麻和利は悪人じゃなかったんじゃないか」と言い出して、沖縄本島中を巻き込む大論争に発展したことがあったんです。少し時代は下って、同じように八重山で、さっきも言った伊波南哲が、「オヤケアカハチは悪者じゃなかった」と言い出した。伊波南哲は小学校五年生の時に、その先生だった喜舎場永珣《きしゃばえいじゅん》（＊18）という、「八重山学の父」と呼ばれる人にその考えを聞いているようなんです。実は喜舎場永珣は伊波普猷の勧めで八重山民謡を採集するなど交流がありましたから、もしかしたら伊波普猷から阿麻和利の話も聞いていたかもしれないし、その史観の影響も受けたんじゃないかと思いますね。

その生徒だった伊波南哲少年は「アカハチの物語は自分が書く」と心に決めて、やがて詩人となって『長編叙事詩 オヤケ・アカハチ』（＊19）を書き、戦前〜戦後にかけて八重山の文学の中心人物になりました。児童文学の普及にも力を入れ、その後にも大きな影響を与えています。僕は東京の大学を出て島に帰った頃、南哲さんを知らない子どもたちのために「メモリー・オブ・南哲」という展示の企画をしたんですが、その中でアカハチとの関わりを含め、彼のことをいろいろ調べていく中で、かつて南哲少年が喜舎場永珣先生から受け取ったアカハチへの思いを、自分も受け取っていたのかもしれません。それで、阿麻和利の演出の話が来た時に、アカハチと同じ図式だと考えて「これは自分がやる意味があるんじゃないか」と思えたんですよね。結局、阿麻和利をテーマにした『肝高の阿麻和利』が成功したのを見て、翌年に「アカハチのことも舞台にしてください」という依頼が来たので、現代版組踊『オヤケアカハチ〜太陽の乱〜』も作ることになりました。いずれも、その後二十年以上続く公演になっています。

宮沢　伊波南哲がアカハチの話を聞いてから十数年経って作品を書いたように、誰かの言葉や表現が誰かの気づきにつながって、さっきの話では同時代の石垣市の職員やアルベルトでしたけど、もしかしたら次の世代かもしれないどこかで、それに応える人がいる。おもしろいですね。

＊16　一八七六〜一九四七。那覇西村（現・那覇市）生まれ。東京帝国大学を卒業後に帰郷、沖縄県立図書館の館長となる。その傍ら沖縄の習俗、信仰、歴史など多岐にわたる文化事象を研究し、「おもろさうし」の研究にも大きく寄与。『古琉球』『をなり神の島』『沖縄考』など膨大な数の著書を上梓し「沖縄学」ともいわれる学問体系の父と称される事績を残したが、一方で、伊波の主張した「日琉同祖論」は「沖縄人」というアイデンティティが日本という近代国民国家の中に回収されることを容易にしたという批判もある。二〇〇七年五月には琉球新報が沖縄戦の開始直後である一九四五年四月三・四日に東京にいた伊波が東京新聞に寄稿し「敵は遂にわが沖縄本島に上陸してきた。勇猛の気象を持った琉球人が今こそ、その愛する郷土を戦場として奮戦してゐることを想ふと私も感慨切なるものがある」「今や皇国民としての自覚に立ち、全琉球をあげて結束、敵を邀撃しているだろう」と、戦意を高揚させる情緒的な内容の文章を発表していたことが報道されるなど、伊波を批判的・客観的に検証する動きも大きくなっている。

＊17　「おもろさうし」第十六巻には、「勝連の阿麻和利 聞ゑ阿麻和利や 大国鳴響み（勝連の阿麻和利の評判は国中に鳴り響いている）、肝高の阿麻和利 聞ゑ阿麻和利や 大国鳴響み（誇り高き阿麻和利の評判は国中に鳴り響いている）」など、阿麻和利を称揚する内容のオモロが収録されている。

＊18　一八八五〜一九七二。石垣島生まれ。沖縄県師範学校を卒業後、郷里で教師となる。伊波普猷や柳田国男の知遇を得て地元・八重山の文化研究に没頭し、『八重山古謡』『八重山民俗誌』などの著書を残した。

＊19　刊行翌年の一九三七年には重宗務・豊田四郎の共同監督によって映画化もされている。

どんな伝統もかつては最先端だった

平田　僕は、最初にお話しした「ミルクムナリ」の頃から、自分がやっていることは変わらないと思っているんです。あれは当時東京にいた僕と、当時横浜にいた日出克さんが「何か新しいものを作ろう」となって、採用したのが口説という、それこそ民俗芸能や島の踊りなんかにも使われる、古いものだった。言葉を唱えながら踊る、今でいうラップみたいなものでもあるし、その、「古くて新しい」という感覚がすごくしっくりきたんですよね。

阿麻和利やアカハチみたいなモチーフを選ぶのもそういうことで、「古いものが新しい」という感覚を若い人に覚えてもらいたいんです。僕は「一流のシマンチュは、一流の国際人なんだ」と言ってますけど、それまで当たり前に島の中にあって「古い＝ダサいもの」という価値観で見ていたものが、光の当て方や見せ方次第できちんと同時代のものとして多くの人に受け入れられたり、言葉もわからない外国で喝采を浴びたりする。その感覚を自分も味わったし、若い人にも味わってほしいなと思います。

宮沢　平田さんとつきあい始めて長いですけど、確かに、平田さんがやろうとしている新しい試みというのは、ことごとく今までになかったものですよね。「ミルクムナリ」に始まり、現代版組踊の演出をし、「世界エイサー大会」（*20）をやろうと言い出したり。保守的な考え方の人からしてみたらおもしろくないということも多かったでしょうし……「なんでエイサーをアメリカ人も踊るの?」「〝現代版〟? ふざけんじゃないよ」という声も多かったと思うんですよ。新しい試みを続けていくには、戦いもあったんだろうなと思いますが。

平田　もちろん、反発もあります。でも、伝統と革新の両方があって初めて、大きな文化の振り幅というか、多彩な生命力が生まれますからね。ハワイにはメリー・モナーク(*21)という年に一度のフラの祭典があるんですが、そこに出場するには、一つのチームがフラ・アウアナという現代フラと、フラ・カヒコという伝統フラの両方をやれなければならない。沖縄は今、まだ伝統エイサー

*20　創作エイサーの全国への広まりを受け、二〇一〇年に平田氏も企画委員として「全国エイサー大会」がスタート。翌年二〇一一年には平田氏が沖縄県の文化観光スポーツ部長となり、大会の総合演出に就任。県内外・国内外のエイサー団体と連携した「世界エイサー大会」と名称変更した。この年は同時開催の「世界のウチナーンチュ大会」の応援ソングにもなった宮沢の「シンカヌチャー」が創作エイサーの課題曲とされた。二〇一八年まではコンペティション形式で開催されたが、平田氏が大会の主管団体を退任した一九年からは、もっぱら交流を軸としたイベントへと変遷。その後新型コロナウイルス感染症の影響もあり、二〇二二年三月現在に至るまで開催は見送られている。

*21　二〇二一年の開催で五十八回を数えた、世界的なフラのフェスティバル。日系人の多いことでも知られる、ハワイ島のヒロで行われる。フラはもともとハワイの精神文化と深く関わる宗教儀礼であったが、一八二〇年以降、この土地にやってきたアメリカの宣教師らによって土着の低級な習俗として徹底的に弾圧された。「メリー・モナーク(Merrie Monarch)」の名は十九世紀後半、消滅の危機に瀕していたフラを復活させ、さらに西洋音楽を導入した創作フラを作ることで文化の命脈を保った国王デイビッド・カラカウアのニックネーム「陽気な王様」から取られている。カラカウアの晩年にはアメリカ人の武力クーデタによって王室が政治権限の大半を失い、のちの併合に至るなど、ハワイの近代史は沖縄のそれと相似を描いている。

と創作エイサーがそれぞれ分かれていますけど、世界エイサー大会で本来やりたかったのは、創作エイサーも伝統エイサーをリスペクトして、なぜ何十年、何百年も続くような文化が生まれてきたのかを考えるきっかけを作ることでもあるんです。

「自我作古」（我より古をなす）という言葉がありますが、どんな伝統でも、始まったときは全部、新しい試みなんですよ。それが生命力をつけていき、気がついたら五十年、百年経って伝統と呼ばれたりする。最初から古かったわけではないし、自分たちの始めたことを続けていくヒントが、そこにはたくさんあるんです。自分が今見ているものの奥にも、古の琉球人たちの工夫や創意がある。ただその上にあぐらをかいて消費するんじゃなく、なぜその奥行きをもっと見ないんだ、という思いで「ダイナミック琉球」（*22）の歌詞も書いたんです。だから、いたずらに新しいことをやりたいわけじゃない。

というか、語弊を恐れずに言えば、僕は別に新しいものなんて作っていないんですよ。大事なことは、すでにあるものをアレンジして、新しい見せ方、光の当て方、構成の考え方によって今の観衆に届く力を持たせることができるかどうか。ゼロから一を作るんじゃなくて、素材の味をどう生かして調理するか、というところを大事にしているんです。

宮沢　なるほど。まさに演出の部分ですよね。

平田　昔の資料を読んでいると、中国から来た冊封使を組踊で迎えた際、冊封使は言葉がわからないので隣にずっと通詞が控えていて、ストーリーや歌の内容を訳して聞かせたと書いてあるんです。それを聞きながら、一拍遅れて冊封使が喜んだりおもしろがったりしていた場面を想像すると「ゆっくりしたいい時代だな」と思いそうになるけれど、車もインターネットもなかった当時のスピード感からしてみたら、それはけっこうテンポのいい斬新な芝居だったかもしれないんですよね。我々が身体感覚として捉えているスピードの尺度自体が、当時とはもう全然違う。だったら、そういうところまで想像した上で、今の時代のスピード感に適した見せ方を考えることが必要なんだろうなと思います。

宮沢　どんなに長い間続いているものも、生まれたときには最先端の文化だったわけですからね。現代版組踊に「そんなのは本物じゃない」と文句を言う人もいると思うけど、伝統組踊にしたって玉城朝薫《たまぐすくちょうくん》(＊23)が初めて作ったときには「何だ、その妙な踊りは」と言われたかもしれないし、民謡だって、マルフクレコードの普久原朝喜さんが作った民謡は現在ではスタンダードになってい

＊22　二〇〇八年、琉球大学の土木工学科創立五十周年事業の一つとして上演された現代版組踊『琉球ルネッサンス』のテーマソングとして、イクマあきら作曲・歌唱により発表された楽曲。甲子園での応援歌としても広く知られ、「ミルクムナリ」と並ぶ創作エイサーの定番曲となっている。

＊23　一六八四〜一七三四。唐名は向受祐。弱冠二十歳で薩摩に上り、二度目の上国の際に薩摩藩主・島津吉貴の前で謡曲「東北」の仕舞「軒端の梅」を舞うほど、琉球のみならずヤマトの芸能にも精通していた。一七一八年に踊奉行に任じられ、冊封使を歓待するための新芸能・組踊を考案する。その初期五作品は現代に至るまで「朝薫の五番」といわれ、伝統組踊の聖典となっている。

るけど、当時は「移民小唄」とか、大阪に出稼ぎに来たウチナーンチュの間でヒットした最新の流行歌だったわけです。

伝統に固執しすぎるとそれがかつて新しい試みだったことを忘れて思考停止してしまうし、自分がたまたま生きている現在より先にそれらが生まれたというだけで「過去」扱いして「ダサい」で思考停止してしまう人は、その大きな遺産を見落としたまま生きていくことになる。伝統は伝統でいいけれど、新しいことをする人もいていい。その両輪がなければ、文化は新陳代謝ができなくなり、硬直してしまう。そうしないために、過去から存在しているものをこの現代に届かせるために、どう解釈すればいいのか。平田さんの現代版組踊というのは、それをやられているんだと思います。古典の組踊も素晴らしいんだけど、いきなり見たところで現代の人たちには何だかわからないかもしれない。それを、平田さんは現代の人たちの心に届くように作っている。

平田　そう考えると、『肝高の阿麻和利』は「現代版組踊」と言いつつ二十年以上同じ形でやっているわけだから、僕の感覚ではある意味、すでに伝統に近づきつつあるんですよ。よくも悪くも型にはまりつつあるかもしれない。それがいいことかどうかというのは、少し考えなければならないですね。固まりつつあるものをどうやって、さらに新しくトラディショナルに格上げするのか。

宮沢　固まってしまうと、止まってしまいますからね。でも、平田さんの舞台のおもしろいところは、演者の子どもたちが次々に卒業していくところじゃないですか。そのあとから、次の時代のフレッシュな子どもたちがまたどんどん入ってくる。そういう意味では止まってはいないのでは？

平田　確かにその通りなんですけど……今、話していてふと気づいたんですが、逆に、世代交代が早いぶんだけ、様式化されていくのも早いのかもしれないです。今の「阿麻和利くん」（*24）は十代目なんですけど、例えばこれが昔からある芸能だったら、家元が十人代替わりするのに百年以上かかかったりするわけじゃないですか。その間に、一人ひとりの芸自体が熟達して、どんどん変わっていく。それが、二十二年で十代。早いですよね。島の祭りの村芝居なんかでいえばだいたい年に一回しか上演しないわけですが、舞台となると春夏秋冬、四半期ごとに二日間、昼夜二回の計四公演をやりますから、年に十六回やることになる。舞台や稽古の合間に芸が発酵する時間も足りないまま、受け渡さないといけない。これは悩ましいといえば悩ましいことです。

他にも、今の子どもたちに向き合うには、いろいろなことを考えないといけない。「マミドーマ（*25）を踊ります」と言っても、多くの子は稲刈りや農作業さえもしたことはない。「阿麻和利が海

*24　『肝高の阿麻和利』において代々阿麻和利役を務める生徒は、時折「阿麻和利くん」と愛称される。七代目阿麻和利役を演じた俳優・佐久本宝は、観劇に来た映画監督・李相日の目に留まり、映画『怒り』（二〇一七）のオーディションに参加。見事出演を果たし、日本アカデミー賞新人賞を受賞した。その後も俳優として順調にキャリアを築いている。

*25　鎌や鍬、ヘラを手に農作業の様子を軽妙に歌い踊る八重山の地域芸能。もとは小浜島発祥の民謡だが、竹富島の「種取祭」で多くの人に知られるところとなった。「マミドー」とは「本当に素晴らしい女性」転じて働き者の女性を讃える言葉であり、「ウマチー」と呼ばれる豊作祈願祭などの際に歌われていた。現在は結婚式の余興などでもよく披露される。

を渡る！」と言っても、舟に乗ったことがなければ経験としてはわからない。そもそも生活の中でそういう場面が減っているわけで、その体験をする機会を作ったりして、身体化された想像力を少しでも養っていくことが、今こそ求められるなと感じています。

それぞれのタイミングで受け取る「島からのサイン」

宮沢　とは言え、そういう世代の子どもたちが、芝居を通して疑似体験でもいいから自分の地域の英雄である阿麻和利の世界に迷い込めること自体は、素晴らしいと思いますよ。歴史の感覚、時間がそこから今に続いているんだという感覚を、感受性の豊かなうちに学べるというのは。見ている方だって、芝居を通してそれを体験できる。それも舞台の魅力ですよね。

平田　そうですね。現場では、阿麻和利の時代を想像してもらえるような空気感を大事にしています。子どもたちというのは別に演技力がいいわけでもなかったり、滑舌がいいわけでもなかったりするんですけど、その時代を想像することに集中して熱量高く演じてくれるだけで、お客さんを引き込むものがすごくあるんですよ。その集中力を大事にしたくて。

僕の中では、島の祭りがそうでした。祭りは昔の人の習慣や言葉、息遣いが全部入っているタイムカプセルのようなものでしたから、その一員であることに集中すればするほど、伝わってくるものの情報量が違ったんですよね。

宮沢　沖縄の祭りというのは、生活の中にまだグソーの意識があり、シーミーやエイサーが生きている中で行われるものですものね。先祖と今の自分が分断されていない。祭りって、そもそも本来はそういう日じゃないですか。過去も未来も関係なく、一つの宇宙がその場に繰り広げられる感覚があるというか。そう考えると、今の平田さんの言葉はすごく腑に落ちます。ヤマトの僕たちの祭りも本当はそうだったはずだけど、それはいつの間にか土地の歴史や記憶と分断されてしまった。

平田　もう一つ、舞台のいいところは、祭りの場に渦巻いているようなそれを、ファンタジーとして収められるところです。

現実世界の日常だと、あの世の先祖の言葉をぶつぶつ語りながら太鼓を叩いて歩いてる人がいたら変人扱いされてしまうし（笑）、この世ならぬ者の声を聞く預言者のような人が迫害されてきたことは歴史が証明しています。けれど、例えば僕の芝居だと平安座《へんざ》ハッタラー（＊26）なんかがあの世とこの世をつなぐ役割として出てくるように、妖精や精霊、あるいは死者の口を借りたりして物

＊26　平安座八太良と表記されることもある、伝承上の人物。名前の通り、現在勝連と同じうるま市に編入されている平安座島の人物とされ、大変力持ちだったので那覇まで八里歩いて一石ぶんの米俵を運んだ、大きな丸木舟を運んでも息ひとつ乱さなかった、その妹もまた力持ちで二十人がかりでも持ち運べないような石火鉢を持ち運んだなどの伝説が残る。『肝高の阿麻和利』においては、お調子者の狂言回しのような役割で活躍する。

語の形にすれば、それはファンタジーとして成立する。

僕はスピリチュアルな人間ではないですけど、表現者という種類の人間の中にそういう要素があるとしたら、時代の精神や、ここではない時間への想像力を、ファンタジーやフィクションに託して堂々と人前に出せるというところだと思います。中でも舞台がおもしろいのは、舞台というもっとも現実的・身体的な場所に立ちながら、もっとも夢想の世界に生きることができるところですね。そういう感覚を子どもの頃から持ってもらうことは、とても大事だと思います。シマの空間というのは物理的にも精神的にも狭いですから、過去の時代と自分を対置してみる歴史観と、あとは詩心を持ってもらえるといい。現代版組踊は、その両方が実現できる場所なんじゃないかと考えています。

宮沢　小浜島にいた平田さんが一度東京に出て見てきた景色があるから、そのことに気づいたのかもしれませんね……単にそう言うと安っぽくなってしまうけど、要は、一度東京に出て、「ここじゃないな」と思って生まれジマに戻ってきて、自分自身のシマの宇宙を広げている。

平田　古典の言葉で言えば源遠長流《げんおんちょうりゅう》、「源遠ければ流れ長し」ということはあると思います。流れの長い川をずっと下ってきて、初めて自分の遠い源を知る。

昔の琉球人たちは「崎山節」（*27）のように強制的に移住させられたものもあったけれど、それ以外にも、日常的に交易や漁などで島を離れることが多かったがゆえに望郷の念が常に強くあり、彼らが言葉や歌にすることでシマへの思いを幾世代も重ねていったということもあると思います。

宮沢　なるほど。逆を言えば、その流れを辿って行けば、どんな世の中になってしまっても自分の生まれた場所、生まれジマに戻れる。その道標があるということなのかもしれないですね。

平田　高校の時、祖母に「ぴとぅやくぬゆー、ぅんでぃくーばそー、みりみらーぬたんがそーに、ばぬんしんずんぬありるゆー、てぃはんじしてぃ、ぅんでぃくーて」……人はこの世に生まれる時

＊27　「崎山節」には「崎山ユンタ」という前身の歌がある。西表島南西部にかつて存在した崎山村は十八世紀半ば、西表の開拓を目的とした首里王府によって波照間島から強制移住させられた人々が興した村で、「崎山ユンタ」は移民の一人であったカセモトという老婆（諸説あり）があまりに理不尽な仕打ちと日々の暮らしに耐えかねて歌い出したものと言われ、「波照間ぬ下八重山ぬ内から女な百ゆ男な八十賦られ（波照間島から女は百、男は八十が連れてこられ）」と、故郷から引き離され遠い異境に連れてこられた悲哀を歌っている。「崎山節」はその崎山村の創立に関わった役人が「ユンタ」を改作したもので、移民の境遇に同情して作ったものとも、この出来事を直截的に歌った「ユンタ」を情感のある歌詞でやわらげ、王府への不満を逸らすことを目的としたものとも言われる。

村落共同体を引き裂くことから「島分け」と呼ばれるこうした強制移住は当時何度も行われており、「崎山ユンタ」「崎山節」の他にも「つぃんだら節」「久場山越路節」「真栄節」など多くの哀歌が今に残る。八重山地方は十六世紀にオランダ人が持ち込んだと言われるマラリアに長く悩まされており、移住村がマラリアで全滅してはまた新たな強制移民が行われるということが繰り返された。崎山村も人口は増えることなく、一九四八年に廃村となっている。

太平洋戦争中の一九四五年三月以降、このマラリアを何ら考慮することなく、日本軍による八重山全域から西表島への住民の強制疎開が行われた。山岳部の有病地に送り込まれた住民も多く、八重山諸島の全人口三万千六百七十一名の十分の一以上、三千八百二十五名（一九九五年、竹富町調べ）が犠牲となった。特に被害が大きかったのは全住民の九十九パーセントが罹患、三分の一が死亡した波照間島であるが、この波照間からの強制疎開では住民に全家畜の屠殺命令が下され、その肉を日本軍が回収した。同様のことが黒島でも行われており、日本軍が食糧を調達するために不要な疎開をさせた自国民に対する戦争犯罪であるとの指摘もなされている。

本書刊行の二〇二二年は、八重山でのマラリア根絶から六十年目という年でもある。

に、目に見えない誰かに向かって「私はこのシマに生まれたいです」と自ら宣言して生まれてきた。自分が忘れているだけで、お前がここを選んだんだ。だから、生まれてきた意味を問うなんてナンセンスなんだよ、と言われたことがあるんです。そうは言っても自分はこれから高校を出て外の世界に行くんだと思ってましたから、その時はそうかと聞いていただけなんですが、東京に出てみたら、確かに「自分が東京で生まれたのならともかく、そうでないのにここで働いて死んでいく意味とはなんだろうか。自分が島に生まれた意味とはなんだろうか」と考えることが多くなっていったんですよね。

その祖母は「あんたの二十歳のお祝いには、紺染《くんずん》の着物（*28）を私が織るから」とずっと言っていたんです。古い島の習慣で、孫や息子の成人の祝いに祖母や母親が織ってくれる、苧麻《ちょま》の糸を藍で染め込んだ着物です。でも、僕が高二の時に亡くなってしまって、僕はその着物の話もすっかり忘れていました。でも、大学二年生の時、成人式のタイミングで実家に帰ったら、父親が仏壇の下の引き出しからガラガラと紺染を出してきて。「これ、おばあちゃんが最後に織ったものだよ」と言って、くれたんです。聞けば、僕が高二の時に「今のうちに織っておこう」と言って織り上げたのだと。祖母はその直後、家の新築祝いをしてる時に脚をひねってしまって、寝たきりになるかと思ったら一ヶ月くらいで亡くなったんですよね。その直前、父に「このお祝いは、あんたから大一に渡せ」と言ってこの紺染を託したんだそうです。

それを受け取った時、なんというか……なんてすごい島に生まれてしまったんだ、と思ったんですよ。この島では、心という目に見えないものを、こんなふうにして形にすることができるのか、と。思えば、僕が吹く横笛にしても、三線にしても、そういう、目に見えない肝心《ちむぐくる》を誰かに届けるために形をとっているものですよね。そういうものが、この島には生活の中にたくさんある。東京で学生生活を送っている身からすれば、衝撃でしたよ。大学を出たら島に戻ろう、この島から何かを発信していきたいと決意したのは、この出来事の影響が大きかったです。

宮沢　僕はよく「グソーと今がつながっている」と言うんですが、戦争があったり、占領があったりして、本当だったら寸断されていてもおかしくないような島の記憶がまだまだ濃く残っているのは、そういう島の死生観、目に見えないものとのつながりを感じる場面が多いからなんだろうなと思います。今の紺染の着物のようなエピソードの幾重もの連続によって遠い源から流れてくるものを感じることができるし、それが道標にもなる。

平田　本当にそうですね。自分の命が尽きるのを予期して織ったとしてもタイミングが合いすぎるし、「あの世で織って送ってきたんじゃないか」という気すらしました。

＊28　小浜島では、男子の最高の正装がこの紺染であり、藍染した糸を「ぶー」と呼ばれる苧麻（ちょま）の糸を使って近親の女性の手で織られるのが習わしである。豊年祭や結願祭といった年中行事の際にも、男性は紺染を着て参加する。

あとは、その道標を発見するサインみたいなものが、人との関わりや、日々の暮らしの中に現れる時があると思うんです。BEGINなんかもそうだと思うんですけど、僕が大学生の頃というのはまだ「島から来た」ということに対するネガティブなイメージが世の中にあって、わざわざ自分からそれを発信することはしないという時代でした。そんな時に『ダンス・ウィズ・ウルブズ』(＊29)という映画が公開されていて。劇中にはネイティブ・アメリカンが重要な存在として出てきますが、演者の誰かがインタビューで「インディアンかどうかを決めるのは血脈じゃない。生き様なんだ」と話しているものがあったんです。それが、自分の中にふっと入ってきて。「ああ、自分自身がシマンチュであるかどうかを決めるのは、自分の心次第なんだな」と感じたんですね。これは僕にとってのサインだった。

宮沢　平田さんもBEGINも、そしてこれまで外の世界を見て沖縄に帰ってきた人たち……それこそ普久原恒勇さんや知名定男さんのような方々も含め、みんなそういうサインを見落とさず、適切なタイミングで島に帰ったり、次のステージに向かった人たちなのかもしれませんね。

BEGINで言えば、「恋しくて」のヒットでデビューしてから十年、ずっと島を前面に出すことなく、ブルーズやポップスで活動していたわけですよね。それが、十年経ってようやく島を自分たちのものとして歌えるようになった。その十年という時間の中に、彼らにとってのサインがあったんだろうなと思います。

平田　そうですね。ただ、僕としてはそのサインを受け取った上で、東京でずっと「僕が島に生まれた理由は何だろうか」と考え続けていたあの感覚、東京と島の狭間の感覚を、島に帰ってきても大事にしていきます。あの気持ちを忘れないようにやっていきたい。彼らも、きっとそうなんじゃないかな。

親の世代の空白を子どもたちから埋めていく

平田　僕は一九九四年に小浜島に帰って『南島詩人』という、島でしか手に入らない詩集（＊30）を作ったんですが、その時に新聞が取材に来て、「島に帰って、これからどうなりたいですか」と聞かれたんですよ。僕は「一流のシマンチュになりたいです」と答えたんですが、みんなポカーンと

＊29　ケビン・コスナー監督・主演・製作による一九九〇年のアメリカ映画。南北戦争時代の西部を舞台に、一人のアメリカ兵とネイティブ・アメリカンの交流を描いたマイケル・ブレイクの原作小説に感銘を受けたコスナーが、私財をすべて投じて映画化を担った。「懸命に生きる開拓民と凶暴な先住民」といったステレオタイプの西部劇とは違い、先住民の側から白人の拡張主義を批判的に描いた本作は公開前から賛否両論（先住民側からの「ここで描かれているインディアンは善良でかっこいい白人男性の善意の脇役にすぎない」との批判も含む）を呼んだが、公開されると全世界で空前の大ヒットとなり、第六十三回アカデミー賞では作品賞・監督賞をはじめ七部門で受賞した。

＊30　平田氏が一九九四年に自費出版した第一詩集。「夏海」「紅花」「闘鶏」「てんぷす・オブ・アジア」の四章仕立てのハードカバーで、小浜島内のみで販売されたにもかかわらず七刷と版を重ね、島内ベストセラーとなっている。

してましたね（笑）。周りも「東京の大学まで出してもらって、なぜ島に戻るか」という感じだった。僕はもうサインをもらった気でいたので「この島に生まれた理由を発信していこう」という気持ちでしたが、当時の八重山はまだまだ中央志向な雰囲気だったんじゃないかな。それから、『ちゅらさん』がロケに来るまでの八年くらいはそうだったと思います。

当時、小学校に講演に行ったりして「一流のシマンチュになりたい」というタイトルで話をすると、子どもたちはもとより素直に聞いているんだけど、むしろ先生たちのほうが「自分が子どもの頃にそういう話を聞きたかった……」なんて感銘を受けていることがあったんですよ。僕と同じ頃に育った先生たちだから、早く島を出て東京の大学に行き、東京の企業に就職するのがいいんだという気持ちがまだ心のどこかにある。そういう人たちが、いい意味でショックを受けてくれているんですよね。「もっと早くこの話を聞いていれば、教育の仕方も変わったかもしれないな」と言ってくれたり。

宮沢　そういう感覚の変化には、時代の移り変わりの波が影響しますからね。また、沖縄はその波が激しかったし。

平田　「島唄」が起こしたハレーションの話に戻るんですけど、あの曲が出た頃というのは、はっきり言ってしまえば沖縄の人自身が、沖縄にまだ自信がなかった頃ですよね。そんな時に「島唄」という歌で宮沢さんがドーンと出てきたことを〝脅威〟だと……歌の内容というより、それをヤマトの人がやって爆発的に受け入れられたという状況のことをそう感じた人も多いんじゃないかなと思うんです。自信がないということも含めて沖縄の人たちが自分では言語化できてなかったり、自ら触れることを避けてきた部分を曝け出されているような気がした人もいたんだと思います。

もちろん、そういう人たちの気持ちも理解できなくはないんだけど、外の世界を見てきた人間からすれば、自分たちの足元にあるもののすごさを自覚していないということに苛立ちを覚える部分はあった。それは当時だけでなく、今でもそうです。あとは、島特有の狭さによって「自分たちのものはいいけど、他のはダメだ」という気持ちが強くなりすぎて、他のよさを受け止めきれず内向的になっていくという島国根性も感じる。だからこそ、シマンチュとして自信を持つことが一番大事なんじゃないかと思います。他の場所のよさに素直に賛辞を送ったり共感できるためには、自分のいる場所に自信を持つ力が重要なんです。

宮沢　僕からは「自覚してほしい」とまでは言えないけど、自分たちの足元には唯一無二の尊いものがあるんだということを知ってほしいという気持ちはありますね。

平田　きっとその自信のなさの表出なのかもしれませんが、子どもの頃に教わった伝統芸能って、なんだか、教え方がぞんざいだったんですよね。アゴで教えるというか……実演もせず「はいはい、できてるできてる。オッケー、もういいよ！」とか、すぐ言ってくるんです。できてないのに（笑）。形をなぞるだけで、その奥深くに何があるのかなんて子どもにはわからんだろうと思ったのか、きちんと教えてくれなかった。そんなことでは、足元の文化の素晴らしさなんて感じられるはずがないですよ。

僕が現代版組踊を子どもたちに教える時には、それを反面教師としています。笛を吹く、太鼓を叩く、踊るといったことの手本は自分で演じてみせるし、向き合うことに手を抜かない。二時間の稽古の最後に僕が必ず一芸をして、楽しんでいただく。とにかく、子どもほどこちらの向き合い方が肝心なんですよ。

今では勝連で大成功している『肝高の阿麻和利』だって、最初は出演するはずの子どもたちが全然集まらなくて、たった七名だったんです。その現場を見た教育委員会の方たちは、誰もがこの事業の失敗を確信していましたね(笑)。しかし、それでも子どもたちとしっかり向き合って稽古をし、最後に一芸を披露したら、盛り上がってくれる。「横笛かっこいい!」とか言われてね。そこでようやく、始まりの糸口が見える。これは自分たちの地元のかっこいい人、かっこいい文化をもとにしたものなんだということを丁寧に説明して、「今度は友だちも連れてきてね!」と言うと、次の回には十人になりました。結局、三ヶ月の練習期間に百五十名にまで増える。すると、そのご家族たちの間で話題になって、最終的には二日間の公演に、地域の方を中心に四千二百名の観客がやってきました。「奇跡の舞台」なんて言われましたけど、その三ヶ月の間に何をしたかというと、自分たちの足元にあるものを知ってもらう、そのことを丁寧に話すということなんですね。それによって地域が変わっていくさま、それによって生まれる力を、みんなに見てもらえたので、よかったと思います。

宮沢　さっきおっしゃっていた小学校での先生たちのリアクションにも通じますが、沖縄に限らず、やはり親の世代がそもそも自分たちの文化や歴史を失ってしまっているという状況がまずある。子どもから働きかけて、親の世代の中にあった空白も埋めていくという作業をすることには大きな意義がありますね。

平田　さらに、見に来ていたおばあちゃん、おじいちゃんたち世代の人たちが、すごく喜んでくれて。その喜びようが……「頑張ったね」というものの他に「よくやってくれた！」という感じなんですよ。お客様が帰る時に演者の子どもたちが見送りをするんですが、高齢者や大人ほど涙顔で、演じた子どもたちとガッチリ握手したりして。自分たちの地域、人生が肯定される感じがあるんでしょう。

宮沢　最初にも言いましたけど、僕もあの場で今平田さんが話していたことを目の当たりにして、本当に興奮しました。

勝連というのは古いエイサーも綱引きも残っているし、文化的に濃い場所ではあるんですけど、今の時代に元気があるかと言われると、当時はあまりそういう印象は持っていなかったんです。そこが『阿麻和利』を始めたことによってものすごく活性化して、子どもたちが元気になって、それに親も協力して、地域も応援していて、行政も大きなホールを使わせてくれるようになっているという状況があったわけです。「これはすごいことを始めたな……」と思いましたね。

尊厳を蝕む「関係性の貧困」をどう脱却するか

宮沢　琉球の歴史と言ったって、ほとんどの場合は首里王府がまとめた〝正史〟しか語られない。でも、首里がすべて正しくて、それに歯向かったものが悪だなんて、そんな乱暴な話はないでしょう。歴史は勝者の絵日記なんかじゃなくて、その反対側にいた人にだって何らかの言い分や理由があり、それだって同じ真実なんですよね。平田さんがこれを始めた根底に、さらに八重山のアカハチがあるというのは今日話してよくわかったんだけど、「謀反人」という勝手な像を押しつけられてきた地域に、要するに尊厳を取り戻すということなんですよね。

これはヤマトと沖縄の話に広げても同じことで、沖縄の人たちがなぜヤマトに不信と怒りを抱いているのかというと、尊厳を踏みにじられているからなんですよ。薩摩が首里に来た時からコントロール下に置かれて、それが今日の基地問題に至るまで、ずっと続いている。こんなのおかしいじゃないか、という怒りですよね。

「自分たちは勝ったものにいいようにされるだけの存在じゃないんだ」という尊厳を、まず勝連という単位で取り戻す試みを平田さんは行ってきた。これは本当に大きいことです。僕は、すべての始まりは「子どもに何を伝えるか」だと思っているので、それを実践して成功例を作っているということに、本当に感激したんですよ。

平田　宮沢さんの次世代に対する強い思いというのは、僕も共感するところです。子どもへのアプローチを見ていると特にそう思うんですが、全然子ども扱いしないですよね。例えば、一緒に運営している「くるちの杜100年プロジェクト in 読谷」の周知活動の一環で学校に講演に行ったりしても、宮沢さんは相手が小学生だろうと高校生だろうと、僕らに話すのと同じように真剣に話すじゃないですか。目を見て、熱心に語る。これが大事なことで、子どもというのは単におもしろい人とかわかりやすい話が好きなわけじゃなくて、自分たちを侮ることなく、真剣に話してくれる人が好きなんです。彼らの尊厳、彼らが思っていることに対するリスペクトを持ちながら真剣につきあおうとしている大人のことは、話の内容がわかる、わからない以前に「この人の言いたいことを聞き取ろう」という目で見てくれる気がしますね。だから、こちらも自分の思いとか生き方みたいなものを、そのままストレートにぶつけることができる。

子どもの世界において接することのできる大人のバリエーションはそう多くないですし、その中で自分がどんな大人でいられるかということは、稽古の場でもすごく考えます。彼らは何が嫌いって、威張っている大人が大嫌いですからね。縦の力関係を振りかざして話す大人には、口では「はい」って言ってても、心の中ではペロッと舌を出してる。小学校の現場で言えば、担任が嫌われる一方、教務の先生がやたら人気があったりして、問題児たちもその先生の言うことは聞く……みたいな話を聞いていると、本当に子どもは自分を侮らずに真剣に話してくれる人を信頼するんだなと思います。

宮沢　大半の子どもにとっては一番大きな存在は親だと思うし、子どもはその言葉を無条件に信じるんですが、でも、親というのも人間ですから、実はあやふやで危うい存在だったりする。そこに、少なくとももう一人、少し違う視点から何かを言ってくれる人が必要なんだろうなと思います。

平田　身近に「斜めの関係」が必要なんですよね。親子とか先生みたいな、逃れようのない縦方向の、現実的な関係のちょっと外側にいる人が。

縦の関係の上にいる人はどうしても無自覚にそのパワーバランスを背景にして物を言ってしまうことがあるし、それを感じ取ると、子どもはもう話を聞かない。一方、親や先生に言われると反発する子も、エイサーの先輩とか、街のお店の親父さんみたいな、そういう直接的なパワーバランスの中にいない人に言われたら聞くということもあるじゃないですか。『阿麻和利』の子どもたちでいうならば、僕がそういう斜めの関係の人になっているかもしれない。実は、僕だって親御さんと同じことを言っているわけですよ。でも、「あ、お母さんたちもそれ言ってた」とか言いながら、聞いてくれる。だから、親御さんには「伝わらないと思っても、正しいと思うことを言ってください」と言ってます。一度にはわかってくれなくても、僕のような立ち位置の大人が言ったりすることで、後から腑に落ちることもあるから。

宮沢　そういう人がいて、その言葉や態度から「大人とか先輩は何かを押しつけてくるだけの存在じゃない」ということを感じられるかどうかというのは、その後に大きく影響するんじゃないかなと思うんですよね。自分が社会と分断されていないと感じられるかどうか、というのにも近いかもしれない。

平田　沖縄では、全国でもワーストと言われているくらい、子どもの貧困も大きな問題になっています。逃れられない島の狭さという現実の中で、それが例えばヤンキーコミュニティの中での搾取関係にもつながっている。これは経済的な貧困や、それと連動してしまう知識の貧困だけに起因するものじゃなくて、「関係性の貧困」が生み出している状況だと思います。それに関しては、僕は文化・芸能の力でなんとか変えていけないかなと思っています。関係性の貧困というのは出会いの貧困、つまり、出会いの機会がないということでもあるんですよね。それさえ作ることができれば……。

僕は今、沖縄県主導の「沖縄子どもの未来県民会議」という取り組みに参加しているんですが、そこで気づいたのは、『肝高の阿麻和利』の最初の頃に来ていた子どもたちの家庭って、所得水準としてはほとんど貧困家庭と言ってもいいお家だったんです。裸足で来てたり、顔に殴られた跡があったりして。で、あの子たちがなんで来てたかというと、教育委員会や保護者会が夜食というか、ご飯を用意していたんです。今で言う子ども食堂のような感じで、「あそこに行けばご飯が食べられるぞ」ということで、最初はみんな来ていたわけですね。

宮沢　「あそこに行けばご飯が食べられるぞ」というのは、単にカロリーを摂取する場所ということではなく「あそこには居場所があるぞ」ということでもあるんですよね。

平田　そう、居場所。稽古や舞台が楽しいというのはもちろんあるけど、その後に食べられるご飯が嬉しくて、それを用意してくれた大人たちとか一緒に食べる仲間たちといった、その場所で出会った人の顔も思い浮かべながら頑張る場所という構図があったことに、二十年やってきて初めて気づいたんです。

そういう出会いの機会をこちらから作りに行くということが、ここ数年の関心事ですね。最近だと特別支援学校（＊31）で「感動体験ワークショップ」というのをやっています。こうしたところの子どもたちは親が気後れしてしまって、舞台に連れて行くとか、ましてや舞台に立つという機会を作ってあげられないことも多い。なので、親御さんたちに「来ても来なくてもいいし、稽古も本番もドタキャンＯＫですよ。遠慮なく、遊びに来る感覚で参加してください」と告知したんですが、蓋を開けてみれば、ものすごくたくさんの人が集まってくれて。ワークショップ中にもどんどん増えていくんですよ。それまでそんなことに無縁だと思って自ら可能性を閉じていた親と子どもが「やりたい！」と言うようになる……。僕は、今から十年は、そういう世界観を大事にしていきたいですね。ちょっと安直に使いたくない言葉ですけど、ごく当たり前に社会包摂的《インクルーシブ》な舞台を作っていきたい。ハンディキャップだけじゃなくあらゆる背景をもった子どもたちにその場所で自分の可能性を感じられる体験を提供したいし、それを通して、何かに気づいた子どもたちが自分の状況から、沼のような現実から立ち上がっていく。そんな環境を実現できたらいいなと思っています。

宮沢　先輩に搾取されたりして嫌だけど他に行く場所もないし……というのも、「自分には何もできない」と思ってしまうことも、根っこは同じ、他人や環境に植えつけられた無力感なんだと思います。平田さんがやっているのは、そこから斜め向こうの景色を見せてあげる、「心はどこにでも行けるんだぞ」と教えてあげるということなのかもしれない。

平田　僕のあとを継いで『阿麻和利』の演出を今やっているスタッフも、もともと素行がいいほうではない子だったらしいんですよ。彼は中学生の頃に嫌々参加させられて『阿麻和利』に取り組んでいるうちに、少しずつ不良仲間が離れていった。むしろ気づいたら、彼の姿を見た不良仲間のほ

＊31　さまざまな障害により学習上、または生活上の困難がある児童・生徒を対象にした学校。もともと障害の内容によって盲学校・聾学校・養護学校と学校教育法上の区分が分かれていたが、二〇〇七年四月により包括的な学習支援を行うことを目的に統合された。幼稚部・小学部・中学部・高等部があり、それぞれ同課程の学校に準じた教育を行うことを目標にしたカリキュラムを組んでいる。

とんどが『阿麻和利』に入ってきていたそうです。体格がいいから、舟を持たせてみたらすごくハマるんですよね（笑）。女の子たちに「すごーい！」と歓声を浴びたりして。男性アンサンブルができそうだったので、こっちもそういう配役を書き加えて、居場所を用意したり。

だから、「こういう景色もあるよ」ということを見せてあげる、それだけでもいいと思うんです。斜めの関係から、斜めの景色を見せてあげる。ただ、それに気づくかどうかは本人次第だし、頭ごなしに言ったり一度で伝わらなければ諦めるというのではなく、粘り強く呼びかけ続けることが大事かなと。

よりよい未来を選べることを大人が示していく

宮沢　みんな、やっぱり居場所が欲しいんですよね。それが今ないと思っている人も、本当は心はどこにでも行けるし、そうすれば景色も変わる。そのことに気づくチャンスを平田さんが作っているということでもあるから、それは素晴らしいことですよ。僕の音楽も、聴く人にそういうものとして響くといいなと思っています。

平田　非行少年に限らず、あらゆる環境の子……例えば目の見えない子がいたら目の見えない人の役を作ったりしますし、どんな子も舞台を通して社会に参加できるようにしていきたいと思っています。やるかやらないかをせめて自分自身で「選べる」という環境、フラットな状況を作りたいということですね。

宮沢 自由というのは「選べる」ということですもんね。その選択肢を奪ってしまってはいけない。相対的な貧困というのは、周囲と比べても「選べる」ことが少ないということでもあるわけですから。

　貧困だけじゃなく、今の沖縄に漂う「ずっとこうだったんだから、歴史も現在も、未来ももう変えようがない」という虚無的な雰囲気だって、何らかの縦方向の力や思惑によって散々「他の選択肢がない」と思い込まされてきた結果かもしれない。一つの世界観の中に押し込められて選択肢を奪われることは、尊厳を奪われることです。だとしたら、やっぱりその斜め向こうの空を見る機会を作ることが大事ですよ。そして、それは陰謀論のような刹那的な鬱憤ばらしじゃない、真っ当な未来像がその向こうにあるものじゃないと。

　親がそれを与えられないのなら、周囲の誰かが「他の選択肢もあるんだよ」ということを、自分の仕事や姿で示してみせる……それが「斜めの関係」にいる年上の人間の役割なんだろうから、我々が頑張らないといけないな。

平田 「沖縄にはゆいまーる（*32）があるよ」なんて言われるけれど、時代の中で地域文化が薄れていくとともに相互扶助は薄まっているし、単に同じ地域に住んでいるというだけでは、もうみんな助け合えないのかもしれない。だったら、新しい祭り、新しいコミュニティを作るしかないんじゃないかと、僕は考えています。『阿麻和利』はそういうものになっているかもしれないけど、何も同じ地域に住んでいることだけが条件じゃないし、同じ理想やビジョンを共有する人たちだって、もう立派なコミュニティだと思うんです。

「くるちの杜」もその一つですね。ひとつの思いを共有しに地域、職種、世代を超えた人が集まってくるような新しいコミュニティを作ることで、またいろいろな人に新しい景色を見せている。今日の草刈りも小学生がいたり、中学生がいたりしましたが、その場で大人たちが百年先の夢を汗を流しながら本気で語っているわけです。これは、子どもたちにとってはインパクトがありますよ。僕らの取り組みにはそのインパクトが大事だと、僕は考えています。それを通じて、コミュニティの再生を目指したい。それは単に派手だとか面白いとかいうことではなくて、心にほんの小さな火でも、ポッと灯すようなものです。

宮沢　「くるちの杜」の活動に参加してくれている中に、大阪から辺土名《へんとな》の高校に入学してきたという女の子が来ていましたよね。三線の歴史や沖縄の音楽文化の深さ、それを守ろうとしている大人たちの姿を見て、彼女には一生残る気づきがあったかもしれない。そういうことが大事なんです。世代も来歴も違う人たちが「百年後、沖縄の子どもたちが県産の三線を使って歌っていればいいなあ」という未来像を描いて同じ場所にいるというのは、そういう意味では本当に象徴的な状況だと思います。

今の時代、本当にすべてが行き当たりばったりじゃないですか。ＳＮＳの動画みたいに、一つ見たら「これもおすすめですよ」なんて言われて、利那的に時間を使ってしまっている。そういう時間の感覚に慣れてしまうと、自分たちがどこへ向かうのか、どこへ行くべきなのかという本質的な考えを持つのが難しくなってきますね。戦争さえも行き当たりばったりで始まってしまっているのを見ると、すごく危険だと思う。人間の行く道というのは川と同じで、いきなり巻き戻しはできないし、低きに流れていくのは仕方がないとしても、なんとか、そうじゃないものを作っておかないと本当にまずい。ある程度遠い、でも頑張れば届くくらいの距離に具体的な未来像を描いて、逆算しながら「今何をしたらそうなるだろう」という話をしていかなければならない。

「くるちの杜」はそれを手の届く範囲ながら実現できている稀有な場所だなと思いますから、あの

＊32　ゆいまーるは単に「ユイ（結）」ともいう。労働交換を表す「ユイ」という言葉は、東北から九州まで全国に存在する。もともとは農村などにおいて地縁・血縁で結ばれた少数の農家同士が順番に労働力を貸し借りする慣習のことで、それが転じて沖縄における相互扶助の精神の代名詞のようになった。例えば、越来のユイ（ヰー）マールでは、労働に対して金銭や物資で返すことを許さず、労働には労働で返すまさに「労働交換」であった。これについて平良勝保は「繁忙期に労働市場のない、且つ貨幣経済が十分に浸透していなかった近代沖縄独特の歴史の所産であろう」と述べている。さとうきびの収穫、製糖、田植え、家や墓の普請などさまざまな形のユイがあった。『沖縄大百科事典』は、〈一般的には共同的、相互扶助的なものとしてとらえられているが、経営の分化が進んだ段階では経営規模の大きい農家に有利に作用したという側面も見逃してはならない〉と指摘している。貨幣経済の浸透とともに本来の形のユイは衰退したが、現在のユイは現金の清算をともなっている場合が多い。

活動を「ＳＤＧｓですね」なんて言われたら、「ちょっと待ってくれよ」と思うかもしれないですね。これまで地球環境を考えるいろいろな言葉が出ては、結局、言葉遊びのキャンペーンになって終わっていきました。そんな短期的な、抽象的な言葉で物事をくくって消費してしまうのではなく、あくまで本当に大事にしたいものに導くためのアプローチを考えるということを、僕たちはしていかないといけないと思います。

平田　僕たちの関わっている芸術や音楽というのも、そういうことに気づいてもらうための重要な手段ですよね。本来自分で気づくのが一番いいかもしれないけど、なかなかそれは難しい。けれど、例えば宮沢さんの「島唄」のように何か思いもよらなかった斜めのほうから投げかけられたものを受け取って「あ、そうだな」とスイッチが入り、その瞬間から「自分ごと」になることもある。そういう気づきを促し、広げていく媒介として自分の立ち位置があるんだなと、今日は改めて思いました。

宮沢　「今さら」と言いつつ、結局語り合ってしまいましたね。平田さんといるといつもこうなる（笑）。

平田　楽しかったです。この続きはまた、くるちの杜で（笑）。

〈二〇二一年三月六日 読谷村「カフェ ベイジャフロー」にて収録〉

ひらた・だいいち――一九六八年、小浜島生まれ。和光大学卒業後に帰郷し、シマの文化と農業を体験する「小浜島キビ刈り援農塾」など、文化の力による地域振興を旨とした活動を開始する。『肝高の阿麻和利』をきっかけに勝連の「きむたかホール」館長を務め、その後那覇市芸術監督、沖縄県文化観光スポーツ部長、沖縄県文化振興会理事長などを歴任し文化行政にも深く関わる一方、演出家として数々の現代版組踊を世に送り出し続けている。

対話4

記憶を手渡す、記憶を受け継ぐ

島袋淑子
普天間朝佳
戦争の記憶と何度でも「出会い直す」場所として

西由良
個人史が出会うところにある「対話の可能性」を信じて

鼎談

島袋淑子

元ひめゆり学徒隊・ひめゆり平和祈念資料館前館長

普天間朝佳

ひめゆり平和祈念資料館館長

戦争の記憶と何度でも「出会い直す」場所として

宮沢が「島唄」を制作するきっかけとなった「ひめゆり平和祈念資料館」。沖縄戦で命を絶たれた女学生たちの悲劇は耳目を集め、戦後早い段階から映画『ひめゆりの塔』（今井正監督、一九五三）、『あゝひめゆりの塔』（舛田利雄監督、一九六八）などで表象されてきた一方、実際の生存者たちは長く沈黙を守った。その裏にどのような思いがあったのか。そして、一九八九年に資料館を開館し、体験を語り始めた真意とは。開館以来、自らの体験を語り伝えてきた前館長の島袋淑子氏にその思いを聞き、そして現在、戦後生まれ世代として初めて館長を務める普天間朝佳氏に、自分の体験し得ない記憶をどのように次代に手渡していこうとしているのか、話を伺った。

「もう少し戦争のことを真剣に考えてくれたら」

（高齢の島袋氏の負担を考慮し、普天間氏も同席しつつ先に島袋氏のみでお話を伺う）

宮沢　僕が「島唄」という歌を作ったのも、すべてはこの資料館と出会い、元学徒隊の方々に聞いたお話がきっかけでした。ですので、今日は改めてお話できて嬉しいです。

一九八九年に資料館が開館して、三十年あまり。この間に世界は大きく変わったようでいて、また相も変わらず戦争が起こっています。僕たちは何を学んできたのだろうと思いもしますが、資料館を作られてから今までの間に、島袋さんから見て時代はどう変わりましたか？

島袋　私たちも、初めから資料館を作ろうと思っていたわけではないんです。私は沖縄師範学校女子部の生徒でしたが、沖縄県立第一高等女学校とは併置校（＊1）でした。もともとは学校を再建しようと思っていたんですよ（＊2）。でも、戦争で亡くなった人たち、学友や先生方のことを知らせ

＊1　ひめゆり学徒隊は、併設されていた沖縄師範学校女子部と県立第一高等女学校（略称：女師・一高女）の生徒・教員で構成されていた。名前の由来は花のヒメユリではなく、一高女の校友会誌「おとひめ」と師範学校の校友会誌「白百合」を合わせて「姫百合」となった。

＊2　女師・一高女が立地していたのは真和志村安里（現・那覇市安里）であったが戦火により一帯は壊滅、学校も廃校となった。戦後にはこの一帯に闇市が出現し、そこから発展する形で栄町市場が成立。闇市の風情を残す雰囲気で現在は旅行者に人気の飲食スポットとなっており、その一角には後述するひめゆり同窓会館（ひめゆりピースホール）がある。

なければならない、そして戦争がどんなに恐ろしいものかを知らしめなければならないという思いが高まってきたんですね。それで、資料館を作ることにしたんです。

（資料館が）できた頃はまだ来館者も戦争を知ってらっしゃる方が多くて、私たちがお話をするだけでなく、お互いに「私のところはこうでしたよ」という話もすることができました。沖縄に来たらここだけでなく、摩文仁の丘（*3）にも行かなければ……とおっしゃる方が多かったですね。ですが、いよいよ戦争を知らない方が多くなりますと、「ああ、そうだったんですか。大変でしたねえ」という感じで、戦争の恐ろしさをどこか遠いことと考えている人もいて。私たちとしては「もう少し真剣に戦争のことを考えてくれたらいいのに」と思ったりすることもあります。

宮沢　現実味が薄い、ということなんでしょうか。

島袋　そうですね……。その恐ろしさを知らないで「戦争はしかたがないんじゃないですか」ということをおっしゃる方もいるみたいなので、私たちはもっと頑張らないといけないなと思っています。どんなことがあっても、戦争はだめなんです。そういう気持ちで、若い職員の皆さんも、みんな頑張っています。

宮沢　つい数日前、ロシア軍がウクライナに侵攻しましたね。こちらから見ているとあまりにも簡単に、戦争が始まってしまった。これはまったく他人事ではないし、僕たちは常に戦前を生きていると言えるのかもしれません。そんな時代に、かつての戦争を学ぶということの役割はもっと大きくなっていると感じます。

島袋　そうです。これから、もっと強く強く頑張らないといけないと考えています。戦争というのは、知らない人が増えたからというだけではなく、軍需産業など、戦争して得をする人もいることで起こるわけです。多くの人は、その損得に巻き込まれているだけ。そういうことを訴えるのも、資料館の役割かと思っています。

宮沢　僕が最初にお伺いしたのは一九九一年だったと思うので、資料館ができてすぐの頃です。

島袋　もう、そんなに前でしたか……。戦争を知らない方が訪ねてくださって、宮沢さんのように多くの人に頑張ってそれを伝えてくださるのは、本当に大事なことだと思っています。

宮沢　当時は島袋さんも、まだ人前に立たれてお話されるということを始めたばかりだったと思うんです。ご苦労もされたのでは。

島袋　初めの頃は途中で、友達のこととか先生のこととか、いろいろなことを思い出しましたね……

＊3　沖縄戦末期に首里から退却して来た日本軍司令部が置かれ、最後の激戦が繰り広げられた丘。沖縄本島の南端部には、現在糸満市と八重瀬町にまたがる広大な沖縄戦跡国定公園が置かれている。この東部にある沖縄平和祈念公園を摩文仁の丘とも呼び、米軍人も含めた沖縄戦の全戦没者の名前が記された「平和の礎（いしじ）」や国立沖縄戦没者墓苑、全国四十七都道府県がそれぞれ建てた地元出身戦没者の慰霊塔などがある。「平和の礎」には現在も新たに判明した戦没者名の追加が続いており、二〇二一年には四十一名が追加され、総数二十四万千六百三十二名となっている。沖縄県内には幼少であったことや戸籍焼失などで名前がわからない戦没者も多く、「〇〇の子」とのみ記されている場合もある。

…でも、私は兄も姉も全員戦争で失って、きょうだいで一人残っていますから、戦争を憎むこと、戦争は絶対にだめだと思う気持ちを込めてお話しました。それから、「沖縄にいらして、ここまでおいでくださって、話を聞いてくれてありがとうございます」という感謝の気持ちですね。これは忘れずにお伝えして、お帰りいただいてきました。

宮沢　僕がこの資料館を素晴らしいと思うところは、大きな出来事を「こうだったんだ」と大きな声で言うのではなく、小さなエピソードを「こんなことがあった」「こんなこともあった」と重ねることで「この先は、あなたたちが考えてください」という暗黙のメッセージが伝わるところだと思うんです。それを受け取って、僕たちが自分で考えることになる。島袋さんは、説明をするにあたって工夫されてきたことはありますか？

島袋　とにかく、命の大切さ、平和の尊さを心からお伝えすることだけですね。

ここまでいらした方は「ここへ来てよかった。沖縄に来たら必ずここに来ないといけないよ」とおっしゃってくださる方も多いんですが、一方で「沖縄にいらした人の中で、ここまでいらしてくださるのはどれだけだろう」という思いもあります。広島、長崎のことも、そして沖縄のことも、戦争の恐ろしさというのは観念的にはわかっていても、実体験としてわからない方が増えていますから、実際に戦争を体験した私たちとしては不安です。この先、どうしたらそういう方に伝わるか、どうしたら平和を守れるかということを考えながらやっていくのが一番の難問です。

宮沢　僕が来るようになってからだけでも、沖縄の風景はだいぶ様変わりしましたね。すべてを焼き尽くされた戦後と比べると、見違えるほど豊かになったのかもしれません。今の沖縄に対するお考えはありますか？

島袋　戦時中、私の故郷にも宇土部隊（＊4）という部隊が来ました。みんな初めは喜んで、「これでもう大丈夫だ。軍が来たから私たちを守ってくれる」と思っていましたが、戦争が終わってみれば、そうではありませんでした。逆に部隊の陣地がなかったほうが攻撃されなくてよかったし、戦争が終わってから、北部で何があったのか、わかったことも多かったんです。

戦後は米軍がやってきて、米軍基地は今でも残っています。「なんで沖縄だけ、こんなにいつまでも自由がないのか」という気持ちは、いつもありますね。だから、戦争を知っている人たちがもっと頑張らなければいけないし、一人でも多くの人が考えてくれるといいなと思います。どんなことがあっても、戦争はだめなんです。命が一番大事なんです。

＊4　沖縄北部、現在の国頭郡本部町には、大分・鹿児島・宮崎・熊本・沖縄の出身者で構成された独立混成第四四旅団第二歩兵隊長・宇土武彦大佐の率いる国頭支隊（宇土部隊）が守備隊として配置されていた。この隊は米軍上陸後二～三週間で撃破され、軍や町役場の命で山中に避難した町民を含む千七百五十三名が犠牲となった。宇土部隊は本部半島の山岳地帯を中心に凄惨なゲリラ戦を展開。食糧を略奪したり、大宜味村の渡野喜屋では五月十二日にスパイ容疑をかけた住民を一箇所に集めて虐殺するなど、本来守るべき地元住民に多大なる被害を与えた挙句、宇土部隊長は十月二日になって投降した。

宮沢　三十年間いろいろな方にお話をされてきたかと思いますけど、印象的な方はいましたか？

島袋　最初の頃は「沖縄で戦争があったのは知っていたけど、こんなにひどいものだったとは思わなかった。来てよかった」と言ってくださる人が多かったですが、だんだんとね、気候とか、自然のほうが興味があるという方もいらっしゃいますから……何年経とうと、平和を守る気持ちを大事にしてほしいと思います。戦争はどんなことがあってもだめなんです。

かつて「学校を再建しよう」と取り組んでいたひめゆり同窓会の先輩方も同級生も、この平和資料館を作ることが大事だと思ってくださったので。もう亡くなった方も多いですけど、その人たちの思いも全部受け止めてこの資料館はありますので、沖縄に来られたら、多くの犠牲者を出したこの南の果てまで、ぜひ来てほしいですね。

平和のためにものを作る人が増えてほしい

宮沢　資料館の準備をするにあたって、島袋さんは戦後四十年以上を経て初めて、ご自身がかつていらっしゃった伊原第一外科壕の中に入り、ご学友たちの遺品を探された（＊5）んですよね。その時は、どんなお気持ちだったんでしょうか。

島袋　あの時、初めて壕の中に入った時、…………そこに歩けない人を取り残して、私たちは、出て行ったんです。それは「とにかく出て行け」（＊6）という軍命令ではあったんですけど、そこに残された友達……中には自分で這い出して生き延びた人もいるけど、その壕に残されて亡くなった人もいます。だから、何年経っても、そこに残された人たちの気持ちを思うと……戦争を憎んでも、そこに残した友達に「すまない」と思う気持ちは消えないんです。

だから、この先に戦争をまた始めようとする人がいるならば、命を張って、私は反対したいですね。そうしていくことで、生きた証……亡くなった友達に対してできることは、あなたたちのように戦争で犠牲になる人がいないような時代を作ることだと……だから頑張りますと、そういう気持ちでいるんです。平和を守るために生かされたと思って頑張っています。頑張らなくちゃいけないんです。

宮沢　僕は最初にここに来たとき、みなさんの話を聞いて、何か大きなものを手渡された気がしました。それで、感想を書く用紙に「曲を作って帰ってきます」と書き残して帰ったんです。

＊5　現在資料館がある伊原第三外科壕跡から徒歩数分のところにある伊原第一外科壕跡。当初は集落の避難壕であったが、沖縄陸軍病院が南部に撤退した後、陸軍病院関係者の避難壕の一つとして使用された。六月十七日に壕の入り口に砲弾が命中し、多数の死傷者を出す。翌十八日、唐突に軍による「解散命令」が出され、学徒たちは砲火の飛び交う中に放り出されることになった。

＊6　解散命令は伊原第三外科壕にも同日に出された。生徒たちは壕を出る前に分散会を行った。翌十九日未明、壕に米兵が壕に近づき、投降勧告を受けたが、誰も壕から出ることはなかった。その後、米軍の黄リン手榴弾が投げ込まれ、学徒隊四十二名を含む約八十名が亡くなった。

島袋　「島唄」は私もすごく好きです。あまり自分で歌うことはないんですけど、本当にありがたいと思っています。平和な歌、みんなの心を温めるような歌が、これからも作られていくことを祈っています。そういうもので、平和が守られるんですよね。私たちの若い頃は、軍歌ばかり喜んで歌っていましたから……それだって、軍から命じられて気が進まないまま作った人も多かったんでしょうけど。

戦争をして得をする人がいるのなら、平和のためにものを作る人が増えてほしいと、いつもいつも思います。大事なことだと思います。

宮沢　島袋さんは、ご自身ではどんな歌がお好きですか？　沖縄の歌でも、なんでも。

島袋　私たちの時代は軍歌ばっかりでしたが……でも、まだ平和な時代に歌った歌を、「春のうららの隅田川」（「花」）とかそういう歌を、大事にしています。軍歌はもう、絶対に歌いたくないですね。

宮沢　これから、沖縄はどんな島になっていってほしいですか？

島袋　沖縄は今、中部はほとんど米軍基地ですし、北部のほうにも基地がまだあります。静かな優しさのある沖縄……戦争がやってくる前の沖縄に戻れないものだろうかと、いつも思っています。

でも、その前年から、もう日本軍の兵隊たちが沖縄に来て、たくさんの基地が作られていた(＊7)んですけどね……最初は喜んでいたんですよ……ああ守りに来てくれた、もう大丈夫だって。そういう沖縄になるとも知らずに。日本軍の基地がなければ、沖縄はこんなになることはなかったのに。でも、それはもう………今は戦前ほどではないけど平和になっていますので、これを守るために、頑張らなくちゃいけない。

宮沢　その平和を守るために、我々はどうすればいいのでしょうね。

島袋　今この資料館で働いてる皆さんは学生時代から何度もここに来て、話を聞いて、「将来ここで働きたい」という気持ちで私たちと関わってきた人たちが私たちのあとを継いでますけれど、果たして今、平和を守るためにどうすればいいかと考えている方は、どれくらいいらっしゃるんでしょうか。今はまだ穏やかに生きられる時代ですが、この先どうなっていくでしょうね。心配です。

今が一番大事な時代だと思っていますので、ここにいる皆さんのように、関心を持ってくださる方が増えることを祈るしかありません。戦争は国が滅びる、人が滅びるものなのだということを、私たちが言うだけではなく、みんなで考えないといけませんね。

宮沢　ありがとうございます。僕は僕のやり方で頑張っていきます。コロナが落ち着いたらまた会

＊7　戦局の悪化とともに米軍の沖縄侵攻が予想され始めた一九四三〜四四年、日本軍は沖縄県内各地で飛行場の建設に取りかかる。石垣、宮古、南大東などの島も含めると県内に十五の飛行場ができ、中には読谷村のように住民の土地を強制的に接収して作ったものもある。読谷、嘉手納、伊江島など沖縄島に建設された飛行場のいくつかは戦後米軍に接収され、そのまま米軍施設の基礎として運用されているものも多いが、旧日本軍に接収された土地は「国有地」とされたため、元の地主に地代すら支払われないままとなってきた。復帰後も日本政府はそのまま米軍使用を是認していたが、読谷村ではこの件に関して粘り強く抗議・交渉し、二〇〇六年に米軍読谷補助飛行場の土地を全面返還、村有地との等価交換によって所有権が地元に戻るという成果も上げている。

いにいきますので、お元気でいらしてくださいね。

島袋　本当にありがとうございました。また、沖縄でお会いしましょう。

（島袋氏はここで退席）

コロナで九割近く減った来館者

宮沢　普天間さん、ありがとうございました。もう少しお話をお伺いしてもよろしいですか？

普天間　ありがとうございます。ぜひ、よろしくお願いします。

宮沢　このコロナの二年間……三年目になってしまいましたけど、資料館を訪れる方も減ってしまったのではないかと思いますが、来館者の状況はどのような感じでしたか？

普天間　そうですね……この二年で、コロナ禍で来館者は九割近く減少しまして。

宮沢　九割も？

普天間　正確には八十六パーセント減なんですが。私たちの資料館は開館以来たくさんの人が来館してくださっていて、その入館料収入だけで運営している民間の資料館ですので、本当に存続が危ぶまれるほどの大きな危機でした。一時は「ひめゆりの皆さんが作った資料館がここで終わるのか」と思うくらいでした。今もまだ危機は続いていますが、宮沢さんはじめたくさんの方々が想いを寄せてくださって八千万円以上のご寄付が集まりましたし、資料館のある糸満市が市内の小中学生のいるご家庭ぶんのチケットを買ってくださったり、中城村も同じようにご支援くださいました。本当にたくさんの方々が「ひめゆり平和祈念資料館をなくしてはならない」と思ってくださっているのだと実感して、大きな励みとなりました。それで、また前向きに「どうしたらこの危機を乗り越えられるのだろう」と考えながらやれるようになったところです。

宮沢　多くの方が資料館に思いを寄せてくださっている。それもやはり、島袋さんたち、最初から頑張ってこられた方々のお力や、人柄ゆえでしょうね。

普天間　そうですね……私はたまたま、開館当初からここで働くようになって、体験者の皆さんをずっとそばで見てきました。館内でも本当にたくさんの方々が彼女たちの話を聞いていましたし、彼女たちがあちこちに出かけていって自分の体験を語っているところも見てきました。そういう、これまでの活動が今につながっているんだと思います。

彼女たちは一緒に沖縄陸軍病院に動員されて一緒に砲弾の中を逃げ回ったのに、学友は亡くなり、自分だけは生き残ってしまったという罪悪感を感じながら、戦後を生きてきました。でも、それだけではない。戦争が終わると、学友の遺族たちが帰ってこない娘の手がかりを求めて生存者のもとを訪ねて来るんですが、最後はみな別々に行動したのでわからないと言うと、遺族が「同じ学校なのに」と怒るようなこともあったそうです。逆に、学友の最期を目撃した体験者が遺族のもとを訪ねて、せめて最期の様子を話そうと思っても、目も合わせてもらえなかったというようなこともあったとも聞いています。

そういう思いを抱えていたので、彼女たちはその後、長い間戦争体験を語ることはありませんでした。戦争の心の傷も抱えていました。例えば花火が上がったら艦砲射撃を思い出し、家の中に閉じこもってずっと震えていたり、学友が幽霊になって自分を追いかけてくる悪夢を見たりというような……。けれど、戦後約三十年が経った頃、まず自分たちが学んだ学校を再建したいという動きが起こったんですね。戦後三年目から一高女と師範学校の同窓生で「ひめゆり同窓会」（*8）が結成されており、もちろん戦前の軍国教育はあったにせよ、彼女たちにとっては学友や先輩後輩、先生方と青春の時間を過ごした素晴らしい場所という思いもあった。戦争で廃校になったその母校を再建しようということだったんですが、財政的な理由などで難しくなりました。ならばということで「資料館を作ろう」という運びになったんです。「ひめゆり学徒隊の体験を伝える場所が必要だ」という思いは、学徒隊には動員されなかった先輩や後輩にあたる人たちも一緒だったんです。

体験者たちがこの場所で大事にしているのは、何かを押しつけたり、お題目のように平和が大事だと言うだけじゃなく、自分たちが体験した戦争の実相を体験していない人に伝えるということです。自分の話をするだけでなく来館者の質問に答えたり、対話したりといったことを通じて、来館者に少しでも心の動きを共にしてもらう。そういうことを続けてきた三十三年間だったと思います。

宮沢　僕も沖縄に来るようになって、いろいろな人と話をする中で、例えば「戦後には荒崎海岸（*9）に近づくのも嫌だった」とか、人の数だけつらい記憶があることを感じてきました。人によっては子供にさえ語りたくないこともあるし、それこそ「これは墓場まで持っていくんだ」という思いを抱えている人も多いんだろうと思います。

ひめゆり学徒隊の皆さんが戦後四十四年経ってからこの資料館を開いて、毎日他人に自分の体験を説明していく決断をするというのは、それまで沈黙を守っていたことから考えても、ものすごい心の決め方だと思うんですよね。「自分だけ生き残ってしまった」という罪悪感を背負って戦後を生きてきて、つまりその人生の中ではずっと戦争が続いている。そのことを他者に語るということの、想像を絶する重み。近くで見ていて、これをどう思われますか？

普天間　そうですね……体験者たちは、最初、自分たちで説明しようということは考えていなかったんです。この資料館を作るにあたって、一緒に作ってきたプロデューサーの方が、「今の展示は『物

*8　女師・一高女の敷地には同窓会館も併設されていたが、これも戦災で焼失。一九四八年四月にひめゆり同窓会が結成されると、その再建の動きが始まる。会館の敷地を登記するためには同窓会を法人化する必要があり、一九六〇年に「財団法人沖縄県女師・一高女ひめゆり同窓会」（現在は公益財団法人沖縄県女師・一高女ひめゆり平和祈念財団）を設立した。

*9　荒崎は沖縄島の最南端に位置する岬。付近に荒崎海岸がある。沖縄戦末期には、この場所の少し北西に位置する喜屋武岬同様、多くの人がここに追い詰められた。ここで米軍の自動小銃の乱射によって死亡した生徒、その混乱の中で自決した教師・生徒がいたことから、戦後、「ひめゆり学徒散華の跡」の碑が建立された。

に語らせる』ということであまり説明をつけていないので、しばらくは皆さんが説明をしてください」とおっしゃって、それで語りを始めることにしたんです。

でも、始めてみたら、それが非常に大きなプレッシャーになったんですね。例えば壕の大きさがどれくらいとか、そういったことは普通に話せるんですが、話が亡くなった学友の最期のことなどに及ぶと、途端に涙が出てきたり、声が詰まってしまって「どうぞ、先に進んでください」と促すことしかできなくなったり……。

そんな中でも語りを続けたのは、一つにはやはり亡くなった人たちへの使命感でしょう。皆さんは、資料館を作るに先立って、先ほど話に出たように自分たちのいた壕に入って遺品や遺骨を収集したり、生き残った学友を集めて証言を取ったり、第四展示室（*10）の展示づくりのために生前の人柄や死亡状況を調べたりと、五年間かけて調査をしました。その中で、壕の中に入ったとき、戦後四十年の間にすっかり泥水に埋もれていた中から学友の名前が書かれた下敷きや筆箱が出てきたんですね。それを見て、「自分たちが今まで何も話してこなかったから、大切な学友たちが泥の中に埋もれたままだった。自分たちが話さなければ、これは『なかったこと』になってしまうんだ」という気持ちを強く持ったのだと思います。この経験が資料館開館後、多くの人たちに自分たちの体験を伝えなければという原動力になったのだと思います。

宮沢　なるほど……。

「戦争体験」だけではない、人間としての証言者たち

普天間　もう一つの理由は、来館者の力でしょう。自分たちの話を一生懸命聞いてくれた来館者が「沖縄戦とはこんな恐ろしいものだったのか」ということを知ってくれる、学友たちのことを心に留めてくれる。そういう経験が、彼女たちの大きな励みになったんですね。辛い経験ではあっても誰かに語ることが自分自身にとっても大切であるということを、この活動をする中で知っていった部分もあっただろうと思います。

ここで証言するようになった体験者の中には、「開館当初は、第四展示室の学友たちの遺影が生き残った自分を睨んでいるように感じた。でも今は、平和だった当時と同じ、穏やかな目でこっちを見ていると思えるようになった」と言う人もいます。別の体験者の方の場合は、解散命令の直後、

*10　資料館の第四展示室には、ひめゆり平和祈念資料館の第四展示室には、沖縄戦で亡くなった沖縄師範学校女子部・沖縄県立第一高等女学校の生徒、教師二百二十七人の遺影と生存者の手記がある。また、室内には当時師範学校の教師だった東風平恵位（こちんだ・けいい）氏作曲による「別れの曲（うた）」が流れている。この曲は一九四五年の三月に行われるはずだった卒業式で歌う惜別の歌として作られたが、沖縄陸軍病院への動員により卒業式は戦場で挙行され、この歌が歌われることはなかった。ひめゆり学徒隊として動員された生徒、教師二百四十名のうち百三十六名がその後の戦禍で命を落とし、東風平教諭も伊原第三外科壕で亡くなった。

親友と手を握り合って出ていったのに砲火の中でバラバラになってしまって、その親友は荒崎海岸で先生と一緒に自決してしまったんです。彼女は資料館に証言に来るたびに、この第四展示室の親友の遺影のところに来て「今日も来たよ。あなたに代わって、しっかり伝えるからね」と言ってから証言に立っていました。旅行に行く時などは遺影の写真をバッグに入れて行き、「あなたはあの戦争でいろんなところに行けなかったけど、一緒に行こうね。自分がいつかそっちに行ったら、平和な時代のお土産話をたくさん聞かせるからね」と言っていたそうです。そんなふうに、誰かに伝えることが、彼女たちの中にいる学友を罪悪感や恐れの対象ではなくしていったんですね。資料館で証言することを望まない生存者の方もおられるんですが、その方たちの人生の中では、もしかしたら時間はあの時のまま止まっているかもしれない。でも、証言することを選んだ人たちは……軽々しく言えることではありませんが、そのことによってどこか心の傷が癒えていったのではないかと思っています。

宮沢 そうすると、皆さんの語りの内容やトーン、言葉の選び方なども、この三十年で変わってきたんでしょうか。

普天間 そうだと思います。開館して時が経ち、単に緊張がほぐれて柔らかくなったということもあるんでしょうけど、次第に、「一人でも多くの方に伝えるためにはどうしたらいいだろう」と自分たちで一生懸命工夫もされるようになって。それは、心に少し余裕ができたということかもしれません。それからの三十年、各地で講演をするときも南部の大きな地図を会場で広げてそれを見せながら話すとか、あとは戦跡めぐりのツアーをしたりして、本当に伝える努力をしてきたんですね。体験を話すだけで易々とそれが伝わるものではないということも感じる中で、彼女たちご自身が「じゃあ、どうやったら伝わるか」ということを大事にしてこられた。

二〇二一年のリニューアルは、館の歴史上初めて、私たち戦後生まれの世代が中心になって行いました。体験者たちの努力する姿を私たちもそばで見て伴走してきたので、彼女たちから資料館を継承した後も、体験者の助言を受けながら、伝える努力を一番大事にしています。体験者の言葉が持っている重みや強さは、体験していない私たちにはなかなか持ち得ないものです。それでも、私たちは体験者から直に受け取った思いを伝えていかなければならない。そのために工夫をさらに重ねて、証言だけではなく写真やイラストなどの視覚的要素も増やしたりしながら、体験者の言葉の強さの代わりになるものを模索しています。

宮沢　資料館には個人のお客さんも、団体のお客さんも多いと思うんですが、三十年間で、時代とともに見るほうの変化もありましたか？

普天間　開館当初の親子連れというのは、親御さんや祖父母がまだ戦争体験者だったりもしたんですよね。だから、戦争の知識はなくても、一つ上の世代が感じた恐怖や憎しみ、悲しみが、まだ手の届くところにあった世代です。今は周囲にまったく体験者がいない世代で、それ自体が悪いわけではもちろんないんですが、「ああ、感覚が戦争から遠くなってるんだな」と感じます。開館当初のお客さんの世代にはわざわざ言葉で説明しなくてよかったことも、今では言葉を尽くさなければ伝わりにくくなっているということは感じます。だからこそ、リニューアルも必要だったのだと思います。

宮沢　先ほど島袋さんが「実際にこの場所に来て、働きたいと言ってくれた人が多い」とおっしゃっていましたが、どんな経緯でいらっしゃった方が多いんですか？

普天間　大学や大学院で沖縄戦のことを勉強した人が集まっています。大事なのはその職員たちに体験者の記憶を継承していく、その過程ですね。この資料館で語ったり仕事をすることを選んだ体験者は三十名ほどいらっしゃるのですが、二〇〇〇年を過ぎたくらいから戦後生まれ世代の職員が運営に関わってくる中で、時間をかけてさまざまなことを一緒に進めてきました。若いスタッフにとってはおばあちゃんの世代の方々である彼女たちと、記憶の聞き取りだけでなく一緒に企画展を作ったり、イベントを作ったり、来館者の感想文集を作ったり、あるいは所蔵品を一緒に整理・分類したり。また、業務だけではなく一緒に食事をしたり三時のお茶を一緒に飲んだりと、日常生活における会話の中で、体験者たちの顔や声を伴ったさまざまな思いを受け取る。そういう形の継承をしてきたということが、私たちの財産になっています。

こうしたことは私たちが民間の資料館だったから、継続的に可能だったのではないかと思います。

行政の、数年で担当者が変わる体制ではなかなか難しかった部分かもしれないですね。

宮沢　皆さんは「戦争体験」だけで存在しているわけではないですものね。名前があり、顔があり、声があり、「どんな食べ物が好き」「どんな歌が好き」といったそれぞれの固有の人生がある。事実や情報だけでなく、そういう側面を見ていくことが、継承にとって大事なのだと思います。

普天間　先ほども「花」のお話が出ましたが、ひめゆりの皆さんにとって、歌はとても大事なものですね。昔は今ほど娯楽もなかったですから、「のばら」「早春賦」と言った唱歌をよく歌っていたそうです。あとは「ふるさと」（*11）……「ふるさと」は、皆さん大好きです。

開館後ずっと、一年に一〜二回はピクニックをやっていたんです。皆さん、教員をやっていた方が多いので、歌詞集を作ってこられたりするんですね。「島唄」も入っていましたよ。マイクロバスなどで目的地に向かう中で、誰かが歌い出したらすぐにきれいな声で合唱が始まる。幹事の体験者がお菓子を小袋に入れて配ったり、みんなで食事したり……という場所にも若い職員が同行して、皆さんの、戦争体験を語る時とは違う顔を見てきました。もう八十五歳になろうというのに伊江島タッチュー（*12）に登ったりとか、元気いっぱいなところも。

*11　一九一四年に教科書に掲載された、高野辰之作詞・岡野貞一作曲による文部省唱歌。かつて親しんだ故郷の情景や残してきた父母や友人を思う歌として、現在に至るまで愛されている。

宮沢　城山《グシクやま》ですね。すごい。

リニューアルされた展示に僕はまだお邪魔できていないのですが、そういうふうにみんなで遊んでいたり、「先生につけたあだ名」というコラムがあったり、失われる前の日常……自分たちが送っていたのと同じ日常がそこにあり、そして失われたんだと、より感じられる内容になっていると聞いています。

普天間　リニューアルにあたっては、まさにそういうことを思っていただきたかったんです。遠い時代の特殊な体験というイメージではなく、そこには自分たちと変わらない生活があったことを、来館者がもっと自分自身に引きつけて感じられるように。展示室に入ると最初にみんなでいっぱいの笑顔を浮かべている写真があるんですが、今回、笑顔だったりひょうきんな顔をしていたり、そういうものを選び直して展示しました。先生のあだ名もそうですし、部活動の様子などを展示しているのも、今の子供たちには響いているようです。

友達との何気ない会話や、生き生きと学校生活を送っていた様子が伝わるように、イラストも多用しています。当時どんな様子だったか、服装などに間違いはないかといったことを島袋さんたち体験者の皆さんに確認しながらイラストを作成したんですが、皆さん、「これなら今の子にも伝わるねー」と、とても喜んでくださいましたね。

宮沢　そうした展示を作る皆さん自身が戦争を体験していないからこそ、戦後生まれ世代に伝わるものを考えられるということもあるんでしょうね。

普天間　そうだと思います。体験者にとっては自分の記憶、自分の体験ですし、何度も語るうちにもうそれが血肉となっていて、細かい説明が必要なところや「これは戦後世代にはわからないだろうな」という感覚が語りの中から抜け落ちてしまうことはどうしてもあって。そうすると伝わらない、ということもある。それをさまざまな角度から補足して立体的にしてあげることが、同じ戦後世代である私たちの役割だと思います。

私たちが伝えるべきことは、彼女たちが資料館を作った当初から何も変わっていません。戦争がいかに悲惨なものか、いかに大切なものを奪っていくものか、体験者が心に刻んだそういうことは変わらない。ただ、それを戦争を体験していない世代にどのような語り口・見せ方で伝えていくかということは、彼女たちから受け継いだ私たちが工夫して実践していくべきことです。

＊12　「伊江島タッチュー」と通称される城山（グシクやま）は、伊江島にある海抜百七十二メートルの岩山。もともと現在周囲を囲んでいる島の地盤とは全く別の岩であり、七千万年ほど形成年代に開きがある。これは琉球諸島の海底においてユーラシアプレートに潜り込むフィリピン海プレートの一部が七千万年のうちに何らかの原因でプレート境界部に滞留し、潜り込むフィリピン海プレートの力で徐々に押し上げられて隆起した結果、島の地盤を形作る珊瑚礁を突き破って地表に露出するという、世界的にもここでしか実例の見られない「オフスクレープ現象」という現象によって形成されている。

「花火の下で逃げ惑う人たち」への想像力

宮沢　強い言葉、勢いのある言葉、何かを押しつけるような言葉がどんどん力を増しているような この時代だからこそ、この資料館がそういうものに回収され得ないささやかな人生のディテールを 積み重ねていることには、とても意義があると思います。

普天間　ありがとうございます。強い言葉が飛び交う時代というのは、ある意味では怖い時代でも あると思いますね……。

宮沢　今、ニュースはロシアのウクライナ侵攻一色ですが、一方では石垣島や与那国島の武装強化 （＊13）のようなことも起こっています。自分たちの足元も危ういですが、その中でもぶれずにやる べきことをやっていかなければならないですね。

普天間　そうですね。それしかできないし、それが大事だと思います。湾岸戦争（＊14）のとき、暗い 中にパッパッと砲火が浮かぶ、まるでゲームのような、花火のような戦争の映像が配信されました よね。見ようによってはきれいにも見える、現実感のない映像でした。しかし、この戦争について 取材を受けた島袋さんたちは、開口一番「自分たちには、あの花火の下で右往左往して逃げ惑って いる人たちが見えます」とおっしゃった。それは、本当に体験した人にしか瞬時に出てこない言葉 なんじゃないかと思いました。

宮沢　今はもっと進んで、ドローンの時代ですものね。戦争がどんどんバーチャルで抽象的なものになっているし、だからこそ「戦争は仕方がない」とか「日本も核武装をするべきだ」といった、本当に戦争になったら現実に何が起きるかということがまったく想像されていない言葉が平気で出てくる。

普天間　具体的な戦争の実相が伝わる場所って、今、少ないんじゃないかと思います。政治とか国といった大きな抽象的な単位だけで語っていては、その下で実際に何が起こるのかという想像力が失われてしまう。この資料館は、それを伝えることのできる数少ない場所かもしれません。以前は米軍とか、自衛隊の方々も割と来ていたんですよ。ですが、この数年、めっきり少なくなってきました。ひめゆりの塔までは来るけれど、資料館の中には入って来ない。館内の展示には、

＊13　国は二〇一三年、防衛大綱にそれまで「空白地帯」とされてきた南西諸島地域への部隊配置を明記。二〇一六年、台湾・中国を睨む国境の島である与那国島に百五十人程度の陸上自衛隊が初めて配備。一九年には奄美、宮古両島に陸自警備隊と地対艦・地対空ミサイル部隊などが配備された。続いて石垣島でも現在、陸自やミサイル部隊の駐屯地建設が進んでおり、こちらは二十二年度中の完成予定。人員は五百～六百人規模を想定している。

＊14　一九九〇年八月二日、イラクが隣国・クウェートに侵攻し、八日に併合を発表。翌九一年一月十七日に、国際連合がアメリカ、イギリス、フランス、サウジアラビア、エジプト、シリアなどからなる多国籍軍がイラク国内を空爆したことによって戦争となった。多国籍軍のステルス爆撃機やコンピュータ制御の兵器が脚光を浴び、対抗するイラクはスカッドミサイルをイスラエルに向けて発射。多国籍軍はパトリオットミサイルで防衛を試みるなど、従来の戦争のイメージと比べてまるでテレビゲームのように現実感のない様は「ニンテンドー・ウォー」とも呼ばれた。

米軍が撮った日本軍の壊滅の様子や、実際の戦闘で死亡した軍人にウジがわいて……といった映像もあるし、生存者の証言も亡くなった方々の遺影もありますから、戦意を喪失してはならないということなのかもしれません。しかし、以前はたくさんの自衛隊の方も来られていましたからね。やはり上官や、もっと上の人たちの世代や方針が変わって、今の自衛官に見せたくないという判断があるのか。わかりませんけれど、本当に少なくなっています。

宮沢　全体に、戦争を知らない人たちが上層部を占めてきているんでしょうね。一言で戦争と言っても昔はまだ身近に経験者がいたりして、何かしら自分のものとしてリアリティがあったのが、今はそれもいない。国のリーダーにすら、そういう想像力が失われている。これは、また振り出しに戻ったような気がして寒気がします。ロシアを見ていてもそうですし、石垣や西表、与那国といった島々が再び戦場にされる可能性すらもある中で、この資料館の役割はさらに大きくなっていますね。

普天間　館に来てくださる方に伝えるだけでなく、私たちの方から「戦争は何があってもだめなんだ」ということを積極的に発信し続けることも大事だと思います。その原動力になっているのは、やはり島袋さんたちの記憶を継承したのだという意識です。

沖縄戦では、最初に米軍が上陸した座間味島や渡嘉敷島で、まず「集団自決」(*15)がありました。本島でも子

自分の子を棍棒で殴り殺して妻の首を剃刀で切るようなことが実際に起こったんです。本島でも子

どもを砲爆撃の中に置き去りにせざるを得なかったり、人間が人間でなくなるような体験があった。それらはすべて、具体的に個人の身に起こったことです。この資料館に修学旅行の子どもたちが来たりすると、「日本は当時、本土決戦と言って、本土でも地上戦をやるつもりだった。そうならなかったのは、最初に沖縄に米軍が来て、ここが戦場になっているうちに戦争が終わったからです」という話をしたりもします。

私たちのいる場所は、いずれまた戦争の最前線になるかもしれない。そういう危機感を持っていますから、とにかく「地上戦になったらこんなことが起こるんだ」ということを伝えられる数少ない場として、なるべく具体的に伝えていきたいです。本土も空襲や原爆で本当に大変な目にあったし、そうした記憶を伝えようとしている方々も、具体的な個人の記憶をどう伝えていくか、日々考えていらっしゃるのだと思います。私たちは地上戦があった場所として、それを続けたいですね。

宮沢　僕の地元の山梨県甲府市も、空襲であらゆるものが焼けてしまいましたから、その話は小さ

＊15　一九四五年三月二十六～二十七日、米軍が沖縄島の西に位置する慶良間諸島の島々に上陸。座間味島では即日、渡嘉敷島では二十八日に住民同士での集団自決が行われた。最終的な犠牲者は渡嘉敷島で三百二十九人、座間味島で百七十七人、慶留間島で五十三人、屋嘉比島で十人。当時の住民は日本軍による「軍官民共生共死」（軍、役人、住民が共に戦い、共に死ぬ）という方針や、「生きて虜囚の辱めを受けず」の教えを刷り込まれており、米軍上陸を知らせる伝令と共に一家に一つの手榴弾を渡され、暗黙のうちに自決を迫られるということもあったことから、現在は軍による「強制集団死」という呼称も定着しつつある。

い頃から聞いていました。しかし、空襲と地上戦の一番の違いは、「どこに敵が潜んでいるかわからない」という恐怖、敵と目と目が合うくらいの至近距離から殺意がやってくるという恐怖でしょうし、それは沖縄に来て初めてわかったことです。つまり、沖縄からしか伝えられない。

普天間　私は一九五九年に生まれて、祖父も従兄弟も戦争で亡くなっているし、他にも身近に戦争体験者はもちろんいたんですが、それですら「自分の生まれる前のことだし」と思っていて、強い関心を抱くことなく育ってきました。本当の意味では、戦争について何も知らなかったと言ってもいいですね。この資料館にも、たまたま三十三年前に職員の募集があったとき「やりがいがありそうだ」という軽い気持ちで入ったんです。ただ、その後この場所で島袋さんたちと一緒に仕事をする中で、大切な人たちの命を失った悲しみ、人間が人間でなくなる恐ろしさ、そういうことを間近で聞いていくにつれ、少しずつ思いが強くなっていきました。沖縄で生まれていながら、そうなんです。だからこそ、この場所で発信を続けていくことが大事だと思っています。

島袋さんたちでさえ、そういうことを言うんですよ。「自分たちもあの時代、本当の戦争を知らなかった。大本営発表のニュースや映画では日本が勝っている、日本が世界一強いと思っていたし、沖縄戦に動員された時でさえも、数週間すれば日本が勝って家に帰れると思っていた。知らないということは本当に恐ろしいし、若い人たちには知る努力をしてほしい。知ることの大切さを知ってほしい」と。人間の視野というものは限られています。戦争の時代に生きていてさえ、知り得ないことはたくさんある。だからこそ、自分たちが体験したことを知ってもらいたいという気持ちがあるんですね。

伝わらなくても、何度でも出会い直せばいい

宮沢　僕がまさにそうでしたから。この資料館と出会って、自分の無知を知りました。とても恥ずかしかったし、情けなかったですが、でも「知れてよかった」という思いのほうが強くて。それで「島唄」を作ることができましたし、その後の沖縄との関わりがあるので、本当に、資料館との出会いが僕の目を開いてくれたんです。

普天間　また、たいした出会いをしてくださいました（笑）。でも、資料館は開館以来、そういう場所なんですよ。もちろん学校や団体で勉強をしに来てくださる方も多いんですが、来館者の半数以上が、観光の途中にふらっと寄った方なんです。お土産物屋も周りにありますし、ドライブの休憩のついでに「観光パンフレットに『ひめゆりの塔』ってあるから、行ってみよう」とやって来たらそこに資料館があったので何も知らずに入ってみたとか、中には海パンに上着を引っかけただけでいらっしゃる方もいます。そういう方々が、ここで初めて沖縄戦と出会う。想像もつかなかったタイミングで歴史の深淵と出会う、そういうことが大事なんですよね。立命館大学の安斎育郎先生

（＊16）という、年間二百本以上の講演を行う有名な平和学者の方が「自分の講演に来る人は、自分から平和について勉強をしに来る人たちだから、常に平和が大事だと考えている。本当は、ひめゆり平和祈念資料館のように、特にそんなことも思っていなかった人が平和について考えることになる場所が、社会には必要なんだ」とおっしゃってくださったことがあります。

宮沢さんの歌も、きっとそうですよね。歌に魅かれたことをきっかけに平和を考える方が増える、その入り口になっていると思います。来館者の感想シートに『島唄』を聴いて沖縄に来ました」とか「コンサートで宮沢さんの話を聞いて来ました」と書かれていることも多くて。「ああ、伝えてくださっているんだな」と思って、感謝しています。

宮沢　そうなんですね。そういう入り口として貢献できているのであれば嬉しいです。

普天間　その奥へと適切に進んでもらうために、入り口が大事なんだと本当に思います。よく「なぜ基地の問題を扱わないんですか」と言われることもあるんですけど、この場所ですべてを網羅できるわけではありません。ですが、その発端となった沖縄戦のことや、そこから続く現在のことまで考えてもらう入り口として、この資料館はあるんです。ただ、その入り口になるためには、来ていただいた方がその先に「考えよう」「感じよう」と思ってくれる場所でなければならない。ただパネルだけを並べているんじゃなくて、そこに「伝えたい」という思いがちゃんと込もっていなければ、よい入り口にはなれないと思っています。

宮沢　僕にとっては、本当にそうでした。島袋さんにも言いましたけど、「こうなんだ」と押しつけるんじゃなくて、「こういうことがありました。あとは持ち帰って、自分で考えてください」という提示の仕方が、この資料館の素晴らしいところだと思います。

今後、どのような形の発信をしていきたいというお考えはありますか？

普天間　展示とか講演・講話というのは、もちろん工夫はするんですけれど、一方通行になりがちなものでもあります。主体的に考えたり動いたりしてもらうことを促すには、もう少しワークショップやディスカッションをしたりして、「自分ごと」として戦争や基地の問題を考えてもらえるような取り組みができないかと模索しつつ議論しているところです。

宮沢　「自分ごと」というのは大事なポイントですね。

普天間　来館者の感想文に「本当は医療ミスを起こしてしまって自殺しに沖縄に来た」と書いていた女性医師の方がいたり、「嫁・姑の関係に疲れて自殺しに来た」「リストカットをずっとしている」「経営していたディスコが潰れて死のうかと思っていたけど……」といった方の声が、ときどき記

＊16　一九四〇年、東京生まれ。立命館大学特命教授・名誉教授、立命館大学国際平和ミュージアム名誉館長。放射線防護の専門家として長年日本政府の原子力政策を批判するとともに、国内外の平和博物館のネットワーク作りにも精力的に携わっている。普天間氏とは『シリーズ戦争 語りつごう沖縄④ 基地問題にゆれる島』（新日本出版社二〇一九）の共著もある。

されたりします。わざわざそう書くということは、思いとどまられたんでしょうね。やはりこの資料館、特に第四展示室で、生きたくても生きられなかった生があったことを「自分ごと」として感じていただけたのではないかと思うんです。

一度で何かを感じなくてもいいんですよ。「出会い損ねる」こともあれば「出会い直す」こともあっていいんです。かつて、青山学院高等部の英語の試験問題（＊17）の中でひめゆり平和祈念資料館での体験について書かれたものがあり、その中に「その体験談を退屈だと思った」という一文が入るということがありました。新聞で「けしからん」という論調で書かれて問題になり、青山学院の先生たちが謝罪に見えたんですが、島袋さんは「入試問題にするようなのはどうかと思うけど、実際、私たちの話を退屈だと思う人はいるだろうし、いろんな人がいて当たり前だから」とおっしゃっていました。修学旅行生に証言をすることも多いですから、居眠りしていたり、展示も見ないで友達とのおしゃべりに夢中になっている人もたくさん見ている。まじめだと思われたくなくて、おざなりに見ていたりする人もいます（笑）。「だから、気にしませんよ」と。心のうちはわかりませんけれども……。

私たちだって、何度も聞いた話であっても、ふとした瞬間に「ああ、こういうことを思っていたのか」と、新しい気づきがあったりするものです。ましてや、子どもの心で目の前の人が言っていることを理解することなんて、できなくて当たり前かもしれません。でも、そうした人の中には、成長して大人になった後にまた家族でやって来て、「自分はあの時、なぜこの内容を真面目に見なかったんだろう」と書いてくださる方もいらっしゃるんですよ。そういう「出会い直し」も、三十三年続けていると起こってきますから、「伝わらない」と思うことがあっても諦めることなく続けていきたいですね。

宮沢　「出会い直し」。いい言葉ですね……。今日は本当にありがとうございました。コロナが落ち着いたら、真っ先にまた伺います。

普天間　ぜひ。お待ちしています。

〈二〇二二年二月二十八日　オンラインにて収録〉

＊17　二〇〇五年二月に行われた青山学院高等部の入学試験・英語科目の問題中において、沖縄の南部戦跡を巡り、ひめゆり平和祈念資料館を訪れたことで戦争体験を語り継ぐことの意義と困難を考えるという旨の英文が課題として出題され、その中にひめゆりの体験者の話について〈ショッキングで強烈なイメージを残したが、実のところ退屈になってしまった（訳：編者）〉という一文があり、その理由を問う選択式の設問において〈それは嘘だと知っていたから〉〈彼女の話し方が好きではなかったから（訳：編者）〉といった回答選択肢が提示されていたことが同年六月の「沖縄タイムス」（六月九日付）などで報じられ、那覇市議会でも取り上げられる問題となった。青山学院高等部は同紙の取材に「戦争体験を語り継ぐ努力を訴えようと出題したもので、ひめゆり学徒を非難する意図はなかった。配慮を欠く言葉で不愉快な思いをさせてしまい、大変申し訳ない」と謝罪の意向を示し、沖縄県庁や那覇市議会、ひめゆり資料館にも謝罪に訪れた。その後、青山学院主催のフォーラムにひめゆり資料館の職員が参加、戦争体験の継承を共に考える取り組みやさまざまな交流へとつながった。

しまぶくろ・よしこ—一九二八年、本部町生まれ。沖縄師範学校女子部在学中にひめゆり学徒隊として動員され、沖縄戦を体験する。戦後は教師として三十三年間教壇に立ち、一九八九年のひめゆり平和祈念資料館開館後、証言員として戦争体験を伝えてきた。二〇一一年に第七代目の館長となり、二〇一八年に退任。

ふてんま・ちょうけい—一九五九年、中城村生まれ。ひめゆり平和祈念資料館の開館当初より職員として運営に携わり、二〇〇〇年以降、体験者とともに、戦争体験を伝える活動を引き継ぐ「次世代プロジェクト」に取り組む。二〇一八年、島袋淑子氏の後を継ぎ、戦後生まれの世代として初の館長に就任。

対談

西由良

個人史が出会うところにある「対話の可能性」を信じて

インターネットのプラットフォーム「ｎｏｔｅ」を用いて、一九九〇年代生まれの若者たちが執筆したコラムを投稿する『あなたの沖縄 コラムプロジェクト』。戦争も復帰も知らない世代の日常に即したミクロの声が集まるこの場所を東京で働きながら運営する西由良氏は、かつて沖縄戦で集団自決を生き抜いた祖母の話をもとに自主映画も製作している。「沖縄ブーム」以降に生まれた世代として、内外からの視線を意識しながら自分たちの声の発し方や記憶の継承の仕方を模索する、その意志と葛藤を聞いた。

「沖縄、いいよね！」の声に違和感があった

宮沢　初めまして。今日はよろしくお願いします。僕の「島唄」という歌はご存知ですか？

西　もちろんです。生まれた時からごく自然にあった歌なので、子供の頃からエイサーでは必ず踊っていましたし、東京に出てきてからは、友達とカラオケに行くと「沖縄といえば『島唄』でしょ」と歌わされたりもしてきました。

宮沢　歌わされるんだ（笑）。それもなかなかすごい話だけど……。僕の歳になってくるとそもそも二十代の方にお話を伺う機会がなかなか少ないので、今日はお会いできて嬉しいです。

西さんの主宰していらっしゃる『あなたの沖縄 コラムプロジェクト』（＊1）を興味深く読ませていただきました。失礼な言い方かもしれませんが、特別な人の特別な経験でもなければ、日々表現をすることを仕事にしている人のこなれた言葉でもない。でも、それゆえに、いっそう一人の個人の生のディテールから響いてくる声があると思います。

西　ありがとうございます。『あなたの沖縄〜』は主に一九九〇年代生まれの人たちに参加しても

＊1　西氏が主宰するコラムプロジェクト。二〇二一年八月二十一日にオープン以来、毎週土曜日の二十時に一本のコラムが更新されている。
[URL] https://note.com/your_okinawa/

らっているんですが、特に私たちの世代は生まれたときから「島唄」があり、小学校に入る頃に『ちゅらさん』やBEGINの「島人ぬ宝」がブームになった、いわば「沖縄イメージ」ができあがった後に成長しています。なので、昔の人のように「沖縄が恥ずかしい」という気持ちもない代わりに、明るい沖縄のイメージだけを見ている人から「沖縄、いいよね！」と言われたりすることも多かったし、「自分はそうじゃないんだけどな……」という人にとっては生きづらい部分もあったかもしれないと思っています。もちろん「沖縄、いいよね！」と言われる状況を作ってきてくれた上の世代の人たちには感謝しないといけないとも思うし、私自身も沖縄に生きづらさを感じることなく暮らしてこられたんですけど、それでも、私たちの日々感じていることを「青い海・青い空」でくくられてしまうことには違和感がある。だったら、そういうイメージとはちょっと違った、みんなの小さな小さな経験を聞いていきたいなと思ったのが、『あなたの沖縄〜』を始めたきっかけなんです。

この間も、コラムを寄稿してくれている高校の同級生と、たまたま知り合った県外出身の方と、三人で鼎談した記事を更新したところです。同級生の子はご両親が宮古島と県外のご出身で、どちらもルーツが「沖縄」という感じではなくて。彼女は「自分はどっちにいても、なんだか違う。顔も薄いし、話し方もナイチャーっぽいから沖縄にいると沖縄の人だと思われない。けど、大阪の大学に行くと『沖縄の人』とくくられる。自分はどっちでもないんだ」という気持ちで生きてきたんだということを話してくれました。

宮沢　外からのイメージというのは難しいですよね。よその人が「いいよね！」と思ってくれていること自体が悪いわけじゃないけど、それは自分たちの生活のリアルとも少し違う。「みんなが三線を弾いて島唄を歌っている」という理想化されたイメージなんて、昔の沖縄だってそんなことはなかったし、むしろ近年になって成立したものなわけで……。違和感は覚えつつ、皆さんの世代は「いいよね！」というイメージによって恩恵を受けている部分もあったりするんだろうし、本当に一概には言えない。

西　いい思いもしてきたと思います。本土で沖縄出身だというと親近感を持たれたり、「どこそこに行ったことがあるよ」と話が弾んだりもするので。ただ、みんなが「いいよね！」と言って語ってくれるのは明るい一面だけの話で、基地とか、それにまつわる事件・事故だったり、戦争のことには誰も触れない。そこにはやはり、距離を感じます。「いろいろあって沖縄なんだよ」と思いますね。

宮沢　かつては沖縄の人というだけで差別されて、アパートも借りられなかったりする時代があった。そこから少し下って、僕と同世代のBEGINなんかは、デビュー当初は島出身ということは前面に出さずにポップソングを作っていた。「島という枕詞を抜きにして勝負したい」という気持ちがあったんでしょう。それぞれの時代にその時代なりの葛藤があったし、現在でもやはりこの時代なりの葛藤があり、それとの向き合い方があるんですよね。その現実を自分の中で言語化するだけでなく、実際のプロジェクトにまで移せているのは素晴らしいと思います。

西　九〇年代生まれに限定したいという意図があったわけではなくて、自分と近い世代の人たちに話を聞いてみたいと思った結果そうなったんですが、一つ言えるのは、私たちにとって「復帰五十年」は遠い、ということです。戦争を経験したり、復帰を経験したりした方々がそれを大きな一つの節目として捉えながら「沖縄とは何だろう」と考えてこられたのはもちろんわかっていますが、私たちの世代は、復帰について考えることはあまりない。でも、だからって何も考えていないわけではなく、それなりにいろいろなことがありましたから……民主党政権（*2）になったり、与党がオール沖縄（*3）になったり、辺野古の埋め立てが始まったり（*4）。でも、新聞やテレビなんかで私たちの世代の声が聞かれることはあまりないですよね。だったら、みんなが今、どんなふうに沖縄を語るのか聞きたい。自分たちの言葉で「沖縄とは何だろう」と考えたいんです。

「なんで生き残ったのかね……」と呟いた祖母

宮沢　プロジェクトを進める中で、印象的だったエピソードはありますか？

西　私が最初に投稿したエピソードは、お盆に父について親戚まわりをしていたときの話です。父のルーツは渡嘉敷島と慶留間《げるま》島なんですが、親戚たちに会い、後でお話しする映画作りのために昔の話を聞いて、メモを取ったりもしたことを書きました。自分は親戚も好きですし、いろいろな話を聞くのはすごく自然なことで楽しかったんですが、糸満出身の友人が書いてくれたコラムは全然違っていて、「自分はそういう親戚づきあいが嫌いで仕方なかった」という内容だったんですよね。「親戚が集まると女の人だけ働いて、おばあが絶対的な力を持っていて。そういうのが本当に嫌だった」と。ああ、こういう沖縄もあるんだよな……と、わかってはいたつもりですが、身近な人の

＊2 二〇〇九年八月三十日に行われた第四十五回衆議院議員選挙において、民主党（当時）が定数四百八十のうち三百八議席を獲得する圧勝で政権交代を成し遂げた。直前まで政権を担っていた自由民主党は、安倍晋三（第一次）・福田康夫・麻生太郎の三内閣が政権運営の迷走や度重なる不祥事により国民の信任を失った挙句の惨敗により、選挙前の三百から百十九にまで議席を減らした。
七十パーセントを超える高支持率で鳩山由紀夫政権が誕生したが、政権内で大きな影響力を持っていた小沢一郎との政権内の主導権争い、そして後述する普天間基地問題で決定的に信任を失い、わずか一年で退陣する。その後菅直人、野田佳彦と総理大臣が代わる混迷ぶりで支持率も低迷、二〇一二年十二月十六日の第四十六回衆議院議員選挙で今度はわずか五十七議席にまで減らす大惨敗を喫し、再び政権を自民党に明け渡した。

＊3 自由民主党沖縄県連の幹事長や那覇市長を務め、「保守だが、沖縄の保守」と名乗っていた翁長雄志が、市長在任中に保守・革新の垣根を超えた「オール沖縄」として国と向き合っていくことをスローガンに掲げたことに端を発する政治連合。翁長は二〇一四年、沖縄県知事選に出馬。現職の仲井真弘多が二〇一三年に自身の公約として反対していた辺野古沖へのヘリポート移設を一転容認したことを激しく批判し、「辺野古新基地は絶対に作らせない」と訴えることで移設反対にもとより反対である革新勢力に加えて反対派の保守勢力までもを糾合したことで自民党の分裂を呼び、仲井真に十万票近く差をつけて圧勝した。翁長は二〇一八年、在職中に死去し、後継知事に玉城デニーが就任した。

＊4 又吉直樹氏との対談、注10を参照のこと。

文章を読んで改めて実感しました。

宮沢　歴史の長いお家には、門中（＊5）に由来する長男中心主義がまだまだありますからね。「沖縄では親族や近所の絆がまだ生きていて……」というのは、その明るい面だけを取り上げた決まり文句ですが、みんなの家がそうじゃないし、みんながそれをいいと思っているわけでもない。そのことが、それぞれの人の固有のエピソードを聞くことで浮き彫りになる。これは重要なことです。

本島の中だけでも事情は全然違うし、八重山や宮古と本島の関係、慶良間諸島（＊6）や伊江島（＊7）と本島の関係も含めて、「沖縄県」と現代の行政の言葉でくくられる地域の中にはさまざまな経験の違いやグラデーションがあり、とても「これが沖縄だ」とまとめてしまえるようなものじゃない。ましてや、そこに住んでいるのはそれぞれ違う個々の人たちなんだから、その心に秘めたものも違って当たり前なんですよね。戦争のことだって、積極的に語ってきた人もいれば、戦後数十年経ってようやく語り始めた人も、せっかく平和な時代に子や孫が生きているのだから絶対に何も話さず墓場まで持っていくんだという人もいる。どれが善で悪かみたいなことじゃない。ただ、人の数だけの答えがある。

西　私たちの世代って、体験者から直に沖縄戦の話を聞けた最後の世代だと思うんです。

私は祖母が渡嘉敷島の集団自決（＊8）の生き残りなので、小学校の頃から、何度もその話を聞かされて育ちました。祖母はその時、小学校五年生でした。軍命令で村のみんなが北山《ニシ》に集められて、そこで自決を促されたんです。もうこれが最後だというので、一番きれいな着物を着て、紅も差して……死化粧をして行ったそうです。手榴弾が配られて、逃げられないようにみんながお互いに足を縛りつけ合ったところで祖母のおばさんに「あの世に行っても、元気に学校に行くんだよ」と言われて、「あの世に学校なんかあるか！」と怒って、走って逃げ出したので助かった、と。

＊5　十七世紀後半、首里王府が肥大化した官僚機構を整理するため、臣民に家譜の提出を要求。提出された家譜の内、家譜に記された内容についての根拠が明白な者にその所有を認めた。この施策によって家譜を有する家系が系持（士族）、家譜を持たない家系が無系（農民）となり、結果的に琉球における士農分離を確定させることとなった。その過程で、始祖を同じくする父系の男子を中心とする門中が成立したと言われる。この制度は一族の結束を高め、沖縄における祖先崇拝文化の浸透に大きく寄与した反面、女性や他家から入ってきた嫁は下の立場に置かれた。全員が同じ門中墓に入るため、沖縄の墓は巨大な家の形をしており、その墓の維持や管理も門中全体の仕事である。門中はやがて庶民の間にも広まったが、近年は制度的にも人々の意識の上でも衰退している。

＊6　慶良間諸島は三十六の島々で構成され、うち有人島は五島。現在の行政区分としては、渡嘉敷島を中心とする渡嘉敷村と座間味島を中心とする座間味村に分かれている。沖縄戦における最初の戦地となったこの島々では、凄惨な集団自決（強制集団死）が繰り広げられた。島袋淑子氏、普天間朝佳氏との対談、注15も参照のこと。

＊7　伊江島は沖縄本島の本部半島から北西九キロメートルに位置する島。本島とは近い地理的関係にありながら、首里王府の重税に苦しんだ。戦時中には日本軍によって東洋一とも言われる規模の飛行場が築かれ、そのために米軍の攻撃目標となった。島民たちは斬り込み隊に無理やり参加させられたり、集団自決に追い込まれたりして約千五百名が死亡。両国の兵員も三千二百名が犠牲となった。占領後すぐに米軍基地が立地、生き残った全島民千七百人が土地を奪われ渡慶良間諸島の渡嘉敷島、四百人が同じく慶留間島に強制移住させられた。一九五三年の土地収用令によって一時は島の面積の三分の一が戦闘機やミサイルの射爆場とされ実戦基地、あるいは実戦に近い訓練の場所となり、住民は危険にさらされることになる。一九四八年に大量の弾薬の爆発事故が起こり、連絡船の出迎えに来ていた島民らを含む百七名が死亡する大惨事となった。また、伊江島の射爆場では核兵器の投下訓練である超低高度飛行や、模擬核爆弾の投下がたびたび行われた。模擬核爆弾投下訓練でも、米軍の過誤によって地元の農民が死亡している。

そんな話を日々聞いていた頃、二〇〇七年に教科書検定の問題（＊9）があって、「集団自決は軍命令ではなかった」ということにされたんです。「じゃあ、私のおばあちゃんが嘘ついてるって言いたいのか？」という気持ちになって。私は小学校六年とか中学校一年だったと思うんですけど、祖母の体験したことや、死んでいった人たちのことが忘れられてしまわないように、「次は自分が、何かの形で話すんだ」と、子どもながらに思いました。祖母は今、認知症になっていて、もう過去のことは何も話せない。ならば次は自分たちがそれを語っていかないといけないと思うんですが……やっぱり、体験した人たちの言葉が一番重いじゃないですか。それと同じ話をすることはできないし、どういう語り方、伝え方をすれば次に伝わっていくのだろうとはいつも思っています。

宮沢　西さんはお祖母さまが自分の戦争体験を話してくださったことで、それを知ることができた。身のまわりの同世代には、他にもそういう人が多かったですか？

西　『あなたの沖縄～』を始めるとき、最初に依頼した友人たちに沖縄戦のことを聞いたら「おじいさん、おばあさんからよく聞いているから、それを書きたい」という人もいれば、「どうしても戦争のことを話してくれなくて、一度も聞いたことがない」という人もいました。「話してくれない」ということにも、きっとすごく意味があると思うんですよね。その意味をどのように受け取って、どのように次の人たちに伝えるのか。私たちの世代だって知ろうとしなければ知らずにすんでしまうのだから、話してくれたことの意味も、話してくれなかったことの意味も、それぞれが自分の中で咀嚼して、自分の言葉で誰かに伝えていくしかないんだろうなと思います。

祖母の戦争体験を二〇一八年に『おもいでから遠く離れて』（*10）という映画にしたのも、そう

*8　渡嘉敷島では集団自決に用いる手榴弾があらかじめ島民に配られていたが、日本軍人が直接これを渡すことは、実は軍紀違反に問われる行為であった。そこで、「防衛隊」という名目で労役などに動員していた同じ島民の手から手榴弾を配らせることで、軍紀の抜け穴を作った。この手榴弾は不発のものも多く、また爆発しても死にきれなかった住民も多かったため、鎌や剃刀、あるいは石などで近親者が互いに殺し合うという地獄絵図が繰り広げられた。住民の約三割が死亡し、一家全滅した世帯は七十四世帯にもなった。渡嘉敷島に駐屯していた日本軍の指揮官である赤松嘉次大尉は、集団自決後も山中に籠り、米軍捕虜となって投降勧告に来た住民や朝鮮人軍夫らを見せしめに殺害している。
　二〇〇一年、岩波書店発行の大江健三郎『沖縄ノート』（一九七〇）と家永三郎『太平洋戦争』（一九六八）における集団自決の記述を巡り、座間味島での戦闘指揮官であった梅澤裕と赤松の弟らが岩波書店を提訴。しかし、原告である梅澤が提訴の段階まで『沖縄ノート』を読んだことはないと公判で発言しており、のちに政治家となり防衛大臣を務める稲田朋美ら三名の弁護士の後押しによって起きた訴訟であることが明らかになっている。最終的には岩波側の全面勝訴となるが、この提訴の動きが後述する教科書検定問題につながっていく、歴史修正的な動きの初手であったと指摘する向きもある。

*9　前項で触れた裁判の最中である二〇〇七年、文部科学省が次年度の教科書検定結果を公表し、集団自決を「軍による強制であった」とする記述について「沖縄戦の実態について誤解するおそれがある」との教科書検定意見をつけ、五社の教科書の記述を削除、あるいは軍の関与を示唆しないようなものに修正させた。

　軍の強制性に関しては、南京事件・沖縄戦など戦争の記述を理由とした教科書不採択をめぐり、一九六五年から一九九七年までの長きにわたって歴史学者・家永三郎が国を三度提訴した「家永教科書裁判」の第三次訴訟（一九八四〜九七）最高裁判決において、「日本軍の命令によりあるいは追いつめられた戦況の中で集団自決に追いやられたものがそれぞれ多数にのぼることは概ね異論のないところ」という事実認定が出ているが、それを現場の力学において覆した格好になる。

　この動きに沖縄では激しい抗議運動が繰り広げられ、同年九月二十九日に開かれた抗議の県民大会に、八重山・宮古も含め十一万人以上が集結（主催者発表）。当時の仲井眞弘多沖縄県知事が「強く抗議し、遺憾の意を表明する」と表明したが、それ以降、民主党政権時を含めて現在に至るまで日本軍による強制性を記述した教科書が採択された例はない。

いうことなんです。ドキュメンタリーではなく、物語として。祖母と同じように話すことはできない以上、自分が受け取ったものをどういう形で人に伝えるかと考えてたどり着いた、一つの方法ですね。

宮沢 この作品は、まだ平和だった時代のことを淡々と回想しているパートがほとんどじゃないですか。説明的でもないし、別に何か盛り上がるポイントがあるわけじゃない。それがとてもリアルで、よかったです。どれくらい実際に即していたかはお祖母さんにしかわからないけど、「こういう日々があったんだな」ということがすごく現実感を持って伝わる。そのパートの前後を、集団自決のシーンを含む戦時の回想が挟んでいる。日常のパートが続いて、登場人物にようやく感情移入ができ始めた頃に、パッと集団自決のシーンになって、終わる。この構成も、効果的……というと少し不遜かもしれませんが、戦争の悲惨や理不尽をより強く感じることができました。

映画というのはいろんな人と一緒に作るもので、お金も時間も労力もかかるし、すごくバイタリティがいると思うんですよ。この形式を選んだ西さんの必然性は、どこにあったんでしょう。

西 映画にしたのは、高校の映画研究部というところに入っていたからですね。それまではＮＨＫで流れているような八分間の創作ドラマみたいなものばかり撮っていて、沖縄のことなんて撮ろうと思ったことは一度もなかったんですけど……。でも、祖母のある言葉が、私にこの映画のシナリオを書き始めさせたんです。

集団自決の場から逃げた話を何度も聞いて育った私はてっきり、祖母は「生き延びてよかった」と感じているのだとばかり思い込んでいました。でも、私が高校生になってから、祖母が少しずつ認知症が進行し始めて、体調を崩しがちになった頃……はっきり覚えてるんですけど、一度だけ「なんで、私は生き残ったのかね……」と言ったんです。衝撃でした。祖母はずっと、この話を「自分は生き残ってしまったんだ」と思いながらしていたのか……と。自分が生きていることにさえ罪悪感を抱かせる戦争って、いったい何なのか、と。

宮沢 そう言われてしまうと、自分自身の存在も揺らぎますものね。

西 そうなんです。私は祖母が生き延びたおかげで生まれているので「おばあちゃん、ありがとう」と思っていたんですが、思えば祖母はどんな話をしていても戦争のことが話に混ざってくる人だったし、「生き残ってしまった」という後悔にずっと苛まれていたんだ……と。そう思ったときに、作品の冒頭と最後にくる戦争時の回想の部分のイメージがバーッと浮かんできて、シナリオに書きとめました。

祖母に限らず、語り部の方など戦争を生き抜いた人がしてくれる話のどこかに、そういう語られない思いもあることを、私は知ってしまった。「いつか、そのことを形にしなければいけないんだな」

＊10 西由良・宗利風也の共同監督による二〇一八年の映画作品。製作は早稲田大学映画研究会。

と思ったんです。なぜなら、祖母には後悔や罪悪感もあるんだろうけど、でもやっぱり、私としては「おばあちゃんが生きてくれたから、お父さんがいて私がいるんだよ。ありがとう」ということも祖母に伝えたかったから。むしろ、その思いが作らせてくれたのかもしれません。

祖母は今、もう何も話せなくなってしまっているんですが、もしかしたらようやく戦争の記憶から解放されたのかなと思うような表情を見せる時もあります。ただ、子供時代の歌をよく歌うんですけど、昔の唱歌とか沖縄の歌に混じって、時々軍歌も出てくるんですよね。「鬼畜米英を倒せ……」みたいな歌が急に出てきてギョッとすることもあります。でも、それが祖母の子供時代だったんですね。

宮沢　確かに、言葉で語られない思い、今の世では聞こえない声に耳をすますことによって作られた映画だという印象も受けました。

上映会もやったんですよね。見た人たちの感想はどうでしたか?

西　十代や二十代の方は「すごく戦争がリアルに感じられた」と言ってくれる人も多かったですが、七十代とか八十代、それこそ戦争体験世代の方からは、厳しいことも言われましたね。「沖縄戦のいろんなことを、もっと描いてほしかった」とか。

宮沢　それぞれの人たちが抱く「沖縄戦の映画」のイメージもあるでしょうからね。でも、伝え方というのはいろいろありますから。同じボールを投げるにしても、バーンと強く投げつけられたら怖いけど、そっと手渡されたら手に取ってしみじみ眺めることもできる。一度に両方はできないし、全員が納得するものを作ることなんて不可能ですから、それでいいんだと思いますよ。「もっと描いてほしかった」という人の中でも、もしかしたらまだ戦争は終わっていないのかもしれない。その切実さとも向き合いながら、現在の自分にできるやり方を選ぶしかないんですよね。

西　島にいると、まだ戦争が終わっていないことがよくわかります。集団自決の時の村長のご親戚とかがまだ住んでいるので、今でも「あの時、誰がどうだった」みたいなことはなかなか言いづらい雰囲気があるんですよね。渡嘉敷島は大きい島なので、親戚が集まった時は当時の話をすることもあるんですけど、父方の祖父は慶留間島で、あそこは本当に小さいコミュニティなので一切その話にはならないんです。小さい島で、顔見知り同士が殺し合うという歴史があったからこそ、今何かを喋って、その記憶を掘り起こすということを避けているんだと思います。

宮沢　米軍が慶良間諸島にやって来たのは、沖縄戦の最初も最初だった。「米軍が来たら男は殺され、女は辱められるんだ」と刷り込まれていた人たちは、軍に自決を促されて、他に取るべき手段がなかったでしょうしね。これがもう少し後だったら、もう少し広い島だったら、「どうもそうじゃないらしいぞ」という情報だって入ったかもしれないけど……。島の人は誰も悪くないのに、軍は滅びても、人々の心の中では戦争が終わっていない。

西　本島では六月二十三日に戦闘が終わったということになっているけど、島ではそれを知らずに、九月くらいまで山に隠れていた人もいた（＊11）そうです。祖母は山から荒れ果てた集落に下りてきた時、そのへんになっていた木苺の実を食べたそうんですが、ずっと「あれは甘かったねえ」と言っていました。いつも話の中で何があった、人がこんなふうに死んでいた、という情報的なことは言うんですけど、悲しかったとか、怖かったという自分の感情のことはあまり話さなかったんですよ。でも、その木苺のことだけ、「あれは甘かったねえ」ってポツリと言ってて。その時初めて、生きてるという気がしたのかもしれません。

宮沢　映画の中でも描かれていましたね。あのシーンは印象的でした。

西　私たちは戦争も体験していないし、復帰も体験していないけれど、私たちが今いる風景の土台には、やはり沖縄戦がある。何かの事件や出来事があっていろいろな世代の県民が一致団結する時って、どこかで戦争の記憶に触れるような時だと思うんです。その点で、上の世代の人たちとも、考えが違う人とも、私たちはつながっているという感覚がありますね。その感覚を、どうやって次につなげていくか。

「沖縄＝楽園」イメージを信じたい気持ちもある

宮沢　同世代や次世代のウチナーンチュに伝えていくこともあるし、あとは、内地の人間というか、外の人にどう伝えていくかというのもありますね。

西　そうですね。特に、東京に出てきているとそう思うことも多くて……コラムにも書きましたが、「大学に入った時、新入生歓迎の飲み会で「沖縄出身です」と言ったら、上級生の一人に「日本へようこそ」と言われたんですよね。一瞬なんだかわからなくて聞き返したら、もう一度「日本へようこそ」って。その後で「うちのじいちゃんが『沖縄だけは許せない』って言ってんだよね」とも言われました。正直、何言ってんの？　というか……そのおじいさんにはそう思う理由が何かあったのかもしれませんが「この人はなんでおじいさんの言ってることを、自分のもののように語ってるのだろう……こういう記憶も継承されてしまうんだな」とは思いましたね。「他人の言葉がそのまま刷り込まれてしまうくらいには、この人にとって沖縄というのは『遠いこと』なんだな」とも。

宮沢　行ったことがあったり、知り合いがいたりしたら、仮におじいさんがそう言ってたとしてもまた違う物言いがあったでしょうしね。

西　「沖縄、いいよね！」と言ってくれる人であっても、やっぱりそういう遠さを感じる時はありますね。距離もあるし、文化も違うので理解できないのは仕方ないんですけど、「こういう時に基

＊11　渡嘉敷島においては、集団自決後も先述の赤松嘉次大尉率いる日本軍と住民が山中で潜伏生活を送った。渡嘉敷村の記録によると、終戦ビラによって住民が下山したのは八月十五日、赤松隊が降伏したのは八月十九日。

地の話をし始めたら、引かれるのかな」とか考えてしまいます。でも、私は知り合った人にはなるべく沖縄のいろいろな話をしたいと思いますし、実際に沖縄料理屋……高円寺の「抱瓶《だちびん》」なんかに一緒に行って、沖縄について話すこともあります。そういう意味では、私も上の世代の方たちがやってきたように、いろんなやり方で沖縄を知ってもらおうとしているんだろうと思います。

宮沢　本当は、ヤマトの我々のほうからまず知ろうとしないといけない。でも、実際にはそうでない人も多いわけで、知るきっかけがあるというのはすごく重要なんですよね。

西　そうなれるように、『あなたの沖縄〜』でも、シリアスな話ばかりにしないようにしたいと思っているんです。例えば、ヒヌカン（＊12）にご飯とお酒じゃなく、お母さんがパンとワインをお供えした話とか（笑）。基地とか戦争について知ってもらいたい気持ちがあるのと同じだけ、それだけじゃない沖縄もあるよ、ということも言っていかないといけない。インターネットでは、どうしても怒りのほうが広がりやすいですから。

宮沢　その意識は、西さんの映画でも同じですね。戦争のシーンだけじゃなく、かつての暮らしとか、日常の些細なやり取り、日々の遊びといった部分が挟まれていることが重要で。「戦争はこんなに悲惨だった」「四人に一人が死んだ」ということを伝えるのももちろん大事なんですが、「こんな日常があったんだ」と伝えることも、同じくらい大事だと思う。その日常が一瞬で消えてしまうのが、戦争ですから。

西　学校の平和授業なんかで聞く戦争の話って、どこか非日常感があるというか、少し自分とは遠いことに聞こえてしまう部分がありますよね。でも、祖母が話してくれた戦争は、日常の延長線上にあったんです。全部がつながっていた。それと同じで、ヒヌカンも基地も全部沖縄の日常だし、今でも全部つながっているんだよ、ということは知ってもらいたいです。

宮沢　沖縄の風景は僕が来るようになってからだけでも徐々に塗り替えられていったし、その変化は今でも続いているけれど、それでも先祖やグソーに対する感覚とか、どんなヤンチャな若者も清明祭《シーミー》にはちょっとおとなしくなるとか、そうした過去からつながる水脈、生と死の感覚が、生きた文化として生活の中にきちんと残っているんですよね。そういうものを手放してしまった他県の人からは非日常的なおもしろ要素に見えても、そうじゃない。

西　テストの順位をユタ（＊13）に当ててもらってたというコラムの原稿をもらった時は「そんな人いるんだ」と思いましたけどね（笑）。宮古島の子には、遠足に行った時に御嶽からみんなで石を持って帰ってしまって、ユタに「あんたの家、なんかおかしいものがあるよ！」と言われたことで

＊12　ヒヌカン（火の神）は琉球弧の島々で信仰される、家の守り神「かまど神」。その家の女性が祭祀を司ることが多く、日常のさまざまなことを祈願する。旧暦の毎月一日と十五日には米飯や酒、花や線香を供える。
＊13　又吉直樹氏との対談、注17を参照のこと。

それが発覚し、学校車に乗ってみんなで石を返しに行ったという話も聞きました。聞くと、まだまだけっこうそういう話が出てくるんですよね。

宮沢　どんな現代っ子も、まだ片足くらいはそれを信じていますよね。言い方を変えれば、タブーがたくさんある島でもある。タブーというと言葉が強いですが、「ここから先は自分たちのわからない、踏み込めない領域なんだ。そういうものがあるのだ」という、土地への敬意のようなものですね。それを持たない日本軍が飛行場を読谷や小禄（＊14）の御嶽のある場所に作ってしまったり、そこが今度は米軍基地になったりして、どんどん大きな力で上塗りされてきた。そのことが沖縄の風景を複雑にしている一つの要因でもあると思うんですが、根っこにあった「先祖も、これから生まれてくる子供もつながってるんだ」という生活上の感覚はまだ残っていると思う。その感覚を喪失した内地の人にとってはそれが珍しく見えてしまうので、生活の現実の中のことなんだという敬意を少し欠いた、ファンタジー的な紹介のされ方になってしまうこともあるのかもしれません。

西　これは難しいところだなと思うんですが、そのファンタジーを自分たちも信じたいと思っているのかもしれないんですよね。「沖縄、いいよね」と言われて、沖縄のことを好きになってほしいから、その「いい沖縄」をつい演じてしまったり……。相手によっては基地の話をしないということもあるし。だから、いい面だけを見てしまう内地の人たちだけに問題があるわけじゃない。自分たちの中にも、沖縄のいい面だけを見ていたいという気持ちは必ずあると思うんです。

宮沢　それもきっと、沖縄の人たちが決めることなんですよね。つい「こういうことも言っていけばいいんじゃないか」と外からの視線で言いたくなることもあるけど、自分をどう語るかという話法そのものを自分が決めることに意味がある。外の人間にできるのは、過剰な期待や思い込みを押しつけて本人を息苦しくさせない、ということだけなのかもしれません。

三十年前には選べなかった伝え方

宮沢　西さんは、どんな音楽を聴いて育ったんですか？

西　私は……ちょっと自分の世代の代表としては全然語れないと思うんですが、小さい頃、新都心（*15）にある保育園に通っていたんですよ。まだ返還されたばかりの、何もない新都心に。そこに、フィンガー5（*16）を聴きながら通っていましたね。完全に父の影響です。

*14　一九三三年、小禄村（現・那覇市小禄）に日本軍が海軍飛行場を建設。沖縄戦で米軍に占領され米軍の航空施設となり、周辺の村域は一九五三年の土地収用令によって小禄村のほぼ全域が「銃剣とブルドーザー」で接収された。ここに置かれたミサイル基地、通称那覇サイトにはナイキ・ハーキュリーズ型ミサイルが配備されていたが、一九五九年六月十九日、この基地から核弾頭を搭載したミサイルが誤射され、那覇沖の海へ落下した（のち回収）。弾頭が市街地を向いていたら那覇市は消滅していたと言われる。この事件は二〇一七年になって、松岡哲平らNHKスペシャル「スクープドキュメント沖縄と核」の取材班によって明らかになった。那覇サイトは一九七二年の復帰に伴って航空自衛隊に移管され、那覇空港の一部となっている。

宮沢　それは完全に僕の世代だ（笑）。

西　もう少し大きくなったら新良幸人さんとか、夏川りみさん……夏川りみさんはめちゃくちゃ聴いてました。あと、やっぱりKiroro（*17）とか。

小学校の頃は圧倒的にORANGE RANGE（*18）が流行っていましたね。給食の時間に、お昼の放送で毎日かかっていました。RADWIMPSもすごかったかな……あとはＤＡ ＰＵＭＰ（*19）やＨＹ（*20）を好きな子も多かったです。

今挙げた人たちはほとんど沖縄の人ですが、「沖縄の音楽だから」と意識することもなく、普通に身のまわりにあるポップソングとして聴いていたと思います。「島唄」もそうですし、それが当たり前にテレビやラジオで流れている時代に育ったので、どこの歌とか、誰が作ったみたいに区別する感覚はなかったですね。

宮沢　沖縄の放送局なので沖縄の曲を意識的に多く流すということはあったかもしれませんが、聴く側がそれを意識していないというのは、時代ですね。

僕が「島唄」を作った頃は、もちろん民謡はありましたけど、沖縄発のロックやポップスというのは喜納昌吉さんなどごく少数の人しかいませんでした。「こんなに素晴らしい音楽文化があるのに、なぜポップスでそれを取り入れる人がほとんどいないんだろう？」と思ってたんですが、今考えてみると、やる人も、聴く人も、メディアなどで扱う人も、「沖縄の音楽」というのをものすごく意識してしまう時代だったのかもしれないですね。いろいろな人の考えがありますから、下手なことをすると悪目立ちしたり、お叱りを受けたり……ということもあっただろうし。アメリカとの関係の中で自ら同化するようにハードロックを選んだ人、逆にそういうものに背を向けて民謡の歴史を受け継いでいった人、それぞれの思いがあったと思うけれど、欧米のロックやポップスのり

＊15 現在の那覇市おもろまち付近はシュガーローフと米軍が呼んだ、沖縄戦の最激戦地の一つ。一九五三年、土地収用令の最初の執行例として米軍に強制収用され、米軍人や家族用の住宅地・牧港住宅地区となった。一九八七年に全面返還されて以降、都市計画段階の十年あまりは見渡す限りの空き地が広がっていたが、徐々に学校や企業、商業施設が移転。那覇市の「新都心」として造成されていく。現在は有名ブランドが多数入った外資系大型ショッピングモール、県立美術館・博物館なども立地し、昔日の面影はない。

＊16 一九七二年にデビューした、沖縄出身の男性四人と女性一人の玉元兄妹によるアイドルグループ。まだ十歳そこそこのメインボーカル・晃（四男）の存在やアメリカナイズされたファッションも話題となり、「個人授業」「恋のダイヤル6700」「学園天国」などが大ヒットした。

＊17 沖縄県立読谷高等学校の同級生であった玉城千春、金城綾乃によって一九九五年に結成。翌年にインディーズで発売した「長い間」が沖縄県内で一万枚を超えるヒットになり、九八年にメジャーデビュー。百万枚を超える大ヒットとなった。

＊18 二〇〇一年、沖縄の高校生たちで結成。コザを中心に年間七十本以上のライブを行ううちに話題を呼び、〇二年にインディーズデビュー。翌年にはメジャーデビューを果たし、「上海ハニー」「花」「＊～アスタリスク～」などヒットを飛ばす。現在も沖縄を拠点に全国区の活躍を続けている。

＊19 一九九六年、沖縄アクターズスクール出身のメンバー四人で結成。九七年に全国デビューし、ダンスやラップを意欲的に取り入れた楽曲で人気を集めた。現在はデビュー以降現在に至るまで在籍するISSAと、二〇〇九年以降に加入した五人のメンバーとの六人組で活動している。

＊20 全員が中頭郡与那城町（現・うるま市）出身の同学年五人組バンドとして、高校三年生の二〇〇一年、沖縄県限定のミニアルバム『Departure』でデビュー。一万枚を完売し、その後も一貫してインディーリリースを続けながら全国的な人気バンドとなる。現在は拠点を沖縄に戻し、活発な活動を継続。

ズムに自分たちの根っこの音楽を融合させてしまうのはタブーだという意識があったかもしれない。

僕はそんなことを何も知らなかったからこそ、「島唄」が作れたんだと思います。琉球音階をロックに乗せるとか、三線をギターのように振り回しながら歌ったりとか……今思うと、ハラハラしてしまいますね。島のいろいろなことを知っていたら絶対にできないようなことだし、いろんな方面からお叱りを受けましたけれど。

西 そうなんですね……！ どんなふうに怒られたんですか？

宮沢 雑誌や新聞で「表面だけで中身がない」とか「あれはまがいものだ」とか。直接言われたこともあります。でも、僕があの歌で言いたかったのは、「この島に永遠に戦争があってはいけない」ということと、その一つだけだった。その思いに何かを言われる筋合いはないし、何を言われても沖縄という土地への思いだけは揺らがないと思っていました。

あの歌の歌詞は、全部ダブルミーニングなんです。内地で高度経済成長の中で育って、バブル景気の残り香の中でデビューした僕は、それまで戦争のことなんて何も考えないまま生きてこられた。それが、一九九〇年に沖縄に初めて来て、ひめゆり学徒隊員の方々のお話を聞いたりして、あまりにも戦争が終わっていないことに衝撃を受けたんです。その衝撃を歌にしなければ、僕は恥ずかしくて生きていられないと思った。そんな中でいろんな資料写真を見ていたら、読谷村の、あの美しい海にアメリカ軍の艦隊がズラリと並んで、こちらを睨みつけるように隊列を組んでいるのを陸地から撮った写真があって。背筋が凍る思いでした。写真で見てもこうなのだから、村のお年寄りや子どもたちは、さぞ恐ろしかったろうと。

そして、その海から、「鉄の暴風」と呼ばれた艦砲射撃の嵐が来た。「島唄」は、その嵐の景色から始まります。真っ赤なでいごの花がたくさん咲く年に、嵐が来た……と。ダブルミーニングにして、直截的に戦争のことを歌わなかったのは、九〇年代前半の軽薄な世の中でこれをまともに歌っても誰の耳にも届かないんじゃないかと思ったからです。それが沖縄への入り口を作るための、当時なりの戦い方だった。遠回りなやり方だったとは、自分でも思いますけどね。十分に伝わらなかっただろうし、批判を浴びたりもしましたけど、だからと言ってすぐに「この歌詞はこういう意図があるんです」なんて言うのは野暮だし、音楽家としては敗北だと思ったので、何も言わずに歌い続けようと思いました。「今はわからなくても、いつかは伝わることもあるだろう」と。今の時代だったらカッときてSNSで応戦したりして、大炎上してるかもしれないですけど（笑）。

西　でも、わからないままに作った「島唄」がなければ、沖縄の音楽もこうなってなかったし、「沖縄に行ってみたい」と思う人もいなかったわけですから……。

「島唄」の歌詞は言葉数が少ないからこそ、自分が聞いた沖縄戦の話そのままじゃなくても、そこに自分の聞いた話や自分自身の記憶を重ね合わせることができるんですよね。一見、抽象的で大きな言葉にも見えるんですけど、私が祖母に聞いた話を思い出してしまうような、小さな記憶や思いがスッと入っていく隙間があって。それが世代を超えて受け入れられ、ずっと聴かれている理由なんだろうなと思います。

宮沢　そう言っていただけると、ありがたいですね。当時は「これは言われても仕方がないな」という批判もあれば、「なんでこんな意地悪を言われなければならないんだ」というものもあった。正直、孤独でした。

でも、その後に幸人がパーシャクラブを始めて、ディアマンテスがデビューして、Cocco（＊21）やKiroroが出てきて、ＢＥＧＩＮが「島人ぬ宝」を作り……と、九〇年代から二〇〇〇年代前半にかけて、沖縄のポップスがどんどん元気になっていった。その後は言わずもがなです。他の分野を見渡してみればいろんな芸能人も出てきたり、『ナビィの恋』が爆発的にヒットしたり、沖縄尚学の甲子園優勝（＊22）だったり、文学の世界でも芥川賞が続いたり（＊23）ということもありましたが、こうした流れも一過性に終わらず、今に至るまでそれぞれの世代がそれぞれの戦い方で戦っていて、そして西さんが映画を作ったりコラムプロジェクトをやったりすることまで、誰かが誰かにバトンを渡しながら、すべてがつながっていくのを見てきました。

西さんのやっていることは、いくつもの等身大の、たった一つの主語を重ねて、沖縄の姿を描き出していくようなことですよね。これは僕の頃にはできなかった、三十年後のこの時代に合ったやり方なんだなと思います。僕たちは現在を戦っている以上、現在に働きかけることで未来につなげなければならない。自分には自分にしかできないことがあるし、若い世代は若い世代にしかできない方法論で、僕らにはできないことをやってくれる。こういうことが起こっているのはとっても心強いし、僕は嬉しいんですよ。

西　ありがとうございます。いろいろな先人たちがやってきたことがあっての自分たちなんだな、とは思います。そういうことが全部つながっているんだという意識を大事にしたいですね。

宮沢　その世代ごとの葛藤というのは必ずあって、それは百パーセントわかり合うことはできないかもしれない。でも、この本で言えば最初にインタビューした具志堅さんから、今日お話ししている西さんまで、すべてどこかでつながっている。それぞれに違う「沖縄」を持っているんですけど、

＊21　一九七七年、那覇市生まれ。Cocko名義でのインディーデビュー後、一九九七年にメジャーデビュー。「強く儚い者たち」「Raining」といった、同世代の揺らぐ心理に響く歌詞が絶大な支持を得た。二〇〇一年に活動休止するが、〇六年の活動再開以降は絵本や小説の執筆なども開始。無理のないペースで幅広く活動する。近年は自らのルーツを意識的に見つめ、ウチナーグチや島の情景を歌詞に取り入れることも非常に多い。

＊22　一九五七年に開学した沖縄高等学校を前身とし、八三年に中高一貫制の進学校となった。一九九九年、第七十一回選抜高等学校野球大会（春の甲子園）で沖縄県勢としては初めて優勝。二〇〇八年の第八十回大会でも優勝を果たしている。夏季大会では一九九〇年・九一年に沖縄水産高校が二年連続で準優勝して以来、長らく決勝進出校はなかったが、二〇一〇年に興南高校が優勝を果たした。

＊23　一九九五年に又吉栄喜が『豚の報い』で、九七年に目取真俊が『水滴』でそれぞれ芥川龍之介賞を受賞。この両名以前の受賞者は一九六七年の大城立裕『カクテル・パーティー』、七一年の東峰夫『オキナワの少年』。

一本つながっている意志みたいなものがあるんだと思います。

僕は南米に行くことも多いんですが、ご存知のように、向こうにも多くの日系人がいます。ブラジルでは今や二百万人弱、アルゼンチンには六万人あまり、ボリビア、ペルー、他の国にもたくさん。その少なからぬ割合が沖縄県系の人ですが、もはや沖縄に行ったこともない人も多い彼らの中にも、やはり、何かつながっているものを感じることがあるんですよ。

先祖やあの世と自分はつながっているという死生観を手放さずにいられる人たちが地球の裏側にまでこんなにいて、二百年、三百年前の歌を聴いたり歌ったりして、今でも涙している。こんな場所は、少なくとも日本のどこにもない。ヤマトの僕たちは、そういうつながりをほとんどお金に変えてしまいましたから。ヤマトに何かを学ばせるために沖縄があるわけでは決してないけれど、でも「自分たちは何を忘れ捨てて、ここに立っているのか」ということを、僕は沖縄を語ることを通じて、ヤマトの人にも感じてほしいとは思います。

西　歌って、きっと何かの力を持っているんでしょうね。私は中学校二年生の時に、ホームステイに行ったんです。沖縄県がお金を出してくれるプログラムで、沖縄県系の移民の方のところに滞在するというものでした。私はハワイに行ったんですが、ある日、沖縄にルーツがある方々との交流会があって。何か出し物をということで、一緒に来ていた他の子たちと一緒に「花ぬ風車《カジマヤー》」(*24)を歌ったんです。その中に、移民一世の沖縄のおばあさんがいらっしゃって。もう百歳近くて、日本語も沖縄の言葉も忘れてしまっていて、英語しか話せない。だけど、そのおばあさんは歌を聴いて、泣いていたんです。言葉も思い出もなくしても、歌は心の中で生きている。今、私の祖母も、認知症でも歌は歌えるので、よりそう思います。

宮沢　沖縄県がそういうプログラム（＊25）をやっているんですね。移民として外に出て行った人たちのことを、ちゃんと教えるという方針があるのはいいことです。そういうことも、内地では学校などで教わらないですからね。もともとは国の政策（＊26）で、半ば騙すようにして国外に放り出した人もいるというのに……。「国」という単位で言えば、そうやって自らの過ちを認めない、教えないという姿勢のまま来てしまっていることは大きな問題です。自分たちが、どういう歴史の上に立っているのか、そういうことを忘却してしまっている。

＊24　沖縄の童歌の定番的な一曲。回る風車を花に見立てた内容。沖縄においては数え年で九十七歳＝太陰暦においては百歳の祝いをカジマヤー（風車祭）と呼び、旧暦九月七日に本人も含め、皆で風車を持って村中を練り歩く（現在は風車を飾りつけたオープンカーにお年寄りを乗せて集落を回ることも多く、独特の風景となっている）。その由来は、この年齢になると童の頃の心に戻るから、「人間は百年経ったら土に返せ」という大神の命令に困惑した地守神が九十七歳の老人に風車を持たせて赤ん坊のふりをさせたなど諸説ある。

＊25　沖縄県内の各自治体では、現在も移民の歴史に関係する海外都市との交流、ホームステイの派遣や受け入れなどを積極的に行っている。その関係先も自治体の歴史によって違い、沖縄本島では移民史に関わるハワイや中南米が多い一方、八重山・宮古・与那国では地理的にも近く、国交断絶までは日常の移動圏内だった台湾が非常に多い。

＊26　宮沢エッセイ第五章、注9を参照のこと。

＊27　同右、注10を参照のこと。

沖縄では、一時期、県民の十人に一人は海外に在留していた（＊27）と言われていますからね。自分が行っていなくても、親や祖父母、親戚、近所の人まで含めると、誰かしらから移民の話を聞ける場所です。だからこそ「世界のウチナーンチュ大会」が成立しているわけだし。

「大きな主語」の引力から自由であれるか

西 私も、移民の歴史について初めて知ったのは、小学校の時に行った「世界のウチナーンチュ大会」です。その時は「楽しいお祭りだな」と思っていたくらいですが。

宮沢 でも、知るきっかけがあるというのは大事なことですよ。お祭りや催しもあるし、ホームステイもあるし、人から聞くこともできる。身の回りに、歴史のもっと深いところにつながる入り口がちゃんとあって、知りたいと思った人はさらに奥まで進める。

西 ただ、自分の日常の中にきっかけはあっても、もう少し何かきっかけがなければ学ばないままかもしれないですね。高校までの学校の授業では世界史や日本史はあっても沖縄の歴史というのは教えられませんでしたし、私も、沖縄の歴史についてちゃんと知りたいと思うようになったのは、大学で東京に出てからでした。外に出て初めて「歴史というのは単なる遠い昔の話ではなく、沖縄の置かれている状況がなぜこうなっているのかを考えるために必要なことなんだな」ということに気づきました。沖縄にずっといたら、わからなかったかもしれません。

宮沢 なるほど。外の世界に出て初めて気づくことは多いですね。

西 ただ、それにしたって、自分が沖縄で生まれ育って、昔のことを見聞きする環境があったことや、家族の影響で沖縄の歴史や文化に興味を持つように育ってきたからこそ思えたことかもしれない。そういう前提条件がなかったら、どうだったかはわからないです。

宮沢 お話を伺っていると、出版をやっていらっしゃるお父さまの影響も大きいのでしょうね。ずっと戦ってらっしゃるところを、間近で見ていたというのもあるんだろうなと。

西 そうですね。その影響は……大きいと思います。

宮沢 沖縄には出版社もたくさんあるし、いわゆる「県産本」がものすごく活発に刊行されています。これはやはり、沖縄のこと、自分たちのことについて何かを語りたい、伝えたいという人が多いことの表れなんでしょうね。

西 そう思います。ただ、その逆もたくさんありますね。

沖縄で生まれ育った友人の中には「沖縄の何がいいんだかわからない」という人もいるし、東京に来た友人でも「もうずっと東京でいい」と言ってる人もいます。自分を「沖縄」というアイデンティティで語りたくないし、「沖縄」ということでつきまとういろいろなものから逃れたいという気持ちも、わかるんですよ。私だって、いろいろな人とのつながりを感じれば感じるほど「逃げられない」という気分になることもあるし、「沖縄に生まれていなければ、こんなに悩まなくて済んだんじゃないか」と思うこともありますから。

宮沢　そうか……。さっきのBEGINじゃないけど、ものを作る人でも、「勝手に『沖縄』を背負わされないところで勝負したい」という人もいますもんね。

西　こういう話をするとき、どうしても「主語が大きくなってしまう」という問題があるじゃないですか。「沖縄とは」とか、「私たちの世代は」みたいに。それを、どうやって個人ベースの小さい声のまま話していくかというのは、考えどころです。

『あなたの沖縄〜』でも、自分の体験したこととか、自分の思ったこととか、「自分の」ことをベースに書いてください、というお願いを皆さんにしてるんです。けど、どうしても「沖縄の人って……」という話をしたくなることもあるという、その気持ちもわかるので、バランスを取るのは難しい。一般的な「沖縄あるある」みたいな話になってくると、どうしてもステレオタイプを補強するほうに向かってしまう。そうすると、結局、一人ひとりが抱えている沖縄イメージへの違和感とか、「ウチナーンチュ」というアイデンティティへの迷いを塗りつぶしてしまうことになります。それは嫌なので……。

宮沢　本当にそうですよね。人間というのは、本来「山梨県の甲府市の、どこそこで生まれて……」と、細かいディテールの積み重なったものでしかないんだけど、手っ取り早く話をしようとすると

「日本人です」という言い方になってしまう。「日本」と言ったって、例えば僕だったら西日本の祭りを何も知らないわけです。大きい抽象的な言葉で自分を語ってしまうことは、自分の生も、そして他人の生も大きな言葉で上塗りしてしまうことにつながる可能性を自覚しないといけない。これは、常々考える訓練が必要なことかもしれない。メディアなんかが大きな主語を使いがちですから、ついその言葉遣いに引きずられてしまうということもありますからね。

この三十年で、よくも悪くもさまざまな人が沖縄を語ってきて、大きな言葉はもうすっかり出尽くしている。「沖縄はこんなところ」というイメージも、粗い人もいるけれど、多くの人が何かしら持っている。そんな今だからこそ、その具体的な中身、人の数だけある沖縄の姿を一つひとつ提示していく西さんのプロジェクトは、大事な仕事だと思います。ヤマトが沖縄のことを何も知らなかった昔はそれでは弱かったかもしれないけれど、今はそれができる。

西　嬉しい。ありがとうございます。本当にそうだと思います。

宮沢　戦い方……というと物騒ですけど、「島唄」の当時はその対象もハッキリしていたんですよね。僕は戦争の犠牲になった人たちへの鎮魂と、自分たちヤマトの無知や忘却と向き合うために、この歌を作ればいいと思っていた。でも、その後の時代の流れの中で、よりさまざまなことが複雑に絡み合ってきていて……日本政府はより露骨にお金の力を見せつけてくるし、そういう状況を覆い隠すように「オール沖縄」という言葉が機能してしまってるのではないかと思うこともあるんです。

何と戦えばいいのか、みんな見極めあぐねている気がする。そういう時代には、それぞれの小さな持ち場で、同時多発的にいろんなことをやっていくという方法論がより有効かもしれません。

そして、だからこそ、この本でいろいろな世代の話を聞けているのはとても重要なことなんです。それぞれの世代、場所で、みんなが戦ってきた対象も、考え方も少しずつ違っている。だけど、それぞれのことを語り合うことはできるし、復帰五十年という年は、そういう話をもっとしていくべき時期なんじゃないかなと思うんです。「なかったこと」にしないで、「あの時、こういうことがあったんだ」「あの裏にはこういう思いがあったんだ」と。

「諦め」を植えつけられてきた三十年の先に

宮沢 一九九四年生まれの西さんの個人史は大田昌秀知事（*28）の時代、まさに沖縄が大きく揺れ動いた時代と重なっていますね。ご自身でそれを意識したのは、どのあたりからなんでしょう。

西 うちは県民大会にも積極的に参加する家族で、私はもちろん何も覚えていないんですが、一九九五年の少女暴行事件（*29）の時の県民大会に連れられて行った時の写真が残っています。背景を何も知らなければピクニックに見えるくらいのお天気の日で、赤ちゃんの私がいて。

その後も、何か事件があるたびに県民大会が開かれていましたが、子ども心に「何か揉めてるんだな」と思う程度でした。それが、さっきも言った教科書検定の問題で、自分自身の憤りになって。

＊28 一九二五〜二〇一七。琉球大学教授を経て、一九九〇年に現職の西銘順治を選挙で破り沖縄県知事に就任。沖縄戦の記憶・記録の継承事業に改めて取り組み、戦後四十年となる一九九五年六月、摩文仁の丘に「平和の礎」を建立。八月には就任直後から米国で収集していた沖縄戦や米軍統治時代の資料を収蔵した沖縄公文書館を設立した。その年の九月四日、後述する米兵による少女暴行事件が発生。日米地位協定の改定を国に強く求めるとともに、この事件を受け、在日米軍の使用予定地の権利者が契約を拒否した場合その自治体首長が強制的に署名し契約を成立させることになっている「代理署名」を、「象の檻」と呼ばれた読谷村の楚辺通信所など十二施設三十五件に関して拒否。国との裁判で結果的に敗訴し、翌年には代行せざるを得なくなるものの、議論の過程で日米政府から普天間飛行場返還の合意を引き出した。一九九八年、県知事選で自民党の支援を受け経済問題を最優先課題として巧みな広告宣伝戦略を展開した稲嶺恵一に敗北する。その後は国政に転じ、参議院議員を二期務めたのち引退。

沖縄戦において学徒動員され、少年兵によって構成された鉄血勤皇隊の一員となって多くの学友や隊員が戦死する中で生還した経験から沖縄戦の研究を生涯の仕事とし、『鉄血勤皇隊』（ひるぎ社 一九七七）など反戦平和と沖縄の主権奪還に関する書物を多数著した。

＊29 一九九五年九月四日、沖縄県に駐留する米軍海兵隊員二名と海軍軍人一名が、女子小学生を拉致、暴行強姦した事件。沖縄県警は九月七日に逮捕状を請求したが、被疑段階では身柄の引き渡しがなされないという日米地位協定の壁に阻まれ、捜査は難航。沖縄県民の積もりに積もった反基地感情が爆発し、県内自治体で次々と抗議声明が採択され、十月二十一日には宜野湾市に八万五千人が集結。本件に抗議する県民総決起集会が開かれた。この事態を受け、その年の十一月にSACO（沖縄に関する日米特別行動委員会）が設置され、県内米軍基地の用地返還を加速すること、米軍機による騒音負担の軽減などが打ち出されたが、日米地位協定に関しては「改定」ではなく「運用見直し」にとどまり、米兵が凶悪犯罪を起こした際は日本側に〝好意的な配慮を行う〟ことのみが確認された。本件の政治的インパクトはその後の沖縄サミット誘致、沖縄振興特別措置法の改正など、沖縄に巨額の予算を投下することで基地問題を経済に回収していこうとする日本政府の動きを加速させる契機にもなった。

また、本件によって改めて、「基地問題」が安全保障や国際政治の問題だけでなく、基地と隣り合わせの日常を生きる女性たちの人権問題でもあることが浮き彫りになった。ある県民集会で「安保の問題を女性の人権問題に矮小化するな」と男性の声が飛んだ（『沖縄タイムス』一九九六年二月七日）ように本件を語る声に明確なジェンダーバイアスが生じる中、「強姦救援センター・沖縄REICO」や「基地・軍隊を許さない行動する女たちの会」といった女性の人権団体が誕生。現在に至るまで活動を続けている。

そして、二〇〇九年に政権が民主党に代わった時は、先生がすごく興奮した様子で教室に入ってきて、「すごいことが起こった！」と話をしていたので、子どもながらに「何かが変わるのかもしれない」と思いました。基地がすぐになくなるとも思えないけど、もしかしたら……と。でも、普天間基地の問題は混乱（＊30）し、オスプレイ（＊31）だって「来ない」と言ってたのに簡単に配備されてしまった。

そういう状況の中で、たぶん私は失望していったんでしょうね。高校の時、県民大会があって、母に「行こう」と言われたんですが、「私が行っても何も変わらないから」と言って、行かなかったらしいんです。……実はそれすら、あまり覚えていないんですけど。子どもながらに、どこかで諦めてしまっていたのかもしれません。

宮沢 諦め……当時の民主党の責任は、本当に大きいと思いますね。あの時、沖縄県民は「これで、ようやく、何かが変わるかもしれない」とすごく期待したはずです。なのに「最低でも県外」なんて、実現できる目算もないまま空約束をして、それを最悪な形で裏切ってしまった。

西 そのうち自民党政権に戻ったと思ったら、仲井真さん（＊32）の辺野古埋め立て承認がありました。「あの時は本当にびっくりした」という話を、『あなたの沖縄～』で書いてくれているほとんど全員から聞くので、私たちの世代の共通体験と言えるかもしれません。あれは決定的に「ああ、何も変わらないんだ」と思わされるような出来事でしたし、実際そうなってしまった同世代も多いと思うんです。

＊30 大田県政時代に合意がなされた普天間飛行場返還は当初五〜七年で完了するはずであったが、オーストラリア移転案、嘉手納飛行場への統合案、高知県や北海道への移転案などが浮上しては消え、混迷が続く中、一九九六年に橋本龍太郎（当時首相）によって名護市のキャンプ・シュワブ沖、つまり辺野古での海上ヘリポート建設という構想が表明される。一九九八年には移設に反対の意向であった大田昌秀知事が知事選で敗北。代わった稲嶺恵一知事は翌九九年に辺野古案を正式決定した。その後の建設形態をめぐって紆余曲折がある中、後任には移設容認派の仲井眞弘多が就任したが、当初は「現行の案には反対」との態度であった。当時の自民党政権への逆風も相まって二〇〇八年以降、県議会、衆議院、名護市長選と続いた選挙で移設反対派が次々に当選する。

その最大の波が二〇〇九年、民主党政権の誕生だった。だが、当初は「最低でも県外移設」とのマニフェストを掲げていた鳩山由紀夫内閣は、現実の困難さを前に失速。閣内不一致も目立つ中、米国政府に対し十以上もの移設先案を示すが、いずれも具体性・実現可能性に欠けるものであり、二〇一〇年五月四日には仲井真知事との会談で「県外移設の断念」を伝達する。同二十八日、日米両政府は移設先を正式に名護市のキャンプシュワブ辺野古崎地区および隣接水域と発表。これに反発する社会民主党が連立を離脱するなど政権基盤は崩壊し、鳩山内閣は瓦解。沖縄県民には深い失望感が残った。

＊31 二〇〇〇年代に配備され始めた、米軍の航空機。独特の形状により、ヘリコプターと同様に垂直離着陸やホバリングの能力を持ちながら、従来のヘリコプターにはなかった長い航続距離や速度が実現できる。沖縄への配備も早くから検討されていたが、墜落危険性も高いと言われていたオスプレイ配備には県民の反発が大きく、見送られていた。ところが民主党政権下で普天間飛行場の移設問題が混乱し、早くとも二〇一四年までは移設不可能となったことを受け、米軍は二〇一二年、普天間へのオスプレイ配備を強行。日本政府もそれを追認したため、仲井眞弘多知事は「これだけ県民が反対しているものを使い出すのは、非常にむちゃな話だ」と非難した。

＊32 仲井眞弘多は一九三九年、大阪府生まれ。戦後に両親の郷里である沖縄に戻り、長じて通産省（現・経済産業省）の官僚となる。一九九〇年に革新勢力として県知事に就任した大田昌秀のもとで、政治基盤は保守寄りながら副知事に任命された。二〇〇六年、沖縄県知事に就任。前任の稲嶺同様、普天間飛行場の辺野古移設を容認する立場ながら、大規模な埋め立てを行う日本政府や米軍の方針には反対であると唱えていたものの、二〇一三年十二月二十七日に政府の示した沖縄振興予算を「有史以来の予算」として、埋め立てを一転承認。猛烈な批判が巻き起こり「裏切り」とまで称されたこの一件は、県議会すら承知しておらず、仲井眞の独断ではないかと言われる。翌二〇一四年十一月の沖縄県知事選では移設反対派の前那覇市長・翁長雄志に十万票差をつけられて惨敗するが、退任わずか四日前の土壇場に、埋め立て工事の内容変更申請をさらに承認して知事の座を去った。

埋め立てが始まった時のことも、すごく覚えています。私はその頃、東京でテレビの制作会社にいて、朝のニュースを担当していました。その日もいつも通り「あと十秒でーす」という感じで尺出しをしてたんですが、その日のニュースが、まさに「辺野古の埋め立てが始まりました」というニュースで。中継をするヘリからの映像が流れてくるのを見ながら、「何もできない」という気持ちで、そのまま尺出しをするしかなかった。

でも、同時に、高校の時みたいに「何も変わらないから」と言って諦めることはできないなと思ったんです。その方が楽かもしれないし、祖母から聞いた戦争のことや、これまで沖縄に起こってきたことを考えると、「私たちが勝手にギブアップしちゃいけないよな」という気になって。『おもいでから遠く離れて』はその時にはもう完成していたんですが、これを多くの人に見てもらわなければ、という気持ちもわいてきました。これからも、「もういいよ」と言う人もどんどん出てくるんだろうけど、溜め息はつきつつも「もう終わり」というふうにはできないなと思います。

宮沢 「諦めさせる」という……当時官房長官だった菅義偉（*33）の口ぶりなんか、まさにそうでしたね。ただただ高圧的で、何ひとつ人の話を聞かない。あれは、対話を諦めさせようという態度に他ならない。ちょっと話が飛躍しすぎかもしれませんが、それは薩摩の侵略の頃から、ヤマトが沖縄に対して取ってきた態度そのものだと思います。戯曲の中で詠まれた琉歌だとも言われていますが、その際に首里城を追われた尚泰王（*34）が家臣に残した「命《ぬち》どぅ宝」……「戦って命を捨てるより、生きてさえいればきっといいこともある。命はどんな宝にも代え難いものなんだ」という言葉は、諦めに聞こえるかもしれないけれど、あのひどい戦争を経ても、その後大和世《ヤマトゆー》からアメリカ世《ゆー》になっても、県民の心を支えてきた哲学のようなものです。それにつけ込んで、金の力で屈服させようという態度は、端的に言って非礼ですし、尊厳を奪う態度です。

でも、それに負けず、かと言ってそういうパワーゲームの発想に乗ることもなく、小さくてもいいから自分たちのやり方で立ち向かおうとする人たちが若い世代にもこんなにいるというのは、本当に救いだと僕は思います。

＊33 一九四八年、秋田県生まれ。二〇一二年から二〇二〇年までの長きにわたり第二次安倍晋三内閣の官房長官として、安倍退任の二〇二〇年から二〇二一年までは総理大臣として普天間飛行場の辺野古移設を推進する立場で沖縄に関わった。二〇一五年、辺野古移設の撤回を求める翁長雄志知事（当時）との会談で薩摩の侵略や琉球処分から始まる沖縄の歴史的な苦難を挙げながら語る翁長に「私は戦後生まれで、歴史を持ち出されても困る」「私にとっては辺野古に移すことが全て」と答えたと報道され、歴史観の差異を際立たせるエピソードとなった。

＊34 一八四三〜一九〇一。第二尚氏王統十九代にして最後の王である。薩摩の侵略以来、琉球は「日中両属」の体制をとるあくまで独立国であったが、明治維新後の一八七二年、日本政府は独断でまず琉球を「琉球藩」とし、日本の権力構造の中に組み込む。そして八九年、武力によって王府を威圧し、首里城を明け渡させた（琉球処分）。これにて琉球王国は滅亡する。尚泰はその後東京に移され、侯爵として一生を終えた。

なお、「命どぅ宝」という言葉は戦前、一九三〇年代の沖縄芝居「首里城明け渡し」が初出と言われているが、真栄平房敬は「軍隊を率いて松田が首里城にのり込んだ時、泊士族の某氏が尚泰王に対し、泊一村の人数が一丸となってあたれば奴等をやっつけることができますが、いかが致しましょうかと直訴したところ、尚泰王は「アラン、シンカヌヌチ　タブヰセーマシ（いいえ、臣下の生命をながらえた方がよい）といったと伝えられる」という伝承を述べている（『首里城物語』ひるぎ社　一九八九、百五十四頁）。

西　『おもいでから〜』は東京の大学に通っている時に制作したものですが、東京の大学の友人たちを沖縄に連れて行って、向こうにいる高校の友人たちとも一緒に作ったんです。東京から連れて行った子たちは実際に沖縄の景色を見たり、私の祖母からも話を聞いたりして、沖縄を感じることができた。そういう、地道なことを続けていく先に、小さくても本質的に何かが伝わる可能性があるんだと思うんです。
「こんな悲惨なことがあった」ということを証明するというのは実は難しいし、「なかったこと」にするのは、すごく簡単ですよね。資料を破棄したり、教科書から消すだけで、次の世代にとっては簡単に「なかったこと」になってしまう。もしくは、情報として知ってはいても、遠い昔のことになってしまう。それを現在の自分と隣り合わせのことだと感じてもらうために、顔を見て話したり、個人史を語ったり、物語とか歌にするという手段があるのかもしれません。

気持ちが本物であれば『あなたの沖縄』

宮沢　歴史は簡単に修正されてしまうし、それを大衆がＳＮＳなどで指一本で担ってしまうこともある時代です。情報だけを摂取して知った気になっている人がそっちに流されてしまう力は、正直、すごく強いですよね。でも、どんなに小さな力でも、その流れに流されないという意志が……強い言葉でシュプレヒコールを上げるのともまた違う別のやり方があって、さまざまな形で続いていく。そういう精神がいろいろな人の中にある限り、完全に変なほうに歴史がねじ曲げられていくことはないと信じたいです。

西　私が今考えているのは、そういう話を安心してできる場所が沖縄に欲しいということです。戦争の記憶もそうですし、基地にしても政治や経済のことにしても、沖縄では、問題が身近すぎて、友達と気軽に話せる場がなかなかないんですよ。私は家族の中ではそういう話をしますが、話したくても話せない家族もある。そんな中で、同世代の間でも分断されていく、対立させられていくんだなという感覚があります。もっと安心して、身のまわりにあるいろいろなことを話せる沖縄になっていってほしいなと思いますね。できれば、考えの違う人とも。

『あなたの沖縄〜』もウェブの投稿だけで完結していると一方通行になってしまうかもしれないので、いろんな考えの人が安心して顔を合わせて話せる場所を作りたいなと思っています。その中で、単一の話題への賛成・反対だけじゃないところでのつながりを感じられることがあれば、「自分と意見が違うからもう話さない」ということになるんじゃなく、対話をしていけるんじゃないかと。

あとは、このプロジェクトをやっているうちに、私たちの世代が聞いた沖縄戦、私たちの世代が語る沖縄戦はどんなものなのだろうという興味が、今すごく出てきているんです。自分が実体験していない戦争の話を聞いた私たちは、その上でどんなふうに語るのか。そういう、九〇年代以降に生まれた人だけが出てくるドキュメンタリーも撮ってみたいと思っています。

宮沢　それはいいですね。経験し得ない記憶を、どう語るのか。文字にするだけではわからない息遣いやためらいも、映像なら記録できる。文字には文字のよさがあるし、どちらが優れているというわけではないですが、文字にならない部分も含めて、その人にしかない語りなのは確かですから。

西　以前、山城知佳子さんとお話しした時、『あなたの声は私の喉を通った』（＊35）という作品ですごく批判されたということを伺いました。私がやっていることも、そういう批判を受けるかもしれない。でも、「体験した人じゃないと語れない」「自分たちと同じようにしか扱ってはいけない」というような特権的なことにしてしまっては、記憶を受け継いでいくことはできないと思うので、挑戦はしていきたいです。

宮沢　いっぺんに全部撮るのは大変だし、少しずつ、ご自身の生活の中で、無理のない範囲で時間をかけて収録していってもいいかもしれないですね。すぐに形にしないといけないなんてことはないし、その中で流れる時間にも、確実に意味がある。

西　首里城が火事で燃えてしまった時（＊36）、昔からあった本物の首里城が燃えたわけじゃないけど、やっぱり悲しかったんです。最初にできたオリジナルとは違う、復元されたものであっても、私たちは悲しんだ。それは、最初に城を作った人たちや、何度も燃えて（＊37）、そのたびに復元していった人たちの思いを、現代の首里城を通して私たちが受け取っていたからなんだと思います。沖縄戦を体験していない私たちが、体験した人たちから聞いた話を世の中に伝えることにも、そういう意味があるんじゃないかな、と。今、温めているシナリオがあって……おばあさんから受け取った指輪を孫が受け継ぐ、というような話なんですが、そこにその思いを乗せられるかなと思っています。

宮沢　僕が「島唄」を発表した年に、ちょうど首里城正殿が復元されました。ピカピカの首里城。当時、沖縄の人の間ではそんなに盛り上がっていない印象を受けました。法的には国の持ち物だし、復帰二十年のお祭り騒ぎと相まって「ハリボテじゃないか」みたいな感じで、むしろ冷ややかに見

*35　山城知佳子氏との対談を参照のこと。

*36　二〇一九年十月三十一日未明、首里城で火災が発生。正殿と北殿、南殿、書院や御殿など四千八百平方メートルの建造物が全焼、四百二十一の文化財が焼失あるいは損傷した。火災の原因は、さまざまな要素からほぼ分電盤のショートによるものと見られるが、断定はされていない。首里城正殿にはスプリンクラーもなく、また煙探知機も部分的にしか設置されていなかったことも被害の拡大を招いたとされる。再建に向けた那覇市のクラウドファンディングには異例の速さで全国から十億円以上が集まり、県内外の企業や団体からも多額の寄付が寄せられたほか、さまざまな単位でチャリティが行われた。政府は二〇二六年頃までの再建を目指す方針。焼失した北殿側の城壁沿いに長さ百三十九メートルの仮設見学デッキを整備し、「見せる復元」と銘打っている。

*37　首里城は記録上、五回焼失している。一四五三年に第一尚氏の後継者争い（志魯・布里の乱）で（『明実録』の記述をもとに、「府庫」のみが焼失したとの見解もある）、一六六〇年と一七〇九年に火災で、そして一九四五年に沖縄戦で焼失し、二〇一九年の火災で五回となる。再建時に薩摩から材木の提供を受けたり（三回目の焼失後）、二百年近く前の改修の資料から色彩を考証したり（一九九二年の復元）とその折々の人々の創意や研究によって再建がなされてきた。これから始まる五回目の復元では、最新の研究成果を踏まえ、壁の塗料に名護市久志で採取されるバクテリア由来の赤色顔料「久志弁柄」を用いることが検討されている。

ている人の方が多かったかもしれません。でも、それから三十年の間に、首里城はだんだんみんなが気持ちを寄せる対象に再びなっていったんだと思う。沖縄の尊厳を踏みにじられるようなことが続いた三十年ですが、あの首里城がどこか「目に見える尊厳」とでもいうべきものに、時間をかけてなっていったと思うんですよね。

沖縄生まれの僕のバンドのドラマーが、「宮沢さん、僕は普段、首里城のことなんて思い出しもしなかった。でも、なんでこんなに涙が出るんでしょう」と言っていたのが印象的でした。「ああ、そういうものなんだな」と思いました。長い時間がかかったけど、あの首里城はそういうものになっていた。だからこそ、それが焼け落ちる姿に、多くの人が痛みを覚えた。

西 私は、生まれた時にはもう首里城はあったし、実家も首里なので、首里城がない生活の景色を知らなかったんです。生活の中に当たり前にあったものが、なくなってしまった。戦争で首里城だけじゃなく、何もかもがなくなってしまった人たちの喪失感が、もちろん違う体験なんだけど、わかる気がしました。

宮沢 そういう意味では、あの首里城が、この島に流れた時間の中にあるいろいろな思い、いろいろな物語を再び教えてくれたのかもしれません。もちろん焼けないほうがよかったけど、焼けたという現実から何かメッセージを読み取るとしたら、そういうことなのかもしれない。

そして、この先の時代の首里城をどうするのかということをまた考えなければならない。それもまた、メッセージでしょう。焼けた首里城は精巧な復元でしたが、個人的には、今度の再建は、もっと今に合った形に変えてもいいんじゃないかと思います。多少構造を変えてでも火災や天災に対処しやすくしたり、感染症対策を踏まえて観光客が正殿のほうにだけ溜まらないように、首里城を中心にして首里の街を俯瞰で捉え、行き交う人の動線を作り直してみたり……ということも考えられますよね。単に「前と同じことをすればいい」というわけでもないんじゃないかなと思っています。

以前、「世界エイサー大会」で創作エイサーの審査員をした時に、「審査と言っても、どうすればいいんだ？」と思ったことがあるんですよ。伝統エイサーならまだしも、創作だし、決まった型なんかないので。結局、僕が考える範囲で「先祖が『おっ、いい感じだね。今っぽいね』と言ってくれそうかどうか」という基準を定めて（笑）、採点しました。でも、そういうものだと思うんですよね。創作エイサーには「あんなのエイサーじゃない」という声も根強いですが、古い形を完璧になぞるだけでいいというものでもきっとなくて、そこに人々が込めた願いや祈りを受け継ぎながら、今の時代なりの見せ方をしていくということも同時に考えなければ。

西　「気持ちが本物だったら、ヒヌカンにパンとワインでもいいでしょう」みたいなことですよね（笑）。

私は今、東京にいて、沖縄に住んでいないじゃないですか。今後、沖縄に帰って住むかどうかもわからない。そう思うと、「自分は沖縄の痛みを共有していないんじゃないか」という後ろめたさもあるんです。それでも自分にできることをやるしかないのでコラムを書いているんですけど、「私が沖縄の話をしてもいいのだろうか」という気持ちも、常にどこかにあって。でも、今日お話しして、ブレずに続けていくことが大事なんだなと思いました。『あなたの沖縄〜』も、復帰五十年だからということじゃなく、もっと長くやっていきたいです。おもしろいコラムがたくさん集まっているのでいずれ本にしたりもしたいし、自分にできることを、自分なりのペースで。

宮沢　パンとワインでもいいし、ご飯とお酒でもいい。東京にいてもいいし、沖縄にいてもいい。〝沖縄代表〟として語らなくてもいい。「〝あなたの〟沖縄」というのは、まさにそういうことなんだと思います。

西さんのお話を聞けて、僕も勇気をもらえました。ぜひ、この先も続けてください。長く続ける中に、見えてくるものも必ずあるから。

〈二〇二二年三月十六日　東京都内にて収録〉

にし・ゆら―一九九四年、那覇市生まれ。『あなたの沖縄 コラムプロジェクト』主宰。高校卒業後に上京し、東京の大学に在学中、祖母の戦争体験をもとにした自主映画『おもいでから遠く離れて』の製作を開始、二〇一八年に発表。東京・シアターイメージフォーラムで開催される若手映像作家の特集プログラム「ヤングパースペクティヴ」に出品、那覇でも上映を行う。二〇二一年、『あなたの沖縄 コラムプロジェクト』を開始。県内外で「沖縄」を生きる同年代のコラムを集め、公開している。

あとがき

「今、NHKで『今日は宮沢和史さんの誕生日です』って言ってますよ」

今年（二〇二二年）一月の僕の誕生日に、沖縄の知人がメールで教えてくれた。NHK沖縄の放送中に、アナウンサーがそう話していたらしい。どんな文脈でそういう流れになったのかはわからなかったが、なんだかしみじみ嬉しかった。

「島唄」を作ってからの三十年という時間は、何もわからないままヤマトから来た若い音楽家を、この島の景色を構成する砂粒の一つくらいの存在にはしてくれたように思う。街を歩いているだけでサイン責めにあったり、きついことを言われたり、同じ人が数年後には普通に声をかけてきてくれるようになっていたり、「あんた、まだいるんだね」と言われたりする時期をも過ぎて、ようやく今、何も気にせず、誰にも気にされず、島の人たちと同じ歩幅で沖縄の島々を歩けるようになった気がする。僕のことをよく思わない人々もまだいるだろうが、少なくともそうした人も僕が沖縄ブームに乗ってつまみ食いしに来ただけの人間ではないことくらいはわかってくれたかもしれないし、僕は僕で、三十年の間に沖縄のことをいろいろと学ぶ時間をもらえた。島の人たちにいろいろな話を聞かせてもらいながら一つの歌を長く歌い重ねてきたおかげで、互いに時間が流れて、沖縄を理想化することも、エキゾチシズムのフィルターを通して見ることもなくこの島々と話ができるようになったのだと思う。

この本のために半年の間、十人の方と対話し、それぞれの中にある「沖縄」の姿を聞いてきた。その中で感じたのは、皆さん、どこかで心の中の「沖縄」像に空白を抱えているんじゃないかということだ。世代や人によってその空白の形は違うだろうが、みんなそれを埋めるために、あるいはそれと向き合うために、それぞれのやるべきことをしているんだなという気がした。

具志堅用高さんは、あのにこやかな笑顔の裏に抱いていた先達たちの苦難への思いを、初めて聞かせてくださった。

山城知佳子さんは、この島の誰もが自明のものとして抱いていると思われがちなウチナーンチュとしてのアイデンティティに対する葛藤と、自らが背景にする歴史へと深く潜りながらその問いを更新し続ける切実さを教えてくれた。大工哲弘さんには出会った時から一貫してそのオープンマインドと、そして弱きもの、声なきものへの視線を学ばせてもらっているが、その根底に、復帰前後に経験したいくつもの不条理があったことは初めて伺った。

大阪で生まれ育った又吉直樹さんの心中には明るいものもそうでもないものも含めて常に島影が浮かんでいることを、中江裕司さんには県外出身者として沖縄でものを作る中で土地や時代とどう向き合い何を引き受けてきたのかを、野田隆司さんには僕と同じように沖縄の音楽の未来を描きながら、それをポップミュージックというフィールドで、新しい話法で世界に発信していく意思を、それぞれ聞かせてもらった。

僕が「島唄」を作るきっかけとなったひめゆり学徒隊の一人である島袋淑子さんは何度も何度も、その祈りだけを魂から搾り出すように「戦争は何があってもダメなんです」と強くおっしゃった。好きだった歌のことに話が及んだ際に「まだ平和な時代に歌った歌を大事にしています」と見せた笑顔が忘れられない。その思いが、体験し得ない記憶を次代につなげていこうとする普天間朝佳さんたちの試みを通じてこの島の基層になっていくことを祈る。

僕はヤマト、彼は八重山と真逆の場所から同じ世代の「沖縄」を見てきた平田大一さんとは、強者の押しつける大きな歴史・大きな言葉がいかに人や地域の尊厳を奪うかということ、それを取り戻し、もう決して奪われないために、この島の文化を未来へとつなげていく意思を確認し合った。そして西由良さんは、その尊厳のすべてが、たった一人の声にならない声を丁寧に聞いていくことから始まるのだと改めて教えてくれた。


それぞれの個人史、それぞれの生きる場所から見た沖縄の姿を聞かせていただいたが、その記憶のどれひとつとして、沖縄が辿ってきた歴史、あるいは辿らされてきた歴史が流れ込んでいないものはない。それゆえか、それぞれ主語は「私」であるのだが、一人だけの話を聞いたのではないという感じがする。その先に「私」を超えた自分のルーツや、自分の生きる場所、自分の知らない時間や知っている時間を生きる人々に対する何らかの思いがある。その中に、「私」の置きどころを探している……そんな感じがする。その像が明確であったり、人によっては悩んでいたりと違いはあっても、そこから目を逸らさず、諦めることもせずに、当事者として向き合っている人たちだ。

僕の知っている限りではあるが、沖縄にはそういう人が本当に多いと思う。本土にだってもちろんいるが、全国的なミニ東京化の中で人々が歴史や土地の記憶と分断される中、多数派ではあり得ないだろう。だが、この島々ではまだ、立場は違えど多くの人がまっすぐに「自分ごと」としてこの土地を語る。歪な歴史を辿らされてきた島ではあるけれど、それゆえに「自分は何に立脚してここにいるのか」という考え、あるいは問いが深く根づいている。それを思考することが、やがて自分たちには未来があることをも思い出させてくれる。だったら、その未来のためにどうしようと考える。それが沖縄の水脈なのだ。

沖縄はヤマトの教材ではない。僕は本書の中で繰り返し「沖縄から水脈が失われていないことは素晴らしい」と言ってはいるが、それはヤマトに「沖縄に学べ」と言うためではない。自らが不均衡な関係を強いていることを自覚せず、勝手な理想を仮託して「沖縄に学べ」と言うのは、それこそ収奪である。ヤマトに望むことがあるとしたら、ただ、沖縄のことを知ってほしい。沖縄の歴史を、沖縄の声を、沖縄を語る人の声を聞いてほしい。抽象的なイメージでなく、自分と同じように顔も声もある個人が生きている土地として。そのように他者の時間を思うことが自分自身にも土地の歴史や長い時間が流れ込んでいることを気づかせてくれるかもしれないし、自分たちの来た道を顧みるきっかけになるかもしれないとは思う。

復帰五十年ということもあってか、ロシアがウクライナに侵略戦争をしかけた後、本土のいくつかの新聞が「島唄」のことを聞かせてほしいと取材に来たりもした。もちろん、この歌に込めた平和への願いのことは何度でも話そう。だが、その反対に僕は問うてみたくもあるのだ。「あなたの中の『沖縄』のことも聞かせてくれませんか」と。現在起こっているこの戦争と、かつて僕たちの国が起こした戦争に、どれほどの距離があるだろうか。僕たちのどれくらい多くが、当時から現在に至るまで沖縄で起こっているさまざまなことを自らの問題だと考えながら生きてきただろうか。誰かを責めているのではない。歴史を忘却してしまった僕たちは、自分が「知らない」ということすら知らないで生きてこられてしまっていることを、まず思い出すべきなのだ。

平和は、いつもギリギリのバランスで成り立っている。みんなで苦労して保ってきたその均衡が一人の人間の決定、あるいは少しの判断の間違いであっという間に崩壊するさまを、僕たちは目の当たりにした。だからこそ、かつて自分たちの足元で何があったのか、今もなお何が起こっているのか、知ること、学ぶこと。できればそれを単なる情報ではなく、顔や声や命のある誰かの経験として。それを諦めないでいたい。

沖縄の島々がどんな未来に向かっているのかは、正直わからない。那覇を中心に、すでにそこらじゅうに高層ホテルが建設され、僕が沖縄の良心だと思っている読谷の風景はこれから激変しそうな気配を見せているし、ヤンバルの自然環境だってこれからどうなるかわからない。先日、山城知佳子さんとの対談で話に出た部間周辺を改めて見に行ってみたところ、数年前に見たよりもさらに大規模に山が削り取られていて愕然としてしまった。その麓にある栈橋から、土砂は辺野古に向かう。八重山や宮古にも、すべてを金に変えていく力はすでに及び始めている。生活と土地、生活と歴史が同じ文化圏の中で不可分に共存してきたはずの島をバラバラにして切り売りしていこうとする力が、今後より強まるのではないかと僕は危惧している。だが、外の人間である僕が島の人が選ぶ未来に口出しすることなどできないし、ましてや介入できるなどと思ってはいけない。島の姿をどうしていくかは、当事者である島の人たち次第なのだ。

僕ができることは、芸能や舞台の人間としての領分で提案できる範囲で、この島々にとって望ましいと思う道を示すということ以上でも以下でもない。具体的にはこの島々の水脈を形作ってきたミクロの営み、美しい景色、人情の温かさ、苦難の歴史、先祖への思い、理不尽への怒り、人生の悲喜交々、したたかな抵抗、シマへの愛……そういったものが時代の流れの中でどんなに「なかったこと」にされていこうと、芸能の中に未来の種として保存され続けるよう、生き続けるよう、微力であっても働いておくこと。それだけだ。

迂遠な話だと思う人もいるかもしれないが、力の及ぶ範囲内で、できるだけ遠くまで届きそうなボールを投げておきたいのだ。この先の時代を生きる人たちの中に流れる記憶の水脈が完全に枯れ果ててさえいなければ、誰かが何かのきっかけでひょいと拾ったそのボールが島の記憶を語り聞かせ、その人の中の水脈を再起動《リブート》することがあるかもしれない。人はどうしても自分の人生の長さだけを尺度に物事を測ってしまうものだが、その前にも後ろにも時間は滔々と続いていることに気づけば、現在を語る言葉も必ず変わっていくはずだ。

だから、僕は残りの人生で、そのきっかけになりそうなものを残しておこう。僕がひめゆり平和祈念資料館で「この先は自分たちで考えてください」というメッセージを受け取り「島唄」を作ったように、その先のことはその先の人たちに託したいと思う。十年後、五十年後、百年後を生きる人たちが、それを受け取ることのできる人たちだと信じている。

「なぜずっと沖縄に関わり続けるのか」と、今でも時々問われることがある。「島唄」の責任を果たしたいから、沖縄民謡に数えきれないくらいの贈り物をもらったから、素晴らしい芸能を未来に残していきたいから……細かい理由、あるいは大層な理由は数えきれないほど思いつくが、どれも十分な説明とは言えない。最も適当なのは最もシンプルな理由、そう、「沖縄を愛しているから」に尽きるだろう。なんて個人的な理由なんだと拍子抜けされるかもしれないが、最も個人的なことだからこそ、僕にとって最も必然的なことなのだ。誰に何と言われようと僕は沖縄を愛しているし、この島々が永久に平和であるように心から祈っている。生涯を賭けて愛せると思える対象があること、そしてその未来のためにまだやるべきことがあると思えることとの、なんと幸福なことか。

改めて、本書の制作にご協力、ご尽力くださった方々に心から御礼を申し上げる。ご登場いただいた他にも、ぜひお話を伺いたかったもののスケジュールや体調の面で叶わなかった方もいる。そういった方々とも、またどこかでお話をする機会があるだろう。それぞれ道は違うし、細かなところでは考え方が違っていても、「沖縄によりよくあってほしい」「この世界によりよくあってほしい」という志が共通していれば、それぞれバラバラに同じ方向に歩いているうちに思わぬところでバッタリ行き合い、「おや、ここで会いましたね」なんていう感じで話ができるはずだ。

唯一お名前を出すとしたら、今年の一月にグソーへと旅立たれた大城美佐子さんにも、もっといろいろなことを聞かせてもらいたかった。亡くなった後でお弟子さんに伺ったことだが、美佐子さんは生前、その方に「宮沢さんから頼まれた仕事は必ず受けるように」と言ってくださっていたという。親しくおつきあいさせていただくようになっても僕はずっと、美佐子さんの一ファンだった。沖縄民謡にここまでのめり込んだのは美佐子さんの歌声に導かれたからだ。その人にそう言っていただけたというのは何よりも名誉なこと……。そのお心に背かないように、これからもたくさんの人の話を聞き、たくさんのことを学び、いい仕事をしていきたいと思う。いつか僕がそちらに行く時、少しでもいい土産話ができるように。これもまた、沖縄の水脈を受け取ることなのだろう。

沖縄の水脈。沖縄で、日本のどこかで、もしかしたら世界のどこかで、今この本を読んでいるあなたの中にも、それは流れ込んだかもしれない。どこにいようが、読んで何かを思うことがあったとしたら、何か……僕があの時に受け取ったと思った風呂敷包みのような何かを、あなたもまた、僕やご登場いただいた皆さんの人生に流れた「沖縄」という時間から受け取っているのかもしれない。今は何も思わなくても、いつかそれがあなたの中に流れる別の水脈と出会う日が来るかもしれない。どうかその先の時間を生きて、願わくはいつか僕に、あなたにとっての「沖縄」のことを聞かせてください。

二〇二二年三月二十六日　かつてこの島々で地上戦が始まった日に

宮沢和史

主要参考文献一覧

本書取材・注釈作成にあたり参照した文献のうち、主要なものを掲載する。（著者・作成者名による五十音順）

書籍・雑誌・新聞等

・アケミ・ジョンソン著、真田由美子訳『アメリカンビレッジの夜　基地の町・沖縄に生きる女たち』紀伊國屋書店、二〇二一年
・伊佐眞一『伊波普猷批判序説』影書房、二〇〇七年
・伊藤秀美『沖縄・慶良間の「集団自決」：命令の形式を以てせざる命令』紫峰出版、二〇二〇年
・稲垣國三郎『琉球小話 立体感ある沖縄の風土記』沖縄文教出版、一九七二年再版
・伊波普猷『「おもろさうし」選釈——オモロに現れたる古琉球の文化』慧文社、二〇一五年
・伊波普猷『沖縄女性史』平凡社ライブラリー、二〇〇〇年
・上原栄子『新篇 辻の華』時事通信社、二〇一〇年
・牛島貞満『首里城地下 第32軍司令部壕 その保存・公開・活用を考える』高文研、二〇二一年
・海勢頭豊、岡部伊都子、高嶺朝一ほか『別冊「環」琉球文化圏とは何か』藤原書店、二〇〇三年
・江波洸『情熱の祝祭——愛郷詩人・伊波南哲』琉球新報社、二〇〇五年
・大城學『沖縄芸能史概論』砂子屋書房、二〇〇〇年
・大城學『琉球・沖縄の芸能——その継承と世界へ拓く研究』彩流社、二〇一二年

・太田順一『大阪ウチナーンチュ：フォトドキュメンタリー』ブレーンセンター、一九九六年
・大田昌秀『醜い日本人――日本の沖縄意識』岩波書店、二〇〇〇年新版
・大矢英代『沖縄「戦争マラリア」強制疎開死３６００人の真相に迫る』あけび書房、二〇二〇年
・岡本太郎『沖縄文化論――忘れられた日本』中央公論新社、一九九六年
・沖縄ゼネスト50年実行グループ『沖縄ゼネスト50年 解放への狼煙』榕樹書林、二〇二一年
・沖縄大百科事典刊行事務局『沖縄大百科事典』沖縄タイムス社、一九八三年
・岸政彦、打越正行、上原健太郎、上間陽子『地元を生きる――沖縄的共同性の社会学』ナカニシヤ出版、二〇二〇年
・宜保榮治郎『三線のはなし』おきなわ文庫、二〇一九年
・久万田晋『沖縄の民俗芸能論――神祭り、臼太鼓からエイサーまで――』ボーダーインク、二〇一一年
・黒島精耕『小浜島の歴史と文化』自費出版、二〇〇〇年
・黄インイク著、黒木夏兒訳『緑の牢獄 沖縄西表炭坑に眠る台湾の記憶』五月書房新社、二〇二一年
・国立民俗博物館展示図録『ハワイ日本人移民の１５０年と憧れの島の成り立ち』歴史民俗博物館振興会、二〇一九年
・清水彰編著『琉歌大成 解説・索引編』沖縄タイムス社、一九九四年
・平良勝保「村々の共有地と相互扶助（労働）慣行・内法」『沖縄市史 第3巻 民俗編』沖縄市、二〇一五年
・竹中労『琉球共和国汝、花を武器とせよ！』三一書房、一九七二年
・塚田健一『エイサー物語――移動する人、伝播する芸能』世界思想社、二〇一九年
・鳥越皓之『琉球国の滅亡とハワイ移民』吉川弘文館、二〇一三年
・豊田純志「第四章 米軍上陸後の収容所（５）田井等地区」『読谷村史 第5巻 資料編4――戦時記録（下）』読谷村、二〇〇〇年
・仲里効『眼は巡歴する 沖縄とまなざしのポリティーク』未來社、二〇一五年
・仲程昌徳『琉球歌劇の周辺』おきなわ文庫、二〇一八年
・平田大一『キムタカ！ 舞台が元気を運んでくる感動体験夢舞台』アスペクト、二〇〇八年
・福地曠昭『哀号・朝鮮人の沖縄戦』月刊沖縄社、一九八六年

・藤崎康夫『陛下は生きておられた！ブラジル勝ち組の記録』新人物往来社、一九七四年
・細川周平『サンバの国に演歌は流れる：音楽にみる日系ブラジル移民史』中央公論社、一九九五年
・マイク・モラスキー著、鈴木直子訳『新版 占領の記憶 記憶の占領──戦後沖縄・日本とアメリカ』岩波書店、二〇一八年
・前田勇樹・古波藏契・秋山道宏編『つながる沖縄近現代史 沖縄のいまを考えるための十五章と二十のコラム』ボーダーインク、二〇二一年
・松田ヒロ子『沖縄の植民地的近代』世界思想社、二〇二一年
・三木健『八重山研究の人々』ニライ社、一九八九年
・宮里千里『アコークロー 我ら偉大なるアジアの小さな民』ボーダーインク、一九九一年
・宮城晴美『母の遺したもの──沖縄・座間味島「集団自決」の新しい事実』高文研、二〇〇八年新版
・森口豁『「復帰願望」──昭和の中のオキナワ』海風社、一九九二年
・森口豁『誰も沖縄を知らない 27の島の物語』筑摩書房、二〇〇五年
・森宣雄『沖縄戦後民衆史 ガマから辺野古まで』岩波書店、二〇一六年
・山内健治『基地と聖地の沖縄史 フェンスの内で祈る人びと』吉川弘文館、二〇一九年
・山里勝己『琉大物語 1947―1972』琉球新報社、二〇一〇年
・山城知佳子『リフレーミング』水声社、二〇二一年
・吉川麻衣子『沖縄戦を生きぬいた人びと揺れる想いを語り合えるまでの70年』創元社、二〇一七年
・琉球新報社会部編『昭和の沖縄』ニライ社、一九八六年
・『Intercommunication』『越境広場』『世界』『戦争と性』『Wander』等雑誌各誌
・『琉球新報』『沖縄タイムス』等新聞各紙
・『ひめゆり平和祈念資料館　資料館だより』等広報各誌

論文

・石川友紀『沖縄県における出移民の歴史及び出移民要因論（特集:沖縄社会とディアスポラ）』移民研究（1），11-30，2005-03 琉球大学移民研究センター

・大野隆之『金城哲夫論序説ー「ウルトラマン」はいかに読まれてきたか』沖縄国際大学日本語日本文学研究 8（1），99-120，2003-12　沖縄国際大学日本語日本文学会

・加藤潤三，前村奈央佳，金城宏幸，野入直美，酒井アルベルト，山里絹子，グスターボ メイレレス，石原綾華『沖縄県系人における沖縄アイデンティティとウチナーネットワークの検討：「第6回世界のウチナーンチュ大会」に関する基礎的分析と合わせて』

・加藤政洋『コザの都市形成と歓楽街――1950年代における小中心地の簇生と変容――』立命館大学人文科学研究所紀要（104），41-70，2014-03 立命館大学人文科学研究所

・加藤政洋『基地都市コザにおける歓楽街「センター通り」の商業環境――1970年「事業所基本調査」の分析から――』立命館文學（649），259-232，2017-01 立命館大学人文学会

・神山敏雄『牧港のメイド殺人事件及び宜野湾ホステス殺人事件と損害補償（沖縄からの報告）』法律時報43（15），190-191，1971-12日本評論社

・岸政彦『錯綜する境界線――沖縄の階層とジェンダー――』フォーラム現代社会学15（0），63-78，2016 関西社会学会

・小松寛『戦後沖縄における帰属論争と民族意識：日本復帰と反復帰（2012年度大学院社会科学研究科 博士論文審査要旨及び概要書）』ソシオサイエンス19，325-343，2013　早稲田大学先端社会科学研究所

・小林武『占領期沖縄の統治機構の変遷：日本国憲法との接点を探りつつ』愛知大学法学部法経論集（202），173-220，2015-03　愛知大学法学会

・斎木喜美子『近代八重山の児童文化活動に関する研究：岩崎卓爾の実践を中心として』教育方法学研究24（0），1-8，1999 日本教育方法学会

・佐々木嬉代三『移住民問題を通して見た沖縄と日本』立命館言語文化研究5（3），1-27，1994-01　立命館大学

・下地美紀『沖縄本島中南部の若者におけるウチナーヤマトグチ使用――方言に対する意識から沖縄方言の現状を探る――』理論地

理学ノート（21），43-54，2019-03-30　空間の理論研究会
・玉城福子『沖縄戦の犠牲者をめぐる共感共苦（コンパッション）の境界線：自治体史誌における「慰安婦」と「慰安所」の記述に着目して』フォーラム現代社会学10（0），122-134，2011　関西社会学会
・永田高志『ウチナーヤマトグチ発生のメカニズム（方言の新語）』日本語学28（14），124-135，2009-11　明治書院
・西川吉光『日米関係と沖縄（1）』国際地域学研究（14），33-50，2011-03　東洋大学国際地域学部
・花木宏直『近代沖縄における移民・出稼ぎ送出の仕組みの特性：移民会社業務代理人・斡旋業者・募集人に注目して』沖縄地理21（0），17-32，2021　沖縄地理学会
・花木宏直『近代日本における海外移民送出地域の歴史地理学研究』筑波大学博士請求論文乙第2857号，2018-03-23
・林博史『沖縄戦における「集団自決」と教科書検定』現代史研究53（0），65-70，2007　現代史研究会
・東与一『沖縄社会における模合に関する考察』経済環境研究（5），25-44，2015　沖縄国際大学総合研究機構沖縄経済環境研究所
・比屋根亮太『小松寛『日本復帰と反復帰 戦後沖縄ナショナリズムの展開』早稲田大学出版部 2015年 346頁』次世代論集（1），64-71，2016-03　早稲田大学 地域・地域間研究機構
・三笘利幸『伊波普猷の「日琉同祖論」をめぐって：初期の思想形成と変化を追う試み（1）』社会文化研究所紀要（62），47-72，2008-09　九州国際大学
・宮城晴美『「被近代化」の暴力性――沖縄女性の風俗改良から「集団自決」まで――』北東アジア研究（別冊5），127-145，2019-12　島根県立大学北東アジア地域研究センター
・与那覇晶子『フェミニズム論から見る沖縄演劇――組踊「忠孝婦人」を中心に――』地域研究（13），95-118，2014-03，沖縄大学地域研究所

公文書

・石垣市「統計いしがき平成27年度第38号」
・沖縄県文化観光スポーツ推進課資料「令和元年度市町村の国際交流・協力事業」
・沖縄県埋蔵文化財センター「「首里城跡」――大台所、料理座地区周辺発掘調査報告書――」沖縄県立埋蔵文化財センター調査報告書　第78集，２０１５年
・沖縄防衛局「普天間飛行場代替施設建設事業公有水面埋立変更承認申請書」２０００年4月21日付　添付文書6　埋立てに用いる土砂等の採取場所及び採取量を記載した図書
・参議院「日米共同声明と安保・沖縄問題に関する質問主意書」１９６９年11月29日付　春日正一質問
・琉球政府労働局「軍関係メイドの実態調査報告　１９７１年06月01日現在」１９７１・06・01
・琉球列島米国民政府公安局文書「Records of the U.S. Civil Administration of the Ryukyu Islands（USCAR）１９４５–72」

島唄

作詞・作曲｜宮沢和史

でいごの花が咲き　風を呼び　嵐が来た

でいごが咲き乱れ　風を呼び　嵐が来た
くり返す悲しみは　島渡る波のよう

ウージの森であなたと出会い
ウージの下で千代にさよなら

島唄よ　風に乗り　鳥とともに　海を渡れ
島唄よ　風に乗り　届けておくれ　私の涙

でいごの花も散り　さざ波がゆれるだけ
ささやかな幸せは　うたかたの波の花

ウージの森で歌った友よ
ウージの下で八千代の別れ

島唄よ　風に乗り　鳥とともに　海を渡れ
島唄よ　風に乗り　届けておくれ　私の愛を

海よ　宇宙よ　神よ　いのちよ　このまま永遠に夕凪を

島唄よ　風に乗り　鳥とともに　海を渡れ
島唄よ　風に乗り　届けておくれ　私の涙

島唄よ　風に乗り　鳥とともに　海を渡れ
島唄よ　風に乗り　届けておくれ　私の愛を

沖《おき》縄《なわ》のことを聞《き》かせてください

2022年5月1日　第一刷発行
2022年9月27日　第三刷発行

著者　宮《みや》沢《ざわ》和《かず》史《ふみ》

対談（取材順）

具志堅用高　野田隆司
山城知佳子　島袋淑子
大工哲弘　普天間朝佳
又吉直樹　平田大一
中江裕司　西由良

表紙写真｜野村恵子
ブックデザイン｜加藤賢策、守谷めぐみ（LABORATORIES）
歴史・文化記述監修｜前田勇樹、濵地龍磨、栫大也、秋山道宏、古波藏契
編集・注釈｜安東嵩史

発行人｜島野浩二
発行所｜株式会社双葉社
東京都新宿区東五軒町3-28
03-5261-4818（営業）
03-6388-9819（編集）
http://www.futabasha.co.jp
（双葉社の書籍・コミックが買えます）

印刷・製本｜中央精版印刷株式会社
ISBN　978-4-575-31714-5　C0095
Printed in Japan